성경적 성결론

성경적 성결론

발행일 2025년 11월 25일 초판 1쇄 발행

지 은 이 로널드 메츠
옮 긴 이 조종남
발 행 처 선교횃불
등 록 일 1999년 9월 21일 제54호
등록주소 서울시 송파구 백제고분로27길12 (삼전동)
전 화 (02)2203-2739
팩 스 (02)6455-2798
이 메 일 ccm2you@gmail.com
홈페이지 www.ccm2u.com

성경적 성결론

로널드 메츠 지음/ 조종남 옮김

신교횃불

발간사

성결교회가 자랑하는 세계적인 웨슬리 신학자이신 조종남 박사님께서 소천하신지도 어느새 두 해가 지났습니다. 조박사님은 서울신학대학교의 학장으로 오랫동안을 섬기시면서 서울 아현동 캠퍼스를 부천 소사로 옮기고 모금을 통해 새 건물을 건축하는 큰 역사를 감당하셨고, 오랫동안 서울신대의 학장으로 행정사역을 하시면서도 신학의 길을 놓지 않으셨습니다. 그 분이 남겨 놓으신 신학적 글들이 오늘날 우리 성결교회의 신학의 길을 인도하는 이정표가 되어 있음을 발견할 때마다 감사를 드리게 됩니다.

말년의 마지막 날들에도 조박사님은 아침에 일어나 성경말씀을 읽고 웨슬리신학 영어원서들을 한글로 번역하는 일로 하루를 보내셨습니다. 조박사님은 이처럼 흐트러짐 없는 신학자의 길을 걸으셨습니다. 일년에 한 두차례 전화를 주셔서 번역이 완성되었노라고 말씀하실 때마다 작은 일들로 분주하기만 한 제자는 부끄러움을 느꼈습니다. 조박사님의 마지막 번역서가 이번에 출간되는 로널드 메츠의『성경적 성결론』입니다.

생전에 뵙고 대화할 때에 자기 자신에 관한 말씀을 아끼셨기에 잘 알지 못했지만, 조박사님이 남겨놓고 가신 유품과 책들을 읽으면서 조박사님을 조금씩 더 깊이 이해하게 됩니다. 조박사님은 단지 학자로서가 아니라 한 그리스도인으로서 진정 성결 복음에 대한 확신을 가지셨고, 하나님을 닮아가는 성결신앙의 기도와 소망을 품으셨던 분임을 깨닫게 됩니다.

이제 우리 제자 후배된 신학자들은 성경이 가르치고 웨슬리가 증거했던, 그리고 조종남 박사님이 소개해 주시고 길잡이가 되어주신 성결신학의 길을 이어갈 것입니다. 소천하시기 3개월 전에 번역을 마치신 이 책은 우리에게 이 사명을 당부하시는 조박사님의 메시지가 되었습니다. 이 의미깊은 유작 원고를 책으로 출판하도록 도와주신 신촌성결교회 박노훈 목사님과 성도님들께 깊이 감사드립니다.

성주산 기슭 웨슬리신학연구소에서

연구소장 김성원 교수

서문

이 책은 성서적 성결의 메시지를 제시하기 위해 보다 광범위한 자료들의 필요성을 느끼는 목사와 교사들을 위해 고안된 학문적인 연구이다. 어떻게 보면, 이 연구가 학술 연구의 산물이지만, 이 책은 비기술적인 언어로 쓰여 있기 때문에 웨슬리안 전통의 모든 학생에게 성결의 진리의 귀중한 자산이라 할 수 있다. 대학과 신학교의 가르치는 자들은 이 책이 성결 교리에 관한 훌륭한 교과서이며 자료임을 알게 될 것이다.

메츠 박사의 연구는 아마도 우리 시대에 행해져야 할 성결 신학에 대한 가장 광범위한 연구의 결과일 것이다. 그는 그 주제에 관한 현존하는 문헌들을 조사하기 위해 전국의 주요 도서관을 방문했다. 그는 또한 비-웨슬리적 관점에서 이루어진 성화에 대한 뛰어난 신학 연구에 대해서도 신중히 연구했다. 메츠 박사가 저술한 모든 것의 근간에는 현재 최고의 성서적 학문의 도움으로 수행된 완전에 대한 철저한 성경적 검토가 있다. 더 나아가 교사이자 설교자로서 저자는 수년간 대학 강의실과 교역자들의 세미나에서 이 논문을 검증할 기회를 가졌다.

여기서 살펴본 성결에 대한 교리의 일부 영역에 대해 완전한 합의를 얻는 것은 불가능하지만, 사려 깊은 독자는 저자의 주장에 반대되는 다른 확실한 이유를 찾기 위해 심각한 도전받을 것이다. 그러나 모든 웨슬리안 사상가들은 저자들의 발표와 중요성에 동의하고 이 책에서 새롭고 빛나는 자료를 발견하게 될 것이다. 목차를 보면 이 책에서 많은 주제가 취급된 것을 알 수 있기 때문이다.

윌리엄 M 그레이트하우스(William M. Greathouse)
나사렛 신학교 교장

역자의 글

이 책은 성결의 교리에 대한 종합적인 연구이다. 저자는 성결이 하나님의 속성에 뿌리를 두고 있으며, 인간의 성결에 대한 필요는 인간의 죄 때문임을 확인하는데, 책의 앞부분에서는 하나님의 속성과 죄의 문제를, 철학적 그리고 비성서적 견해를, 그리고 성경의 관점에서 자세히 깊이 다루며, 인간이 마음의 성결에 대한 내면적 갈망을 갖는 논리적, 윤리적 이유를 제시한다.

이후, 저자는 성화 특히 온전한 성화에 대한 교리를 상세하게 다룬다. 온전한 성화에 대한 루터, 칼빈을 위시해 각 학파의 견해 특히, 온전한 성화의 위기(사건, 성화에서의 시간의 요소)를 소개하고 비판한 다음, 본격적으로 웨슬리의 견해를 소개한다.

저자는 중생 후에 있는 두 번째 사건인 온전한 성화에서 어떤 일이 일어나고, 어떤 일이 일어나지 않는지를 상세히 설명한다. 그런 가운데 웨슬리의 교리와 관련하여 발전된 오류에 대해서도 논의한다.

저자는 성결이 이 현생의 삶에서 성취할 수 있는 중생 이후에 있는 두 번째 사건의 경험이며, 끝없는 영적 성장의 발판이라고 확언한다. 그러면서 성결의 경험이 그리스도인의 신앙생활의 각 측면에 나타나는 영향과 결과에 대하여 상세히 설명한다. 결론적으로 하나님 나라의 기초인 이 성화, 특히 온전한 성화가 얼마나 중요한가를 설명한다.

이 책은 미국의 나사렛 신하교의 교장인 그레이트하우스 박사(Dr.

Greathouse)가 말했듯이, 성결신학에 대한 가장 광범위한 연구의 결과이다.

끝으로 이 책의 번역에 도움을 준 수잔 트루이트(Susan Truitt) 박사와 원고의 교정을 봐준 배명지 박사와 김성령 전도사, 출판비를 후원해 주신 신촌성결교회와 담임목사 박노훈 박사님께 감사를 표한다. 아울러 서울신학대학교 웨슬리신학연구소의 명저 번역 사업이 계속해서 한국 신학계와 교회에 크게 기여하기를 기원한다.

2023년 5월 15일

역자 조종남

차 례

발간사 4p
서문 6p
역자의 글 8p

1장 서론 13p
Ⅰ. 연구의 개요 14p
Ⅱ. 연구 과정의 방법 16p
Ⅲ. 용어의 정의 17p

2장 완전의 서곡 31p
I. 하나님에 대한 인간 견해의 중요성 31p
II. 살아계시고 인격적이신 하나님 33p
III. 하나님의 속성과 관련된 성결 40p

3장 하나님의 성결 53p
I. 성결 개념의 발전 54p
Ⅱ. 성결의 신비적 해석 55p
III. 성결에 대한 성서적 계시 58p
IV. 성결과 관련된 속성들 69p

4장 죄와 성결 81p
I. 죄에 대한 비성서적 견해 83p
II. 죄에 대한 성서적 용어 88p

5장 죄에 대한 성서적 정의 111p

I. 죄에 대한 정의의 중요성 111p

II. 죄에 대한 성서적 정의 119p

III. 죄의 본질 126p

6장 성결: 하나님 나라의 기초 135p

I. 하나님 나라의 중요성과 본질 136p

II. 성결: 하나님 나라 시민권의 기초 138p

III. 성결: 하나님께서 받으실만한 예배의 표준 164p

IV. 성결: 그리스도인의 교제의 근원 168p

7장 사건으로서의 성화 173p

I. 성화의 종류 173p

II. 성경에 있는 온전한 성화에 대한 실례들 176p

8장 온전한 성화에 대한 주석적 분석 191p

I. 포도나무와 가지의 상징 191p

II. 살아있는 희생 192p

Ⅲ. 에베소 교인들에 대한 바울의 호소 194p

IV. 데살로니가 교인들에 대한 바울의 명령 206p

Ⅴ. 히브리 서신에 있는 도전. 212p

VI. 의미론적 분석에서 본 성화 221p

9장 성화의 시간적 요소 229p

I. 사후(postmortem) 이론 230p

II. 중생과 동일시하는 이론 234p

III. 신분상의 성결 241p

IV. 점진적 성화 246p

V. 성결은 '임종 시에 임하는 은혜'라는 이론 251p
VI. 반작용의 이론 255p
VII. 오벌린 이론 262p
VIII. 웨슬리안 교리 267p

10장 성령의 역사 273p
I. 중생에서의 성령 274p
II. 온전한 성화에서의 성령의 역사 278p
III. 그리스도인의 성장에서의 성령 288p
IV. 성령의 열매 297p

11장 영적 역동성으로서의 성결 307p
I. 오순절 성령 강림 307p
II. 성결: 영적 순결의 역동성 310p
III. 성결: 영적 능력의 역동성 318p
IV. 성결: 영적 교제의 역동성 329p
V. 성결: 영적 비전의 역동성 333p

12장 그리스도인의 완전은 상대적인 완전 341p
I. 웨슬리안 완전의 의미 341p
II. 성화가 의미하지 않는 것 353p

13장 그리스도의 형상을 향하여 379p
I. 온전한 성화의 선례들 379p
II. 온전한 성화 388p
III. 성화의 결과 393p
IV. 은혜 안에서의 성장 420p

1장
서론

신학 분야에 대한 연구는 박물관을 여행하거나, 험준한 산을 오르는 것과 비슷할 수 있다. 교리에 대한 검토는 역사적 기념물에 특히 중점을 둔 고대 전쟁터를 여행하는 것과 유사하거나 신앙의 모험에 비유될 수 있다. 한 가지 접근 방식은 정적이고 학문적이지만, 또 다른 접근 방식은 창의적이고 경험적이다. 교리가 삶에 활력을 주기 위해서는 이 두 번째 접근이 사용되어야 한다.

성결 교리에 대한 연구에 대한 창의적이고 경험적인 접근은 현대 성결 운동의 창시자인 존 웨슬리의 실천과 조화를 이룬다. 웨슬리는 충실한 성직자이자 성경을 철저하게 믿는 자였다. 50년이 넘는 순회 사역에서 그가 발견한 대로 성경의 삶에 대한 적합성을 들어냄으로써 성경 의 진리를 활기 있고 생생한 것으로 만들었다. 타고난 부패에 대한 비관적인 교리와 기독자의 완전의 낙관적인 교리를 설교하면서, 웨슬리는 세상을 그의 교구로 삼았다. 웨슬리 사역의 결과로 영국은 고통스러운 사회 혁명을 겪은 이웃 나라 프랑스와는 대조적으로 심오한 사회 발전을 경험했다.

후에 웨슬리의 가르침의 추종자들은, 영혼을 산산조각 내고 삶을 변화시키는 복음적 가르침을 거리낌 없이 그리고 만연하게 설명함으로써, 그리스도인 완전의 교리를 세계에 미치는 힘으로 만들었다. 이

신도들에게 성결은 기본적으로 삶의 방식 - 즉 기본적이고 기초적인 경험이었다. 그러나 최종 분석에서 교회는 열정뿐만 아니라 메시지의 내용에 의존해야 한다. 메시지는 고유한 본질과 조화를 이루는 일종의 경험을 낳기 때문이다. 성결의 메시지는 웨슬리 시대나 웨슬리 이후 수십 년 동안과 마찬가지로 오늘날에도 적절하다. 그러나 오늘날에는 개인의 문제가 더 복잡하고 사회의 문제가 더 심각하다. 현대 생활의 복잡한 특성은 교회의 임무를 훨씬 더 어렵게 하지만 그만큼 더 중요하게 만든다. 그러므로 교회의 한 가지 임무는 각 세대에 구원의 메시지를 전하는 것이다. 따라서 이 연구의 주요 과제는 성결 교리를 탐구하는 것인데, 이 교리는 무엇보다도 성경적 교리이기 때문에 연구는 성경적 관점에서 일차적으로 제시될 것이다.

Ⅰ. 연구의 개요

생명과 성결 교리에 대한 다음 탐구를 전개하는 데 채택된 성경 해석의 원리는 성경이 거룩하신 하나님에 의한 구속의 역사라는 개념이며, 그의 주요 목적은 거룩한 존재를 인간의 삶에 소개하여 인간이 거룩해질 수 있게 하려는 것이다. 이 기본 원리에 따라 성결이 성경 진리를 가장 적절하게 해석하는 영적 원리로 제시된다.

이 연구는 인간의 거룩함의 유일한 기본은 하나님의 거룩하심에 있다는 가정하에 시작한다. 따라서 인간은 개인적으로 어떠해야 하는지를 이해하기 전에 하나님이 어떤 분이신지에 대한 비전이 있어야 한다. 이 하나님에 대한 비전은 "거룩함에 이르는 필요한 서곡"이라고 한다. 그러므로 우리의 토론은, 제시된 거룩하신 하나님의 개념을 갖고 영적으로 정반대인 죄에 대한 분석으로 먼저 이동한다. 성경은 사람을 죄로부터 구속하려는 하나님의 노력에 대한 계시이기 때문에, 죄에 대해 성경이 말하는 것을 아는 것은 매우 중요하다.

성결의 삶은 구약 성경의 주요 주제이다. 인간을 구원하기 위해 하나님은 인간을 구속의 도구로 선택하셨다. 그래서 이 사람들은 "언약의 민족"이 되었다. 하나님께서 택하신 히브리인들과 맺은 언약은 성결의 언약이었다. 언약의 백성은 하나님으로부터 직접 예배에 대한 세부적이고 구체적인 방식을 받았다. 성결은 언약의 백성들이 드리는 예배에 있어서 관심의 초점이었다. 이 언약의 백성인 히브리인들은 종교에 대한 실제적 경험의 자세한 본질이 들어있는 지혜 문헌을 생산했다. 히브리인의 생각에는 성결 또는 완전, 도덕적 탁월함이 모든 지혜의 최고의 좋은 것으로 나타난다.

그러나 언약 백성이 세상에 준 가장 큰 선물은, 예수 그리스도를 제외하고는, 성결의 개념을 더욱 영적으로 만들고 매우 윤리적으로 만든 선지자의 성직이었다. 선지자들은 모든 언약 관계에서의 하나님의 최고의 동기는 거룩한 백성을 산출하는 것임을 분명히 했다. 그러나 근본적으로 예언서에서의 강조점은 개인의 삶에서 하나님의 성결을 반영하는 개인의 가능성과 책임으로 옮겨졌다. 그러나 이 연구는 성결에 대한 신약 성서의 가르침에 크게 국한되어 있다.

신약 성서에서는 성결의 삶과 교리는 완전히 영적인 것이 되었고 완전히 윤리적인 것으로 되었다. 따라서 성결은 복음서에서 제시된 나타난 하나님 나라의 기초이다. 사도행전에서 오순절 날에 그리스도의 제자들의 경험이 성결을 초대교회의 영적 역동성의 마지막 유산으로 만들었다. 오순절의 패턴을 따른다면 두 번째의 사건(second crisis)은 그리스도인의 경험과 관련된다.

성경(고전 3:1-3)에 따르면, 이 두 번째 사건은 기독교인이라고 불리는 사람들의 삶에 잔존하고 있는 '육의 생각' 때문에 필요하다. 이 두 번째 사건은 또한 사람을 그리스도인의 삶의 신약 성경적 규범으로 끌어 올린다. 즉 영으로 충만한 삶과 온전한 그리스도인의 성숙함으로 끌어 올린다. 그러므로 신약 성서의 관점에서 볼 때 두 번째 사건은 그리스도인의 사랑 안에서 성장하고 섬기는 삶으로 이어진다.

II. 연구 과정의 방법

성결의 성경적 기초를 논의할 때 문학적 성경비평과 관련된 문제는 대체로 생략되었다. 그것은 학문적 연구에 중요하지 않기 때문이 아닌, 그것들이 관련된 주제에 직접적으로 영향을 미치지 않기 때문이다. 또한 전문가에게만 의미가 있는 철저한 단어 연구에 기반한 의미론적 추론의 사소한 점을 피하려는 시도도 있었다.

과거에는 성경적 관점에서 성결을 논하기 위해 세 가지 설명 방법이 사용되었다. 한 가지 방법은 텍스트를 기반으로 사람을 설득하기 위한 목적으로 증명하여 선택하는 것이었다. 또 다른 방법은 단어의 의미, 시제 및 기타 문법적 분석을 사용하는 것이며, 세 번째 접근 방식은 청중이 성결 교리에 동의하고 받아들이도록 권면하고 영감을 주기 위해 성경에 있는 인물, 성경에 있는 사건들 또는 개인 간증을 사용하는 것이었다. 이 세 가지 방법은 과거에 효과적이었기 때문에 각 방법의 일부 측면은 이 책에서 병합되었다. 그러나 이 책에서는 성경과 역사적 탐구에 기초하여 새롭고 신선한 영역에서 성결 교리를 탐구하고 확장하고 해석하려는 시도가 이루어졌다.

여기에서 사용된 연구 방법은 두 가지 연구 영역, 즉 성서적 연구와 신학적 연구를 포함한다. 연구의 주된 목적이 성결의 성경적 근거를 제시하는 것이기 때문에 성경적 주해와 해설이 자연스럽게 토론을 지배하는 경향이 있다. 그러나 모든 성경적 논의는 어떤 식으로든 신학과 관련되어 있으므로 어떤 개념의 신학적 발전은 성경적 계시에 추가된다. 또한 역사적 경험은 어느 정도 이해할 수 있어야 하고 어느 정도 합리적으로 제시할 수 있어야 하기 때문에, 때때로 논리적 요소가 도입되어 성경적, 역사적 개념을 강화하였다.

만약에 성결이라는 용어에 익숙한 독자나 기술적 논의를 건너뛰고 싶어 하는 독자는 큰 손실 없이 다음 장으로 넘어갈 수 있다. 더 기술적으로 생각하는 사람들은 성결 교리를 이해하는 데 기본이 되는 세 가지 성경 용어인 성결, 성화 및 완전에 대한 정의를 제시하는 다음 토론에서 도움이 될 것이다.

III. 용어의 정의

현대 학자들의 신랄한 논평은 많은 영적 연구가들이 자신의 용어를 정의할 수 없거나 그렇게 하려고 하지 않는 명백한 결함으로 고통받고 있다고 말한다.[1] 그러나 이와 같은 연구자들은 영혼이 이생에서 신비로운 경험의 높이로 올라갈수록 그 경험을 말로 설명하기가 더 어려워진다는 것을 인정한다. 그러나 그것이 아무리 어려운 것으로 판명될지라도 개인의 성결로 귀결되는 신비적 체험은 가능한 한 신학적 용어와 정확한 정의로 설명되어야 한다.

성결의 삶은 종교에서 얻을 수 있고 또는 설명할 수 있는 최고의 경험이기 때문에 여기에 사용된 용어는 모든 사람에게 적절하고 만족스

1) Jordan Aumann, David L. Greestock, *The Meaning of Christian perfection* (St. Louis: B. Henter and Company,1956), p. 16.

럽게 정의하기 어려울 것이다.[2] 그러나 성결이라는 용어에서 중추적인 몇 가지 용어를 정의하려는 시도는 있을 것이다. 그 용어들은 성결(holiness), 성화(sanctification) 그리고 완전(perfection)이다. 이 세 가지는 모두 성경적이고 본질적이며 성결의 삶과 관련된 다른 성경 용어와 충돌하지 않는다. 다음으로 간략하게 이 정의들을 살펴보고 추후 논의에서 추가될 용어와 함께 더 살펴보도록 하겠다.

A. 성결

존 몰리(John Morley)는 볼테르(Voltaire, 프랑스의 철학자-역주)에 관한 에세이에서 성결은 "설명할 수 없는 모든 단어 중 가장 심오한 말"[3]이라고 했다. 그러나 성결의 개념은, 어떤 형태로든 필연적으로 종교 자체만큼이나 오래되었다. 인간사에 적용되듯이 성결은 평범한 것과 세속적인 것으로부터의 분리와 하나님의 유일한 사용과 향유를 위해 구별된 것을 나타낸다.[4] 세데르블롬(Soderblom) 대주교는 "성결은 종교의 위대한 말씀이며, 그것은 하나님의 개념보다 훨씬 더 중요"[5]하다고 말하면서 다소 극단적인 진술을 하고 있다. 성결을 정의하려고 시도할 때, 먼저 몇 가지 일반적인 정의를 제시하고, 이어서 웨슬리안 집단, 또는 성결 집단의 연구가들이 말하는 정의에 대해서 다루도록 하겠다.

2) Ibid.

3) John Morley, *Voltaire* (London: Macmillan and Co.,1923), p. 242.

4) W. O. E. Oesterley and Theodore H. Robinson, *Hebrew Religion* (New York: The Macmillan Company, 1910), p. 240.

5) Nathan Soderblom, "Holiness," *Encyclopedia of Religion and Ethics*. ed. James Hastings (New York: Charles Scribners Sons,1928), VI. 731. (Hereafter referred to as ERE).

1. 성결의 일반적인 정의

성결의 일반적인 정의는 광범위하고 개인적인 경험의 위기와 관련이 없는 경향이 있다. 성 토마스 아퀴나스(St. Thomas Aquinas)는 성결을 "사람의 마음이 자기 자신과 그 모든 행위를 하나님께 적용하는 미덕"[6]이라고 추상적으로 정의한다. 성결에 대한 다소 오래된 견해를 제시하는 것으로 보이는 또 다른 일반적인 정의는 다음과 같은 말로 명시되어 있다. "완전한 성결은 … 인간의 모든 생각, 모든 감정과 의지, 따라서 모든 행동이 하나님의 의지에 의해 결정되는 완전한 사랑의 상태를 나타낸다."[7] 웹스터의 《세 번째 국제 사전(*Webster's Third New International Dictionary*)》은 성결을 "도덕적 영적 완전한 상태 … 일부 소그룹에 따르면 개종 후 기독교 신자에게 축복으로 주어지며 종종 구원의 전제 조건이 되는 죄 없는 상태"로 정의한다.

일부 연구가들은 "현대의 성결 개념을 정의하는 것, 즉 관습적인 정의를 내리는 것은 거의 불가능에 가깝다"[8]고 생각한다. 그러한 작가들은 어떤 정의도 완전하게 적절하지 않으며, 현재 대부분의 기독교인들이 다소 동의하는 몇 가지 일반적인 요점이 있을 것이라고 생각한다. 로버트 C. 레일렘(Robert C. Raylem)에 따르면 다음은 대부분의 개신교도들이 받아들일 성결에 관한 일곱 가지 명제는 다음과 같다.

1. 거룩한 삶은 신비한 종교 체험에 그 기원을 두고 있다.

---

6) Hugh Pope, "Holiness," *The Catholic Encyclopedia*, ed. Charles G. Herbermann (New York: The Encyclopedia Press, 1913), VII, 386.

7) John M'Clintock and James Strong, *Cyclopedia of Bibilical Theological and Ecclesiastical Literature* (New York: Harper and Brothers, 1880), IV, 297.

8) Robert C. Rayle, *Scriptural Holiness* (New York: Comet Press Books,1958), p. 92.

2. 거룩한 삶은 성령이 주신 자산이다.

3. 거룩한 삶은 하나님께 온전히 복종할 때 온다.

4. 거룩한 삶은 온전히 하나님께 속한다는 확신을 의미한다.

5. 거룩한 삶은 세상과의 분리를 포함하지만, 세상에서 물러나는 것은 아니다. 즉 거룩한 삶은 죄와 타협하지 않는 것이다.

6. 거룩한 자는 하나님께서 사람에게 그의 지난날의 죄에 대한 완전한 승리를 주셨다는 확신이 있는 사람이다. 평생 죄에서 자유로울지 여부에 대해서는 의견이 분분하다.

7. 예수 그리스도의 희생이 이 승리를 가능하게 한다.[9]

위에 제시된 정의는 성결에 대한 일반적인 개념을 설명한 것이다. 그러나 웨슬리안의 용어는 경험적이고 균형 잡힌 성결의 개념을 제시함에 있어 훨씬 더 정확하다.

2. 성결에 대한 웨슬리안의 정의

초기 웨슬리안 학자들과 현대 웨슬리안 연구가들은 성결에 대한 그들의 정의에 동의한다.

a. 초기 웨슬리안 연구가들

리처드 왓슨(Richard Watson)은 성결을 "하나님의 율법에 표현된 대로 하나님의 뜻에 순응하고, 죄라는 일반적인 용어로 이해되는 모든 것을 금하는 데 있으며 그리고 의의 습관과 실천에 있다"[10]고 정의한다. 토마스 쿡(Thomas Cook)은 성결이라는 용어를 다음과 같이 사용하

9) Ibid., pp. 92-93.

10) *Theological Institutes* (New York: Phillips and Hunt, 1865), I, 436.

여 설명했다.

> (성결은) 칭의와는 다른 경험으로서, 일종의 보충적 개혁으로, 영혼으로부터 그것에 속하지 않는 모든 죄적인 요소들, 즉 중생의 단계에서 남겨진 성결의 요소에 적대적인 모든 것이 제거된다. 그것은 영혼이 죄악에서 완전히 깨끗하게 되는 것을 포함하고 결국 죄악의 경향에서 벗어나 순수하게 즉 자유롭게 된다.[11]

우드(J.A.Wood)는 "성결은 본질적으로 순수한 상태 또는 특성"[12]이라고 간결한 정의를 내렸다.

b. 현대 웨슬리안 연구자들

20세기 중반의 웨슬리안 학자들은 성결을 정의함에 있어, 초기 연구자들에 동의하는 경향이 있다. 코든(D.helby Corden)은 "영적인 온전함으로서의 성결은 하나님이 그의 영을 통해 그에게 완전히 바쳐진 삶에 거하신다는 것을 의미"[13]라고 말했다. 채프먼(James B. Chapman)은 성결을 "하나님의 사랑이 충만한 순수한 마음의 은혜와 축복"이라고 정의한다.[14] 퍼카이저(W. T. Purkiser)는 "성경과 신학 모두에서의 의미의 핵심은 … 죄에서 해방됨, 순결함, 정결함"[15]이라고 말한다. 이처럼 현재 대부분의 웨슬리안 그룹에서 사용하고 있는 것과 같이 성

---

11) *New Testament Holiness* (London: Epworth Press, 1902), pp. 7-8.

12) John A. Wood, *Mistakes Respecting Christian Holiness* (Chicago: The Christian Witness Company, 1905), p. 16,

13) *The Meaning of Holiness* (Kansas City: Beacon Hill Press, 1944), p. 34.

14) *Holiness Triumphant* (Kansas City: Beacon Hill Press, 1966), p. 26.

15) *Sanctification and Is Synonyms* (Kansas City:Beacon Hill Press, 1961), p.34.

결이라는 단어는 자발적인 죄로부터의 자유, 자비로운 의도와 동기의 순결, 개인 기독교 윤리의 실천, 하나님께 대한 완전한 헌신을 수반하는 성령 세례로 인한 개인의 영적 삶의 상태를 뜻한다고 말할 수 있다.

B. 성화(Sanctification)

성결이라는 용어와 마찬가지로 성화라는 용어는 그 해석의 폭이 넓다. 성화라는 용어는 일반적인 용어로 정의될 수 있을 뿐만 아니라 웨슬리안 그룹들에서 그 의미를 기술하는 보다 특별한 용어로도 정의될 수 있다.

1. 성화의 일반적인 정의

일반적으로 성화라는 용어는 그리스도인이 되고 유지되는 전체 과정을 의미한다. 성화에 대한 일반적인 정의는 다음과 같다. "광의의 의미에서 성화라는 용어는 영적 죽음에서 영적 생명으로의 거듭남으로 시작하여 영원한 삶에서 영적 완전의 최고점에 이르는 것이 인간의 마음과 삶에서 생기게 한 하나님의 말씀의 모든 효과를 포함한다."[16] 또 다른 포괄적인 정의는 "성화는 인간을 죄의 죄책과 권세에서 구원하고, 그들이 하나님을 섬기고 사랑하게 하며, 처음에 그리고 점진적으로 그들에게 그리스도 구속의 열매와 거룩한 삶의 은혜를 주는 하나님의 성령의 역사를 말한다."[17]

---

16) E.L. Lucker, ed., *Lutheran Cyclopedia* (St.Louis: Concordia Publishing House, 1954), p. 942.

17) *ERE*, XI, 181.

2. 성화의 신학적 정의

성경적 및 신학적 개념에 대한 기술적 논의에서 성화라는 용어는 그 용어에 대한 다른 해석들을 전달하기 위해 네 가지 다른 방식으로 사용되고 있다. 이 네 가지 용법은 (1) 신분상의 성화 (2) 초기 성화 (3) 점진적 성화 (4) 온전 성화 등이다.

a. 신분상의 성화

루터파와 칼빈주의 사상가들은 일반적으로 신분상의 성결이라는 개념을 지지해 왔다. 플리머스 형제들(Plymouth Brethren)과 케직파(Keswicks)로 알려진 그룹도 신분상의 성결의 개념을 받아들이고 있다. 퍼카이저는 이 가르침을 다음과 같이 요약한다. "경험적이 아닌, 신분상의 성결이 있다. 즉 구속받은 모든 영혼은 … 성도들 그리고 그들이 비록 여전히 성경을 통해 성령의 역사로 거룩하게 되어 있고 그리스도께서 다시 오실 때까지 결코 완전히 거룩하게 되지 않을지라도 '거룩'하다"[18]고 말한다.

루터에 따르면 평범한 그리스도인의 상태보다 더 거룩한 은총의 상태는 없다. 루터의 현대 해석가는 다음과 같이 표현한다.

> 믿음으로 하나님의 은사를 받기 때문에 사람은 믿음으로 말미암아 성도가 된다. "거룩함"은 "믿는 것"과 같은 것이다. 성도, 즉 거룩한 자는 믿는 사람이다. 그리고 거룩하게 한다는 것은 "믿는 자가 되게 한다"는 것을 의미한다. 루터의 해석에 의하면, 신성함과 성화에 대한(가톨릭의 관점 의미) 관점이 믿음과 또 양자 간(성화와 믿음 사이에) 아무 차이가 없도

---

18) *Conflicting Concepts of holiness* (Kansas City: Beacon Hill Press, 1953), p. 16.

록 만들어가는 믿음이라는 관점으로 강조점이 옮겨진다.[19)]

신분상의 성화라는 관념을 지지하는 또 다른 사람은 "신분상의 완전은 모든 그리스도인의 소유인 것으로 드러났다. … 그러므로 그리스도께서 십자가에서 우리를 위해 이루신 것은 절대적인 완전이다. 여기에는 그리스도인의 삶의 특성에 대한 언급은 없다. 죄 없음(sinlessness)의 문제는 고려되지 않고 있다. 모든 성도(성화된 자들)는 그리스도의 죽음으로 말미암아 이룩한 완전에 참가자(partakers)이다."[20)] 따라서 신분상의 완전은 신분상의 성화와 동의어이며, 이는 "그리스도께서 모든 신자를 위해 이루신 것이며 구원하는 믿음의 순간부터 믿는 자의 소유"[21)]이다.

신분상의 관점에서 볼 때 성화는 "하나님과의 관계의 은덕을 통해 사람들에게 거룩함을 부여한 것이다. 이러한 가장 낮은 의미에서 모든 기독교인을 거룩하다, 또는 성도라고 한다. 그러므로 기독교 교회는 다음과 같이 간주된다. 분리된 공동체, 그 본질은 거룩해야 한다."[22)] 위의 개념은 신분의 변화와 영적 관계의 변화를 의미하는 칭의나 중생과 동일시되는 한 이의가 없다. 따라서 모든 성인을 거룩하게 부르심을 받은 자로 간주하는 것은 타당하다. "그리스도 예수 안에서 거룩하게 된"(고전 1:2) 사람들은 거룩함으로 부름을 받았다. 그러나 웨슬리의 관점에서 보면 성화의 개념은 단순히 하나님과의 객관적인 관

19) Hervert Girgensohn, *Teaching Luther's Catechism*, trans. John W. Deberstein (Philadephia: Muhlenberg Press, 1959), p. 180.

20) John F. Walvoord, *Doctrine of the Spirit* (3rd ed, Findley:L Ohio: Dunham Publishing Co. 1958), p. 208.

21) Ibid., p. 210.

22) George Allen Turner, *The More Excellent Way* (Winona Lake, Ind: Light and Life Press, 1952), p. 87.

계와 영적인 삶의 초기 단계 그 이상이다. 웨슬리는 영적 삶의 시작을 초기의 성화라고 불렀다.

b. 초기의 성화

성화가 시작되는 시간에 관한 질문에 웨슬리는 "우리가 의롭다 하심을 받는 그 순간에 모든 미덕의 씨가 영혼에 뿌려진다. 그때부터 신자는 점차적으로 죄에 대해 죽고 은혜 안에서 자라난다. 그러나 죄가 그 안에 머물러 있다. 그가 영과 영혼과 육체로 철저히 거룩해질 때까지는 모든 죄의 씨앗이 그 안에 머물러 있다."[23] 웨슬리에게 있어서 성화는 칭의와 동시에 시작된다. 그는 다음과 같이 기록했다. "그리고 우리가 의롭다 하심을 얻은 그 시간에, 바로 그 순간에 성화가 시작된다. 그 순간에 우리는 거듭나고, 위로부터, 영으로 태어난다. 거기에 실제적인 변화와 상대적인 변화가 있다. 우리는 하나님의 능력으로 내적으로 새로워진다."[24] 이처럼 초기의 성화는 중생과 뜻이 같다. 이런 의미에서 진정으로 거듭난 모든 사람은 성화된 것이다.

c. 점진적 성화

칼빈주의와 웨슬리안들은 모두 점진적 성화를 믿는다. 저명한 칼빈주의 신학자 핫지 박사(Dr. Hodge)는 웨스트민스터 교리서에서 "성화는 이로써 우리가 하나님의 형상을 닮아 온전한 사람으로 새로워지고 더욱더 죄에 대하여 죽고 의에 대하여 살 수 있게 하는 하나님의 값없이 주시는 은혜의 역사"[25]라고 말하고 있음을 볼 수 있다.

23) John Wesley, *The Work of John Wesley* (Kansas city; Nazarene Publishing House, n.d,), VIII, 285.

24) Ibid., VI, 45.

25) Charles Hodge, *Systematic Theology* (New York: Charkes Scribner and Co.

다른 학자는 또한 이렇게 말한다.

> 단순한 중생이 그의 성향과 기질을 거룩하게 하지 않는다. 또한 성스러운 성품을 생기게 하지도 않는다. 성령의 부가적이고 매우 특별한 행위가 있어, 그에 의하여 거듭나고 회심한 죄인의 기질이 점진적으로 하나님의 뜻과 조화되게 된다. 그리고 이것은 성화의 은혜로운 선물이다.[26]

핫지가 언급한 소교리문답은 "성화는 하나님의 값없는 은혜의 역사로서, 이로 인해 우리는 하나님의 형상을 따라 온전한 사람으로 새롭게 되며 점점 더 죄에 대하여 죽고 의롭게 살 수 있게 되는 것"[27]이라 선언하고 있다. 또 다른 학자는 "성화는 영혼이 성숙하여 자라는 것"[28]이라고 쓰고, 더 나아가 "성화는 이와 같이 영혼을 온전하게 하거나 점진적으로 정결하게 하는 것"[29]이라 말한 학자도 있다. 이처럼 웨슬리안 사상가들에게 있어서 최초의 성화 또는 중생은 영적 삶의 시작이다. 그리스도인의 삶에서 성장은 정상적인 것이므로 그의 초기 은혜의 상태에는 진보가 있게 되어 있다. 그러나 초기 성화 후에는 온전 성화가 뒤따른다.

1872), III, 213.

26) Abraham Kuyper, *The Work of the Holy Spirit*, trans. Henri DeVries (New York: Funk and Wagnallks, 1900), p. 449.

27) The Assembly's Shorter Catechism (Perth, Scotland, 1765), p. 222.

28) A. A. and J. A, Hodge, *Theology of the Shorter Catechism* (New York: A. C. Amstrong and Co. 1888), p. 62.

29) Norman W. Cox, ed., *Encyclopedia of Southern Baptist* (Nashville: Broadman Press, 1958), II, 1184.

d. 온전한 성화

웨슬리안들은 일반적으로 성화의 점진적 성격을 믿는다. 그러나 거기에 중요한 개념을 덧붙여 그런 진행은 온전한 성화로 이어진다고 주장한다. 린드스트롬(Lindstrom)은 다음과 같은 설명을 제시한다. “이것은 거룩하게 하는 믿음에 의해 사람에게 수여되는 순간에 수반되는 것으로 생각된다. 칭의와 중생과 비교할 때 완전한 성화는 새 삶에서의 더 높은 단계를 구성한다.”[30] 웨슬리는 이 용어가 “모든 죄에서 깨끗해짐”과 동의어로 사용될 때, “그것을 ‘완전히, 전적으로’ 등의 말을 추가하지 않고 … 사용하는 것은 적절하지 않다”[31]고 지적하였다. 더 나아가, 웨슬리는 온전 성화의 개념을 그 단어의 사용에 있어 크게 구별한다. 이 점을 웨슬리는 그의 “우리 자신의 구원을 성취함에 있어” 라는 설교에서 주목할 만한 그의 관점을 나타내고 있다.

> 칭의로 우리는 죄의 죄책에서 구원을 받고, 하나님의 은혜로 회복된다. 성화를 통해 우리는 죄의 권세와 뿌리에서 구원을 받고 하나님의 형상으로 회복된다. 성경뿐만 아니라 모든 경험은 구원이 순간적이고 점진적인 것임을 보여준다. 그것은 우리가 의롭다 하심을 받는 순간 시작된다. … 그 순간부터 점진적으로 증가한다. … 다음 순간에 마음이 모든 죄에서 깨끗해지고 하나님과 사람에 대한 순수한 사랑으로 가득 차게 될 때까지.[32]

와일리(H. Orton Wiley)는 온전한 성화에 대한 그의 해석에 있어서 웨

30) Harald Lindstrom, *Wesley and Sanctification* (London: The Epworth Press, 1950), pp. 117-18.

31) *Works*, VIII, 294.

32) Ibid., VI, 509.

슬리와 실질적으로 동의한다. 와일리의 입장은 다음과 같다.

> 중생은 우리가 보았듯이 그것의 성품에 있어 거룩한 생명을 전하여 주는 것이다. 그리고 그것과 동반하는 것은 초기의 성결 또는 죄책과 후천적인 부패로부터의 정화이다. 이제 이미 시작된 이 성결은 타고난 죄(inbred sin)를 한 번에 씻음으로써 완전해지며, 그리고 영혼을 끊임없이 존재하는 완전한 성결의 상태로 이끈다.[33]

위에서 정의한 용어에 추가하여, 성결에 대한 성경적 접근을 진행하기 전에 명확히 해야 할 한 가지 추가 용어가 있다. 이 세 번째 용어는 완전이라는 용어이다.

C. 완전

아마도 성결 운동에서 완전이라는 단어만큼 많은 반발과 비판을 가져온 용어는 없을 것이다. 오늘날 설교에서 그 용어가 사용되는 것을 듣는 사람은 거의 없다. 그리고 개인 증언이나 간증에서 그 용어가 나오는 경우는 훨씬 더 드물다. 심지어 1756년에 웨슬리 자신이 도드 박사(Dr. William Dodd)에게 보낸 편지에서 다음과 같이 말했다.

> "나는 그 용어를 특별히 좋아하지는 않는다. 그것은 나의 설교나 저술에서 거의 일어나지 않는다. 그것을 끊임없이 나에게 떠맡기고 내가 그것으로 무엇을 의미하는지 묻는 것은 나의 반대자들이다."[34]

---

33) *Christian Theology* (Kansas City, Beacon Hill Press, 1941), II, 446.

34) John Telford, ed. *The letters of the Rev. John Wesley* (London: The Epworth

그러나 생스터(W. E. Sangster)가 관찰했듯이, 웨슬리는 "그가 깨닫고 있는 것보다 더 자주 그것을 사용"[35]했다고 말했다. 그러면서 그는 웨슬리가 이 용어를 사용한 이유로 그것이 "성경적 용어이며 웨슬리가 성경의 언어에 열정적으로 집착했었기 때문"[36]이라고 주장한다. 그리고 웨슬리가 그의《기독자의 완전에 대한 간이한 해설(*A Plain Account of Christian Perfection*)》소책자에서 자신의 가르침을 요약했다는 사실을 잊어서는 안 된다. 완전에 대한 웨슬리의 정의는 아직 개선되지 않았으며 여전히 성결 집단에서 그 용어가 의미하는 것의 본질을 지지하고 있다. 그렇기에 웨슬리는 더 설명을 첨가하지 않고 그냥 완전이라는 용어보다는 '그리스도인의 완전'이라고 사용하는 것을 선호했던 것이다. 웨슬리는 그리스도인의 완전에 대한 해설의 끝부분에서 완전에 관한 그의 가르침을 다음과 같이 요약했다.

> "내가 말하는 완전이란 하나님과 우리 이웃에 대한 겸손하고 온유하며 인내심 있는 사랑으로 우리의 기질과 말과 행동을 다스림을 의미한다."[37]

웨슬리는 완전이라는 용어의 사용을 신중하고 끈질기게 규정하여 그것이 결코 율법주의적 교만이나 바리새인의 관습의 모양이 전혀 나타나지 않도록 했다. 그는 다음과 같이 썼다:

Press, 1931) III, 167.

35) *The Path to Perfection* (New York: Abingdon-Cokesbury, 1943), p. 78.

36) Ibid.

37) "*A Plain Account of Christian Perfection*," The Work of John Wesley (Kansas City: Nazarene Publishing House, n.d.), XI, 446.

> 이 세상에는 구원에 필수적인 것이 아닌 일에 있어서, 무지나 실수에서 또는 부패하기 쉬운 몸이 영혼을 어느 정도 압박하는, 많은 유혹, 무수한 허약성에서의 완전한 해방을 의미하는 그런 완전은 없다.[38]

웨슬리가 가르친 완전의 개념을 받아들인 기독교 교회의 한 분파는 웨슬리가 정의한 용어에 만족해 왔다. 그리고 이 용어가 신학적 설명 외에는 자주 사용되지 않지만, 현대 성결운동은 이 용어를 유지하고 있다. 왜냐하면 그것은 생스터가 지적한 바와 같이 성경적 용어이기 때문이다.

그의 정의에 대한 배경을 가지고 이제 우리는 모든 종교적 관념의 기초, 특히 성결의 관념, 즉 하나님에 대한 인간의 견해에 대한 논의로 넘어간다. 인간이 하나님에 대해 생각하는 것은 완전을 이해하는데 필요한 서곡이기 때문이다.

---

38) Ibid., p. 383.

2장
완전의 서곡

성결의 관념은 오직 하나님의 관념과 관련해서만 가능하다. 하나님의 개념이 없는 곳에는 성결의 개념도 없다. 그러나 하나님의 관념이 자동적으로 성결의 관념을 생성하지는 않는다. 세월이 흐르면서 인간 역사에는 많은 신들이 있었지만, 그 신들을 숭배하는 것이 성결의 개념으로 귀결되는 경우는 드물었다. 성경의 계시에 있는 거룩한 하나님이 역사에 들어와 사람과 직접 대면할 때만 사람이 성결을 이해할 수 있다. 사람을 변화시키고 성결의 개념과 삶으로 인도하는 것은 하나님에 대한 사람의 비전이다.

I. 하나님에 대한 인간 견해의 중요성

완전의 서곡은 하나님에 대한 인간의 견해이다. 인간의 가장 중요한 개념은 하나님에 대한 그의 견해이다. 토인비(Arnold Toynbee)가 그의 고전적인 역사 연구에서 매우 훌륭하게 썼듯이, 어떤 사람들도 그들의 종교를 초월한 적이 없고, 어떤 문명도 그 종교의 쇠퇴에서 살아남은 적이 없다.[1] 이것은 어떤 종교도 하나님의 대한 개념을 능가

1) Toynbee의 기념비적인 역사 연구는 1948년 뉴욕과 런던의 Oxford University Press에서 발행한 A Study of History라는 10권 분량의 연구이다. Toynbee의 연구에 대한 두 권의 요약본은 1946년 Oxford University Press에서 발행한 D.C.

할 수 없다고 말할 수 있다. 토저(A. W. Tozer)는 신에 대한 올바른 개념의 중요성을 "인류의 역사는 그 종교를 초월한 사람이 없었다는 것을 보여줄 것이며, 인간의 영적 역사는 어떤 종교도 신에 대한 사상보다 더 위대하지 않다는 것을 분명히 보여줄 것"[2]이라고 말했다. 하나님에 대한 풍부하고 고상한 견해는 종교에 대한 풍부하고 창조적인 경험을 낳는다.

A. 하나님에 대한 올바른 견해의 일반적인 의미

교회가 끈질기게 직면하고 있는 가장 중대한 질문 중 하나는 교회가 하나님을 어떻게 이해하고 하나님과 인간의 관계를 어떻게 해석하느냐는 것이다. 따라서 "교회에 대해 가장 뜻있는 것은 하나님에 대한 교회의 견해이다. … 교회는 하나님에 관한 교회의 증거의 자기 폭로(self-disclosure)를 피할 수 없다."[3] 하나님에 대한 올바른 개념은 의미 있는 조직 신학뿐만 아니라, 기독교인의 실제적인 생활에 필수적인 것이다. 토저는 다음과 같은 중요한 진술을 덧붙였다; "나는 기독교 윤리에 대한 오류나 실패는 결국 하나님에 대한 불완전하고 비천한 생각으로부터 왔다고 믿는다."[4] 즉 인간은 자신이 예배하는 하나님처럼 되는 경향이 있다.

Somervill의 *A Study of History*이다.

2) *The knowledge of the Holy* (New York: Harper and Brothers, 1961), p. 9.

3) Ibid.

4) Ibid., p. 10.

B. 성결과 하나님에 대한 인간의 관점

성결교리와 관련하여 하나님의 개념을 제시하는 것은 매우 중요하며, 이는 성결교리와 성결의 삶을 인간이 고안할 수 없는 영역으로 끌어올리는 데 관련이 있다. 성결의 교리는 거룩하시고 그의 신적인 본성의 가장 높은 표현이 그의 성결을 사람에게 나누어 주시는 하나님의 존재에 정면으로 기초를 두고 있다. 인간에게 요구되는 완전은 하나님 안에 있는 완전의 반응(reflection)에 불과하다. 인간에게 가능한 성결은 하나님에 대해 생각하거나 말할 수 있는 가장 위대한 것, 즉 그의 성결의 표현일 뿐이다. 따라서 하나님에 대한 인간의 관점은 완전 또는 성결의 관념에 대한 필연적인 서론이다. 완전한 하나님만이 인간에게 경외함을 명령하고 인간의 경배를 받을 수 있다. 오직 거룩한 하나님만이 사람에게 성결을 취하라고 격려할 수 있다. 그러므로 오직 완전하고 거룩하신 하나님만이 당신 자신의 본성을 사람에게 나누어 주는 일을 할 수 있다. 이처럼 자신의 성품을 사람에게 나누어 주시는 하나님은 살아계신 인격적인 하나님으로 계시되어 있다.

II. 살아계시고 인격적이신 하나님

하나님의 존재는 구약성서에서 결코 의심받지 않는다. 구약성서의 큰 요지는 역사에 진입하고 사람들의 마음을 밝혀주신 거룩하고 의로우신 하나님의 계시이다. 제이콥(Edmond Jacob)은 다음과 같이 말한다. "하나님의 사실은 너무나 당연한 것이라서, 구약성서에서는 하나님의 기원이나 진화에 대한 추측의 흔적이 없다. 이웃 종교들이 혼돈의 조직의 첫 단계로 신들의 기원을 제시하는 동안, 구약성서의 하나님은 처음부터 있었다."[5] 구약의 하나님은 "인간의 삶과 자연 질서에 따라 행동하는 경험된 능력"이기 때문에, 하나님을 언어적 정의나 추상적 개념으로 한정하는 것은 불가능하다.[6] 따라서 신학자와 관련된 것은 "단순히 이스라엘의 여호와에 대한 명백한 주장일 뿐이다. 신학자는 무엇보다도 증거, 즉 이스라엘 자신이 여호와에 관해 증언한 것을 직접 다루어야 한다."[7]

신약성서는 구약성서의 패턴을 따라 그리스도가 하나님의 궁극적 계시라는 개념을 추가하여 하나님의 구속적 계시를 선포한다. 구약성서와 신약성서에서의 하나님에 대한 기본 설명은 그분이 살아계신 인격적 하나님이시라는 것이다.

A. 살아계신 하나님

"살아계신 하나님"이라는 용어는 이스라엘에게 깊은 의미가 있었다. 야곱이 하나님을 "살아계신 하나님이라고 말하는 것은 그 자체가 불가능했던 힘, 즉 살아 있는 존재로서만 상상할 수 있는 권력의 경험에 직면하여 갖는 인간의 원초적이고 장엄한 반응이었다."[8] 구약성서의 하나님을 식별하는 가장 전형적인 단어는 "살아 있다"는 단어이다(신 5:26; 수 3:10; 삼상 17:26; 시 42:2, 84:2; 사 37:4; 렘 10:10). "살아계신 하나님은 역사 속에서 행동하시고, 강한 구원의 행적을 행하시고, 사람들

5) *Theology of the Old Testament*, trans. A. W. Heathcote and Philip J. Allcock (London: Hodder and Stoughton, 1938), p. 37-38.

6) Otto Baab, *The Theology of the Old Testament* (New York: Abingdon-Cokesbury Press, 1949), p. 26.

7) Gehard Von Rad, *Old Testament Theology*, trans. D. M. G. Stalker (New York: Harper and Brothers, 1962), I. 105.

8) Jacob, op. cit., p. 38.

가운데서 능력을 나타내시는 하나님이시다."[9] 살아계신 하나님은 또한 말씀으로 자신을 계시하시고 사람에게 직접 말씀하신다. 주님의 말씀과 주님의 행위를 인위적으로 구분하는 것은 성경의 계시에 위배된다. "주님께서 말씀하신다"는 구약성서 가르침의 성격은, 하나님의 행위만큼이나 많은 부분을 차지한다. 살아계신 하나님은 행동과 말씀을 함께 하시는 하나님이었다. 하나님의 행위와 하나님의 말씀은 모두 인간의 성결과 관련이 있다.

B. 인격자이신 하나님

하나님에 대한 성경적 개념은 항상 강력하게 인격적이다. 어떤 연구가는 살아계신 하나님에 대한 관념의 중요성을 다음과 같이 강조했다. "그(하나님)를 하나의 인격자(a Person)가 아닌 어떤 것으로 만드는 것은, 무엇이라고 말하든 성서의 사상에서 심히 이탈할 것이다."[10] 하나님을 인격적인 것보다 작게 만드는 것은 하나님에 대한 관념에서 그 의미를 제거하는 것이다. 일부 이신론자들은 신과 인간의 만남이 일어날 수 있다고 암시했지만, 그 만남에서의 요소의 본질과 그러한 만남이 드물다는 사실은 여전히 인간에게 모든 실제적인 목적을 위해 신은 죽었다는 느낌을 준다.[11] 기독교 신앙의 하나님은 형이상학적, 추상적인 것이 아니라, 인격적인 하나님; 즉 행동하고 말씀하시고 인간의 삶에 개입하시는 하나님이시다.

---

9) Baab, op. cit., p. 24.

10) Millar Burrows, *An Outline of Biblical Theology* (Philadelphia: The Westminster Press, 1946), p. 60.

11) Donald A. Wells, *God Man and the Thinker* (New York: Random House,1962), p. 73.

1. 형이상학적 개념과 인격적인 개념

그리스인들의 *Nous*(이성) 이해로부터 폴 틸리히(Paul Tillich)의 "존재의 근거(ground of being)"에 이르기까지 하나님에 대한 모든 형이상학적 개념은 필연적으로 성경적 신 개념을 왜곡시킨다. 아울렌(Aulen)은 다음과 같이 말한다.

> 역사에 나타난 신에 대한 형이상학적 개념은 두 가지 대표적인 그룹으로 나눌 수 있다: 즉 신의 "초월적"인 것을 강조하는 이신론자와 하나님의 "내재적" 개념을 강조하는 범신론이다. … 어떤 경우든, 결국 인과성의 개념과 마주하게 되며, 믿음에 기반한 하나님의 살아 있는 개념은 사라지게 된다.[12)]

살아계신 하나님에 대한 믿음이 상실되면 종교는 비인격적이고 경험할 수 없는 것이 되며, 성결의 삶은 무시된다.

2. 행동하시는 하나님

최근 신학의 경향은 '일하시는 하나님'을 강조하는 것이었다. 이러한 하나님의 활동을 지적하면서 학자들은 하나님이 살아계시고 인격자임을 보여준다. 따라서 호튼(Walter Horton)은 다음과 같이 기술한다. "부모 신앙인 유대교처럼 기독교는 주로 역사적 사건과 인물에서 하나님의 계시의 매체를 본다."[13)] 밥(Otto J. Baab)은 행동하시는 하나님을 다음과 같은 말로 설명한다.

---

12) Gustaf Aulen, *The Faith of Christian Church*, trans. Eric H. Wahlstrom (Philadelphia: Fortress Press, 1960), p. 132.

13) *Christian Theology: An Ecumenical Approach* (New York: Harper and Brothers, 1955), p. 46.

이스라엘의 기록에서 볼 수 있듯이 하나님의 생각 그 자체의 본질은 창조적인 힘을 표현하는 역동적이고 기능적인 용어를 요구한다. … 그의 삶은 인간의 삶과 상호 작용한다. 그는 역사적 과정을 거치고 그 안에서 역사한다. 그의 활동에는 변화, 성장, 파괴, 전달, 패배, 승리 그리고 다른 모든 삶의 징후들이 존재한다. [14]

라이트(G. Ernest Wright)에게 있어, 하나님에 대한 지식은 역사에서 발견된다. 그리스도와 교회조차도 "주권자인 하나님의 목적이 있는 활동과의 관계에서만 이해될 수 있다."[15] 그러나 하나님은 말씀도 하시고 행동도 하신다.

3. 말씀하시는 하나님

하나님은 행동하시지만 또한 말씀하신다는 것은 사실이다. 구속 역사에서의 하나님의 활동을 강조하고 하나님과 사람과의 직접적인 교통을 생략하는 것은 온전한 성경의 설명을 저지하는 것이다. 물론 활동 중에 말하는 것도 포함될 수 있지만, 하나님의 활동을 강조하는 대부분의 현대 학자들은 그렇지 않다. 사건들도 중요하지만 견해와 개념도 중요하다. 그리고 인격적이요, 살아 있는 존재에게 있어서 가장 높은 유형의 계시는 물질적 사건이 아니라 개인화된 개념, 개인화된 관계이다. 더욱이 사건 자체에 대한 주관적 해석이 다양하다. 따라서 사건 전후의 개념적 진실은 다음 두 가지 이유로 전달되어야 한다. (1) 근거를 이해하기 위해, 근원 또는 사건의 동기를 이해하고 따

14) Op. cit., p. 26.

15) G. Ernest Wright and Regnald Hl Fuller, *The Book of the Acts of God* (London: Gerald Duckworth and Co. 1960), p. 24.

라서 사건의 의미를 설명한다. (2) 개인이나 그룹이 사건에 참여하지 않은 사람들에게 그 사건을 재현하거나 영구적인 잔여물을 전달하거나 전파하기 위해, 또는 개념을 전달하거나 이전 또는 전파하도록 하는 것이다.

라이트(Wright)는 하나님의 활동의 이러한 측면을 인정한다.

> 성경에서 모든 역사적 사건은 역사가와 예언자, 그 당시에 있었던 사람들, 그리고 신앙공동체의 종교 숭배자들에 의해 항상 해석된다. 따라서 모든 사건에는 의미의 맥락이 붙어 있었다.[16)]

4. 인격적인 하나님과 인간

인격적인 하나님은 창세기 3:8에서 아담과 하와와 교제하기 위해 저녁에 오셨다고 묘사되어 있다. 여기서 나중에, 죄를 범한 아담과 하와를 놀라게 한 것은 "하나님의 목소리"였다. 하나님은 노아에게도 말씀하셨다. 여기서 노아에게 전달한 말씀이 방주 건축, 홍수 등 뒤이어 일어난 모든 것이 있게 되었다. 또한 하나님이 모세에게 말씀하셨고 민족이 탄생했다. 마찬가지로 하나님이 사무엘에게 말씀하셨고 선지자가 생겼다. "주께서 이와 같이 말씀하시매"가 예언적 발언의 발판이 된 것이다. 예언자가 말하는 많은 역사적 사건은 하나님의 말씀에서 나오는 명령과 불가분의 관계가 있다.

성서적 믿음이 생기는 것은 인격적인 하나님을 기초로 하기 때문이다. "인격적인 하나님에 대한 표현이, 신적 본성의 단일성 내에서 어떠한 복수성과도 관련 없이, 이와 같이 사용될 때, 그것을 사용하는 사람들의 마음속에 실제로 있는 것은 언제나 인격적 관계, 즉 예배, 신

---

16) Ibid., p. 19.

뢰, 사랑의 관계, 즉 자신과 하나님 사이의 관계의 가능성"[17]이라고 생각한다. 따라서 성서적 종교는 인격적인 하나님의 존재를 받아들이는 데 기초를 두고 있다. 윌리엄 템플(William Temple)이 말했듯이, "종교적 믿음은 하나님이 있다고 가정하는 데 있지 않고, 하나님과의 개인적인 교제에 이르게 하는 개인적인 신뢰에 있다."[18]

성결의 경험을 가능하게 하고 필요하게 하는 것은 인격적인 하나님과의 인격적인 사귐이다. 성결의 경험은, 살아계신 하나님이 그 자신의 본질과 능력을 사람에게 나누어 주시기 때문에 가능하다. 성결의 경험은 하나님께서 거룩함의 근거 외에 다른 어떤 근거 위에서는 지속적이고 점진적인 교제를 허용하실 수 없기 때문에 필요하다. 하나님을 살아계시고 개인적인 존재로 생각하는 것은 성부 하나님 대한 생각에서 절정에 이른다. 성결에 대한 생각은 또한 성부 하나님의 가르침에서 절정에 이른다.

인간과 관련하여 성부 하나님은 인류를 구원하기 위해 아들을 보내심으로써(요 3:16) 최고의 방법으로 표현되었다. 바턴(George A. Barton)은 하나님의 아버지 되심에 대한 사상을 다음과 같이 표현하였다.

> 예수님의 모든 사역은 아버지의 본성에 기초를 두고 있다. 그는 아버지가 하시는 일을 본 것 외에는 아무것도 하지 않는다. 하나님은 영적인 생명과 축복을 주시기를 기뻐하신다. 그리고 바로 이 목적을 위해 그의 아들을 이 땅에 보내셨다.[19]

---

17) C. C. J. Webb, *God and Personality* (London: George Allen and Unwin Ltd., 1918), p. 70.

18) *Basic Convictions* (New York:Harper and Brothers, 1936), p. 7.

19) *Studies in New Testament Christianity* (Philadelphia: University of Pennsylvania Press 1928), p. 51.

성부 하나님께서 인류의 아들들에게 베푸실 수 있는 가장 큰 축복은 그의 거룩한 성품을 나누는 축복이다. 사람의 아들들이 아버지께 드릴 수 있는 사랑과 순종의 가장 큰 표현은 하나님께서 사람에게 주시는 최고의 선물인 성결을 받아들이는 것이다.

계시의 하나님은 이와 같이 참되고 살아계신, 인격자이신 하나님이시다. 살아계시고 인격적이신 하나님의 가장 고상한 표현은 그의 성부 됨에서 찾을 수 있다. 하늘에 계신 아버지로서 그분은 자신의 거룩하고 구속하시는 사랑을 나타내기 위해 사람을 만나신다. 이것을 더 명확하게 이해하기 위해서는 하나님의 속성을 연구하는 것이 필요하다.

III. 하나님의 속성과 관련된 성결

성경은 추상적인 진리가 아니라 인간의 구속에 관한 것이다. 편재, 전지, 전능과 같은 추상적인 용어는 구약성서의 용어와는 다르며, 히브리어에는 존재하지 않는다. 추상적인 용어 대신에 성경은 행동하는 하나님에 대한 기술적인 용어나 인간에 대한 하나님의 주권적 관계에 대한 명령적인 용어를 사용하고 있다. 따라서 성경의 기록은 활동하시는 하나님으로 시작한다. "태초에 하나님이 천지를 창조하시니라"(창 1:1). 그분의 활동에 더하여, 하나님은 말씀과 선언으로 자신을 계시하신다. "이스라엘 자손의 온 회중에게 고하여 이르라 너희도 거룩할지어다 나 여호와 너희 하나님이 거룩함이니라"(레 19:2).

소위 속성이라고 하는 것이 성경에 자주 나타나지는 않지만, 성경은 하나님이 어떤 특성을 갖고 계시는지 제시하고 있다. 하나님의 속성에 대한 개념에 도달할 수 있는 것은 하나님의 활동에 대해 계시된 설명과 그분의 개인적인 자기 계시로부터이다. 하나님의 모든 속성은 하나님과 사람의 성결과 관련되어 있다.

A. 예비적 관찰

하나님의 행위는 경외감을 불러일으킬 수 있고 그의 말씀은 주의를 끌 수 있다. 그러나 하나님의 본질을 부분적으로나마 이해하면 구속 과정에서 성결이 차지하는 위치를 이해할 수 있다.

1. 속성에 대한 정의

한 현대 신학자는 속성을 "성경에 계시되었고 그리고 그의 다양한 일에서 행사하고 보여주신 하나님의 이런 완전함"[20]으로 정의한다. 이러한 하나님의 완전성은 하나님께서 그것들을 갖고 계시다는 의미에서의 특성, 자질, 성격이 아니라 하나님이 어떤 분이신지 대한 필수적인 측면이다. 또한 이러한 하나님의 완전성은 사람이 하나님을 이해하기 위해 그분에게 속한 것으로 돌리는 어떤 특성도 아니다. 속성은 객관적이고 실제적이다. 속성은 계시에 따라 하나님을 있는 그대로 설명하는 방법이다. 그러므로 하나님은 사랑의 성질을 가지고 있는 것이 아니라, 하나님은 사랑이시다. 하나님이 사랑하실 때 그의 성품의 특정한 성질을 나타내시는 것이 아니다. 하나님이 사랑하실 때 그는 그의 본성을 나타내시는 것이다. 하나님이 거룩하다고 할 때 그의 본질적인 것이 다시 드러난다.

---

20) Carl F. H. Henry, ed., *Basis Christian Doctrine* (New York: Holt, Rinehart and Winston, 1962), p. 22.

2. 속성에 대한 지식은 계시의 결과이다.

하나님의 신비는 계시로 자신을 나타내실 때를 제외하고는 그분에 대한 모든 지식을 제거한다. 에밀 브루너(Emil Brunner)가 지적했듯이, 하나님은 인간이 자신의 이성으로 조작할 수 있는 대상이 아니다.[21] 그가 자신을 나타내기로 선택하지 않는 한, 하나님은 접근할 수 없는 빛의 깊숙한 곳에 거하시는 신비이다. 그리고 그분이 자신을 나타내실 때에도 "믿는 자는 하나님께서 자신의 속성에 관해 계시하신 모든 것을 완전히 이해할 수 없을 것"[22]이다.

> 하지만 사람은 하나님의 본질적 존재에 대해 몇 가지 포괄적이고 최종적인 언급을 해야 한다. 그렇지 않으면 하나님에 대한 전체 개념은 단지 형식적이거나 학문적이며 무의미해지기 때문이다.

현대인의 생각은 하나님에 대한 어떤 궁극적인 표를 제시하거나 받아들이는 것을 불가능하게 여기거나 주저하는 것 같다. 하나님의 본성에 대한 이러한 혼란은 교회의 영향력을 최소화했다. 헨리(Carl Henry)가 말한 대로 "하나님의 본질적인 존재에 대해 문자 그대로 말할 수 없는 현대의 무능력, 단지 관계적인 성찰에 대한 만족, 또는 하나님 자신에 대한 상징적 또는 유추적인 예측에 대한 만족은 서구 세계에 있어 더 큰 종교적 쇠퇴를 예상한다."[23] 분명한 것은 성결의 메시지는 소중한 성경 계시에 기초해야 한다.

---

21) *The Christian Doctrine of God*, trans. Olive Wyon (Philadelphia: The Westminster Press, 1950), p. 14.

22) Henry, op. cit,, p. 22.

23) Carl H, Henry, ed. *Christian Truth and Modern Theology* (New York: Channel Press, 1964), p. 92,

3. 성결과 관련된 하나님의 속성

하나님의 모든 속성 또는 하나님의 완전성은 어떤 식으로든 사람의 성결과 관련이 있다. 그러나 여기에서는 가장 밀접하게 관련된 것들에 주의를 기울일 것이다. 편의상 그것들은 두 그룹으로 나누어질 것이다. (1) 기본적 속성- 즉 하나님께만 속해 있고 인간에게 부여할 수 없는 속성, (2) 공유적 속성- 즉 부분적으로 사람에게 주어질 수 있는 속성이 있다.

B. 기본적 속성

1. 자급자족

하나님의 자급자족, 독립성 또는 동일성은 그분에게는 기원이 없고, 창조된 분이 아니며, 아무것에도 의존하지 않는다는 것을 의미한다. 모세는 그에게 주어진 사명을 보고 떨면서 자신의 지도력을 뒷받침하기 위해 사람들에게 제시할 몇 가지 신임장을 원했다. 그때 하나님의 대답은 "나는 스스로 있는 자니라(I AM THAT I AM)"였다. 그리고 말씀하시기를 "너는 이스라엘 자손에게 이같이 이르기를 내가(I AM) 너희에게 보냈다"(출 3:14)고 하셨다. 브루너(Brunner)는 "I AM"의 의미를 다음과 같이 해석한다. "이 신성한 이름의 의미는 바로 이것이다. 나는 신비한 자이며 나는 계속 그렇게 있을 것이다: 나는 나인 것이다(I am that I am). 나는 비교할 데 없는 자이다. 그러므로 나는 정의할 수도 없고 이름을 붙일 수도 없다."[24)]

하나님의 자급자족은 시작도 끝도 없이 독립적으로 존재함을 의미할 뿐만 아니라 또한 그의 천명, 그의 사역, 그의 역사에서의 섭리, 그

---

24) Op.cit., p. 120.

의 구속 활동 등을 포함한 그의 기본적인 본질을 특징짓는다. 자급자족하는 하나님으로서 그는 필요한 것이 없으시다. 토저(Tozer)가 지적했듯이, "하나님은 자신이 만드신 모든 것과 자발적인 관계를 갖지만, 자신 이외의 어떤 것과도 필연적인 관계로 필요하지는 않으신다."[25] 이와 같이 하나님과 사람과의 관계는 하나님에게 아니라 사람에게 유익하다. 그러므로 하나님이 인간에게 주는 가장 큰 선물은 성결이다.

하나님의 자급자족, 즉 완전한 독립의 관점에서 볼 때 성결의 삶은 하나님이 사람에게 주시는 가장 큰 제의이자 사람이 하나님께 가장 가까이 다가가는 것이다. 거룩하신 하나님은 당신의 본성을 사람과 나누는 것을 기뻐하셨다. 죄인이 자신의 죄악 된 인격을 지울 수 있을 때, 개인적으로 나(I am)는 비할 수 없는 계시의 그분(I AM) 앞에 절하고, 그러면 인간은 자신의 운명을 깨닫게 된다. 하나님은 그가 모든 생명과 숨과 모든 것을 주시는 것을 보시고, 마치 무엇이 필요한 것처럼 사람의 손으로 경배받지 않으신다(행 17:25). 하나님은 "만물을 그의 뜻의 결정대로 일하신다"(엡 1:11). 그리고 "주의 생각은 세세토록 서 있다"(시 33:11). 사람의 성결은 하나님의 성품에 더할 수 없으나 하나님의 성결은 사람이 그리스도의 성품에 이르게 하는 데 도움이 될 수 있다.

2. 영원성

성경은 종종 "영원하신 하나님"을 언급한다. 시편 기자는 "산들이 생기기 전, 땅과 세계도 주께서 지으시기 전 곧 영원부터 영원까지 주는 하나님이시다"(시 90:2)라고 노래함으로써 그의 찬사를 표현했다. 아브라함이 브엘세바에서 숲을 만들 계획을 세웠을 때 그는 "영원하신 하나님 여호와의 이름"(창 21:33)을 불렀다. 또한 이사야는 "영원히

25) Op.cit., p. 19.

거하시며 그 이름이 거룩하신"(사 57:15) 하나님에 대한 고상한 개념을 가지고 있었다. 바울은 "영원하신 왕"(딤전 1:17)에게 경의를 표했고, 베드로는 "우리가 주와 함께 있으면 하루가 천년 같고 천년이 하루"(딤전 1:17)라고 기록함으로써 시간이 지남에 따라 하나님의 초월성에 대한 개념을 표현했다(벧후 3:8). 마지막으로 요한은 하나님 안에는 시간이 있지만, 하나님은 영생에 거하신다고 하여 하나님을 알파와 오메가로 묘사하였다(계 1:8).

구원에 대한 하나님의 계획은 사람을 그의 영원에 참여하게 하는 것이다. 따라서 하나님의 사랑은 사람에게 확장되어 사람이 믿고 "영생을 얻게"(요 3:16) 한다. 하나님의 자비와 사랑의 최종 결과는 사람 안에 있는 개인적인 성결함이어야 한다. 왜냐하면 사람이 영원한 거처에서 거해야 한다면, 성결은 영생을 받을 뿐만 아니라 그것을 유지하기 위한 최고의 요구 사항이기 때문이다. 거룩하신 하나님은 사람이 거룩해져야만 영생에 참여하는 것을 허락하실 수 있다. 그렇지 않으면 하나님은 거룩하지 않은 존재들이 그분 자신의 영원한 본질을 공유해야만 하는 상황을 초래할 것이기 때문이다. 이것은 모순이자 부조리일 것이다. 거룩한 자만이 하나님의 영원한 날에 들어갈 수 있다,

3. 불변성

완전한 존재는 어떤 점에서도 증가하거나 감소할 수 없다. 따라서 불변성은 하나님의 불변의 본성을 의미한다. 하나님은 그의 존재에 관하여, 그의 명령에 관하여, 그의 일에 관하여 변하지 않으신다. 하나님은 말라기 선지자에게 말씀하시면서 "나는 여호와니 나는 변하지 않는다"고 하셨다(말 3:6). 히브리서의 저자는 하나님께서 "약속의 상속자에게 그 뜻이 변하지 아니함을 더욱 풍성히 보이시려고"(히 6:17)

하나님의 백성에게 평안을 주신다고 말하였다. 야고보는 하나님을 "빛들의 아버지시라 그에게는 변함이 없으시며 회전하는 그림자도 없으시다"(약 1:17)라고 묘사하였다.

하나님은 지금보다 더 거룩하거나 덜 거룩하실 수 없다. 하나님은 항상 그 이상으로 공평하실 수 없다. 하나님의 사랑은 증가하거나 감소하지 않을 것이다. 하나님은 의를 사랑하시고 죄를 미워하시는데 변함이 없으시다. 하나님은 사람의 거룩함을 주장하심에 그리고 "내가 거룩하니 너희도 거룩할지어다"(레 19:2; 벧전 1:16)라는 부르심에 있어서도 여전히 변함이 없으시다.

인간은 성경의 구속 메시지를 현대 사회에 적합하도록 할 정당한 의무가 있다. 그러나 인간이 하나님의 본질적 존재를 변화시키는 방식으로 하나님에 대한 개념을 수정할 때 사람은 진리를 찬탈한다. 변화하는 가치관에 맞게 하나님을 빚는 것은 하나님을 사람의 형상으로 만드는 것이다. 하나님은 변함이 없으시기 때문에 사람의 성결을 요구하시는 것도 변함이 없다. 성결에 대한 부르심은 시내산이나 신약성서에서 그랬던 것처럼 오늘날의 영적인 삶의 기본이다.

4. 편재성

하나님께서 공간을 초월하거나 제한이 없다고 언급될 때 이 완전함을 무한함이라고 한다. 또한 하나님이 창조의 모든 곳에 존재한다고 말할 때, 이 완전함을 편재라고 한다. 시편 기자는 하나님이 어디에나 계시다고 묘사하면서 다음과 같이 썼다.

> "내가 하늘에 올라갈지라도 당신은 거기 계시며
> 내가 스올에 내 자리를 펼지라도 당신은 거기 계시다

내가 새벽 날개를 치며 바다 끝에 가서 거주할지라도

거기서도 주의 손이 나를 인도하시며

주의 오른손이 나를 붙드시리이다"(시 139:8-10)

예레미야가 하나님을 대신하여 말할 때에, 사방에서 하나님이 계신다고 선포하였다: 주님께서 말씀하시기를 "내가 그를 만나지 못할 은밀한 곳에 몸을 숨길 수 있는 사람이 어디에 있겠느냐? 내가 하늘과 땅을 가득 채우지 아니하느냐"(렘 23:24). 요한복음은 또한 하나님이 영이시기 때문에 하나님의 보편성을 가르치고 있다(요 4:24).

영이신 하나님은 어디에나 계시기 때문에 그의 능력과 사랑도 어디에나 있다. 너무 멀리 떨어져 있는 사람은 없고, 하나님의 임재와 능력의 경계를 벗어나는 강한 죄도 없다. 이처럼 하나님은 어디에나 계시므로 성결의 삶은 어디에서나 가능하다. 하나님의 임재는 한계가 없기 때문에 성결은 하나님의 임재만큼이나 보편적이다.

5. 전능성

에밀 브루너(Emil Brunner)와 같은 일부 현대 학자들은 "전능한 힘"이라는 용어를 그리스 철학이 성경적 사고에 침입한 것이라고 거부한다.[26] 그래서 그는 "전능한 힘(omnipotence)" 대신에 "대단한 힘(almighty)"이라는 용어를 사용하는 것을 선호한다. 그러나 실제로는 그가 제시하는 구별은 억지스러워서 많은 사람들은 그의 '대단한 힘'이라는 견해에 동의하지 않을 것이다.

하나님은 자유롭고 주권적인 주님이시며, 그의 힘은 어떤 것이나, 그 누

26) Op. cit., p. 248,

> 구에 의해서도 제한될 수 없다. 그의 무한한 자유로 그분은 모든 것을 창조하셨다. 그분은 만물의 창조자이기 때문에 그 위에 완전한 권위를 가지셨다. … 하나님이 자신의 창조물에 대한 절대적인 주님이라는 사실은, 살아계신 하나님이신 그분의 본성의 중요한 부분 중 하나이다.[27]

따라서 전능하신 하나님은 자신이 창조하신 우주를 언제, 어떻게 원하실지 자유롭게 다루실 수 있다. 이것은 "하나님이 원하시는 것과 하실 수 있는 것 사이에 차이가 없으며, 그의 뜻에는 이미 실현이 포함되어 있다"[28]는 것을 의미한다.

이사야는 하나님의 능력을 피조물과 연관시켜 이렇게 기록했다. "너는 눈을 높이 들어 누가 이것을 창조하였는가 보라 만상을 수효대로 거기에서 나오게 하시나니 그가 그 모든 것을 그의 능력의 위대하심으로 이름을 부르시나니 이는 그분은 그 권세가 강하시다"(사 40:26). 시편 기자는 "권세는 하나님께 속하였도다"(시 62:11)라고 했다. 예수님은 "하늘과 땅의 모든 권세를 내게 주셨으니"(마 28:18)라고 말씀하셨고, 바울은 자연 자체가 하나님의 영원한 권능을 증거한다고 선언했다(롬 1:20). 하나님의 권능은 이처럼 그의 통치권을 표시한다. "그는 그의 뜻대로 행하시나니 … 그의 손을 막을 자가 없느니라"(단 4:35). 그러므로 토저(Tozer)는 전능자라는 단어가 "영어 성경에서 56번 나오며 결코 하나님 이외의 누구에게도 사용될 수 없는 말, 그분만이 전능하시다"[29]라고 말했다.

성결과 관련하여 하나님의 주권적 능력은 두 가지를 의미한다. 첫

27) Ibid., p. 250,

28) Ibid., p. 253.

29) Op. cit., p. 71.

째로, 사람은 피조물이고 하나님은 자신의 거룩한 본성에 따라 사람을 다루실 수 있기 때문에 사람의 거룩함을 요구하실 수 있다. 둘째로, 하나님의 능력은 사람에게 성결의 삶을 살 수 있는 적절한 능력을 주기에 충분할 것이다. 하나님의 능력이 죄를 이길 수 없다면 하나님은 전능하지 않을 것이다. 이런 의미에서 성결의 삶은 하나님의 창조와 구속하시는 능력에 대한 가장 큰 가능한 증거이다.

6. 전지

하나님의 완전한 지식을 전지라고 부른다. 하나님은 알 수 있는 모든 것을 아신다. 하나님은 자신을 포괄적이고 절대적으로 아신다. "하나님의 일은 하나님의 영 외에는 아무도 알지 못한다"(고전 2:11). 무한한 자만이 무한한 것을 온전히 이해하고 알 수 있다. 또한 하나님은 자신의 외부에 존재하는 모든 것을 알고 있다. 하나님은 현재까지 알 수 있는 모든 것을 아실뿐만 아니라 잠재적으로 가능한 모든 것을 아신다. 창조주는 모든 피조물과 그에 대한 완전한 지식을 가지고 계신다. 시편 기자는 하나님의 완전한 지식을 알고 있었다. "주께서 내가 앉고 일어섬을 아시고 멀리서도 나의 생각을 밝히 아신다"(시 139:2). 그리고 시편 기자는 아무것도 하나님 앞에 숨길 수 없음을 알고 있었다.

> "내가 혹시 말하기를 흑암이 반드시 나를 덮고
> 나를 두른 빛은 밤이 되리라 할지라도
> 주에게서는 흑암이 숨기지 못하며 밤이 낮과 같이 비추이나니,
> 주에게는 흑암과 빛이 같음이니이다"(시 139:11-12).

요한은 말하였다. "하나님은 빛이시라 그에게는 어두움이 조금도

없으시니라"(요일 1:5). 하나님의 말씀은 "마음의 생각과 뜻을 감찰하시는 자"(히 4:12)이시다. 아마도 하나님의 지식에 관한 가장 중요한 진술은 다음과 같은 말씀에서 찾을 수 있다. "피조물이 하나도 그 앞에 나타나지 않는 것이 없고 오직 만물이 우리와 함께 하실 이 앞에 벌거벗은 것같이 드러나 있느니라"(히 4:13).

하나님의 지식이 완전하다면 몇 가지 생각이 떠오른다. 첫째는, 하나님은 사람이 자기 자신을 아는 것보다 사람을 더 잘 안다는 것이다. 유한자는 무한자를 이해할 수 없지만, 무한자는 유한자를 이해할 수 있다. 따라서 모든 약점, 모든 속임수, 이기심의 모든 조각, 모든 교만 행위, 악에 대한 모든 충동이 하나님께 알려져 있다. 둘째는, 그런 무서운 지식 앞에서 인간의 유일한 희망은 하나님의 사랑과 자비와 은혜이다. 셋째는, 하나님이 사람을 잘 아시고 사람에게 거룩해야 한다고 지시하신다면 성결은 가능한 것이다. 하나님을 전지하신 분으로 여기면서, 하나님이 인간에게 불가능한 것을 기대하신다는 것은 모순이다. 그러므로 성경의 계시가 하나님을 지식에서 완전하다고 생각하고 또한 인간적으로 성결을 받을 수 있는 후보자로 생각한다면, 가능한 유일한 반응은 성결의 삶을 하나님의 뜻으로 받아들이는 것이다.

요약

하나님에 대한 인간의 개념은 매우 중요하다. 인간과 하나님과의 관계는 하나님에 대한 그의 견해의 근원이고 결과이다. 더 나아가, 인간의 자신에 대한 관념은 하나님에 대한 그의 관념에 크게 달려있다.

성경은 하나님을 살아계시고 인격적인 분으로 제시하고 있다. 하나님에 대한 인간의 이해는 그의 속성에 대한 논의로 기술적으로 표현된다. 이러한 속성 중 일부는 기본적이다. 즉 그것들은 다른 인격으로 이전될 수 없는 하나님의 완전성이다. 하나님의 다른 속성은 공유가 가능한 것들이며, 특정 조건이 충족되면 사람에게 전달될 수 있는 것들이다.

3장
하나님의 성결

히브리 종교 배경을 가진 한 학자는 “랍비 문학에서 하나님에 대하여 가장 많이 사용된 이름은 거룩하신 분(The Holy One)”이라고 말했다.[1] 이사야와 같은 구약의 저자들도 또한 하나님을 “거룩하신 분”이라고 불렀다. 또한 아울렌(Aulen)은 “성결이 하나님에 대한 전체 개념의 기초”라고 말한다.[2]

> 게다가, 그것은 각각의 다양한 요소들에 특정한 강조를 부여하고 그것들을 하나님에 대한 더 완전한 개념의 일부로 만든다. 하나님의 사랑, 권능, 의로움을 언급하든 하나님에 대한 모든 말씀은 그의 거룩함을 배경으로 투영되지 않을 때는 확인이 될 수 없게 된다.[3]

하나님의 본성에 대한 설명으로서 거룩이라는 용어의 의미는 구약의 전체종교를 ‘성결의 종교’로 특징짓는 것이 가능하다는 사실이 밝혀졌다는 사실을 나타낸다.[4]

---

1) Solomon Schechter, *Some Aspects of Rabbinic Theology* (New York: Macmillan Co., 1910), p. 199.

2) Op. Cit., p. 103.

3) Ibid.

4) Walter Eichrodt, *Theology of the Old Testament*, trans. J. A. Baker (Philadelphia:

서론에서 성결에 대한 정의를 말했다. 그러나 그것이 하나님과 관련되어 있기 때문에 성결이라는 용어는 보다 포괄적인 분석이 필요하다. 데이비슨(A. B. Davidson)에 따르면, "현대 용법에서 '성결'이라는 용어는 적절한 의미에서 멀어져 원래의 포괄적인 의미를 잃어버렸"[5]다고 말했다. "개념의 원래 내용은 지금은 복구할 수 없는 것"[6]이지만 거룩이라는 용어의 기원과 의미를 설명하기 위한 시도는 계속되었다. 이 용어의 의미에 대한 가장 두드러진 두 가지 설명은 진화론적 또는 자연주의적 설명과 신비주의적 설명이다. 성결 그룹들은 일반적으로 자연주의적인 접근과 신비적인 접근을 거부하고, 성경 계시에 근거한 설명을 선호한다.

Ⅰ. 성결 개념의 발전

일부 학자들은 생물학적 진화라는 과학적 가정을 종교의 발전에 적용하여 성결의 개념을 금기(tabu) 또는 금지(taboo)의 개념 또는 종교의 원시적 표현과 연관시켰다. 스미스(W. Robertson Smith)는 "성결은 본질적으로 자연물을 자유롭게 사용하는 인간의 자유에 대한 제한"이라고 주장한다.[7] 그는 원시인들이 일반적으로 초자연적인 형벌에 대한 두려움을 수반하는 자연물을 자의적으로 사용하는 인간에 대한 제한 체계를 채택하기 때문에 성결의 개념은 금기의 개념과 관련이 있다고 말한다. 스미스는 계속해서 말한다.

Westminster Press, 1961), I, 270.

5) *Ezekiel* (Cambridge University Press, 1892), p. xli.

6) Ibid.

7) *Religion of the Semites* (London: Adamond Charles Black, 1907), p. 150.

모든 셈족(Semites)은 성결의 법칙과 더불어 부정함에 대한 법칙을 가지고 있다는 것과 그 둘 사이의 경계가 종종 모호하다는 것, 그리고 전자와 후자가 야만적인 금기와 세세한 점에서 가장 놀라운 일치를 보여준다는 사실은 성결 관념의 기원과 궁극적인 관계에 대해 합리적인 의심을 남기지 않는다.[8)]

성결에 대한 자연주의적 해석은 프레이저(J. G. Frazer)에 의해서도 제시되었다. 더 진보된 그룹의 성결 개념을 원시 그룹의 성결 개념과 대조하면서 그는 "야만인은 그들 사이에 그러한 도덕적 구별을 만들지 않는다. 성결과 오염에 대한 개념이 그의 마음에서 아직 구별되지 않았다"고 결론지었다.[9)]

성경적 관점에서는 성결의 기원을 이처럼 설명하려는 시도는 받아들일 수 없다. 왜냐하면 이것은 하나님의 구속적 계시의 개념을 완전히 무시하기 때문이다. 또한 금기의 개념을 성결에 대한 윤리적 개념으로의 발전으로 받아들여져 본래의 성결으로부터의 퇴행으로 설명할 수 있기 때문이다.

Ⅱ. 성결의 신비적 해석

루돌프 오토(Rudolph Otto)는 성결의 개념에 대한 신비적 해석을 대중화했다. 그는 "성결-거룩함이 종교의 영역에 고유한 해석과 평가의 범주"[10)]라고 말했다. 그에 따르면 모든 종교는 의미의 명백한 "과

8) Ibid., p. 153.

9) *The Golden Bough* (New York: St. Martin's Press, 1966 [reprint]), II, 224.

10) *The Idea of the Holy*, trans. John W. Harvey (New York: Oxford University Press, 1958), p. 5.

잉"을 가지고 있다. 이 과잉, 이 대답 없는 "어떤 것", 즉 "완전한 타자(wholly other)"는 모든 종교에 다 있는 것이다. 계속해서 오토는 말한다.

> 그것이 진정한 가장 깊은 핵심으로 살지 않는 종교는 없다, 그것이 없다면 어떤 종교도 그 이름에 걸맞지 않을 것이다. 그것은 특히 셈족 종교에서 살아있는 힘이며, 이것들 중 성경에 있는 것과 같은 활기를 다시 가진 것은 없다. 여기서, 그것의 이름은 히브리어 카도쉬(*qadosh*), 그리스의 하기오스(*hagios*)와 라틴의 산투스(*sanctus*), 그리고 더 정확하게는, 사카(sacer)가 유사한 용어이다.[11]

오토(Otto)는 라틴어 신성-신성한(numen-numinous)에서 새로운 단어를 만들어 거룩의 원래 의미에서 "과잉"을 되찾으려고 시도한다.[12] 스미스(C. Ryder Smith)는 오토가 "신성한"이라는 단어를 분석하기 위해 세 가지 다른 용어를 사용했다고 지적한다.[13] 첫 번째 용어는 미지(the unknown)의 감각을 의미하는 신비이다. 미지의 감각과 함께 생물체의 느낌, 무력감, 공포감이 펼쳐지는 것, 뱀이 새를 매혹하는 것처럼 섬뜩한 매혹도 있고, 그 신비로움은 두려울 뿐만 아니라 매력적이기도 했다. 여기에 거룩이라는 말의 역설이 있다. 비록 하나님은 격리되어 있고 무서운 존재이지만, 인간은 하나님과의 어떤 관계를 원한다.

거룩에 대한 오토의 견해는 신학 사상에서 널리 받아들여졌다. 그의 견해의 영향의 전형은 다음과 같다; "성서적으로 성결과 신성함(*numinous*)은 동일하다. 히브리 사상에서 이 개념은 고유한 지배적인

11) Ibid., p. 6.

12) Ibid., p. 7.

13) *Bible Doctrine of Man* (London: Epworth Press, 1954), p. 38.

위치를 차지하여, 인격적인 하나님과 신성함(*numinous*)을 동일시한다."[14] 다른 학자는 오토를 다음과 같이 칭찬했다. "오토의 성결에 대한 견해는 분명히 바르트(Barth)의 로마서 주석과 마찬가지로 종교적인 기반 위에서 삶의 방향을 바꾸었고, 자유주의 개신교 신학적 관점으로 크게 잃었던 깊은 경험의 차원을 강조했다."[15]

성결 신학은 성결 관념의 기원을 설명하려는 오토의 시도에 대해 심각한 보류를 표명할 것이다. 위대한 "스스로 있는 자(Great I AM)"이신 성경의 하나님은 오토의 "완전한 타자(wholly other)"와는 근본적으로 다르다. 성경의 하나님은 사람과 언약의 관계를 맺는 살아 있는 인격적 존재이시다. 오토의 신비함은 성경 계시의 인격적 하나님보다 동양 신비주의와 더 조화를 이루는 것으로 보인다. 동양의 신비주의는 하나님을 인간에게 숨겨져 있는 비인격적이고 초월적인 존재로 제시한다. 성경 계시는 하나님을 인간의 역사에 개인적으로 관여하신 분으로 제시한다. 그렇기 때문에 일각에서는 오토의 입장을 비판하기도 했다.[16]

---

14) Melancthon W. Jacobus, *A New Standard Bible Dictionary* (New York: Funk and Wagnalls Co., 1936), p. 356.

15) Robert F. Davidson, *Rudolf Otto's Interpretation of Religion* (Princeton N. J.: Princeton University Press, 1947), p. 16.

16) 심리학자 L. W. 그렌스테드(Grensted)는 심리학자 오토의 죽음에 대한 이론에 대해 의문을 제기하면서 다음과 같이 썼다. "거룩에 대한 이러한 해석은 상당한 영향을 미쳤지만, 그 특성상 명확한 진술이나 증거가 없는 추측으로 남아 있다. … 우리 자신보다 위대하다"(L. W. Grensted, *The Psychology of Religion*, New York: Oxford University Press, 1912, p. 158).

또 다른 심리학자는 오토의 이론이 매력적이라고 생각하면서도 그것이 심리학적으로 수용 가능한지 확신하지 못한다고 주장한다. 왜냐하면 그의 이론은 "거의 완전히 직관적이고, 신과의 접촉"을 말하고 있기 때문이다(Walter H. Clark, *Psychology of Religion*, New York: The Macmillan Co. 1958. p. 59).

III. 성결에 대한 성서적 계시

웨슬리의 학자들은 “성결”이라는 용어의 의미를 논의할 때, 성서적 용어와 성서적 경험을 사용하는 것을 선호한다. 채프먼(James B. Chapman)에 따르면, 성결에 대한 성서적 용어에 대한 이러한 관심은 두 가지 목적을 제공한다. 우선 과거의 사람들이 갖고 있었고 전파한 진리들을 표현할 때 어떤 용어를 사용했는지를 아는 것이 중요하다. 채프먼은 다음과 같이 기록했다.

> 우리는 두 가지 이유 때문에 이 단어를 알기를 원하다; 즉 우리는 그러한 지식이 그들의 사용자가 우리가 들었던 견해를 실제로 가지고 있었다는 확신을 줄 수 있는지, 그리고 다양성과 충만함을 위해 그것들을 우리 자신의 단어 목록에 포함할 수 있는지를 알고 싶기 때문이다.[17]

두 번째로 의미 있는 용어는 “정확하고 적절한 언어로 우리가 찾은 보물에 대하여 다른 사람들에게 알리고 싶다”는 실용적인 목적을 가지고 있다.[18]

A. 성결에 대한 구약성서의 의미

성결이라는 용어에 대한 이해는 성경 본문에 있는 용어의 의미를 연구함으로써 얻을 수 있다. 구약에서 가장 큰 단어 군 중 하나는

---

17) James Chapman, *The Terminology of Holiness* (Kansas City: Beacon Hill Press, 1947), p. 16.

18) Ibid.

kodesh(분리됨)라는 단어와 그 동족어로서 830회 이상 나타난다.[19] 이러한 용어는 기본 용어의 여러 의미를 의미한다. *kodesh*(qadosh)라는 용어에는 존재론적 초월성과 도덕적 초월성을 모두 표현하려는 시도가 있다. 이 용어에는 세 가지 의미가 내포되어 있는데, 주로 "제쳐두다", "분리하다"를 의미한다.[20] 첫째, 그것은 시내산(출 19:12)이나 방주(삼상 6:20)의 경우처럼 위험하기 때문에 분리되거나 접근할 수 없는 것을 의미한다. 두 번째로 이 용어는 출애굽기 19:6에서와 같이 도덕적 탁월함과 하나님 예배를 위해 따로 떼어놓는 것을 의미한다. 셋째로는 *qadosh*는 존재론적이고 윤리적인 우수성 때문에 접근할 수 없음을 의미한다.

이스라엘의 하나님은 결코 추상적이거나 냉담하고 알려지지 않은 하나님이 아니었다. 이스라엘의 하나님은 사람에게 관심이 있으셨고 사람에게 자신을 나타내셨다. "하나님의 자기-표현(self-manifestation)에 대해 우리는 *kabod*(무거운)라는 성경 용어를 가지고 있다."[21] 이 용어에 대한 연구는 분리 외에도 다른 의미를 나타내는데, 그 중요한 의미는 다음과 같은 것들이다.

> 하나님의 윤리적 본성, 역사에서의 그의 자기-표현, 하나님의 출현에 수반되는 불과 구름과 같은 다양한 물리적 현상; 우주의 아름다움과 조화 속에서의 그의 자기-계시, 즉 "하늘은 하나님의 영광을 선포하고, 땅은 그의 손으로 하신 일을" 드러낸다.[22]

---

19) Turner, op.cit., p. 21-22.

20) Israel Efros, "Holiness and Glory in the Bible," *Jewish Quarterly Review*, XLI, 364,

21) Ibid, p. 366.

22) Ibid., p. 367-68,

위의 논의에서 *kodesh*라는 단어와 그의 동족 언어들에서 세 가지 개념이 파생되어 그것이 빛남, 분리 또는 도덕적 순결을 의미하게 된다.

1. 광채로서의 성결

그 용법에 따르면, 성결(kodesh)이라는 단어의 하나의 의미는 "찬란하게 터지다"이다.[23] 형용사 *kuddusa*(아카디아어)는 *ellu* 및 *ebbu*와 병행하여 사용되며 결과적으로 "밝고, 빛난다, 청결하다"를 의미한다고 볼 수 있다.[24] 밝음은 아카디아어의 성결에 대한 개념의 구성 개념이자 그 언어의 히브리어 개념의 본질적인 측면인 것 같다.

광채의 개념은 레위기 10:3과 출애굽기 29:43에 나타나 있는데, 그곳에서 하나님은 성문에서 이스라엘 자손을 만나실 것이고, 그리고 " 내 영광으로 거룩하게 될 것이다"라고 말씀하고 있다. 또한 이사야의 고상한 환상(사 6:3)에서 다음과 같이 묘사하고 있다. "거룩 거룩 거룩하다 만군의 여호와여 그의 영광(거룩함)이 온 땅에 충만하도다." "거룩함이라는 단어는 에스겔에서 17번이나 주님의 임재의 광채를 묘사하는 데 사용되었는데, 그들은 하나님의 영광을 물리적 현상, 즉 밝고 불타는 임재로 표현하고 있다."[25] 광채로서의 성결에 대한 또 다른 뛰어난 예는 출애굽기 25:11에서 발견되는데, 거기에 "누가 주와 같이 거룩함에 영광스러울 것인가?"라고 기록하고 있다. 이 경우에는 *kodesh*의 동의어인 히브리어 *kabod*가 사용된다. 둘 다 빛남으로서의 성결의 의미를 전달하는 것으로 볼 수 있다.

23) Helmer Ringgren, "The Prophetical Concept of Holiness," *Uppsala Ludequistska Bokhanjelen* (Leipzig: Otto Harrassowitz, 1948), II. 6,

24) Ibid.

25) Ibid.

위에서 인용한 모든 경우에 성결이라는 단어의 내용은 분명하다. 따라서 그 단어가 단지 관계만을 의미한다고 말하는 것은 적절하지 않으며, 또한 하나님과 사람 사이의 분리를 의미한다고 말하는 것도 적절하지 않다. 한 학자는 성결의 의미를 다음과 같이 요약했다. "그것은 또한 히브리인들이 여호와로 인정한 인격적인 타자(Personal Other), 긍정적인 활동과 찬란한 존재를 나타내게 된다."[26] 불타는 시내산에서 보였듯이 그는 긍정적이고 급진적으로 빛났다(출 19:18). 모세가 그의 백성에게 내려온 후에도 그를 바라보는 사람들의 눈을 현혹하기에 충분한 하나님의 빛남을 그의 면전에서 반사했다.

시편 기자는 전능하신 하나님 여호와께서 시온에서 "빛을 발하셨다"고 기록하고 있다(시 50:2). 이사야 선지자는 "이스라엘의 빛은 불이 되고 그의 거룩한 자는 불꽃이 되리라"(사 10:17)고 말함으로써 하나님의 능력을 묘사했다. 같은 방식으로 솔로몬의 성전 봉헌식에서 "구름이 여호와의 전에 가득하매 제사장들이 그 구름으로 말미암아 능히 서서 섬기지 못하였으니 이는 여호와의 영광이 여호와의 전에 가득하였다"(왕상 8:10-11). 이 경험에 대한 기억과 그것을 설명하기 위한 비유적 표현의 발전은 후기 유대 전통의 여호와의 모습에 나타나 있다. 그러므로 "거룩함"을 뜻하는 *kodesh*라는 단어의 한 가지 의미는 빛남 또는 광휘로 종종 하나님의 독특한 성품과 두려운 임재이다.

2. 분리로서의 성결

아마도 학자들 사이에서 일반적으로 유지하고 있는 견해는 *kodesh*가 "절단" 또는 "분리"의 원 의미를 가지고 있다는 것이다. 이런 의미

26) Norman Snaith, *The Distinctive Ideas of the Old Testament* (London: The Epworth Press, 1950), p. 49.

에 언약궤는 하나님을 예배하는 용도로 사용되기 때문에 거룩함이 부여된 거룩한 물건으로 옆으로 치워지거나 분리되었다. 이 거룩함의 특성은 우연하고 허용되지 않는 접촉의 경우에는 비극적이고 무서운 권세를 가졌다. 법궤가 소에 의해 예루살렘으로 운반되고 있을 때 궤를 붙들기 위해 손을 뻗은 웃사가 죽임당한 사건은 거룩한 용도로 구분된 것은 거룩한 것임을 보여주는 한 예이다. 사물에 적용할 때, 성결이라는 용어는 "분리되거나 떨어져 있는 일반적인 의미로 사용되지 않는다. 그것은 항상 하나님을 위해 분리되거나 하나님의 영역에 속함"[27]을 의미한다.

*kodesh*라는 용어는 분리의 의미로 이스라엘 백성에게도 적용되었다. 성결이 언약 백성과 언약 규례에 귀속될 때 그것은 두 가지를 의미한다. 첫째, 세상 밖으로 끌려 나가는 것, 둘째, 하나님께 인정받는 것이다. 이 성결의 특성이 사람이나 사물과 관련될 때는 그것은 결코 자연적인 특성에 의존하지 않는다. 천연적인 순결함과 불순함이라는 개념은 성결의 개념과 일치하지 않는다. "피조물의 거룩함은 항상 하나님의 의지의 행위로 돌아간다."[28] 그것은 피조물이 하나님과의 관계 때문에 항상 거룩하게 여겨지는 상태이다. 분리로서의 거룩함의 예는 특히 구약에 많다. 모세는 다음과 같은 명령으로 아론과 그의 아들들을 제사장으로 위임하라는 지시를 받았다. "…그들에게 기름을 발라 거룩하게 구별하여 그들로 내게 제사장 직분을 행하게 하라"(출 28:41). 애굽에서 유월절이 처음으로 지켜질 때, 하나님은 모세에게 처음 난 것을 분리하라고 명하셨다. "이스라엘 자손 중에 사람이나 짐

27) A. B. Davidson, *The Theology of the Old Testament* (New York: Charles Scribner's Sons, 1928), p. 152.

28) Gustav Oehler, *The Theology of the Old Testament* (rev. ed.; Grand Rapids, Mich.: Zondervan Publishing House, n.d.), p. 106.

승의 처음 난 것은 모두 나에게 바치라. 그것은 내 것이니라"(출 13:2).

*kodesh*는 하나님의 속성을 가리키는 곳에서는 소극적 요소를 가지고 있는데, 이것에 의해 다른 사람보다 자신을 높이는 하나님에서 떨어진 상태 또는 분리된 상태를 나타낸다. 그러므로 거룩하신 분이신 주님은 출애굽기 15:11에서 "다른 신들 중에 누가 주와 같으리이까? 주와 같이 거룩함에 영광이 있는 자가 누구리이까?"라고 말했듯이, 다른 비실제적인 신들(gods) 과는 떨어져 반대편에 계신다. 하나님의 완전한 분리는 또한 거룩하지 아니하거나 세속적인 모든 것 또는 그 자신이 아닌 모든 것과 대조를 이룬다. 이 하나님의 고귀함은 이사야의 말처럼, "너희가 나를 누구에게 비기겠느냐, 아니면 내가 동등하겠느냐? 거룩하신 이가 말씀하시느니라"(사 40:25)에 잘 나타나 있다. 따라서 이 하나님의 높임은, 하나님의 절대적 유일성, 즉 "여호와와 같은 거룩한 이가 없나니 주 외에 다른 이가 없다"(삼상 2:2)는 것을 나타낸다.

하나님의 고귀함과 초월성에 대한 적극적인 표현은 세상을 초월하시고 피조물로부터 떨어져 계시면서 "하나님은 항상 자신의 고유한 특성을 보존하시고 모든 피조물과 구별되는 그 존재 안에 자신을 유지하시는 분"[29]이라는 것을 의미한다. 밥(Baab)은 성결의 "기본 개념은 히브리 사상에서 결코 변하지 않는다. … 이 개념은 항상 초월성, 하나님의 힘, 하나님의 끔찍한 타자성(otherness)을 암시하지만, 그럼에도 불구하고 그의 구원이 가까워지는 것을 가능하게 한다는 것을 암시한다"[30]고 말했다.

아이크로트(Eichrodt)는 다음과 같은 생각을 추가한다. "거룩함은 그

29) Ibid.

30) Op. cit., p. 38.

의 백성들에게 알려진 하나님의 성품을 묘사하며; 하나님에 대한 제사장적 개념에서 이해되는 바와 같이, 이것은 모든 피조물과 비교할 수 있는 그의 완전한 타자성과 완전성 때문에 접근할 수 없는 그(him)를 의미한다."[31] 웨이드너(Revere F. Weidner)는 "거룩함"에 대한 그의 생각에서 분리에 대한 생각을 다소 부드럽게 하였다. 그는 다음과 같이 말한다.

> 하나님의 거룩함에는 두 가지가 있다. (1) 하나님은 세상과 떨어져 계시고 반대에 서 계시며, (2) 그분은 자신과의 교제의 구속적인 제공(redemptive offer)에 의하여 이 반대를 제거하신다. 하나님의 언약의 모든 증거는 하나님의 거룩함의 결과로 생기는 것들이다.[32]

거룩함의 어근인 *kodesh*가 사용되는 800개 이상의 모든 경우에 분리의 의미가 허용되고 있고 많은 곳에서 요구되고 있다.[33] 일부 학자들은 성결의 의미하는 바를 "빛남"으로서의 거룩함과 "분리"로서의 거룩함의 의미는 상호 배타적이며 그 단어는 둘 중 하나를 의미해야 한다고 말한다. 그러나 두 가지 의미가 정확하고 빛남과 분리가 모두 거룩함의 중심 개념의 두 측면이라는 것을 나타내는 실질적인 증거가 제시되었다.

세 번째 의미인 순결의 의미 역시 이 단어에 대한 가장 의미 있는 해석이다. 일부 학자들은 용어의 윤리적, 도덕적 특성을 강조하는 설명에 반대한다. 그러나 윤리적 측면을 생략하는 것은 성서 기록의 총체

31) Op. cit., I. 273.

32) *Biblical Theology of the Old Testament* (Minneapolis: Augustana Book Co., n.d.), p. 72.

33) Turner, op. cit., p. 22.

적 경향을 부정하는 것이며 이스라엘 백성의 역동적인 경험을 부정하는 것이다.

3. 순결로서의 성결

현대 학자들 사이에서는 구약성서의 성결의 개념의 도덕화를 기술하고 의식적 성결과 윤리적 성결을 구별하는 것이 관례였다. 실제로 이 접근 방식에 대한 문맥적 근거는 거의 없다. 최근의 해석들은 종교의 발전이 위로부터가 아니라 아래로부터 추적되어야 한다는 현대적 관점에 크게 기인한 것으로 보인다. 그러한 학자들의 결론은 궁극적으로 종교는 인간에 대한 하나님의 계시라기보다는 인간에서 하나님에게로의 운동이라는 견해에 달려있다. 이것은 "엄격한 진화론적 가설과 함께 새로운 과학적 방법을 종교 연구에 적용한 산물인 현대 종교사 연구의 주요 주제"[34]인 것이다.

링그렌(Ringgren)에 따르면, "어근의 아랍어 용법은 '순수하다'라는 의미를 지지하는 것"으로 보인다.[35] 이 작가는 또한 "금단 또는 분리라는 개념이 아주 두드러진 것은 아니며; '순수한'의 의미도 주목할 가치가"[36]있음을 말한다. *kodesh*라는 어원과 관련하여 순결의 개념을 무시하는 것은 이스라엘의 종교적 경험의 중요한 부분을 설명하는 것이다. 순결의 개념을 *kodesh*라는 단어와 연관시키는 것은 이스라엘의 종교적 경험을 더 적절하게 해석하는 것이다.

성서 본문은 거룩함에 대한 윤리적 관념이 이스라엘에서 일어난 최초의 예배와 희생 행위에서 명백했음을 나타낸다. "예배 행위는 제물

34) Snaith, op.cit., p. 29.

35) Op.cit., p. 6.

36) Ibid.

의 일반적인 개념에 속한다. 일반적으로 제물의 본질은 외형적인 행위로 표현되는 하나님께 대한 인간의 헌신이다."[37] 인간은 자신이 전적으로 하나님께 향하는 행동을 통해 일반적으로 하나님에 대한 자신의 의존성과 특별한 관계를 표현해야 한다고 느낀다. 제물과 관련하여 제단에 뿌린다는 것은 하나님께서 피를 받으셨다는 의미일 뿐만 아니라 동시에 제물을 드리는 장소를 거룩하게 하는 헌신을 의미한다.

그러나 하나님께 받아들여진 피의 일부가 뿌림 행위에 의해 백성에게 적용될 때 이것은 백성 자신을 위한 속죄에 바쳐진 동일한 생명이 그 백성을 하나님과의 언약적 교제에 매인다는 것을 의미한다. "따라서 봉헌 행위는 생명을 새롭게 하는 행위가 된다. 즉 이스라엘을 하나님의 왕국으로 전환하게 된다. 그리고 그 안에서 하나님의 활기 있는 에너지로 가득 채워지고 사제들, 거룩한 백성의 왕국이 되도록 성화된다."[38] 이처럼 문학적으로나 역사적으로나, "이 만연하고 압도적인 종교 의식의 증거는 문헌 주석이나 성경 텍스트의 왜곡으로 가볍게 무시될 수 없다."[39] 언약의 중심 텍스트는 레위기 19:2, 즉 "나 여호와 너의 하나님은 거룩하니, 너희는 거룩할지어다"라는 말씀이다. 이 언약 본문을 언급하면서 아이크로트는 다음과 같이 선언한다. "이어지는 명령은 야훼의 거룩한 본성 때문에 백성들에게 요구되는 이 성결은 도덕적 순결과 흠이 없음을 암시함이 분명하다."[40]

성결의 윤리적 개념은 특히 예언자의 운동에서 탁월하다. 이사야는

37) Oehler, op.cit., p. 261.

38) Ibid., p. 264.

39) Baab, op.cit., p. 21.

40) Op.cit., p. 278-79.

"이스라엘의 거룩한 자"를 도덕적으로 완전하다고 표현했다. 그는 이사야 6장에서 그는 피조물의 연약함뿐만 아니라 도덕적 무가치함, 자신과 국가 모두에 속한 무가치함을 선지자 안에서 의식하게 하신 하나님에 대하여 계시한다. 거룩하신 분과 비교할 때, 사람들은 도덕적으로 부정했다. 이사야의 일반적인 가르침은 이스라엘이 죄는 하나님에 대한 반역이며, 그리고 하나님의 거룩함이 사람들에게 의로운 심판으로 나타났고 계속해서 나타나리라는 것이다.[41]

순결로서의 성결의 개념은 에스겔 43:7-9에서도 어느 정도 나타나 있다. 그리고 특히 레위기의 법률에서 두드러지게 나타난다. 외적으로나 내적으로나 깨끗함이 성결의 조건이었다. "깨끗한 물체만이 거룩해질 수 있다. 따라서 깨끗함과 거룩함은 거의 동의어로 사용되었다. 둘 다 부정함과 대조를 이루었다. 이러한 의미에서 하나님께 적용되는 성결은 모든 불순한 것에 대한 그분의 민감성을 표현하고 있다."[42]

하나님의 속성으로서의 성결에 대한 구약의 개념을 요약하면, 성결이라는 용어는 그 부분에서 발견되는 하나님에 대한 적절한 정의에 가장 가깝다고 말할 수 있다. 한 학자는 그 생각을 다음과 같이 표현했다.

> 하나님 개념을 인간적 생각의 다른 모든 개념과 가장 명확하게 구별하는 것이 성경적 단어이다. 그러나 그것은 하나님과 관련된 다른 모든 개념과 완전히 분리되어서는 이해될 수 없다. 거룩하신 하나님은 의롭고

41) Ibid., p. 278-79.

42) Albert E. Knudson, *The Religious Teaching of the Old Testament* (New York: Abindon-Cokesbury Press, 1918), p. 149.

총명한 목적을 가지고 세상에서 일하시는 살아계신 하나님이시다. 그분은 그분을 찾고 섬기도록 사람들을 부르시는 인격적인 존재이시다. 그분의 거룩함은 그분의 삶과 인격에 신성의 특성을 나타낸다. 이는 그분이 하나님이심을 세상에 선포한다.[43]

B. 성결에 대한 신약성서의 의미

신약에서 *hagiazo*(헌납하다, 거룩하게 하다)라는 단어는 성결을 나타내는 데 사용되는 단어 계열의 어원인데, 네 가지 의미를 가지고 있다. (1) 사물로는 종교의식에 사용하기 위하여 따로 두거나, 적합하도록 만든 것들(출 29:27); (2) 사람에 대하여는 성별하고, 봉헌하고, 거룩한 것의 내부 안에 있게 한 사람(출 28:41); (3) 거룩하게 다루고, 공경하는 것(벧전 3:15; 사 8:13); (4) 정결하게 한 것이다(롬 15:16; 고전 1:12; 살전 5:23).[44]

신약의 라틴어 성경에서 성결(sanctias)은 *hagiosune*(살전 3:13)와 *hosiotes*(눅 1:75; 엡 4:24b)라는 두 가지 별개의 단어를 번역한 것이다. "이 두 헬라어 단어는 각각 성결이 함축하고 있는 두 가지 개념을 드러내다, 즉 *hagios*에서 볼 수 있는, 종교적 경외(라틴어 sacer)를 나타내는 분리의 개념과 승인된 것 즉 *hosios*는 하나님의 인(seal)을 받았다는 것을 드러낸다."[45]

성경의 어휘와 "성결"이라는 단어의 사용에 대한 연구로부터 세 가지 뚜렷한 의미가 나타났다. 이러한 기본적인 의미는 "빛남", "분리"

43) Baab, op. cit., p. 39.

44) William F. Arndt and Wilbur Gingrich, eds. *A Greek-English Lexion of the New Testament* (Chicago: University of Chicago Press, 1957), p. 9.

45) *The Catholic Encyclopedia*, VII, 386.

및 "순결"이다. 이러한 개념은 모순되거나 상호 배타적이지 않고 보완적이다. 하나님과 관련된 성결의 개념은 다음과 같이 요약될 수 있다.

> 성결은 첫째로, 신성의 독특한 속성이다. 둘째로, 그것은 피조물에게 전달될 수 있으며, 따라서 하나님과의 관계를 포함한다. 셋째로, 인간에게 있어 그것은 형식적이거나 개인적인 도덕적 특성이거나 또는 둘 다이다. 넷째로, 이 용어의 도덕적 내용은 하나님의 도덕적 성품에 기초하고 있으며 그리고 거기에는 그와 동일한 범위가 있다.[46]

그러므로 성결은 신성의 독특하고 배타적인 특성이다. 그러나 적절한 조건하에서 사람, 장소 및 사물에 부여될 수 있다.

IV. 성결과 관련된 속성들

사람이 하나님과 활발한 관계에 들어갈 때 하나님께서 사람에게 부여하실 수 있는 속성 중에는 의로움, 정의, 사랑, 은혜, 신실함 등이 있다.

A. 의로움

속성으로서의 의로움은 하나님께서 친히 세우신 도덕적, 영적 율법에 대한 하나님의 확증성이다. 다른 말로 하면, 의로움은 하나님의 거룩하심과 완전히 조화를 이루는 하나님의 본성의 일관되고 변함없는 표현이다. 성결은 하나님의 본질을 나타내는 반면, 의로움은 행동

46) Turner, op. cit., p. 28.

에 있어서의 거룩함을 나타낸다. 하나님은 자신의 본성에 반대되는 행동을 하실 수 없기 때문에 그분의 행위는 신뢰할 수 있고 법, 곧 의의 법이 된다.

많은 현대학자들은 하나님의 의를 강조한다. 브루너(Brunner)에게 있어서 하나님의 의는 "이스라엘을 위한 하나님의 목적과 계획에 비추어 볼 때 하나님의 뜻의 불변성"[47]을 의미한다. 따라서 의는 "단순히 창조된 세계와 대면했을 때 표현되는 하나님의 거룩함"[48]이다. 브루너는 의를 이해함에 있어 자비와 의인을 동일시한다.[49] 바르트(Karl Barth)는 하나님의 속성을 "하나님의 사랑의 완전성"과 "하나님의 자유의 완전성"으로 나눈다. 바르트에게 있어서 하나님의 의는 그의 창조물과 교제를 시작하고 유지함에 있어서 하나님이 "그 자신의 가치에 상응하는 것을 뜻하고 표현하고 만들어"[50]가는 것을 의미한다. 하나님의 의에 대한 이러한 표현은 일반적으로 와일리(H. Orton Wiley)가 "의는 그 본성과 일치하는 그분의 활동 기준인 반면, 성결이라는 용어는 하나님의 본성 또는 본질 그 자체"[51]라고 정의한 것과 일치하는 것으로 보인다.

성경은 하나님께서 자신을 계시하시고 그분의 거룩한 본성과 일치하게 행하신다는 가르침을 분명히 제시한다. 시편 기자는 자주 하나님의 의에 대하여 노래하였다. "하나님의 심판은 참되고 의로우시다"(

---

47) Op. cit., p. 275.

48) Ibid., p. 278.

49) Ibid., p. 300 ff.

50) *Church Dogmatics*, The Doctrine of God, trans. T. H. L. Parker, et al. (Edinburgh: T. and T. Clark, 1957), II, Part I, 377.

51) H. Orton Wiley and Paul T. Cullberton, *Introduction to Christian Theology* (Kansas City: Beason Hill Press, 1949), p. 107.

시 19:9), "하늘은 그의 의를 선포한다"(시 50:6). 이사야는 하나님의 통치가 최고가 될 때를 기다렸다. 의는 그의 허리띠가 될 것이기 때문이다(사 11:5). 바울은 복음의 영광에 감격하여 "거기에 하나님의 의가 나타났느니라"(롬 1:17)고 했다. 요한계시록에 따르면 천사들도 "지금도 계시고 전에도 계셨고 앞으로도 계실 주여 주는 의로우시니이다"(계 16:5) 하며, 하나님의 의를 증거한다.

하나님의 의는 성결의 교리와 직접적인 관련이 있다. 하나님의 의는 하나님이 자신의 기준에 일치하는 것이기 때문에 하나님께서 아들들, 딸들이라고 부르시는 사람들은 같은 기준에 일치해야 한다는 말이 된다. 하나님이 성결 이외의 다른 근거로 인간과 아버지의 관계를 맺는다면 그분의 본질적인 본성을 파괴하거나 부인하는 것이 된다. 거룩하지 않은 근거에서의 관계는 그분의 의에 위배된다. 그 이유는 그렇게 될 때, 하나님이 그의 거룩함을 따르지 않고 행동하신 것이 되기 때문이다. 따라서 하나님의 의는 사람의 성결을 직접적으로 나타낸다.

윌리엄 템플(William Temple)에 따르면, "구약에서 발견되는 최초의 위대한 조명은 성결을 최우선의 의로 해석하는 것"[52]이다. 이 "의"[53]는 주로 정의(justice)로 간주된다. 히브리인의 사고에는 실제적인 관계와 분리된 추상적인 개념 같은 것은 없었다. 따라서 의(righteousness)는 "두 사람 사이의 실제 관계를 언급하는 관계의 개념이며, 그러한 관계에서 발생하는 주장에 해당하거나 사실인 행동"을 암시한다.[54] 본 라

52) Op.cit., p. 10.

53) "의"에 대한 히브리어 단어는 TSEDEQ(남성형)이고 TSEDEQ(의)와 밀접하게 관련된 TEDAQAH(여성형)는 단어(MIAHPAT)(심판)이다. 어떤 사람들은 TSDQ의 원래 의미가 "직선적"이었다고 생각한다.

54) Eichrodt, op. cit., I, 240.

드(Von Rad)는 독일의 성서학자인 크레머(H. Cremer)의 의에 관한 중요한 글, 즉 "모든 관계는 행동에 대한 특정 주장을 수반하며, 관계에서 발생하고 그리고 그 안에서 관계가 지속될 수 있는 이러한 주장의 만족은 [의로움]이라는 용어로 설명"[55] 된다는 것을 첨가하고 있다. 또한 야곱(Jacob)은 의가 하나님과 사람 모두에게 귀속된다고 말하면서 의와 거룩함의 관계에 대한 명확한 요약을 제시하고 있다. 그는 다음과 같이 말한다.

> 의(righteousness)는 죄악을 범하지 않는 거룩하신 하나님에게 속한다고 생각한다. 그것은 악을 벌하지 않고 그대로 둘 수 없고, 또한 선한 것이 인정받지 못함을 그대로 내버려 둘 수 없는 거룩한 하나님께 귀속된다고 추정한다. 그것은 자비롭고 노하기를 더디하시며, 에스겔의 말대로, 죄인이 죽는 것을 원하지 않고, 회개하여 살기를 원하시는 하나님께 기인한다. 그것은 그의 백성의 구원을 추구하시는 사랑의 하나님에 기인한다. 그리고 마지막으로 죄인에게 그의 의를 전달하시고 그를 의롭게 하시는 사랑의 하나님에게 속한다고 생각한다.[56]

B. 정의

와일리(Wiley)는 정의의 속성이 일반적으로 네 가지 범주로 나누어진다고 제안한다.[57] 첫째는, 입법상의 정의이다. 이는 인간의 도덕적 의무를 결정하고 보상과 처벌에 대한 인간의 반응 결과를 정의한다.

---

55) Op.cit., I, 371.

56) Op.cit., p. 96.

57) Wiley and Culbertson, op.cit., p. 107.

둘째는, 사법적 정의 또는 분배의 정의가 있다. 이에 따르면 하나님은 인간의 행위에 따라 상을 주시거나 벌을 내리신다. 엄밀히 말해서, 하나님은 순종하는 자에게 보상하시는 공의는 때때로 보수가 있는 정의라고 부른다. 마지막으로, 그분이 죄인을 처벌하는 정의는 응보적 또는 징벌적 정의로 분류된다.

하나님의 정의의 개념은 고립된 성경적 주제가 아니라 에덴동산의 초기 사건부터 요한계시록의 마지막 사건까지 지속적으로 나타난다. 하나님의 공의라는 주제는 믿음, 은혜, 자유, 정의의 사도인 바울의 글에서 특히 두드러지게 나타난다. 바울은 로마서 2:6-10에서 공의에 대해 기록했다.

> "하나님께서 각 사람에게 그 행한 대로 보응하시되 참고 선을 행하여 영광과 존귀와 썩지 아니함을 구하는 자에게는 영생으로 하시고, 오직 당을 지어 진리를 따르지 아니하고 불의를 따르는 자에게는 진노와 분노로 하시리라. 헬라인에게며 선을 행하는 각 사람에게는 영광과 존귀와 평강이 있으리니 먼저는 유대인에게요 그리고 이방인에게라"(롬 2:6-10).

자유주의는 응보적 정의의 개념을 거의 전적으로 거부한다. 바르트는 응보적 정의의 필요성을 인정하지만,[58] 하나님의 보복적 또는 징벌적 의는 그리스도의 십자가에 못 박히심으로 완전히 충족되었다고 진술한다.[59] 그리스도가 모두를 위해 죽었다는 생각이 바르트가 모든 사람이 구원받는다는 보편적 예정을 주장하도록 이끌었다. 브루

58) Op. cit., II, Part I, 382 ff.

59) Ibid., p. 395-406,

너는 신약성서가 최후의 심판을 가리키고 있다고 말하면서 보편적 구원(universal salvation)의 개념을 거부한다.[60] 그러나 브루너는 불신자의 궁극적인 운명을 지적하는 것은 불가능하다고 말하면서 영원한 형벌에 대해 의구심을 품고 있다.[61] 그러나 나중에 쓴 글에서 브루너는 그리스도 없이 죽는 것은 전멸되는 것과 같다고 제안한다.[62] 넬스 페레(Nels Ferre)는 영원한 형벌에 대한 견해를 거부한다.[63] 그러나 드울프(L. Harold DeWolf)는 이 개념을 폐기하기를 꺼리는데, 그는 전체 개념의 재구성이 있어야 한다고 생각하지만, 하나님의 심판은 현재 우리에게 숨겨진 어떤 방식으로 죽음 이후의 우리들의 경험에서 표현될 것이라고 믿는다.[64]

다른 속성과 마찬가지로 하나님의 정의의 속성은 성결의 개념과 직접적으로 관련되어 있다. 정의는 의의 법과 원칙을 집행하는 것이다. 하나님을 그분의 본질적 존재에 있어서 거룩하시고 그분의 본성의 모든 표현에 있어서 의로우신 분으로 간주하는 것은 필연적으로 정의의 개념으로 이어진다. 거룩하신 하나님은 사람을 다루실 때에도 그분의 본성에 따라 우리의 반응과 패턴을 뒤집을 수 없었기 때문이다. 그러므로 사람 안에 있는 거룩함이 필요하다. 왜냐하면 거룩함이 하나님으로 하여금 자신의 본성과 일치하게 사람을 다스리고 구원하게 하기 때문이다.

---

60) Op.cit., p. 349.

61) Ibid., p. 353.

62) Emil Brunner, *Faith, Hope, and Love* (Philadelphia: The Westminster Press, 1856), p. 56.

63) *The Christian Understanding of God* (New York: Harper and Brothers, 1957), pp. 217 ff.

64) *A Theology of the Living Church* (rev..ed; New York: Harper and Brothers, 1960), pp. 280 ff.

더 나아가 하나님의 거룩함은 구원받은 자들을 다루실 때 자신과 조화롭게 행동하실 것을 요구한다. 인간의 자유를 침해하고 거룩함을 강요하는 것은 하나님의 거룩함을 위반하는 것이다. 왜냐하면 그렇게 함으로써 하나님은 원래 인간에게 선하다고 인정했던 것을 철회하는 것이 되기 때문이다. 인간의 자유를 승인하고 그분의 거룩함을 궁극적으로 거부하도록 허용하는 것 또한 하나님의 정의를 위반하는 것이다. 그렇게 되면 하나님은 원래 인간에게 선하다고 부여하신 것을 왜곡하는 것을 허용하실 것이기 때문이다. 하나님의 정의는 인간의 거룩함을 요구하는 데 필요한 것으로 작용한다. 인간의 성결은 하나님의 정의를 유지하는 데 있어서 필연적으로 작용한다.

C. 사랑

하나님의 성결은 그분의 도덕적 탁월성, 즉 그의 초월성, 그의 "타자성"을 강조한다. 그러나 하나님은 사랑이시다. 거룩한 사랑이다. 초월적 하나님을 또한 내재적 하나님으로 만드는 것은 하나님의 사랑이다. "하나님은 사랑이시다. 그리고 사랑 안에 거하는 자는 하나님 안에 거하고 하나님도 그 안에 거하신다"(요일 4:16). 와일리(Wiley)는 "하나님의 사랑은 사실 성결을 전하려는 갈망이며, 그리고 이 갈망은 오직 그것이 찾는 존재가 거룩해질 때 비로소 충족된다."[65] 바르트가 하나님의 사랑에 대한 정의를 내릴 때, 그는 사랑을 모든 사람과 모든 피조물을 포함한다고 말했다. "하나님은 그의 아들 예수 그리스도 안에서 그의 모든 자녀를 사랑하시며, 그의 자녀 안에서 모든 사람을 사랑하시고, 그리고 사람들 안에서 그의 모든 창조물을 사랑하시는 분이

65) Wiley and Culbertson, op.cit., p. 105.

시다."[66] 브루너는 루터의 견해를 지지하면서 하나님은 "영원한 사랑의 심연"이라는 루터의 말을 인용한다.[67]

또한 니그렌(Anders Nygren)은 아가페와 에로스를 타당하게 구별했다. 에로스는 인간의 사랑을 암시하는 반면, 아가페는 하나님의 사랑을 말한다. "아가페는 자발적이고 계산되지 않고 무제한적이며 조건적이지 않다."[68] 하나님의 아가페는 대상의 가치 있는 특성을 인식하는 데 의존하는 사랑의 개념과 아무 관련이 없다. "하나님의 사랑을 받는 사람은 그 자체로는 가치가 없다. 그에게 가치를 부여하는 것은 바로 하나님께서 그를 사랑하신다는 사실이다."[69]

하나님은 사랑이시다. 즉 하나님은 자신의 본성을 사람에게 나누어 주기를 원하시고 마련해 주시는 거룩한 존재이시다. "성결은 간격(distance)을 만들지만 사랑은 친교(communion)를 만든다. 성결은 장벽을 세우고 사랑은 장벽을 허문다."[70] 하나님의 거룩하심은 그분이 항상 순수한 사랑으로 행동하실 것을 요구한다. 하나님의 사랑은 사랑의 대상인 인간이 하나님의 거룩함 속에서 함께 할 수 있도록 요구한다. 하나님이 사람을 사랑하신다면 그는 사람을 거룩하게 하려고 노력하셔야 한다. 사람이 하나님을 사랑한다면 하나님의 본성을 공유하기 위해, 즉 거룩해지기를 추구해야 한다. 인간의 성결은 하나님의 사랑과 조화를 이룬다. 인간 안에 있는 그러한 성결은 단순한 관계나 형식적인 대립이나 신과 인간의 만남을 초월한다. 인간의 성결은 하

66) Op.cit., II, 1, 351.

67) *Christian Doctrine of God*, p. 168.

68) *Agape and Eros*, trans. Philip S. Watson (Philadelphia: The Westminster Press, 1953) p. 9.

69) Ibid., p. 9.

70) Brunner, *Christian Doctrine of God*, p. 188.

나님의 사랑으로 말미암아 인간이 피조물이 누릴 수 있는 최고의 특권, 즉 거룩한 창조주의 본성을 공유하는 경험이다.

D. 은혜

하나님의 사랑과 밀접하게 관련된 것은 은혜와 자비이다. 은혜는 거룩한 사랑과 인간의 죄가 만나는 지점이다. "의가 하나님의 성결과 관계가 있듯이, 그의 은혜는 그의 사랑과 관계가 있다."[71] 은혜는 성령을 통하여 사람에게 전달된 하나님의 사랑이다. 윌리엄 포프(William B. Pope)는 은혜의 다양한 측면에 대해 논의하고 있다.[72] 전 인류의 행복을 추구하는 하나님의 은혜는 인류에 대한 하나님의 박애 또는 친절이다. 죄 가운데 있는 인간을 보고 구원의 관계로 받아들여지기를 기다리는 은혜는 긍휼과 동정이다. 죄인의 회개를 기다리면서 심판과 정의를 보류하는 은혜는 관용 또는 인내이다. 회개하는 죄인을 기꺼이 그리고 기꺼이 용서하는 은혜는 자비이다.

바울은 "너희가 그 은혜를 인하여 믿음으로 말미암아 구원을 얻었나니 이것이 너희에게서 난 것이 아니요 하나님의 선물이라"(엡 2:8)라고 썼을 때, 은혜를 개인적인 구속의 중심으로 삼았다. 아마도 바울은 "그리스도 예수 안에 있는 구속으로 말미암아 하나님의 은혜로 값없이 의롭다 하심을 얻은 자 되었느니라"(롬 3:24)고 썼을 때 자신의 구원을 생각하고 있었을 것이다.

은혜가 인간에게 행사된 하나님의 사랑을 말한다면 은혜는 개인의

---

71) William Burt Pope, *A Compendium of Christian Theology* (New York: Phillips and Hunt, 1881), I. 346.

72) Ibid., p. 347.

성결로 이어져야 한다. 왜냐하면 하나님의 사랑은 그로 하여금 인간의 성결을 갈망하고 공급하도록 강권하기 때문이다. 그리고 은혜가 하나님의 사랑의 표현이라면, 그 은혜는 인간이 공유할 수 있는 하나님의 성결로 시작하고 끝난다. 그러한 은혜는 참으로 압도적이며 충격적이다. 하나님께서 자신을 합당하지 않은 죄인과 함께 나누셨다는 사실은 사랑하는 주님의 "놀랍고 무한하며 비길 데 없는 은혜"를 노래하게 하는 데 충분한 영감이 되어야 한다. 그러한 지식은 또한 마음과 생명의 성결에서 하나님의 개인적인 존재를 기쁨으로 나누면서 하나님의 제안에 응답하고자 하는 적절한 동기를 제공해야 한다.

E. 정직과 충실함

거룩한 사랑이 그 자체로 진실하기 때문에 하나님은 모든 진리의 근원이시다. 하나님의 진리는 그분의 계시와 그분의 본질의 일치이다. 속성으로서의 진리는 하나님이 결코 변덕스럽거나 관대하거나 오도할 수 없다는 것을 의미한다. 하나님의 어떤 행위나 계시의 말씀은 거룩한 사랑의 표현이어야 한다. 속성으로서의 진리는 인간에 대한 하나님의 분석이 인간이 무엇이며 인간이 될 수 있는 것에 대한 창조주의 지식에 근거해야 함을 의미한다. 따라서 성경이 사람을 죄인으로 묘사할 때 이 묘사는 사실이다. 하나님이 그의 거룩함을 사람과 함께 나누겠다고 약속하시고 그것을 요구하고 공급해 주실 때도 이는 또한 사실상 사실이다.

하나님은 진실하시고 신실하시다. 그분의 지식은 완전하고 그분의 지혜는 이해를 초월한다. 바울은 흔들리는 고린도인들에게 "하나님은 신실하시도다"(고전 1:9)라고 썼다. 바로 이 고린도인들에게 바울은 시험 중에 있는 그들에게 하나님의 신실하심에 대해 격려의 말을 쓴 것이다. 왜냐하면 "하나님은 미쁘사 너희가 감당할 수 없는 시험 당함을 허락지 아니하시"(고전 10:13)기 때문이다. 이처럼 바울은 데살로니가 그리스도인들에게 계속해서 거룩함으로 나아가라고 권고했다. 그는 "평화의 하나님이 너희로 온전히 거룩하게 하시기를"(살전 5:23) 기도했다. "너희를 부르신 이는 미쁘시니 그가 또한 이루시리라"(살전 5:24). 하나님의 위대한 진리는 사람이 성화될 수 있다는 것, 사람이 성결의 삶이라고 하는 성령 충만의 삶을 살 수 있다는 것이다.

요약

완전에 대한 서곡은 하나님에 대한 인간의 관점이다. 사람이 하나님을 주권자요, 자유자요, 거룩하신 분으로 볼 때, 성결은 하나님의 본질적인 본성과 동일시한다. 그리고 하나님이 거룩한 사랑이라면 하나님 본성의 모든 측면은 그분의 거룩함의 반영이다. 이 거룩하신 하나님은 구속의 방식으로 인간에게 자신을 계시하셨다. 구속의 역사는 하나님께서 자신의 본성과 거룩함을 사람에게 나누어주시려는 노력의 역사이다. 성경의 계시는 성결이 구원 역사의 초점임을 의심 없이 나타내고 있다.

하나님에 대한 적절한 견해는 성결을 올바로 이해하는 데 필수적이다. 사람이 하나님에 대한 성경의 계시를 받아들이면 죄에 대한 성경의 가르침도 받아들인다. 구속의 본질을 이해하기 위해서는 죄의 본질을 이해하는 것이 필요하다. 다음 장에서는 죄에 대한 성경적 견해를 하나님과 인간 사이의 궁극적인 반대의 근원으로 제시할 것이다. 죄는 성결의 궁극적인 영적 대조이다.

4장
죄와 성결

궁극적인 영적 대조는 거룩함과 죄 사이의 대립이다. 사람은 거룩함을 위해 설계되었고, 성결 안에서 창조되었으며, 성결을 향하도록 예정되었다. 그러나 죄는 본래의 계획을 훼손하고 순결한 성결의 상태를 망쳤다. 그리고 이제 인간의 운명을 위협하고 있다.

인간에게 바쳐진 최고의 찬사 중 하나는 셰익스피어(Shakespeare)의 《햄릿(*Hamlet*)》에서 찾을 수 있다. 인간의 고귀함을 생각하며 햄릿은 말한다.

> 사람이란 얼마나 대단한 것인가! 그 이성이 얼마나 고귀한가!
> 얼마나 무한한 능력을 갖고 있는가! 형태와 동작은 얼마나 표현적이고 존경스러운가!
> 행동은 얼마나 천사와 같은가! 신과 같은 존재인가를 생각하게 된다.[1)]

햄릿이 그토록 숭고한 이상을 표현하고 있음에도 불구하고, 이야기의 줄거리는 왕인 클라우디우스가 음모, 부도덕, 살인에 연루되었고, 그 결과 죄책감, 수치심, 비극을 드러내고 있다.

이와 같은 것들이 바로 인간의 비극적인 상황이다. 신과 같은 특성

1) Act II, Scene ii.

과 무한한 잠재력을 지닌 그가 자신의 가능성에 훨씬 못 미치는 삶을 살고 있음을 알게 된다. 성결을 본래의 운명으로 지니고 있던 인간이 타락한 삶의 더러움 속에서 비굴해진 자신을 발견한다. 인간의 가장 큰 비극은 죄의 현실이다. 그러므로 인간의 원대한 희망은 성결의 가능성이다. 성결과 죄는 기본적이고 영구적인 반대의 충돌을 나타내는데, 그것은 하나님의 본질을 나타내기 때문이다. 죄는 성결을 부인하고 하나님의 존재 자체에 반대한다. 죄는 성결에 대한 정반대이기 때문에 죄의 전체 문제를 분석하고, 죄와 성결과의 관계를 밝히는 것이 필요하다.

우리가 죄의 본성을 이해하는 만큼, 성결의 본성을 이해할 수 있다. 성서 계시의 큰 초점 주제인 하나님, 인간, 죄, 구속 중에서 죄는 추악한 침입자로 간주되고 있다. 그러므로 죄를 제대로 다루려면 죄의 본질을 분명히 알아야 한다. 와일리(H. Orton Wiley)는 위대한 교리적 진리가 서로 밀접하게 연관되어 있어서 그중 하나에 관한 기본 견해가 다른 진리에 깊은 영향을 미친다고 말한다. 죄와 다른 위대한 교리의 관계와 관련하여 와일리(Wiley)는 다음과 같이 말한다.

> 기독교는 구원의 종교이기 때문에 죄의 본성에 관한 다양한 견해에 의하여 영향을 많이 받는다. 죄를 최소화하는 경향은 사람과 구속자의 사역에 대한 견해를 덜 높인 결과를 가져왔다.[2)]

테일러(Richard S. Taylor)는 《죄에 대한 올바른 개념(A Right Conception of sin)》이라는 저서에서 "죄와 관련된 교리는 우리가 전체 신학 체계

2) *Christian Theology*, II, 51.

를 구축하는 중심을 형성"[3]한다고 말했다.

현대 성결 운동의 선구적인 지도자인 제임스 B. 채프먼(James B. Chapman)은 "죄에 대한 인간의 개념은 모든 다양한 단계에서 구원론에 대해 생각하고 말하는 데 근본적인 것"[4]이라고 말했다. 보수적 교리에는 알려지지 않은 뛰어난 한 현대 신학자는 초기 기독교가 미트라교(Mithraism)와 마니교(Manichaeism)와 같은 대중적인 종교에 대해 승리한 한 가지 이유는 "그것이 다른 어떤 종교보다 더 현실적으로 악을 취했고, 그것이 극명한 비극의 중심에서 자라났기 때문에 절대적 희망을 제시"[5]했음을 말했다. 교회의 역사는 영적 활동의 위대한 부흥이 죄에 대한 심각하고 심오한 개념에서 시작되었음을 보여주고 있다.

I. 죄에 대한 비성서적 견해

상당 부분 비성서적인 이론들이 합리주의적 관점에서 악의 본질을 설명하려고 시도했다. 죄의 기원에 대한 성서적 설명을 신화나 우화로 거부하는, 이러한 관점들은 인본주의적 또는 자연주의적 철학의 틀 안에서 도덕적 악의 존재를 설명하려고 시도한다. 다음 논의는 그러한 몇 가지 설명을 제시하고 보수신학이 진술한 이에 대한 반대를 제시한다.

---

3) Richard S. Taylor, *A Right Conception of sin* (Kansas City: Nazarene Publishing House, 1939), p. 9.

4) *The Terminalogy of Holiness*, p. 24.

5) Walter M. Horton, *Realistic Theology* (New York: Harper and Brothers, 1934), p. 54.

A. 죄를 유한한 존재의 한계로 보는 견해

실존주의 철학에 기초한 죄에 대한 현재의 해석은 죄를 인간의 유한성에서 비롯된 것으로 간주한다. 틸리히(Paul Tillich)와 니버(Reinhold Niebuhr)가 이러한 접근 방식을 대표한다. 틸리히의 경우는 "인간의 창조와 타락은 일치"[6]한다고 말했다. 인간의 "하나님으로부터의 멀어짐, 하나님으로부터의 도피, 하나님에 대한 반역"[7]은 그의 창조에 내재되어 있다. 이러한 소원함의 상태는 "모든 인간 역사를 명시하고 현재 있는 역사를 만든 것"[8]이다.

니버는 유한성 자체가 악은 아니지만, 죄는 인간의 유한성에서 생겨나는 것으로 본다. 그에 의하면, 인간 죄의 핵심은 자신을 하나님으로 만들려는 노력이다.[9] 사람은 염려 때문에 스스로 신이 되려고 한다. 불안은 "자유와 유한이라는 역설적인 상황에 서 있는 인간의 필연적인 영적 상태"라고 한다.[10] 따라서 니버에 따르면 불안은 "죄의 내적 전제 조건"이다. 인간의 유한성이 주장될 때 그는 타락하고 관능적이 되며 "'변하기 쉬운 선'에 자신을 몰두함으로써 … 유의 무한한 가능성에서 벗어나려"[11]고 시도한다. 인간이 자신의 유한성을 받아들이기를 거부함으로써 자신의 자유를 표현할 때 오는 그 결과는 교만, 불

6) *Systematic Theology* (Chicago: University of Chicago Press, 1957), II. 44.

7) Paul Tillich, *Biblical Religion and the Search for Ultimate Reality* (Chicago: University of Chicago Press, 1955), p. 55.

8) Paul Tillich, *The Protestant Era* (Chicago: Universoty of Chicago Press, 1948), p. 166.

9) *The Nature and Destiny of Man* (New York: Charles Scribner's Sons, 1943O, I, 180.

10) Ibid., p. 182.

11) Ibid., p. 186.

의, 관능이다. 그러면 죄는 다른 종교적이고 도덕적인 것이 된다. 니버는 "죄의 종교적 양상은 하나님에 대한 인간의 반역, 즉 하나님의 자리를 찬탈하려는 노력이다. 죄의 도덕적, 사회적 양상은 불의"[12]라고 결론지었다.

인간의 죄성은 또한 그의 덕행의 자만으로 표현될 수 있다. 니버의 생각에서 궁극적인 죄는 자신의 독선을 모든 사람에게 과시하거나 영적 가식 뒤에 이기적인 목표를 세울 때의 영적 가면이다.

B. 죄를 무지로 보는 견해

고대 아테네의 소크라테스(Socrates)부터 20세기 뉴욕의 존 듀이(Dewey)에 이르기까지 많은 학자들은 죄를 무지와 동일시했다. 이 관점에서 보면 좋은 삶은 내적, 합리적 자기계발에 의해 달성될 수 있다. 이 접근 방식에 있어, 지식은 미덕과 같다. 왜냐하면 "아는 사람은 선하게 될 것이고, 습관적으로 착한 사람은 알기" 때문이다. 또한 무지를 통하지 않고서는 아무도 잘못을 저지르거나 죄를 짓지 않는다는 것이 된다. 따라서 무지는 죄의 본질이며, 지식은 미덕의 본질이라는 말이 된다. 이 견해는 20세기 전반기에 있어, 신학의 자유주의와 교육의 진보주의에서 지배적이었다.[13]

12) Ibid., 179.

13) See A. C. Knudson, *Principles of Christian Ethics* (New York: Abingdon-Cokesbury Press,1943), p. 90-95; John Dewey, *Democracy and Education* (New York:The Macmillan Co. 1939), p. 412 ff.

C. 진화론자들의 이론

인간의 기원에 대한 진화론을 받아들이는 많은 사람들은 죄[14]라고 불리는 것이 실제로 존재의 낮은 단계에서 동물적 특성을 물려받은 것이라고 주장한다. 이 이론은 인간을 육체적 본성 발달의 완성으로 간주한다. 그러나 인간의 진화 과정은 성격의 모든 면이 고르게 발전하는 균형 잡힌 것이 아니다. 오히려 상승하는 패턴은 변덕스럽고(jerky) 불규칙하며 특정 기간에 간격이 있다. 따라서 인간은 도덕적, 영적 능력을 갖추기보다 신체적, 정신적 능력이 더 많이 발달했으며 그 결과 "격차" 또는 "지체"가 발생했다. 인간은 인간이 아직 동물로부터 벗어나지 못한 유기체로 생각되며, 죄는 주로 모든 인간이 가지고 있는 무자비한 유산이다. 한 연구가는 죄에 대한 이러한 견해를 "아직 자라지 않은 동물의 유물, 적절한 억제가 아직 개발되지 않은 식욕과 충동 및 반사 작용의 메커니즘의 결과이며, 오직 천천히 그 자체를 악(evil)으로 인식"[15]했다고 설명했다.

D. 죄에 대한 다른 견해들

죄의 본질에 대한 다른 견해들은 다음과 같다. (1) 루소(Jean Jacques Rousseau)와 칼 마르크스(Karl Marx)가 대표하는 사회 이론; (2) 죄는 인간의 감각적 본성과 관련이 있다는 플라톤과 영지주의의 가르침에서

---

14) 역사가 John Fiske가 대변자의 역할을 하는, 죄의 기원에 대한 진화론에 대한 논의는 N. W. Stroup and Walter Rauschenbusch의 *Christianity and the Social Order* (New York: Macmillan Press, 1919), p. 124 ff를 보라.

15) Borden Parker Bowne, *Studies in Christianity* (Boston: Houghton Mifflin Co. 1909), p. 145.

오는 견해; (3) 물질적이든 영적이든 모든 생명은 반대의 법칙 또는 필연적 적대의 법칙에 의해 지배된다는 견해; (4) 우주에 영원히 존재해온 악의 원리에 죄의 근원이 있다는 개념 등이다.

죄, 또는 악에 대한 모든 비성서적 해석은 성서에서 죄에 대한 가장 좋은 설명을 찾는 사람들이 받아들일 수 없는 약점을 가지고 있다.

E. 비성서적 견해를 거부하는 이유

죄에 대한 비성서적인 개념을 거부하는 이유는 다음과 같다.

1. 성서는 죄를 강력하게 개인과 관계가 있다고 보는 데, 그것들은 죄에 대한 개인적인 책임을 배제한다.
2. 죄의 종교적 측면은 하나님에 대한 반역이며 죄의 도덕적 측면은 자발적으로 하나님과 사람의 법을 어기는 것인데, 그것들은 죄의 종교적 측면과 도덕적 측면을 모두 부인한다.
3. 그것들은 인간의 선천적인 죄성과 관련된 죄의 기본적인 영적 본성을 무시한다.
4. 그것들은 하나님의 권능과 예수 그리스도 안에서 계시된 그분의 구속 사업을 제한한다.
5. 영의 죄는 여러 가지가 있다. 그러므로 죄를 사람의 감각적인 성질과 동일시할 수 없다.
6. 지식이 미덕이 될 수 없다. 왜냐하면 인류의 역사와 현대의 경험은 무지한 사람뿐만 아니라 고도로 교육받은 사람도 가장 깊은 죄에 연루되어 있다는 사실을 지적하기 때문이다.
7. 모든 비성서적 이론은 완전한 성서적 계시의 진정성을 거부하고 있

다. 이러한 비성서적 관점은 성서적 설명과 반대되는 방식으로 죄를 설명하려고 시도하는 결과를 낳는다. 인간의 죄나 잘못에 대한 비성서적인 개념은 하나님과의 경험적 관계의 결과로 개인의 성결에 대한 공급을 제공하지 않는다. 그러한 모든 개념은 인간의 노력의 결과 또는 하나님과의 형식적인 관계의 결과로 인간의 악으로부터의 해방을 간주한다.

II. 죄에 대한 성서적 용어

성결의 교리는 주로 성서적 교리이기 때문에 죄의 교리는 엄격하게 도덕적이거나 윤리적인 관점에서 보다는 성서적이고 종교적인 관점에서 먼저 고찰되어야 한다. 따라서 죄는 인류학적 배경보다는 신 중심적 적용을 갖는다. 어원학 자체가 교리 형성에 대한 결정적인 자료들을 제공할 수 없다는 것은 인정하지만, 죄를 설명하기 위해 성경에서 사용된 용어는 중요하다. 그러나 성서 용어 연구를 통해 얻은 통찰력은 더 중요하다. 이처럼 구약과 신약 모두 죄와 관련된 용어는 생생하고 묘사적이다.

A. 구약의 용어

구약성서에서 죄는 추상적인 개념이 아니고 또한 이론적인 문제도 아니다. 여기서 죄는 "살고 있는 역사적 인간이 나타내는 하나님께 대한 반역의 태도"[16]이다. 구약의 언어는 인간을 창조주로부터 분리하

16) Geprge A. F. Knight, *A Christian Theology of the Old Testament* (Richmong, Va. : John Knox Press, 1959), p. 199.

는 역사적 행위와 반역 상태를 지적한다. 구약의 용어는 또한 인간의 불순종으로 인해 영적으로 또한 도덕적으로 타락한 상태를 초래했음을 나타낸다. 죄에 대한 기본 구약 용어는 아래에서 논의된다.

1. 과녁을 빗나가는 것으로의 죄

죄에 대한 가장 흔한 단어는 "그 언어적 용법과 그 내용 모두에 대해 *chet* 또는 *chattath*인데, '놓치다(to miss)'라는 의미의 어근에서 파생되어 죄를 오류로 표시한다."[17] 이 단어와 그 동족어는 구약성서에 400번 이상 나온다.[18] *chet*는 창세기 4:7에서 "네가 선을 행하면 어찌 받아들여지지 아니하겠느냐 선을 행하지 아니하면 죄가 문에 엎드리느니라"는 말로 처음 나타난다.

기술적인 의미에서 *chet*는 총을 쏠 때 "표지(mark)나 과녁(target)을 놓치는 것"(삿 20:16)을 의미한다. 실패는 간과하는 것을 의미하는 비기술적 의미에서의 용법의 변형이 욥기 5:24b에서 "그리고 너는 너의 거주지를 방문할 것이고, 죄를 짓지 않을 것"이라는 말로 발견된다. 따라서 *chet*는 "실패의 의미에서의 죄, 즉 주어진 명령이나 금지를 명백히 위반한 것으로 인식되는 죄를 의미한다. 이는 어원학적으로 그리스어 *Hamaria*와 정확히 일치한다."[19] 히브리인들에게 이 단어의 의미는 그들의 하나님은 거룩하신 하나님 그리고 개인은 하나님이 정하신 기준에 순응하는 것을 목표로 삼아야 하며, 이 목표와 목적에서 벗어나는 모든 행동은 과녁을 놓치는 것이라는 것이다.

---

17) T. C. Vriezen, *An Outline of Old Testament Theology* (Newton, Mass.: Charles R. Branford, Co. 1960), p. 211.

18) Cf. Ludwig Kohler, *Old Testament Theology*, trans. A. S. Todd (Philladelphia: The Westminster Press, 1957), p. 169.

19) Ibid.

그러나 과녁의 빗나감 또는 죄는 항상 의도적이거나 고의적인 것이 아니라 다음 인용문에서 지적하듯이 태만 또는 무지로 인해 저지른 잘못을 자주 언급한다.

> "만일 이스라엘 온 회중이 여호와의 계명 중 하나라도 부지중에 범하여 허물이 있으나 스스로 깨닫지 못하다가 그 범한 죄를 깨달으면 회중은 그것을 회막 앞으로 끌어다가 수송아지를 속죄제로 드릴지라"(레 4:13-14)

이러한 무지의 죄를 인정하고 그들을 위해 속죄 제물을 드려야 했다(레 4:21). 통치자들과 일반 백성들도 무지로 인해 죄를 지을 수 있었다(레 4:22, 4:27). 그런 경우에는 무지의 죄를 속죄하기 위해 속죄 제물이 요구되었다(레 4:24, 4:29).

무지의 죄에 대한 인식은 민수기의 제물에 관한 법에서도 발견된다. "무식함으로 죄를 짓는 자가 있다면, 그는 암염소를 데려올 것이다"(민 15:27). 그러나 무지의 죄를 대비할 때에도 모세는 고의적인 죄에 대해 재빨리 경고한다.

> "본토인이든지 타국인이든지 고의로 무엇을 범하면 누구나 여호와를 비방하는 자니 그의 백성 중에서 끊어질 것이라. 그런 사람은 여호와의 말씀을 멸시하고 그의 명령을 파괴하였은즉 그의 죄악이 자기에게로 돌아가서 온전히 끊어지리라"(민 15:30-31)

이 급격한 경고는 무지로 저지른 죄에 대한 용서를 보증하는 말 뒤에 나오는데, '과녁을 빗나간 것'에 대한 개인적이고 개별적인 책임의

개념은 뚜렷하고 명확하다.[20]

2. 굽은 것 또는 비틀림으로서의 죄

*awon(avah)*이라는 단어는 구약성서에서 구부러짐이나 비틀려진 것을 암시하는 데 사용되었다. '비뚤어진'이라는 개념은 예레미야애가(애 33:9b)에서 "… 그가 내 길을 굽게 하셨으며"라고 언급되고 있다. 그리고 창세기 15:16에서는 "… 이는 아모리 족속의 죄악이 아직 충만하지 아니함이라"고 표현되어 있다. "따라서 *awon*은 하나님의 곧음에서 벗어나는 것이며 잘못된 의도를 나타낸다는 점에서 *chattath*보다 더 하다."[21] 또 다른 의미로 "*awon*"은 행동뿐만 아니라 생각에서 나타난 "옆으로 가는 것", 또는 "길을 잃는 것"[22]을 의미한다. 이것은 (에스겔 44장, 레위기 18장, 민수기 12장, 예레미야 24장, 호세아 11장에서 231회나 사용되었다). 그것의 의미는 "범죄(crime) 또는 부정한 행위(iniquity)를 의미하는 것으로 55회, 죄책을 의미하는 것으로 159회, 형벌을 의미하는 것으로 6회로 나타나 있다. 그것의 기원은 직선적이지 않거나 옳지 않은 행동이나 누락을 나타낸다."[23]

지금까지 사용된 두 용어인 *chattah*와 *awon(avah)*을 언급하면서. 데이비슨(A. B. Davidson)은 다음과 같이 말했다.

---

20) 위에 주어진 두 가지 개념에 더하여, chattah는 King James Version에서 때때로 sin이 아닌 다른 단어로 번역된다. 따라서 그것은 창세기 41:9과 출애굽기 5:16에서 "결함"으로 번역된다. 왕상 8:31의 "범죄", 레위기 5:16의 "해"; 창세기 43:9과 44:32의 "비난"; 창세기 29:9과 40:1과 다음에서 "불쾌하게 하다": 왕상 1:21; 왕하 18:14; 출 4:10; 사 29:21; 렘 37:18.

21) J. Varton Payne, *The Theology of Old Testament* (Grand Rapids, Mich:: Zondervan Publishing House, 1962), p. 196,

22) Jacob, op.cit., p. 281.

23) Kohler, op. cit., p. 169.

> 이러한 용어로 무언가를 얻는다는 것은 인정할 수 있다. 죄는 곧은 것과 비교하여 굽은 것의 특징이다. 즉 매끄러운 것과 대조되는 고르지 않은 것, 깨끗한 것과 비교하여 부정한 것 등의 성질이다. 이런 물리적 아이디어가 도덕적인 것으로 이전된 것이다. 그러한 모든 옮김은 거기에 있다. … 또한 표적에 명중하여 실패하지 않는 것이 곧고 비뚤어지지 않으며 깨끗하며 부정하지 않다는 생각은 외부 물리적 영역에서는 '선'하고 그 반대는 '나쁘다'는 것이다.[24]

데이비슨의 이 해설은 종교적, 윤리적 영역에 공통 표현을 적용하는 히브리어 어휘의 중요한 관행을 지적하고 있다. 죄의 다른 측면을 보여주는 데 특정 표현을 사용하는 기본적인 이유는 실용적이고 교육적인 이유이다. 이러한 표현들은 친숙한 육체적 개념을 도덕적 영역으로 이전시키고 하나님의 거룩함과 관련하여 인간의 죄에 대한 사상을 강조하기 때문이다. 예수는 그의 가르침에서 비슷한 방법을 사용했다.

3. 죄를 반역으로 보는 견해

*Pesha*는 고의적인 범법, 반역 또는 정당한 권위에 복종하는 것을 거부하는 것을 의미하며(창 50:17), "그래서 이스라엘이 다윗의 집을 거역하여 오늘날까지 이르고 있다"(왕상 12:19)라고 표현하였듯이, "반역하다"를 의미하는 어근에서 파생되었다. 많은 곳에서 *Pesha*는 범법이나 고의적인 위반을 나타내는 데 사용되고 있다. 시편 기자는 "그때에 내가 범법자들에게 길을 가르치리라"(시 51:13a)라고 썼다. 잠언에서 고의적인 범법에 대한 개념이 "한 조각의 떡으로 말미암아 사람이 범법

24) *Theology of Old Testament*, p. 207.

하리라”(잠 28:21b)라고 제시되어 있다. 이사야는 “네 첫 아버지가 죄를 지으셨고 네 스승들이 나를 거역하셨다”(사 43:27)는 말로 이스라엘을 엄중히 비난한다. 반란과 반란에 대한 개념은 에돔과 립나의 반란에 대한 묘사에서 전달된다(왕하 8장).

*Pesha*는 성서에 86번 나오며 “죄에 대한 구약의 가장 심오한 단어”[25]이다. 이 용어의 의미의 깊이는 명확하고 정확하다. “*Pesha*는 고의적이고 계획된 범법이기 때문에 죄에 대한 이전 용어보다 더 심각해진 것이다. 따라서 욥 3:37은 *pesha*를 *chattah*에 추가한 것을 말한다.”[26] 반역으로서의 죄의 관념에 대한 요약은 다음과 같은 중요한 진술에 나와 있다.

> 본질적으로 그리고 구약성경 계시의 마지막 수단에서, 죄는 객관적인 계명과 금지의 위반이 아니며 그들의 나약함과 어리석음을 드러내는 죄악이 아니다(대상 21:81). 그리고 뒤틀린 성미도 아니다. 죄는 하나님의 뜻에 대한 인간의 의지의 반란이다. 사람들은 Theostuges(하나님을 미워하는 자)이다(롬 1:30).[27]

4. 죄를 사악함으로 보는 견해

가부장 시대에 등장하는 단어인 *Rasha*는 보통 “사악함”으로 번역된다. 페인(Payne)에 따르면 “*rasha*의 형용사 형태는 창세기 18:23에 나타나며 ‘느슨한’ 또는 ‘규제되지 않음’이라는 개념에서 나왔다. 그러므

25) Kohler, op.cit., p. 170.

26) Payne, op.cit., p. 196,

27) Kohler, op.cit., p. 170.

로 그 명사로는 하나님에 대한 분노를 의미한다(욥 3:17)."[28] 그것이 발견되는 맥락에서 볼 때, rasha는 범죄자와 그의 영향력 아래 있는 다른 사람들을 혼란과 영구적인 동요에 빠트리게 하는 악인의 활동을 암시하는 것 같다. 이사야는 "악인들은, 쉴 수 없을 때에, 그 물이 진흙과 흙을 뒤집어쓰는, 골치 아픈 바다와 같다. 세상에, 악인들에게 평화란 없다"(사 57:20-21)라고 쓸 때에, 이 생각을 마음에 두고 있었다고 볼 수 있다.

하나님에 대한 안절부절못하고 혼란스러운 선동과 같은 사악함에 대한 동일한 견해가 욥의 *rasha*의 사용에서 발견된다.

> 그렇지 아니하였던들 이제는 내가 평안히 누워서 자고 쉬었을 것이니,
> 자기를 위하여 폐허를 일으킨 세상 임금들과 모사들과 함께 있었을 것이요,
> 또는 금을 가지며 은으로 집을 채운 고관들과 함께 있었을 것이며,
> 또는 낙태되어 땅에 묻힌 아이처럼 나는 존재하지 않았겠고 빛을 보지 못한 아이들 같았을 것이라. 거기서는 악한 자가 소요를 그치며 그리고 거기서 지친 자는 휴식을 취한다(욥 3:13-17).

에스겔은 의인의 의식적인 활동과 악인의 의식적인 활동을 대조하면서 악을 하나님에 대한 보다 직접적이고 고의적인 동요로 간주한다.

> "범죄하는 그 영혼은 죽을지라. 아들은 아버지의 죄악을 담당하지 아니할 것이요 아버지는 아들의 죄악을 담당하지 아니하리니 의인의 공의

28) Op. cit., p. 196.

도 자기에게로 돌아가고 악인의 악도 자기에게로 돌아가리라. 그러나 악인이 만일 그가 행한 모든 죄에서 돌이켜 떠나 내 모든 율례를 지키고 정의와 공의를 행하면 반드시 살고 죽지 아니할 것이라"(겔 18:20-21)

계속되는 사악함에 대한 개인의 책임에 대한 개념은 에스겔의 또 다른 진술, 즉 "악인이 다시 돌이켜 그 행한 악에서 떠나 적법하고 의로운 일을 행하면 그 영혼을 구원하리라"(겔18:27)는 진술에서 나타나 있다:

악인이 하나님을 대적하는 선동에 책임이 있을 뿐만 아니라 선지자도 악인에게 경고할 개인적 의무가 있다.

"가령 내가 악인에게 이르기를 악인아 너는 반드시 죽으리라 하였다 하자: 네가 그 악인에게 말로 경고하여 그의 길에서 떠나게 하지 아니하면, 그 악인은 자기 죄악으로 말미암아 죽으리라. 그러나 내가 그의 피를 네 손에서 찾으리라. 그러나 너는 악인에게 경고하여 돌이켜 그의 길에서 떠나라고 하되, 그가 돌이켜 그의 길에서 떠나지 아니하면 그는 자기 죄악으로 말미암아 죽으려니와 너는 네 생명을 보전하리라"(겔 33:8-9)

앞의 논의를 통해 *rasha*를 다음의 네 가지 관점, 즉 (1) 악인의 혼란과 싸움; (2) 악인이 다른 사람에게 야기한 부당한 흥분; (3) 의인과 악인의 대조; (4) 악인에게 그의 길에 대하여 경고할 책임의 관점에서 고찰할 수 있다.

퀼러(Kohler)는 *rasha*, 즉 "악한 자"는 구약성서에서 죄인을 가리키는 가장 일반적인 단어이며 261번 나온다고 지적한다.[29] 이 단어는 저질

29) Op. cit., p. 171.

러진 잘못을 묘사하는 개별적이고 특정한 의미를 가지고 있다. "그러나 대부분의 경우, 이 단어는 개인의 행동보다는 성격을 묘사하는 일반적인 의미를 더 가지고 있다. … 이 단어는 행동과 성격 모두에서 죄인으로 보이는 사람"[30]을 가리켜 말한다. 모든 경우에 죄, 또는 죄인은 하나님에 적의를 가진 것으로 간주된다.

5. 죄를 불성실로 보는 견해

*Maal*이라는 단어는 레위기 5:15에서 모세에 의해 "범죄"로 소개되었다. 나중에 민수기 5:12에서의 그것의 동사 형태는 결혼생활에서의 부정을 나타내는 데 사용되었다. 따라서 *maal*은 배반 또는 불신앙을 암시하고 신뢰의 위반을 의미한다는 점에서 죄의 배반 행위를 가리킨다. 특별히 이 단어는 언약 관계에서 믿음의 위반을 의미한다. 신뢰의 위반의 개념은 잠언 16:10에서 백성들을 대하는 왕의 성실성에 관하여, "왕의 입술에는 하나님의 판결이 있고: 재판할 때에 그의 입은 범죄하지 아니하느니라"고 한 말에 제시되어 있다.

많은 경우에 있어 "불성실"의 죄를 지은 사람은 권위를 가진 사람들이었다. 또한 이스라엘 민족은 하나님과 특별한 언약 관계를 누리는 것으로 여겨졌다. 따라서 사람들이 하나님께서 그들에게 맡기신 신뢰를 배반했을 때 그들의 행동은 불충실함을 암시하는 이 단어로 묘사되었다. 죄가 불성실하다는 개념은 에스겔의 세 구절에 나타나 있다. 에스겔 14장 13절에서 그는 이렇게 말한다. "사람의 아들아, 땅이 내게 죄를 짓게 되면, 내가 그 위에 손을 내밀어, 그 위에 있는 빵의 지팡이를 부러뜨리고, 그 위에 기근을 일으키겠다." 다음 장에서 에스겔은 엄숙한 심판을 내린다. "내가 이 땅을 황폐하게 하리니 그들

30) Ibid.

이 죄를 범하였으니 이는 여호와께서 말씀하신 것이다"(겔 15:8). 그리고 불성실의 최종 결과는 다음의 말에 나타나 있다: "그리고 이교도들은 이스라엘 가문이 그들의 죄악으로 포로가 되었다는 것을 알게 될 것이다. 그들이 나를 범했기 때문에 나는 그들에게서 나의 얼굴을 숨기고 그들을 적들의 손에 넘겨주었으므로 그들은 모두 칼에 쓰러졌다"(겔 39:23).

6. 죄를 악으로 보는 견해

*ra*는 좋은 것과 대조되는 나쁜 것의 일반적인 용어이다. 이것은 나쁜 열매(렘 24:2)와 불쾌한 경험(창 49:7)과 관련하여 사용된다. 비록 일부 학자들이 시끄러운 소음과 관련이 있을 수 있다고 지적하지만 원래 의미는 불확실하다. 따라서 "*ra*는 물리적 재난 또는 (하나님의 명령의) 폭력적인 파괴를 암시한다."[31] 그러므로 히브리어 *ra*는 영어 단어 악(evil)에 가까운 추론을 지니고 있다. 이것은 행위의 본질과 결과를 모두 의미한다. 거의 모든 경우에 있어 해악, 상해 및 사악이라는 단어가 발견되는 곳에서 *ra*로부터 파생된 것이다.

이 단어의 변형은 시편 141:5에서 재난, 민수기 11:11에서 고난, 시편 41:1에서는 고생, 신명기 6:22에서는 아픔, 창세기 26:29에서는 상처, 창세기 44:29에서는 비애, 창세기 40:7에서는 슬픔, 느헤미야 2:10에서는 비통, 전도서 8:6에서는 불행, 느헤미야 2:17에서는 피로, 에스겔 14:15, 21에서는 고약함, 사무엘하 12:18에서는 짜증으로 번역되었다.

용어의 많은 변형에도 불구하고 일반적인 문맥은 악에 대한 일관된 언급을 나타낸다. *ra*는 일반적으로 악행의 결과뿐만 아니라 불리한

31) Payne, op cit., p. 196.

성격과 상황을 암시하는 것 같다. 이것은 경건하지 않은 사람의 두드러진 특성을 묘사한다. 즉, 자신의 악행으로 인해 자신에게 해를 끼치는 그의 과정을 묘사한다.

7. 죄를 불법으로 보는 견해

히브리어 *avel*에 대한 완전히 일관된 해석에 도달하기는 어렵다. 가장 보편적인 의미는 불법이라 볼 수 있다. 다양한 다른 번역이 있지만, 예로서 시편 43:1, 82:2; 잠언 29:27; 이사야 26:10; 스바냐 3:5에서는 부정함, 레위기 19:15; 신명기 25:16; 욥기 27:7; 시편 71:4에서는 불의함, 욥기 16:11에서는 사악함, 이사야 59:3에서는 외고집, 그리고 시편 89:22와 다른 곳에서는 악하다로 번역하였지만, *avel*이 사용된 약 30개의 경우에서는 불법의 개념이 가장 일관되고 적절한 의미를 암시하는 것으로 볼 수 있다.

히브리어 *aven*은 또한 독창성을 표현하는 데 자주 사용되며 종종 우상 숭배와 연결되어 있다. 이 연관성은 히브리인의 마음에서 종종 우상과 우상 숭배와 관련되는 허영과 무(nothingness)에 대한 전문적인 언급을 가지고 있기 때문에 만들어진 것 같다. 다음 구절 즉 민수기 23:21; 삼상 15:23; 시편 5:5; 이사야 1:13; 미가 2:1에서 '*aven*'이라는 단어의 사용에 있어서의 불법의 개념이 보인다. 이 단어는 잠언 11:7에서는 부정하다, 잠언 17:4에서는 그릇됨, 시편 36:4에서는 해악함, 욥기 5:6에서는 고통, 시편 140:11에서는 악으로 번역되었다.

죄에 대한 구약 용어의 의미를 요약하면서 데이비슨(A. B. Davidson)은 이 용어가 두 가지 사상을 암시한다고 말한다. "하나는 맞추지를 못하거나 객관적인 기준에 부합하지 못한 경우이고, 다른 하나는 상관인 사람에 대해 사람이 취한 태도였다."[32] 일반적인 구약의 개념은 "죄는 하나님의 뜻이나 외적으로 만들어진 법이 아니라 인격이신 하나님과 관련이 있기 때문에 반역, 자기 권위의 주장[33]이다. 구약성서에서 죄는 주로 하나님의 인격의 권위에 대하여 개인, 인종, 국가가 완고하게 자기주장을 하는 반역으로 간주될 수 있다. 그것은 또한 사악하거나 부패한 상태 또는 조건으로 간주된다.

B. 신약성서의 용어

신약성서는 죄에 대해 매우 다양한 단어를 사용하고 있다. 신약성서의 윤리적 어휘는 구약성서, 특히 시편에서 많은 용어를 차용하고 있다. 그러나 또한 그리스-로마 세계에서 널리 사용하고 있는 많은 종교-철학적 언어를 사용하고 있다. 그랜트(Frederick C. Grant)는 총 115개의[34] 용어가 사용된 것에서 20개의 구절을 분석하여, 이 용어의 다양성을 보여주고 있다. 그 목록은 완전하게 제시되지 않고, 관련된 모든 용어를 조사할 수는 없다. 많은 기본 용어를 연구하는 것만으로도 전체 용어의 용량을 차지할 수 있기 때문이다. 그러므로 죄에 대한 기본적인 신약성서 용어 중 일부를 다루고자 한다.

1. 범죄로서의 죄

hamartia(죄)는 죄에 대한 가장 흔한 신약성서 용어이다. 명사 *hamartia*에 해당하는 동사는 "잘못을 행하다", "죄를 범하다", "하나님

---

32) *The Theology of the Old Testament*, p. 210-11.

33) Ibid., p. 213.

34) Op. cit., p. 176-77.

께 죄를 짓다"를 의미한다. "'과녁을 빗나감'이라는 오래된 개념은 신약성서의 의미를 번역하는 데 적합하지 않다. 그것은 실패이지만 그 이상을 의미한다."[35] 알포드(Henry Alford)는 그 단어가 "가장 의미심장한 의미에서 죄의 실천"[36]을 의미한다고 말하며, 빈센트(Vincent)에 따르면, "원칙과 행동으로 간주되는 죄는 요한에 의해 *hamartia*로 지정되었다."[37] *hamartia*의 문맥은 죄가 단순히 "과녁을 놓쳤다" 이상을 포함하고 있다. 즉 이것은 개인 책임의 요소를 포함하고 있다.

행위로서의 죄의 개념 또는 개인적인 책임을 수반하는 행위는 마가복음 2:5b에 제시되어 있다. 여기서 예수께서는 "소자야 네 죄가 용서받았느니라"고 말씀하셨다. 히브리서 9:14에서는 죄는 깨끗함을 받아야 한다고 기록하고 있다. 나인 성에서 죄인이었던 한 여인이 눈물로 예수님의 발을 씻었다. 예수님은 용서의 비유로 그녀의 행위를 설명하시고 "네 죄가 사하여 졌느니라"(누가복음 7장)라는 말로 절정에 이른다(눅 7:48). 요한복음 8:24에서 예수님은 바리새인들에게 불신으로 인해 "너희가 너희 죄 가운데서 죽으리라"고 직설적으로 말씀하셨다. 요한복음 9장 41절에서 *hamartia*는 단순한 실패나 오류 이상의 것이며, 죄책감과 관련된 책임 있는 조건이나 태도이다: "예수님은 그들에게 이르시되, 만약 너희들의 눈이 멀었다면, 여러분은 죄[hamatian]가 없어야 한다. 그러나 지금 너희들이 말하기를, '우리는 본다'고 하면, 여전히 죄[hamartia]가 없어지지 않고 있는 것이다."

바울은 로마서 6:1에서 "우리가 죄(hamartia)에 거하고 거하겠느냐?"

35) Frank Stagg, *New Testament Theology* (Nashville,Tenn: Broadman Press, 1962), p. 15.

36) The Greek Testament (Cambridge: Deighton, Bell, and Co., 1868), I, 7.

37) Marvin R. Vincent, *Word Studies in the New Testament* (Grand Rapids, MIch: Wm B. Eerdmans pub. Co, 1940), II, 322

그리고 다시 딤전 5:22에서, “너희는 다른 사람의 죄(hamartia)에 참예하지 말고 네 자신을 깨끗하게 지키라”고 말함으로써 *hamartia*를 개인의 책임이 있는 언어로 언급하고 있다. 야고보는 이렇게 기록하였다. “만일 너희가 사람을 차별하여 대하면 죄[hamaritian]를 짓는 것이니 율법이 너희를 범법자로 정죄하리라”(약 2:9). 그렇다면 신약의 “*hamartia*는 분명히 ‘빗나간 것’ 이상의 의미를 내포하고 있는 것”이다.[38] 결국 죄에는 태도와 내면의 반응이 포함되어 있음을 나타낸다.

2. 불의로서의 죄

adikia(불의)라는 용어는 불의, 잘못을 행함, 사악함 또는 불법을 나타낸다. 요한일서 5:17은 모든 *adikia*가 *hamartia*라고 말한다. 테이어(Thayer)는 *adikia*가 “마음과 삶의 불의”[39]를 의미한다고 말한다. 사람을 언급할 때 *adikos*는 “하나님의 법을 어기는 자, 불의, 죄 많음”[40]을 의미한다. 이처럼 바울은 하나님의 진노가 사람의 불의(adikian)에게 나타나는 것을 말한다(롬1:18). 계속해서 로마서 1:29-32에서 버림받은 마음의 특징으로 열거된 죄 목록에서 불의(adikia)는 인류에 대한 포괄적인 고발의 머리가 된다. 요한일서 1:9에는 “만일 우리가 우리 죄를 자백하면 그는 신실하사 우리 죄를 사하시며 모든 불의[adikia]에서 우리를 깨끗케 하실 것”이라고 약속되어 있다.

---

38) Stagg, op. cit., p. 15.

39) Jospeh H. Thayer, *Greek-English Lexion* (New York: American Book Co. 1886), p. 12.

40) Ibid.

3. 불법으로서의 죄

anomia(무법)라는 용어는 "불법의 행위 또는 표현"[41]을 말한다. 이는 또한 "법률을 멸시하는 무법자"[42]를 의미하기도 한다. 따라서 이 용어는 무법 행위 또는 무법자를 의미할 수 있다. 그러나 두 가지 사용에 있어, 법을 모르는 것이 아니라 법을 무시하는 것을 의미한다. 그래서 영어에서 이 용어는 종종 "불법"으로 번역된다.

마태복음 7:23에서, 예수께서 말씀하시기를 "불법을 행하는 자들아(anomian) 내게서 떠나라." 다시 24:12에서 마태는 그리스도의 말씀을 인용한다. "불법(anomian)이 성하므로 많은 사람의 사랑이 식어지리라." 로마서 6:19b에서 이 불법은 의와 성결과 대조된다: "너희가 너희 지체를 더러움과 불법에 종으로 내주어 불법[anomia]에 드린 것 같이 이와 같이 이제 너희 지체를 의에게 종으로 주어 거룩함에 이르게 하라. 불법으로서의 죄는 행위의 하나의 양식이며, 하나님께 대한 끊임없는 반역의 상태이다."

4. 불성실로서의 죄

Apistia(불신)라는 용어는 불성실함, 불신앙, 믿음이 적은 것을 나타낸다. 개인을 언급할 때 *apistos*는 믿음이 없거나 믿지 않는 것을 의미한다. 마가복음 6:6에 예수께서 "그들의 믿지 않음을 기이히 여기셨다"는 말씀이 있다. 로마서 3장 3절에서는 불신앙은 믿음의 원수로 간주되었다. 히브리서 3:12은 불신의 사악한 마음(apistias)을 하나님을 떠나게 된 원인으로 말하며, 히브리서 3:19은 "광야에서 부주의

41) G. Abbott-Smith, *A Manual Greek Lexion of the New Testament* (3rd ed: Hew York: Charles Scribner's Sons, 1936), p. 39.

42) Arndt and Gingrich, op. cit., p. 71.

하게 쓰러진 자들"을 언급하면서, "그들이 불신앙(apistian) 때문에 능히 들어가지 못한 것"이라고 말하고 있다. 요한계시록 21장의 위대한 종말론적 장면에서 이기는 자는 모든 것을 유업으로 받을 것이다. 그러나 운명에 처한 자들 중에는 "두려워하는 자와 믿지 아니하는 자(apistois)"(계 21:8a)가 있다. 불신앙은 마음의 상태, 또는 하나님에 대한 조건이나 태도이다.

5. 방탕으로서의 죄

aselgeia(방탕)이라는 용어는 "억제되지 않은 정욕, 과잉, 방종, 호색, 무자비, 난폭함, 파렴치함, 무례함"[43]을 나타내는 일반적인 용어이다. 에베소서 4:19은 성숙한 그리스도인은 자신을 *aselgeia*에 내어준 타락한 속인과의 대조로 돋보이고 있다. 마가복음 7:21-22은 타락한 죄인에서 "악한 생각, 음행, 살인, 도적질, 탐욕, 악독, 속임, 음탕[aselgeia]와 같은 것"이 일어나는 죄들의 생생한 목록을 제시하고 있다. 베드로후서 2:7에서 이 용어는 "방탕한 행동이나 예절, 곧 추잡한 말과 추잡한 몸짓과 남자를 음탕하게 다루는 것, 그리고 여자들의 일"들을 의미한다.[44]

키틀(Kittle)은 이 단어를 다음과 같이 해석한다.

> (이 단어는) 신약성경에서는 "음란" 또는 "방탕"이라는 더 오래되고 관능적인 의미만이 적절하다(마 7:22). 인간이 하나님으로부터 단절될 때는 필연적으로 피해자가 된다. 그것은 소돔과 고모라(벧전 2:7)와 일반적으로 이교도 세계(엡 4:19), 또한 이단과 배도(삿 4장; 벧후 2:2, 18)의

---

43) Thayer, op. cit., p. 79.

44) Ibid.

> 성격을 드러낸다. 성적 과잉에 대한 특별한 관능(sense)은 아마도 갈라디아서 5:19에, 그리고 또한 요한계시록 13:13; 고전 12:21; 벧후 2:2, 18에 나타나 있다.[45]

여기서 다시 이 개념은 전체 인격에 스며드는 상태 또는 조건에 대한 것이다.

6. 왜곡된 욕망으로서의 죄

*Epithumia*는 강한 욕망을 나타내는 용어이다. 좋든 나쁘든 욕망의 도덕적 특성은 단어의 설정에 따라 결정된다. "동기, 의도, 방향, 그리고 다른 관심사와의 관계의 문제들은 그 도덕적 특성을 부여한다."[46] 예수님은 "내가 너희와 함께 이 유월절 먹기를 원하고 원하였노라"(눅 22:15)고 말씀하셨을 때 이 용어를 도덕적으로 타당한 의미로 사용하셨다. 야고보서에서는 "그러나 모든 사람은 자신의 욕망에 이끌려 유혹을 받는다"(약 1:14)고 말함으로써, 이 용어를 죄의 발판이 되는 왜곡되거나 부당한 욕망이라는 의미로 사용하였다.

율법과 부당한 욕망(욕정)의 관계에 대한 생각은 바울이 로마서 7:7에서 제시하는데, 여기서 율법은 잠자고 있는 욕망을 죄로 간주하였다. 죄로 왜곡된 욕망에 대한 바울의 언급에 대해 키틀(Kittle)은 다음과 같이 언급한다.

> 욕망(epitumia)은 감각적이거나 성적인 영역에 국한되지 않는다. 그러

---

45) Gerhard Kittel, *Theological Dictionary of the New Testament*, trans. by G. W. Bromily (Grand Rapids, Mich: Wm B. Eerdmans Pub. Co., 1964), I, 490.

46) Stagg, op. cit., p. 16,

나 이는 계명의 도전을 받았을 때 불타오르는 하나님의 주장에 대한 열광으로서의 포괄적인 의미로 이해되어야 한다. 하나님을 근본적으로 격멸하는 것(롬 1:21)에서부터 성적 악용, 반사회적 범죄, 그리고 바울이 죄에 대한 하나님의 형벌로 보는 모든 죄에 이르기까지의 모든 종류의 죄의 중심이 여기에 있다.[47)]

7. 불경으로서의 죄

고의적인 불경의 패턴인 *aebeia*는 죄에 대한 신약의 또 다른 용어이다. 그것은 디모데후서 2:16에서 "망령되고 헛된 말을 그치라; 그들은 경건치 아니함(asebeias)에 점점 더 나아갈 것이라"고 말했듯이 때때로 경건치 아니함으로 번역되었다. 이 용어는 또한 "생각과 행동에 있어서의 경건하지 않음, 불경건함"[48)]으로 번역될 수 있다. 렌스키(Lenski)는 불경건과 불의가 죄의 양면이라고 말한다.

모든 불경건은 또한 불의이다. 또한 불의는 또한 모든 불경건이다. 비종교는 부도덕(정의규범의 위반)으로 나타난다. 그리고 부도덕은 비종교의 증거(하나님의 반대)이다. 하나님은 모든 죄에서 이 두 가지를 보신다.[49)]

8. 증오로서의 죄

하나님에 대한 적대적인 감정이나 적극적인 증오는 *echthra*라는 용

47) Gerhard Kittel, *Bible Key Words from Theologisches Worterbuch Zum Nuen Testament*, trans, J. R. Coates (New York Harper and Bros. 1951), I, 79,

48) Arndt and Gingrich, op.cit., p. 114.

49) R. C. H. Lenski, *St. Paul's Epistle to the Romans* (Columbus, Ohio: Wartburg Press, 1945), p. 92.

어로 전해지고 있다. 미움 즉 *echthra*라는 단어는, 바울과 야고보가 특정 방향으로 일련의 감정을 설명하기 위해 사용한 강한 용어이다. 바울에게 있어 미움이란 "자신을 위해 살고 스스로 경영하려는 인간의 편에서의 하나님을 향한 적극적인 증오, 그의 뜻에 대한 적대적 반대이다. 증오에 대한 이 생각은 바울의 죄 개념에서의 구성 요소가 된다."[50] 따라서 바울은 "육신의 생각은 하나님과 원수가 되나니"(롬 8:7)라고 말한다. 다른 의미로 그 생각은 빌라도와 헤롯 사이에 존재하는 것처럼 두 사람 사이에 존재하는 불화이다(눅 23:12).[51] 야고보는 "간음한 자들아 세상과 벗된 것이 하나님과 원수 됨을 알지 못하느냐?"(약 4:4)라고 진술하면서 가장 강력한 표현으로서 미움(echthra)에 포함된 반감 또는 적개심을 보여주고 있다.

9. 부패로서의 죄

덕행에 반대되는 사악한 성향에 대한 포괄적인 용어는 *kakia*라는 단어이다. 세이어(Thayer)는 *kakia*에 두 가지 의미를 부여하여 번역했다.[52] 첫째는, 그것은 원한, 적의, 악의, 상처를 입히려는 욕망을 의미한다(롬 1:29; 엡 4:31; 골 3:8; 딛 3:3; 약 1:21; 벧전 2:1). 둘째는, 고린도전서 5:8, 14, 20; 사도행전 8:22에서와 같이 사악함, 부패행위를 의미한다. 베드로전서 2:16에서는 "법을 어기는 것을 부끄러워하지 아니하는 악"을 의미한다.[53] 일부 연구가에 따르면 *kakia*는 사악한 성향을 나타낸다. 따라서 *kakia*는 "본질과 목적이 달라야 하는 것"[54]과 같이 쓸모

50) Kittel, *Bible Key Words*, I, 76,

51) *The Analytical Greek Lexion* (New York: Harpr and Bros. n.d.), p. 779.

52) Op. cit., p. 320.

53) Ibid.

54) Hermann Cremer, *Biblio-Theological Lexion of New Testaement Greek*, trans.

없고, 나쁘고 부적합한 조건이나 성향을 설명하는 부정의 용어이다.

10. 적극적인 악으로서의 죄

kakia는 상태나 조건을 언급할 때 사용되며, *poneros*는 악의 적극적인 표현을 나타낸다.[55] 자연적 의미에서 그것은 마태복음 7:17에서 "썩은 나무가 악한 열매를 맺는다"고 말했듯이 사용하기에 부적합하거나 무가치함을 의미할 수 있다. 그러나 도덕적 의미에서 "*poneros*는 *kakos*의 구체적인 구체화이다. 그리고 한편 kakos는 성격의 본질을 나타내고 poneros는 행동을 나타낸다."[56] 세이어(Thayer)는 이 용어가 마가복음 7:22에서 말한 것과 같이 또는 누가복음 6:45에서, 사람이 본질적으로 부패했기 때문에 악한 행위가 의도적으로 허용되었던 것처럼, "사악을 의식하는 영혼"[57]과 "악한 목적과 욕망"을 의미한다고 해석하였다.

11. 위반으로서의 죄

악 또는 부패(*kakia*)의 상태의 결과로 악한 목적과 욕망(*poneros*)의 패턴이 죄 가운데 사는 사람의 일부가 된다. 단순한 악한 목적과 욕망은 노골적인 행위와 고의적인 행위가 된다. 그러므로 죄는 범법이다. "범법"(*parabasis*)이라는 단어는 *para-bain*이라는 어근에서 왔으며 이는 "선을 넘는다, 범법하다, 또한 떠나다 또는 버리다"(행 1:25)를 의미한다. 따라서 *parabasis*라는 용어는 무시, 위반을 의미한다. 로마서

William Urick (Edinburgh: T. and T. Clark, 1962), p. 320.

55) Ibid.

56) Ibid., p. 512.

57) Op. cit., p. 510.

5:14에서 바울이 설명한 바와 같이 아담의 죄와 관련하여 이 용어는 "명확하고 공포되고 비준된 율법의 위반"[58]을 의미한다.

바울에 따르면 율법의 목적은 범법을 깨닫게 하는 것이다(롬 4:15, 5:20; 갈 3:19). 율법의 목적은 "죄가 범법의 성격을 띠게 하여 죄에 대한 의식 또는 죄를 심화시키고 구속에 대한 열망을 불러일으키는 것"[59]이었다. 히브리서 2:2에서는 *parabasis*는 불순종과 연결되어 있고, 디모데전서 2:14에서는 하와가 미혹되어 범죄하였다고 기록되어 있다. 요약하면 *parabasis*는 "알려진 삶의 규칙을 위반하는 것으로서 객관적으로 알려진 죄"[60]를 의미한다.

12. 위반으로서의 죄

*paraptoma*라는 용어는 죄를 나타내는 또 다른 강력한 단어이다. 이 단어는 두 가지 의미에서 범죄로 사용될 수 있다. 이 단어의 첫 번째 의미는 일반적으로 갈라디아서 6:1에서 암시하는 것처럼 *hamartia*에 해당한다. 여기서 이 개념은 알 수 없거나 의도하지 않은 실패를 의미한다. 그러나 이 용어에는 더 강력한 의미가 있다. "그것은 … 죄로 알려진 삶의 규칙을 범하는 것으로 지정하는 *parabasis*와 동의어로 간주될 수 있고 죄를 수반하는 것으로 간주될 수 있기 때문이다."[61] 그것은 인간에 대한 범죄에 사용되었지만(마 6:14) "하나님께 대한 죄의 규칙의 뜻으로"[62] 말한다. 따라서 *paraptoma*는 "진실과 올바름에서

58) Ibid., p. 478.

59) Ibid., p. 479.

60) Cremer, op.cit., p. 499.

61) Ibid., p. 498.

62) Arndt and Gingrich, op.cit., p. 627.

벗어난 결과 또는 진리와 청렴에서의 일탈, 죄, 악행"[63]을 의미한다.

요약

성경 용어에 대한 연구로부터 포괄적으로 사용되는 죄라는 단어는 두 가지를 의미한다고 말할 수 있다. 첫째로, 죄는 인정된 기준이나 인정된 법을 따르지 않는 외부의 행위를 가리킨다. 이러한 순응 실패는 고의적이거나 또는 비자발적일 수 있지만 의도적이고 고의적인 위반이라는 개념이 지배적이다. 둘째는, 죄는 주관적인 상태 또는 조건이기도 하며 여기에는 반항, 적대, 악한 욕망, 의도적으로 악을 선호하는 것이 포함된다. 이제 앞에서 수행한 성서 용어에 대한 연구로부터 죄에 대한 성서적 정의를 명확히 서술하는 것이 가능하게 되었다.

63) Thayer, op.cit., p. 485.

5장
죄에 대한 성서적 정의

야고보는 죄가 선한 것을 소홀히 여기는 것이라고 말하지만(약 4:17), 성경은 죄에 대한 공식적인 정의를 제시하지 않았다. 죄에 대한 정의를 내리는데 가장 가까운 진술은 요한일서 3:4에 있는데, 여기서 저자는 죄는 법의 위반이라고 말한다. 성경은 죄를 인간의 존재 속에 있는 현실로서 다루는 데 있어 죄인을 다루는 하나님의 구원의 능력과 더불어 그리고 죄인에 대한 하나님의 사랑과 더불어 다루고 있다. 성경은 죄에 대한 공식적인 정의를 제시하지 않지만 정의할 수 있도록 원자료들을 제공한다.

죄에 대한 정의를 공식화하려는 이러한 시도는 단순히 의미에 관해 따지는 것이나 학술적인 교묘한 수법이 아니다. 실행 가능한 정의를 갖는 것은 복음의 실제적인 설교에 필수적이며 또한 정직하고 성실한 개인 그리스도인 생활에도 똑같이 중요하다.

I. 죄에 대한 정의의 중요성

죄의 정의에 도달하는 것의 중요성을 논의하면서 채프먼(James B. Chapman)은 다음과 같이 말했다. "우리는 죄의 치유를 설명하는 용어를 현명하게 고려할 수 있도록 죄에 대한 정의에 도달해야 할 필요성에 직면해 있다."[1] 밀러(H. V. Miller)는 그의 저서, 《죄의 문제(*The Sin Problem*)》에서 다음과 같이 죄를 정의하는 것의 중요성을 강조한다. "죄에 대한 질문은 중요한 질문이다. 죄의 중요성을 모호하게 하는 가르침이나 설교는 무엇이든 그리스도의 십자가의 적이 된다."[2] 테일러(Richard Tayler)는 "우리는 죄가 무엇인지, 어떤 종류인지, 어떻게 작용하는지, 죄의 결과와 인간과의 관계에서 죄가 어떻게 제거되어야 하는지, 하나님의 공급하심이 무엇인지 정확히 알아야"[3]한다고 말했다. 또한 퍼카이저(W. T. Purkiser)는 다음 진술에서 중요한 논평을 했다.

> 현대 복음주의 세계에서 떠오르는 가장 중요한 문제 중 하나는 죄의 정의에 관한 것이다. 그것은 용어의 적절한 사용에 대한 신학적 논쟁 이상이다. 그것은 그리스도인의 삶과 경험의 핵심에 직접적으로 다가간다. 그것은 구원의 교리의 모든 면에 관계가 있다. 구속 전체 계획에 대한 우리의 관념은 그에 의하여 근본적으로 영향을 받는다.[4]

죄에 대한 올바른 개념에 도달하는 것의 필요성과 중요성을 보여주는 여러 중요한 이유들이 제시될 수 있다.

A. 죄에 대한 잘못된 개념은 잘못된 결과를 낳는다.

첫 번째로 죄에 대한 잘못된 개념은 설교를 위선의 길, 절망의 길,

---

1) *The Terminology of Holiness*, p. 24.

2) *The Sin Problem* (Kansas City: Beacon Hill Press, 1947), p. 23.

3) Op. cit., p. 10.

4) *Conflicting Concepts of Holiness*, p. 45.

또는 억측의 길로 만들 수 있다. 설교는 죄를 전적으로 합법적이거나 객관적으로 만드는 경향이 있을 때는 위선으로 이어질 수 있다. 그러한 설교는 동기와 욕망의 내적 영역을 무시하기 때문에 바리새파주의를 조장하는 경향이 있다. 설교가 죄가 아닌 것을 죄로 만들어 예민한 영혼이 계속 정죄의 구름 아래 살게 되면, 그 설교는 절망으로 이어질 수 있다. 이러한 설교는 제거되어야 할 도덕적이고 영적인 탈선들로부터 사람을 해방하기 위한 하나님의 힘이 무능력하다는 잘못된 생각 때문에, 죄를 자유롭고 지속적으로 범해도 된다는 식의 설교로 오해될 수 있다.

B. 죄에 대한 잘못된 개념은 죄로 이어질 수 있다.

와일리(H. Orton Wiley)는 "죄가 아닌 것을 죄라고 부르는 것은 실제 죄를 짓는 문을 여는 것"[5]이라고 지적했다. 만일 죄와 죄가 아닌 것 사이를 구별할 수 없다면 인간은 이중의 위험에 처하게 된다. 그는 자신이 언제 죄를 짓고 있는지 알지 못하며 죄의 속박에서 결코 자유로울 수 없다. 따라서 "모든 것을 죄로 만드는 것은 사실상 아무것도 죄로 만들지 않는 것"[6]이라는 것이 사실이다. 반면에 실수를 포함하여 모든 것을 죄로 만드는 것은 죄에서 벗어날 수 없게 만드는 것이 된다. 사람이 죄로부터 자유로울 수 없다고 믿는다면 그는 부주의하게 되어 공개적으로 자발적인 성격의 죄를 범할 수 있게 된다.

---

5) *Christian Theology*, II, 508.

6) Purkiser, *Conflicting Concepts of Holiness*, p. 57.

C. 죄에 대한 잘못된 개념은 개인의 책임을 제거한다.

의식과 양심을 가진 도덕적 존재만이 도덕적 구별을 할 수 있고 도덕적 의무를 느낄 수 있다. 코코넛이 사람의 머리에 떨어져 의식을 잃게 되더라도 나무는 양심의 가책을 느끼지 않는다. 개는 테이블에서 햄버거 조각을 훔쳐 가도 죄책감을 느끼지 않는다. 그러나 인간은 도덕적 구별 능력이 있는 존재이며, 윤리적 의미에서의 죄는 도덕적 책임의 관점에서만 의미가 있다. 오어(James Orr)가 제안한 것처럼 도덕적 행위자의 구성에는 몇 가지 요소가 있다.

(1) 도덕적 지식의 능력, 옳고 그름, 선과 악의 도덕적 구분에 대한 인식, 옳음에 대한 인식이 의지에 부여하는 의무를 인식하는 능력

(2) 도덕적 애정의(승인하거나 반대하는) 능력

(3) 자기 스스로 결정하는 자유의 어느 정도를 소유함. 도덕법은 행위자에게 그가 무엇이 되어야 하고 무엇을 해야 하는지를 즉시 규정한다. 그리고 죄는 어떤 면에서든 단점이나 불순종에서 발생한다.[7)]

D. 죄에 대한 잘못된 개념은 성경을 잘못 해석한다.

구약은 무지에서 행해진 대부분 의식적인 일들은 속죄 제물로 속죄되어야 한다고 가르치지만, 주요한 강조점은 개인의 책임과 거룩하신 하나님에 대한 개인의 순종이다. 신약은 실수와 연약함을 죄와 더욱 날카롭게 구별한다. 예를 들어, 예수는 "자기 백성을 저희 죄에서 구원할 자"(마 1:21)이기 때문에 그에게 그 이름이 붙여졌다. 예수의 이름보다 더 중요한 것은 그의 구속 사역이다. 그리스도는 교회를 사랑하

7) Op. cit., p. 31-32.

셨다. 그리고 교회를 거룩하게 하시고 정결케 하시려고, 교회를 위해 자신을 주셨다(엡 5:25-26).

그리스도는 죄를 용서하시고 우리를 모든 죄에서 깨끗케 하실 것이다(요일 1:7). 그러나 그리스도의 긍휼은 우리의 연약함을 온전히 동정하신다는 사실에서 나타나 있다(히 4:15).

연약함에 대한 동정과 죄로부터의 용서와 정화 사이에는 가장 큰 차이가 있다. 동정은 연약함을 제거할 수 없으며, 또한 연약함은 죄책감을 포함하지 않는다.

E. 죄에 대한 잘못된 개념은 성화를 잘못 전하게 된다.

성화에 대한 웨슬리안의 견해를 받아들이지 않는 사람은 다음과 같이 말한다.

> 온전한 성화의 이론은 오로지 의식적인 죄만이 진정한 죄라는 거짓 전제에 기초를 두고 있다; 하나님은 상대적인 성결 즉 개인의 능력에 따른 성결만을 요구하신다. 그리고 하나님께서 사람에게 거룩해질 가능성을 주지 않으셨다면 성결을 명하지 않으실 것이라는 전제에 기초를 두고 있다.[8)]

이와 비슷한 감정이 다른 학자의 진술에도 표현되어 있다. "실질적으로 성결 운동 그리고 성화, 죄의 근절 또는 완전의 그릇된 교리들의 특색을 나타내는 모든 이단들은 죄의 성격에 대한 성서적 가르침을

---

8) *Lutheran Cyclopesia*, p. 479.

이해 못하는 데 기원"[9]을 두고 있다.

반면 웨슬리(John Wesley)는 성경은 고의적인 범법만을 죄로 간주한다고 가르쳤다. 왜냐하면 그는 다음과 같이 썼다. "엄밀히 말하면, 알고 있는 하나님의 법을 의지적으로 범하는 것이 죄지, 다른 것은 죄가 아니다. 그러므로 사랑의 법의 모든 의지적인 파괴가 죄다. 우리가 정당하게 말하면 다른 것이 없다."[10] 웨슬리는 실수가 "완전한 율법을 범하는 것"이라고 인정했다.[11] 그러나 그는 덧붙여 말하기를 "사랑이 행동의 유일한 원칙이라면 이것은 죄가 아니"[12]라고 하였다. 그러나 웨슬리에 따르면 자발적인 죄와 비자발적인 실수 모두는 속죄가 필요하다. 그는 다음과 같이 썼다.

> 합당하게 부르는 죄(알고 있는 하나님의 법을 의지적으로 범한 것)뿐만 아니라, 합당하게 부르지 않는 죄(즉 알았든 몰랐든 하나님의 법을 무의식중에 범한 것)도 속죄의 보혈이 필요하다.[13]

성화에 대한 웨슬리의 견해에 대한 올바른 이해는 이와 같이 죄의 본질이 적절하게 정의될 때에만 이해될 수 있다. 성결 운동과 성화에 대한 많은 비평가들은 죄에 대한 웨슬리의 생각과는 완전히 다른 맥락에서 그들의 반대를 제시한다. 완전주의를 비판하는 사람들은 종종 완전주의자들보다 더 완전주의적이다. 웨슬리는 이렇게 썼다.

---

9) Walvoord, op.cit., p. 234.

10) *Works*, XII, 394.

11) Ibid. XI, 395.

12) Ibid.

13) Ibid., p. 396.

나는 죽음을 면할 수 없는 몸에서 분리할 수 없는 무지와 실수의 결과로 자연적으로 발생하는 것으로 생각되는 이러한 비자발적 범법을 배제하는 것과 같은 완전은 이생에 없다고 믿는다. … 그러므로 죄 없는 완전(sinless perfection)은 내게 모순되는 것처럼 보이지 않도록 나는 결코 사용하지 않는 구절이다.[14)]

그러나 웨슬리는 그러한 비자발적 범법을 죄라고 부르기를 거부했다. 웨슬리가 "기독교인은 죄를 범하지 않기 위해 완전할 수" 있다고 말할 수 있었던 것은 그가 죄를 "사랑의 법을 자발적으로 위반한 것"으로 정의한 배경에만 있다. 개인의 성결의 전체 개념은 죄의 본질이 웨슬리가 준 것과 같은 틀 안에서 이해될 때만 유효하다. 그렇지 않으면 성결의 전체 구조는 오만한 율법주의나 터무니없는 광신주의를 가리키게 된다. 그러나 웨슬리 해석의 맥락에서 성결의 경험은 경험적으로 가능하고 논리적으로 타당하다.

F. 죄에 대한 적절한 정의가 필요하다.

"성결" 또는 죄로부터의 구원이라고 불리는 종교적 경험의 본질은 그룹 안의 사람들뿐만 아니라 그룹 외부의 사람들에게도 유익하도록 설명될 필요가 있다.

그룹 내의 사람들에게 적절한 정의는 한편으로는 율법주의에서 벗어나고 다른 한편으로는 자기 정죄를 피할 것이다. 그리스도의 은혜가 외적 범죄와 내적 교만에서 구원하기에 충분하다는 것이 유일한 완전이라고 강조하는 점에서, 그것은 율법주의로부터 구원할 것이

14) Ibid.

다. 그것은 인간의 연약함을 인정함으로써 자기 비난으로부터 구원할 것이다. 또한 그룹 외부 사람들에게는 명확하고 적절하게 입장을 밝히게 된다.

죄와 완전에 대한 오해의 소지가 있는 해석을 다음 진술에서 볼 수 있다.

> 신약성서는 어떤 특별한 축복이나 성령의 부여로 죄 없는 완전으로 가는 지름길을 알지 못한다. 이 견해는 구원의 어려운 요구를 회피하는 거짓된 "성결" 교리이다. "거룩하게 된 자"는 하나님과 언약 관계를 맺어 그분의 열렬한 사랑의 교정의 훈련을 받게 되었다. 이미 언급한 것처럼 오순절에 제자들은 완전이 아니라 능력을 받았다.
>
> 요한의 첫째 서신(요한일서)은 죄 없는 완전 주장에 대한 지지를 구하는 사람들에 의해 호소되었다. 아이러니하게도 이 서신은 자칭 신령한 자들의 주장에 대해 반박했다. 거기에는 "빛 가운데" 있고 죄가 없다고(above sin) 주장하는 사람들이 있었다. 그들은 자신이 죄가 없다고 주장하면서 그들은 자신의 관행에 반대되는 증거를 무시했다. 첫째로, 요한은 "만일 우리가 죄 없다고 하면 스스로 속이고 또 진리가 우리 속에 있지 아니할 것이요"(요일 1:8), 그리고 또 "만약에 우리가 범죄하지 아니하였다고 말하면, 우리는 그를 거짓말하는 자로 만들고, 그의 말씀이 우리 속에 있지 아니한다"(요일 1:10)라고 말하면서, 죄 없는 완전(sinless perfection)의 이론을 완전히 거부했다.[15)]

죄에 대한 적절한 성경적 정의는 참으로 '죄 없는 완전'이 가능하지 않음을 가리킬 것이다. 성결에 대한 성경적 신학은 그러한 완전을 주

15) Stagg, op. cit., p. 108-9.

장하지 않기 때문에 위의 진술의 증거 없는 주장은 위증자에 대한 것이다. 성결 운동은 성결의 근원이신 그리스도를 높인다고 덧붙여 말할 수 있다. 따라서 성결한 사람들은 이 사람들이 성육신과 속죄를 부인했기 때문에 요한이 그의 첫째 서신에서 말한 사람들과 결코 연관될 수 없다. 요한일서 2:1에서, 요한은 "나의 자녀들아 내가 너희에게 이 글을 쓰는 것은 너희가 죄를 짓지 않게 하려 함이라"고 하면서 독자들에게 이 서신의 목적을 부드럽게 상기시키고 있는 것이다.

II. 죄에 대한 성서적 정의

죄에 대한 웨슬리의 정의는 현대의 성결 운동에 있어 기초적인 것이기 때문에, 그 정의에 대한 몇 가지 비판과 함께 다시 언급된다. 그런 다음 웨슬리의 생각에 기초한 죄의 정의가 제시되고 이미 언급된 규칙과 원칙에 의해 평가된다.

A. 죄에 대한 웨슬리의 정의

이미 제안한 것처럼 존 웨슬리는 죄에 대한 명확하고 간결한 정의를 제시했으며 그 정의는 결코 변하지 않았다. 이것을 강조하기 위해 그 정의가 여기에서 다음과 같이 반복된다. "엄밀히 말하면, 알려진 하나님의 법을 자발적으로 위반하는 것이 죄이지, 그 외에는 아무것도 죄가 아니다. 그러므로 우리가 합당하게 말하면, 사랑의 법을 자발적으로 위반하는 모든 것은 죄이며, 다른 것은 없다."[16]

대부분의 사람들은 웨슬리의 정의를 비판할 때 웨슬리가 그의 명제

---

16) *Works*, XII, 394.

에 "사랑의 법"이라는 문구를 포함시켰다는 것을 알아차리지 못한다. 웨슬리는 "사랑의 법"이라는 주관적인 개념을 포함함으로써 종종 주장되는 것처럼 죄에 대한 자신의 개념을 전적으로 외적, 도덕적 또는 법적으로 만드는 것을 피했다.

1. 웨슬리의 정의에 대한 반대

풀루(R. N. Flew)는 고전적인 저작인 《기독교 신학에서의 완전의 개념(*The Idea of Perfection in Christian Theology*)》에서 웨슬리의 완전에 대한 견해에서의 가장 심각한 결함은 "죄의 본질에 대한 부적절한 분석에서 비롯된 것"이라고 말했다.[17] 풀루의 반대는 웨슬리가 의지적인(volutional) 죄, 알려진(known) 법을 강조하는 일에서 비롯되었다. 그는 다음과 같이 말한다.

> 우리의 최악의 죄는 종종 우리가 의식하지 못하는 것들에 관한 죄들이다. 행위자의 의식과 고의적인 의도에 대한 강조는 웨슬리의 이상의 교리에서 가장 심각한 결함이다. 행위자에 의해 범법으로 인식되는 다만 그런 범법이 극복된다면 그가 달성한 성화의 정도는 이전의 도덕적 발전, 동기에 대한 자신의 통찰력 및 자신에 대한 지식에 의하여 결정될 것이다.[18]

메소디즘 내에서 가르쳤던 웨슬리 교리의 후예 중 가장 공감하는 사람 중 한 명인 커티스(Olin A. Curtis)도 웨슬리의 약점으로 보이는 것을

17) *The Idea of Perfection in Christian Theology* (London: Oxford University Press, 1914), p. 332.

18) Ibid., p. 333.

다음과 같이 지적했다. "나는 이 시점에서 웨슬리의 모든 진술을 조화시킬 방법을 찾지 못했다. 그리고 나는 그가 죄의 본질과 범위에 관한 자신의 생각을 완전히 정리하지 않았다"[19]고 말했다.

2. 웨슬리 정의의 타당성

죄의 주관적인 측면에 대한 그의 깊은 관심을 깨닫지 못한 채 완전한 사랑에 대한 관심과 완전한 사랑에 반대되는 모든 것에 대한 날카로운 비난을 가지고는 아무도 웨슬리의 설교를 읽을 수 없다. 그리고 그것들의 학급 모임도 마찬가지다! 메소디스트의 다양한 그룹은 지도자의 지시에 따라 매주 만나기로 동의했다. 지도자는 "먼저 자신의 상태에 대해 말하고 그리고는 나머지는 순서대로 그들의 상태, 죄, 당한 유혹에 관해 될 수 있는 한 많은 모진 질문을 한다."[20] 웨슬리는 표현이 단순하고 적용이 강력한 죄에 대한 실용적이고 실행 가능하며 성경적인 개념에 관심을 가졌다. 그는 정의를 지나치게 단순화했을지 모르지만 그는 다른 정의에서 그랬던 것보다는 성경적 진리의 중심에 더 가까웠다.

다음으로는 성경적 해석도 실존적 요구 사항도 충족하지 못하는 죄에 대한 몇 가지 인기있는 일반적 정의들을 간단히 살펴보겠다.

B. 비-웨슬리안의 정의

웨슬리안이 아닌 자들의 죄에 대한 일반적인 정의는 도덕적 정의와 법적 정의 두 가지이다.

---

19) Olin A. Curtis, *The Christian Faith* (New York: Eaton and Mains, 1905), p. 378.

20) Wesley, *Works*, VIII, 258.

1. 도덕적 정의

테넌트(F. R. Tennant)에 의하면 "죄는 하나님의 관점에서 볼 때 문제로 되어있는 그 활동 순간에 사람에 의해 이해될 수 있는 한, 죄는 도덕적 이상에 대한 … 불완전한 순응이 될 것이다."[21] 이 점에 있어 테넌트가 웨슬리와 크게 다를 것이 없음은 분명하다. 그가 죄를 개인의 책임과 동일시한 이유는 세 가지에서이다. 즉 (1) 이 용법은 기독교 전통과 가장 잘 일치하며, (2) 그것은 우리의 윤리적 감각에 의해 요구되며, (3) 완전한 인간 본성은 정의될 수 없기 때문에 어떠한 경우에도 실질적인 대안이 없다는 것이다.

테넌트의 정의의 약점은 두 가지이다. 첫째, 그는 "죄"를 종교적이고 개인에 관한 것에서가 아니라 전적으로 도덕적이고 윤리적인 면에서 정의한다. 두 번째 약점은 정의의 본질이 "인간 존재를 괴롭히는 많은 악 중 하나로 죄를 감소시키는 것"[22]이다. 죄에 대한 수용 가능한 정의에는 테넌트의 도덕적, 윤리적 책임에 대한 견해가 포함되지만 그 정의는 그 이상으로 원죄에 대한 성경적 개념과 하나님에 대한 반역으로서의 죄에 대한 종교적 개념을 포함하여야 한다.

2. 법적 정의

죄에 대한 고전적인 정의가 웨스트민스터 요리문답에 나와 있다.[23] 소-요리문답에 나오는 죄에 대한 유명한 정의는 죄는 "하나님의 율법

---

21) *The Concept of Sin* (Cambridge University Press, 1912), p. 245.

22) Mary Thelan, *Man as Sinner* (New York: King's Crown Press, 1946), p. 21.

23) 1643년 7월 1일 성직자들의 웨스트민스터 성회는 영국 교회의 전례, 규율 교회정치를 보다 완벽하게 개혁하기 위한 목적으로 두 의회에 의해 소집되었다. 교리문답의 준비는 1643년 12월 총회에서 영국 최고의 교리교사로 알려진 케임브리지 퀸즈 칼리지의 석사 허버트 팔머의 손에 맡겨졌고, 5년 후인 1648년에 열세 페이지의 교리문답이 제시되고 채택되어 인쇄할 준비가 되었다.

을 따르지 않거나 범하는 것"[24]이라고 말하고 있다. 이 정의에 대해서 논평하면서 맨슨(T. W. Manson)은 다음과 같이 말했다.

> 이 정의는 너무 협소해서, 예수님이 죄로 인정하는 다른 많은 것들을 다룰 수가 없다. 더욱이 … 죄는 기본적으로 못하거나, 범한 것들이 아니라 육체의 질병과 유사한 영혼의 상태이다. 이 유비는 "온전한 자에게는 의원이 쓸데없고 병든 자에게라야 의사가 쓸 데 있나니 나는 의인을 부르러 온 것이 아니요 죄인을 부르러 왔노라"(막 2:17)는 말씀에 내포되어 있다. … 이것은 중요한 요점이다. 그리고 왜 예수님의 사역에서 행동의 개혁보다 회개(metanoeo, 성품의 변화)에 더 많은 강조가 되었는지에 대한 설명이다. 규칙과 규정으로 인류의 매너를 고치려는 시도는 질병이 아니라 증상을 치료하려는 것이다.[25]

죄에 대한 웨스트민스터 정의에 대한 현대의 확충은 다음과 같은 진술에 나타나 있다. "조금이라도 외적으로나, 내적으로나 하나님이 밝히신 의지와 인격과 절대적인 수학적 유사성에서 벗어나는 것은 죄를 구성하고, 우리를 하나님 보시기에 죄인으로 만든다."[26] 이 정의는 성경적 분석 아래서는 성립하지 않을 것이다. 펴카이저는 신약에 나오는 "죄를 짓는다(to sin, hamartiano)"라는 41개 동사의 구절을 검토함으로써 죄의 법적인 정의가 용납될 수 없음을 보여주었다. 왜냐하면 그 정의는 관련된 성경적 의미를 완전히 왜곡하지 않고는 "죄를

---

24) S. W. Carruthers, *Three Hundred Years of the Westminster Shorter Catechism* (New Brunswick: University of New Brunswick, 1957), p. 5.

25) *The Teaching of Jesus* (Cambridge: The University Press, 1931), p. 308.

26) J. C. Ryle, Holiness (Westwood, N. J.: Fleming H. Revell Co., n.d.), p. 2.

짓다"라는 동사로 대체될 수 없기 때문이다.[27] 다음의 퍼카이저의 예를 살펴보면,

> 먼저 요한복음 나오는 복음서의 예를 들어 보자. 요한복음 5:14에서 예수님이 말씀하기를, "그 후에 예수께서 성전에서 그 사람을 만나 이르시되 보라 네가 나았으니 더 심한 것이 생기지 않게 다시는 죄를 범하지 말라"고 하셨다. 법적 정의를 대신해 보자. 그러면 다음과 같이 읽게 된다. "보라, 너는 완전하게 되었다. 더 나쁜 일이 너에게 닥치지 않도록 모든 일에 있어 완전한 행동의 절대적 기준에서 벗어나지 말라." 이것은 분명히 그 불쌍한 사람을 끔찍한 상황에 처하게 할 것이다. 어떻게 그 사람이 알려진 것이든 알려지지 않은 것이든, 자발적인 것이든 비자발적인 것이든 완전한 기준에서 모든 탈선을 피할 수 있겠는가?[28]

C. 죄에 대한 성경적, 종교적 정의

죄는 도덕적으로 책임 있는 사람이 알려진 하나님의 법을 자발적으로 범하는 것, 또는 기독교의 사랑에 반하는 상태나 태도로 정의될 수 있다. 죄의 용어에 대한 연구에서 죄라는 단어가 두 가지를 의미한다는 것이 밝혀졌다. 즉 (1) 주어진 기준에 부합하지 않는 외부 행위, 그리고 (2) 사랑에 반하는 주관적인 상태를 의미한다. 일반적으로 인정되는 정의의 규칙 및 원칙에 따라 이 정의를 다음 사항에 의해 살펴볼 수 있다.

---

27) *Conflicting Concepts of Holiness*, p. 45 ff.

28) Ibid., p. 51.

a. 죄를 행위와 상태로 정의하면 죄의 본질이 완전히 드러난다. 죄를 자발적인 행위이자 주관적인 상태로 간주하는 것은 하나님의 계시되고 알려진 뜻에 위배되는 것이므로 죄의 본질을 명확히 정의하는 것이다.

b. 위의 정의는 순환적이지 않다. 정의할 용어를 포함하지 않으며 자체적으로 원을 그리지 않는다. 그것은 정의된 개념의 표현을 향한 직접적인 경로로 나간다.

c. 이것은 소극적이기보다는 적극적이다. 이것은 직접적인 활동이나 또는 현실적인 자기 인식을 포함하는 긍정적인 제안이다.

d. 그것은 모호하고 추상적인 언어보다는 이해할 수 있는 용어로 표현된다.

e. 이 정의는 보편성의 성질을 가지고 있다. 즉, 모든 사람에게 동일하게 적용될 수 있다.

f. 그 정의는 특수성의 특징도 가지고 있다. 그것은 특정한 실존적 상황에 있는 각 개인과 관련될 수 있다.

g. 그것은 인간의 이해, 필요 및 인간의 이상을 지향한다는 점에서 인류학적으로 지향되고 있다. 인간의 필요에 대한 관심 때문에 이 정의는 자유, 사랑 및 정의와 같은 본질적인 인간 측면을 통합한다.

h. 마지막으로 이 정의는 성경적이다. 그것은 구약성경의 용어 연구에서 드러난 죄에 대한 기본 개념이 포함되어 있다. 그것은 또한 신약성경 용어에서 표현된 죄에 대한 근본적인 개념을 반영하고 있다. 더 나아가, 그것은 또한 퍼카이저가 표현한 죄의 근본적인 개념을 대신할 수 있다.[29] 만약 이 대체가 이루어졌다면. 요한복음 8:3-11에서 예수님이 간통죄로 기소된 여자에게 하신 그의 말씀은 다음과 같이 읽

29) Cf. Purkiser, *Conflicting Concepts of Holiness*, p. 50-51.

을 수 있다. "나도 너를 정죄하지 않는다. 가서, 자발적으로 하나님의 어떤 알려진 율법도 위반하지 말라. 그리고 기독교의 사랑에 반하는 어떤 태도나 마음 상태도 더 이상 당신의 일상생활의 일부가 되는 것을 허용하지 말라."

이제 죄에 대한 정의가 제시되었으므로, 죄의 본질을 논의하는 것이 가능하다.

III. 죄의 본질

죄의 본질은 죄의 활동이나 표현을 기술하고 죄의 기본적인 본질에 대한 최종 정의를 시도함으로써 발견될 수 있다. 적극적으로 말하면, 죄는 삶의 궁극적 목적인 하나님을 자신으로 대치하는 것이다. 소극적으로 말하면, 죄는 율법을 범하는 것이다. 죄의 소극적인 면과 적극적인 면은 모두 영적 부패 상태에서 나온다. 신학자들은 죄를 이기심,[30] 하나님의 율법이나 미덕의 기준에 대한 순응의 부족,[31] 반항,[32] 그리고 소외[33]를 설명하였다. 그러므로 정의와 위에 언급된 웨슬리의 정의로부터 다음과 같이 설명할 수 있다. 즉 죄는 행위인 동시에 상태이다. 죄는 명백한 행동이다. 그러나 논리적으로 확대해 보면 죄는 자발적인 행동의 핵심에 있는 이러한 속성, 성향 및 버릇들도 포함한다.

30) A. H. Strong, *Systematic Theology* (Philadelphia: Griffith and Roland Press, 1907), II, 567.

31) Charles Hodge, op. cit., II, 187.

32) Niebuhr, op. cit., II, 179.

33) Tillich, *Systematic Theology*, II, 46.

A. 행위로서의 죄

우리가 정의한 대로 죄는 도덕적으로 책임 있는 행위자가 하나님의 알려진 법을 자발적으로 범하는 것이다. 죄에 대한 이러한 정의를 받아들이는 것은 개인적이고 의지적인 죄의 본질에 대한 성경의 가르침을 받아들이는 것이다. 죄에 대한 이러한 정의를 받아들이는 것은 또한 죄에 대한 비성서적인 생각을 거부하는 것과 관련이 있다.

1. 개인적이고 의지적인 행동으로서의 죄

에덴동산에서 아담 부부의 죄는 모든 죄 행위의 대표적인 예이므로 이 첫 번째 죄는 모든 죄 행위에 포함된 요소를 암시하는 데 사용될 수 있다. 이러한 필수 요소는 다음과 같다. (1) 객관적인 존재 또는 표준; (2) 자유롭고 자기를 아는 인격; (3) 살아있는 선택지(live option); (4) 저지른 행위 또는 승인된 태도

a. *객관적 존재 또는 표준으로서의 하나님.*

죄는 거룩하신 하나님이 계실 때에만 가능하다. 하나님이 없다면 죄도 없다. 위법은 죄일 수도 있지만 인간의 법을 범하는 것이다. 죄는 하나님의 법을 범하는 것이다. 하나님은 사람을 창조하실 때 자신의 형상대로 사람을 만드셨다. 그러므로 창조로 말미암아 사람은 하나님에게 종속되게 되어 있었다. 하나님은 하나님이었고 인간은 인간이었다. 창조에 의해 인간에게는 완전한 인격과 완전한 환경이 주어졌고 거기에는 하나님과의 일대일 교제가 포함되어 있었다. 그러나 인간은 하나님의 명령에 순종하고 조화롭게 살아야 할 의무가 있는 청지기임을 분명히 하셨다(창 2:15-17).

b. *인간은 자유롭고 자기를 아는 인격이다.*

인격의 본질은 자기를 아는 것(self-awareness)인데, 거기에 합리적인 선택의 힘이 주어졌다. 따라서 인간은 자신을 독특하고 유일한 존재로 인식할 수 있다. 인간은 또한 자신을 초월할 수 있고, 자신을 넘어서 생각하거나 심사숙고할 수 있다. 인간은 가치를 의식하고, 도덕적 판단들을 만들 수 있으며, 또한 선택할 수 있다. 더 나아가 인간은 자신의 선택이 외부로부터 강요되는 것이 아니라 내부로부터의 승인과 동기를 찾는다는 것을 알고 있다.

c. *살아 있는 선택지(A live option).*

죄는 죄의 행위이기 때문에 살아있는 선택권, 즉 경쟁하고 있고 인정된 도덕적, 영적 의미의 두 가지 대안 사이의 선택을 포함한다. 아담과 이브의 죄는 무지나 연약함이나 실수의 결과가 아니었다. 그들은 그들의 존재에서 결정적인 지점에 도달했다. 유혹이 악하고 간교한 인격을 통해 온 것이 사실이다. 그러나 이 첫 번째 부부는 그들에게 주어진 한계를 알고 있었다. 그들은 다른 어떤 인간들이 하나님을 아는 것보다도 하나님에 대해서 많이 알았다. 그들은 살아있는 선택지에 직면했지만 실패했다. 이브에게 제시된 대안은 육체적 갈망, 지적 욕구, 자기표현 또는 성공에 대한 욕구, 사회적 영향력에 집중되어 있었다.

d. *저지른 행동(deed).*

성경과 역사적 증거의 압도적인 증거는 죄를 하나님의 계시된 율법을 무시하거나 무관심하게 고의적으로 저지르는 행위로 간주한다. 가인은 그의 제물이 거절당하여 화가 나자, 주님은 거절에 놀라울 것이 없는 선택이었음을 제안하셨다. 그 때에 날카로운 심판이 내려왔다. "네가 선을 행하면 어찌 낯을 들지 못하겠느냐 선을 행하지 아니하면 죄가 문에 엎드려 있느니라 죄가 너를 원하나 너는 죄를 다스릴지니라"(창 4:7). 모세는 그의 백성에게 고별 연설을 마치고 다음과 같은 말로 그들의 의무를 상기시켰다. "내가 하늘과 땅을 불러 오늘 너희에게 대하여 기록하되 내가 너희 앞에 생명과 죽음, 축복과 저주를 두었다. 그러므로 너와 그들의 후손이 살기 위하여 생명을 택하라"(신 30:19).

다윗이 "내가 내 허물을 아오니 내 죄가 항상 내 앞에 있나이다"(시 51:3)라고 고뇌에 찬 외침을 부른 것은 고의적인 행위 때문이었다. 이사야가 이스라엘에게 임박한 하나님의 심판에 대해 경고했을 때 그의 경고는 "죄에 죄를 더한" "패역한 자식들"을 향한 것이었다(사 30:1). 예레미야는 유가족을 위로할 때 "이스라엘의 거룩하신 이를 대적하는 훼방이 그 땅에 가득할지라도"(렘 51:5) 하나님께서 그들을 버리지 않으셨다고 그들에게 확신시켜 주었다. 예레미야가 언급한 악한 행위는 우상숭배, 부도덕, 부정직 등의 악행이었다. 탕자가 집에 돌아왔을 때 "아버지여, 내가 하늘에 죄를 얻었사오니"(눅 15:21)라고 한 것은 그의 마음이 상한 부르짖음은 잘못된 행위를 인정하는 것이었다. 마지막으로, 바울과 요한은 그리스도인들에게 고의적으로 행하는 모든 잘못을 그치라고 끈질기게 촉구했다(롬 6:1; 고전 15:34; 요일 3:9).

성서적 관점에서 볼 때 죄는 하나님의 뜻이 허락하지 않음을 알면서도 고의적으로 저질렀거나 고의적으로 의도한 행위이다. 죄에 대한 이 성서적 묘사를 받아들이는 것은 죄에 대한 모든 비성서적 개념을 거부하는 것이다. 그러나 죄는 의도적으로 저지른 행동이나 행위에 국한되지 않는다. 성경은 죄의 실재를 태도와 동기, 내적 반응의 전체 범위를 포함하도록 넓히고 있다(마 5:21 이하).

B. 상태로서의 죄

성경은 죄는 행위일 뿐만 아니라 상태(state)임을 가르치고 있다. 상태로서의 죄는 자발적인 위반으로 이어지는 태도, 성향, 경향으로 구성된다. 죄를 조건이나 상태로 논하는 가장 직접적인 방법은 성경에서 방향을 찾는 것이다. 그러나 신학의 목소리는 성경 외에도 죄의 현실을 인간의 인격 상태로 일반적으로 받아들여 왔다. 이 상태를 보통 죄라고 부른다.

1. 원죄에 대한 성경의 가르침

원죄의 개념은 아담의 원죄와 관련된 인류의 보편적인 유전적 죄를 중심으로 생각한다. 구약성경과 신약성경 모두 원죄의 보편적 성질을 진술한다.

a. 원죄에 대한 구약성경의 가르침

타락 이후, 인류는 하나님과 구원의 관계를 유지한 소수를 제외하고는 부패하게 되었다. 이러한 부패는 하나님과의 교제를 박탈당한 자유의 결과였다. 가인이 아벨을 죽인 후에 그는 유배되었고 그의 탄식은 의미심장하다. "보아라, 주께서 오늘 이 지면에서 나를 쫓아내시온즉 내가 주의 낯을 뵈옵지 못하리다"(창 4:14).

그 후 가인은 하나님으로부터 완전히 분리된 문화를 건설했다. 따라서 박탈은 박탈로 이어졌다. 왜냐하면 하나님께서 대홍수 이전에 세상에 심판을 내리셨기 때문이다. 그가 그렇게 한 것은 사람의 사악함이 땅에 크며, 그 마음의 모든 생각이 연속적으로 악한 것임을 보았기 때문이다(창 6:5). 한 신학자는 홍수 이전의 인간 상태를 언급하면서 다음과 같이 말했다.

> 이것은 때때로든 자주든 오염으로 빠지는 일이 아니며, 또한 아담 후예의 일부가 아닌 "인간"의 일반 집단, 즉 인류 전체의 지속적이고 끊임없는 상태이다.[34)]

홍수가 난 뒤 노아의 제사 감사 가운데 여호와께서 다시 말씀하시기를 "사람의 마음의 상상은 젊었을 때부터 악하다"(창 8:21)고 하셨다. 이 말씀에는 세 가지가 강하게 표현되어 있다. 첫째, 그것은 일반적으로 인간의 부패, 즉 인간 전체의 부패를 가리킨다. 둘째, 노아와 그의 가족만이 지구상에 살고 있을 때 그 진술이 이루어졌다. 셋째, 인간의 부패는 일생 동안의 인간 본성의 특징으로 설명되고 있다("젊을 때부터", 자세히 말해서, 그의 유년기부터, 즉 개인이 책임을 질 수 있는 아주 초기 단계부터 부패되어 있다).

욥은 "누가 더러운 것에서 깨끗한 것을 꺼낼 수 있겠느냐? 아무도 없다"(욥 14:4)고 말하면서 인간은 나면서부터 죄인인 것을 지적하였다. 엘리바스가 그 뒤를 이어서 물었다. "사람이 무엇이냐? 사람이 어찌 깨끗하겠느냐 여인에게서 난 자가 어찌 의롭겠느냐?"(욥 15:14). 여기서 70인역의 기록은 "누가 더러움에서 깨끗해 질 것이냐"이다. "그가 땅에 사는 날이 하루일지라도 하나도 없느니라." 여기에 인간의 자연적 상태가 정확히 지적되어 있다.

죄악의 행위와 기질이 흐르는 선천적이고 부패한 상태가 있다는 것은 다윗이 "내가 죄악 속에서 형상화되고 어머니가 죄 속에서 나를 잉

---

34) Thomas N. Ralston, *Elements of Divinity* (New York: Abingdon-Cokesbury Press, 1924), p. 130.

태하였음을 보라"(시 51:5)고 한 고백에서 분명하게 드러난다. 이 대목을 수태 행위, 즉 생식 행위가 죄의 행위라는 뜻으로 해석해서는 안 된다. 그것은 또한 출생의 과정이 불순하다는 것을 나타내지 않는다. 그것은 시편의 저자와 그의 부모가 인류의 일부였다는 것을 인정한다. 이렇게 하여 그들은 민족 안에서 죄악의 오점을 지니고 다녔다. 다시 시편 기자는 날카로운 주장을 한다. "악인은 모태에서부터 멀어졌음이여 나면서부터 곁길로 나아가 거짓을 말하는도다"(시 58:3). 여기에서 "소원해진다"(신의 형상에서 멀어짐)라는 단어와 거짓말을 말하는 것(실제 죄)은 범한(acquired) 죄가 아니라, 태어날 때부터 있는 죄의 상태를 묘사한 것이다.

인간의 부패에 대한 예언적 판결은 예레미야에 의해 다음과 같은 말로 재확인되었다. "만물보다 부패하고 심히 부패한 것은 마음이라 누가 능히 이를 알리요"(렘 17:9). 여기에 인류에 대한 포괄적인 고발이 있는데, 인류는 부분적으로 나쁘거나 때때로 무단결석을 하는 것이 아니다. 인류는 "완전히 사악하다." 구약에서 인간의 영적 그림은 비극적이고 현실적인 색채로 그려져 있다. 인간, 즉 모든 인간은 본성적으로 부패하고 하나님으로부터 분리되어 있다. 신약성경은 인간의 영적 특성을 똑같은 인간의 영적 상태를 말하고 있다.

b. 원죄에 대한 신약의 가르침

바울은 한 사람을 통하여 죄가 세상에 들어왔고(로마서 5:12-21), 그 죄와 더불어 보편적인 죄와 보편적인 죽음의 정죄라는 두 가지 재앙이 왔다고 가르친다. 바울의 글에서 인간의 죄도 죽음도 아담의 죄 이전에는 존재하지 않았다는 것을 분명히 알 수 있다. 아담이 타락한 후 죄와 죽음은 모두 인간 존재의 현실이 되었다. 그리고 아담의 죄의 직접적인 결과로 간주된다. 사도는 또한 죄의 결과로 사망이 모든 사람에게 이르렀다고 말한다. 따라서 원죄와 유전된 부패는 동일하다. 더 나아가서 고린도전서 15장에서 바울은 아담의 죄로 인해 인류에게 다가오는 죽음을 직접적으로 연관시킨다. 다시 에베소 교회에 보낸 편지에서 바울은 모든 사람이 본질상 "진노의 자녀"(엡 2:3)라고 선언한다. 여기서 그 죄의 "본질"은 나중에 획득되는 것과 구별되는 선천적이고 독창적인 것을 의미한다.

부패는 주로 성경적인 교리이지만, 전적으로 그런 것은 아니다. 왜냐하면 역사는 부패의 영향을 반영하고, 문학은 부패의 고통을 묘사하고, 실존 철학은 그의 절망을 표현하기 때문이다. 그리고 현대 심층심리학(depth psychology)은 비록 다른 용어를 사용하지만, 이상하게도 부패에 대한 성경적 개념과 유사한 견해를 제시한다. 성경에 따르면 원죄 또는 타고난 부패는, 모든 실제 범법과 교만, 이기심, 고집, 하나님께 대한 적대감 같은 모든 비기독교적 태도를 발생케 하는, 인간 성격의 특성, 성질, 편향, 뒤틀림 또는 상태이다.

요약

이번 장에서 우리는 죄의 교리와 성결의 삶의 관련성을 보여주려고 시도했다. 기본 성경 용어에 대한 연구를 통해 죄는 태도, 성향 등을 포함하는 행위이자 상태 또는 조건이라는 것이 밝혀졌다. 그런 다음 성경 용어 연구를 기반으로 정의가 제시되었으며 그것의 형성을 지배하는 일반적인 규칙과 원칙을 통합했다. 그러므로 죄가 적절하게 정의됨으로 죄가 행동인 동시에 상태임을 보여줄 수 있었다.

6장
성결: 하나님 나라의 기초

구약은 이스라엘 종교의 본질로서 제사에 있어서 개인적인 성결을 제시하고 있다. 그러나 인간이 성결의 진정한 본질을 이해할 수 있었던 것은 그리스도께서 지상에 오신 후였다.

복음은 죄 없는 인성 안에 구현된 하나님 진리의 실재를 제시한다. 복음 메시지의 근본적인 진리는 거룩한 하나님이요, 동시에 인간인 존재가 거룩하신 하나님의 구속적 진리를 계시했다는 것이다. 또한 복음서에서는 성결이 구속의 궁극적인 목표가 되었고 하나님 나라의 기초가 되었다.

성결은 복음서를 이해하는 초점들 중 하나이다. 복음서는 선포해야 할 원리, 해석해야 할 가르침, 적용해야 할 도덕론으로 구성되어 있는데, 종교적 의식이 없는 것도 아니고 기념적인 것을 싫어하는 것도 아니지만, 기독교는 숨겨진 의미와 모호한 가치를 지닌 신비주의 종교가 아니다. 그 교리들은 이해할 수 있는 표현이나 이성적 이해의 한계를 완전히 벗어나지 않고, 그것의 윤리적 개념 또한 심오하고 개인적이다. 그러나 기독교는 역동적인 영적 힘의 경험에서의 의식, 교리, 윤리의 총합이다. 그리고 이 경험을 성결의 경험이라고 부른다.

사복음서의 각각은 그리스도께서 제시하신 성결의 삶을 중심으로 전개되고 있다. 성결의 삶은 항상 하나님 나라에 관련되어 표현되고 있다. 마태복음에서는 성결이 하나님 나라의 이상적인 시민권의 기초이다. 마가복음과 누가복음에서는 성결이 하나님 나라에서의 적극적인 사역의 발판이다, 그런가 하면, 요한복음은 성결을 지상에 임한 하나님 나라의 지속적인 교제와 그 기초 그리고 하늘 왕국에서의 영원한 생명의 기초를 제시하고 있다.

I. 하나님 나라의 중요성과 본질

그리스도의 전체 사역은 하나님 나라의 선포와 모든 사람이 하나님의 백성이 되도록 초대하는 일에 집중되었다. 따라서 왕국의 개념은 유대교의 민족주의적 강조를 충족시키고 수용했다. 그리고 개인적인 언약이 이스라엘과의 언약을 대체했다. 그러므로 새로운 언약 관계에서 성결 개념의 중요한 위치를 이해하기 위해서는, 먼저 하나님 나라의 중요성과 그 본질을 인식하는 것이 필수적이다.

A. 하나님 나라 개념의 중요성

하나님 나라에 관한 가르침은 신약의 기본 관념들 중 하나이다. 한 작가가 다음과 같이 말 했듯이, "신약을 공부하는 학생은 어디에서나 근본이 되는 개념이 하나님의 나라인 것을 깨닫지 않을 수 없다. 그것은 예수 자신에게 가장 중요한 것이었다. 그리고 우리가 표면 아래를 보면 바울과 후기 교사들에게도 마찬가지였다."[1] 하나님 나라 개념은 예수의 메시아 의식과 밀접한 관련이 있다. 한 저자는 예수의 메시아 사역을 하나님 나라 개념과 관련하여 다음과 같이 논평했다. "주님의

1) E. K. Scott, *The Kingdom of God* (New York: The Macmillan Co., 1931), p. 3.

사역 동안 우리 주님은 자신을 약속된 하나님의 왕국을 세우기 위해 지상에 오실 것으로 예상되는 메시아로 생각하셨다는 것이 현재 신약 학자들에 의해 일반적으로 인식되고 있다."[2] 그의 주된 일은 "하나님 나라의 도래를 전파하고 그 나라의 시민이 되도록 나를 부르는 것"[3] 이었다. 밀러 버로우즈(Millar Burrows)는 "하나님 나라의 개념은 예수의 가르침에서 가장 중요"[4]하다고 말했다. 예수님은 하나님의 왕국을 구속받고 거듭난 사람들의 왕국, 즉, 세속적인 세상에서 활동하고 확장하는 영적 왕국으로 선포하셨다.

B. 하나님 나라의 본질과 의미

그리스어 *basileia*는 이중적 의미로 사용되었다. 그것은 보다 분명히, "왕국", 즉 왕이 다스리는 영토와 국민, 일반 국가를 의미하는 데 사용되었다. 추상적으로 그 용어는 "왕권" 또는 왕의 통치를 의미했다. 이 두 가지 의미는 이 용어의 신약성서 사용과 관련이 있다. "하나님의 나라는 따라서 하나님의 주권적 통치와 용서받고 거듭나고 성령의 통치에 순종하는 자들의 공동체"를 의미했다. 마태복음에서는 하나님의 통치권이 영적 조직의 방법을 통해 표현되었다.

C. 하나님 나라의 법

하나님 나라와 관련된 성결의 중요성이 그리스도께서 나타나시기

2) Leonard Hodgson, *The Doctrine of the Atonement* (New York: Charles Scribner's Sons, 1951), p. 71.

3) Ibid.

4) Op.cit., p. 66.

전에 스가랴와 세례 요한에 의해 선포되었다. 그리스도께서 오셨을 때 그분의 첫 번째 행동 중 하나는 왕국의 법을 제시하는 것이었다. 그리스도께서는 다음과 같은 원칙을 지적하셨다. 즉 하나님 나라의 시민에게 요구되는 성결의 이상, 곧 하나님 나라에서 받아들일 수 있는 봉사의 성격 그리고 하나님 나라 생활의 한 부분인 영생의 교리 등을 지적하셨다. 이러한 원칙의 개개인의 요소는 성결의 개념을 중심으로 전개된다.

II. 성결: 하나님 나라 시민권의 기초

성결은 하나님 나라의 모든 시민권에 요구된다. "완전한 시민권"이라는 말은 왕국에 1급 국민과 2급 국민이 있다는 뜻이 아니다. "완전한 시민권"이라는 개념은 시민에는 "비종교적인 시민"과 "거룩한 시민"이 있다는 의미도 아니다. 이 용어는 사람의 영적 상태가 그의 영적 원리에 대한 반응에 의해 결정된다는 것을 나타낸다. 그리고 그 온전한 시민권은 천국을 자신의 최종 대상, 최종 사랑의 대상으로 삼는 사람에게만 필연적으로 가능하다. 하나님의 왕국에 속한 사람들의 충성과 사랑은 거룩한 생활로 표현된다.

A. 하나님 나라 시민권의 선구자

온전한 시민권의 필수 조건인 성결의 경험은 그리스도께서 나타나시기 전에 이미 스가랴와 세례 요한에 의하여 알려졌다. 그리스도가 나타나자 하나님 나라의 본질인 성결 또는 완전이 하늘 시민권의 최고 자격임을 드러냈다.

1. 스가랴, 거룩한 시민권에 대한 증인

스가랴는 그리스도의 탄생에 앞서 일어난 기적적인 사건에 참여하는 특권을 누렸다. 그리스도의 오심을 위한 예비적 사건 중 하나는 세례 요한의 탄생이다. 세례 요한의 아버지인 스가랴는 성령의 감동을 통해 아브라함과 맺은 옛 언약(창 17:1-8, 22:16-17)이 메시아를 통해 완성될 것임을 깨달았다. 그리고 스가랴의 예언은 적들에서의 해방을 강조하는 전통적, 민족주의적 어조로 채색되었지만, "이 노래에 담긴 그의 기도와 열망은 민족의 적들을 이긴 단순한 승리에 그치지 않고 그들의 모든 날 동안에 진리와 의와 순결의 평화로운 통치"[5]에까지 이르렀다.

특히 스가랴는 그리스도 탄생의 직접적인 결과로서 거룩한 삶의 가능성을 증거했다. "그리스도의 구속 사업에서 하나님의 약속과 그 약속의 성취에는 그분의 자녀들을 위한 개인적인 성결과 의로움이 포함된다."[6] 거룩한 삶의 가능성이 다음의 말들로 제시된다.

> "우리가 원수의 손에서 건지심을 받고, 종신토록 주의 앞에서 성결과 의로 두려움이 없이 섬기게 하리라 하셨도다"(눅 1:74-75)

하나님 나라의 거룩한 시민권에 대한 이 증거는 현대적 가능성이었다. 스가랴에 대한 증거는 "우리 삶의 모든 날"을 의미하기 때문이다. 이처럼 현재적 성결의 가능성에 대한 명확하고 정확한 설명이 다음 설명에 나와 있다.

---

5) Henry Cowles, *Luke: General History and Acts of the Apostles* (New York: Appleton and Co., 1881), p. 18.

6) Cahrles L. Childers, "The Gospel according to Luke," *Beacon Bible Commentary* (Kansas City: Beacon Hill Press, 1964), VI, 443.

우리 삶의 모든 날, 거룩한 삶을 위한 하나님의 시간표에 대한 모든 논쟁에 대한 답이 여기에 있다. 그것은 하나님의 백성에게 예비 된 미래의 하늘 축복일 뿐만 아니라 지금 우리가 누릴 수 있는 특권이다. 이 내적 은총이 돌발적일 필요도 없다. 그것은 확립된 삶의 양식이 되도록 의도되었다.[7]

2. 세례 요한, 거룩한 시민권의 전령

4세기에 걸친 예언적 질서의 침묵 이후 세례 요한은 유대 광야에서 극적으로 갑자기 나타났다. "회개하라 천국이 가까이 왔느니라"(마 3:2)라는 요한의 메시지는 우리에게 직접적이고 도전적이었다. 다시 말해서, 천국에 들어가는 길은 회개였다.

믿음과 회개를 통해 처음으로 왕국에 받아들여지는 것 너머를 내다보면서 요한은 왕국에서 온전한 시민권의 본질을 기대하며 다음과 같이 말했다.

"나는 너희로 회개시키기 위하여 물로 세례를 베풀거니와 내 뒤에 오시는 이는 나보다 능력이 많으시니 나는 그의 신을 들기도 감당하지 못하겠노라. 그는 성령과 불로 너희에게 침례를 베푸실 것이요, 손에 키를 들고 자기의 타작 마당을 정하게 하사 알곡은 모아 곳간에 들이고 쭉정이는 꺼지지 않는 불에 태우시리라"(마 3:11-12).

여기서 중요한 진리는 그리스도께서 오셔서 사람들의 마음에 그분의 왕국을 세우실 때이다. 그분의 주요 목적은 세례, 곧 그분을 따르는 자들을 정화하는 것이다. 불은 정화의 도구로 사용되는데, 이는 불

7) Ibid.

이 "영혼을 비추고 활력을 주며 모든 부분을 꿰뚫고 전체를 영광의 하나님의 형상에 동화시키기 때문이다."[8] 또 다른 저자는 "불은 그것을 견딜 수 있는 것을 정화할 것이다. … 그러나 합당하지 않은 모든 것을 태워 버릴 것"[9]이라 말했다(말 4:1; 막 9:49; 고전 3:13-15). 웨슬리안 용법에서는 "성령의 세례와 바닥을 닦는 것은 동시적 행동이다. 그것들은 함께 가는 것"[10]으로 나타나기도 한다. 스가랴와 세례 요한 또한 그리스도의 오심이 지상에서의 영적 왕국이라는 새로운 개념의 시작을 알릴 것이라고 선언했고, 성령으로 충만한 이 두 사람은 성결이 왕국 시민권의 두드러진 특징이 될 것이라고 말했다.

B. 왕국 시민권의 자격

하나님 나라의 시민권에 대한 요구 사항은 변명이나 혼란 없이 제시되었다.

1. 회개의 필요성

의심할 여지 없이 회개는 인간의 기본적인 자격이었다(마 3:1, 4:7; 막 1:15; 눅 13:3; 행 2:38). 그러한 회개는 믿음과 거듭남과 동일시된다(요 3:3; 벧전 1:23; 요일 2:29; 롬 3:28). 이러한 경험이 중요하지 않거나 부수적이기 때문이 아니라 이 책의 목적이 성결의 교리를 논의하는 것이기 때문에 회개와 거듭남의 행위는 여기서 논의하지 않는다. 회개, 믿음, 거듭남에 이어 왕국 시민의 최고 특성인 성화를 통해 성결의 경

8) Adam Clarke, *Commentary*, V. 53.

9) Alan Hugh M'Neile, *The Gospel according to Matthew* (London: Macmillan and Co., 1961), p. 29.

10) Purkiser, *Conflicting Concepts of Holiness*, p. 22.

험이 온다.

2. 완전, 시민권의 본질

"성결", "완전한 사랑", "완전"이라는 성경 용어는 웨슬리 신학에서 동의어로 사용되는데, 그 이유는 그것들이 모두 같은 은혜의 상태를 가리키기 때문이다. 성결은 모든 영적 은총의 임재이며, 개인적인 죄로 인해 방해받지 않고 내적 육욕에 의해 방해받지 않는 상태이다. 온전한 사랑은 전적으로 성결한 그리스도인이 살아가는 정신과 성질, 즉 도덕적 분위기를 표현한다. 완전은 "영혼이 취득한 영적 완전 또는 온전함을 의미한다. 즉 마지막 내적 원수가 정복되고, 그리고 마지막 산만함이 그리스도의 크신 사랑으로 조화되고 모든 성질이 사랑으로 채워져서, 모든 에너지가 주님의 봉사에 사용됨"[11]을 의미한다. 이러한 완전은 모든 영적 타락으로부터의 완전한 구원을 의미할 뿐만 아니라, 믿음, 겸손, 체념, 인내, 온유, 절제 그리고 성령의 모든 은혜를 소유하는 것을 의미한다.

영생에 대해 애타게 묻는 청년과의 대화에서 그리스도는 왕국 시민권의 기본 요구 사항으로 완전한 항복의 기본 원칙을 말씀하셨다. 그리스도께서 "네가 온전하려 할진대 네가 가지고 있는 것을 팔아 가난한 자들에게 주라"(마 19:21)고 말씀하셨을 때, 그는 가장 높은 영적 상태에서 분열된 충성이 있을 수 없음을 지적하셨다. 분열된 충성심은 성결한 삶을 불가능하게 만든다. 왜냐하면 "한 사람이 두 주인을 섬기지 못하기" 때문이다(마 6:24). 지상 국가들조차도 온전한 시민권의 기초로서 완전하고 전적인 충성을 요구한다. 그리고 자발적으로 특정 국가의 시민이 되려는 사람들에게 요구되는 완전한 충성의 예는, 미

11) Cook, op.cit., p. 57.

국 시민이 되고자 하는 선서에서 찾을 수 있다.

> 나는 이제까지 내가 속해 있거나 시민이었던 외국의 왕자, 유력자, 국가 또는 주권에 대한 모든 충성과 신의를 절대적으로 완전히 포기하고 그것을 선서합니다. 나는 … 미국의 헌법과 법률을 지지하고 수호할 것입니다. 그리고 나는 어떤 정신적 유보나 회피 목적 없이 그의 의무를 자유롭게 받아들입니다.

완전한 시민권은 완전한 항복과 완전한 헌신을 요구한다. 예수님은 천국의 영역에서 완전한 영적 실현의 유일한 실행 가능한 개념은 성결 또는 완전의 삶과 경험에서 있게 된다고 가르쳤다.

3. 완전의 의미

"완전하다"라는 단어만큼 그리스도인들 사이에 많은 혼란과 논쟁을 불러일으킨 단어는 거의 없다. 그 용어가 영적 교만 또는 기껏해야 영적 주제넘음을 반영한다고 느낄 수 있다. 그러나 이 용어는 성경적인 것이며 기독교인 경험의 본질을 나타내기 위해 성경에서 다른 어떤 단일 용어보다 가장 자주 사용되고 있다. 그것은 성경에 138번 나오며, 이 중 50번 이상은 은혜의 작용 아래 있는 인간의 성품에 대해 언급하고 있다.[12] 그리스도의 가르침과 바울의 글에서 완전이라는 단어는 적합성을 설명하는 데 17번 사용되었다. 같은 기원을 동족 명사(cognate noun)로 '완전'이 두 번 사용되었고, 동사(verb)로는 14번 사용되었다.

---

12) Ibid.

4. 복음적 완전

신약 그리스어에는 완전으로 번역되는 단어—즉 *teloios*와 *artios*가 포함되어 있다.

a. 완벽으로서의 완전

테이어(Thayer)는 그의 《신약성서의 그리스어-영어 사전(*Greek-English Lexicon of the New Testament*)》에서 teleios는 "끝까지 도달했다, 완료되었다, 완성에 필요한 것은 아무것도 없다, 완전하다"[13]는 의미를 가지고 있다고 말한다. *teleion*에 관련하여서는, 그것이 실질적으로 사용될 때, "완전한 것, 인간의 성실과 미덕을 달성함"[14]을 의미한다(롬 12:2). 테이어에 따르면 이 단어의 동사 형태인 *teleioo*는 무엇보다도 "완전하게 하다(완벽하게 하다), 즉 가득 채우고 싶은 것을 추가하다, … 자신의 인격을 완전하게 하다"[15]를 의미한다고 한다. 안트(Arndt)와 깅그리치(Gingrich)가 제안한 *teleios*의 의미 중 하나는 "특정한 측면에서 완전히 표준에 도달한 사람 … 도덕적 의미에서 완전히 발전된 완전한 사람을 의미하는 것"[16]이다(약 3:2).

b. 적합성 또는 적절성으로서의 완전

딤후 3:17에서 *artios*라는 단어는 "적합한 모양이나 상태"에 있음을 가리키는 데 사용되고 있다. 렌스키(Lenski)가 말했듯이 이것은 "하나님께서 그에게 기대하시는 일을 위한 그리스도인의 능력과 그의 준

---

13) P. 618.

14) Ibid.

15) Ibid.

16) Op. cit., p. 817.

비에 있어 부족한 것이 없다"[17]는 것이다. 그러나 렌스키는 영어 성경, 공인 버전(Authorized Version)에서 *artios*를 완전(perfect)로 번역하고, 개정버전(Revised Version)에서는 완벽(complete)으로 번역한 것을 거부한다. 빈센트(Vincent)는 *artios*를 "서로 다른 자질과 힘의 조화로운 조합"[18]으로, 동시에 *katarisai*(히 13:21)라는 단어를 완전하게 하거나 "완전히 조정하게 하다"[19]로 번역한다.

완전에 대한 복음적 개념은 *artios*를 또 다르게, "완전하고, 유능하고, 능숙하고 … 모든 요구 사항을 충족"[20]하는 것으로 번역한다. 곳드비(Godbey)는 *artios*가 등장하는 구절(딤후 3:17)에 대한 주석에서, 이것은 "그리스도인의 완전은 주님의 사역에서 우리의 온전한 효율성에 방해가 되는 모든 것을 마음에서 제거"[21]한다는 의미로 해석하여 명확히 웨슬리안적 적용을 한다.

문맥에서 볼 때, *artios*는 영적 적합성, 영적 조화, 영적 적합성 또는 영적 성숙을 의미한다고 말할 수 있다. 일반적인 의미에서 위의 용어는 복음적 완전이라는 용어와 동의어로 사용될 수 있다. 이런 의미에서 완전한 사람은 하나님의 왕국에서 봉사할 수 있도록 완전히 준비되고 적절하게 준비되어 있으며, 하나님의 은혜의 선물에 의하여 받을 수 있는 영적 은혜를 소유하고 있는 것이다.

---

17) R. C. H. Lenski, *The Interpretation of St. Paul's Epistles to the Colossians, to the Thessalonians, to Timothy, to Titus, and to Philemon* (Columbus, Ohio: The Wartburg Press, 1956), p. 848.

18) Op. cit., IV, 318.

19) Ibid.

20) Arndt and Gingrich, op. cit., p. 110.

21) W.B. Godbey, *Commentary on the New Testament* (Cincinnti, Ohio: M. W. Knapp, 1898), III, 319.

c. 사랑으로서의 완전

웨슬리에게 있어 그리스도인의 완전은 단순히 "하나님과 이웃에 대한 사랑이며, 모든 죄로부터의 구원"[22]을 의미했다. 좀 더 포괄적인 정의에서 웨슬리는 다음과 같이 말하였다.

> 그리스도인의 완전은 우리의 마음과 생각과 영혼과 힘을 다하여 하나님을 사랑하는 것이다. 이것은 나쁜 기질, 사랑에 반대되는 것이 영혼에 남아 있지 않다는 것을 의미한다. 그리고 모든 생각과 말과 행동이 순수한 사랑의 지배를 받고 있다는 것을 의미한다.[23]

토마스 쿡(Thomas Cook)에 따르면 복음적 완전은 두 가지를 포함한다. 즉

> (1) 각 개인의 능력에 적합한 완전한 사랑;
>
> (2) 우리의 환경과 조화를 이루고 자신의 재능과 능력을 증가시키는 사랑의 꾸준한 발전[24]

웨슬리 신학에서 하나님의 주된 본질인 절대적 완전에 대한 주장이나 그러한 성결 개념은 없다. 또한 거기에는 영적인 성취의 한계를 넘어 완전을 얻으려고 분투하라는 어떤 강요도 없다. 복음적 완전은 "또 마음을 다하고 목숨을 다하고 뜻을 다하고 힘을 다하여 주 너의 하나님을 사랑하라"(막 12:30)라는 신약성서에서 강조하는 명령의 실현이

22) Works, XI, 393.

23) Ibid., p. 394.

24) Op. cit., p. 61.

다. 성경에는 다른 기준을 설정하거나 요구하는 명령이나 규정이 없다. 사랑은 율법의 성취이기 때문이다(롬 13:10). 사랑은 그것을 소유한 사람의 현재 능력의 범위 내에서 완성되는 것이다.

천국의 완전한 시민권은 성결에 근거하여 세워진다. 성경은 성결에서 절정에 이르는 생명력 있는 종교를 강조한다. 이것은 논리적으로 주 예수 그리스도께서는 하나님에 대한 내적, 외적 순종과 인간에 대한 봉사에서 드러나지 않는 성결에 대해 아무것도 모른다는 말이 된다.

요한과 예수, 베드로와 바울이 "회개하라"고 말했을 때, 그들은 먼 미래의 어떤 막연한 시점에서가 아니라 지금 당장 회개하라는 것을 의미했다. 마찬가지로 "너희는 완전하라", "거룩하라"는 명령은 지금 여기에서 경험하는 성결의 가능성을 말하고 있는 것이다. 하나님 나라의 신뢰할 수 있는 희생적이고 충성스러운 시민은 성결의 부르심, 완전에 응답하고 반응하는 사람이다. 그러나 성결 또는 완전은 하나님 나라의 온전한 시민권의 기초만은 아니다. 성결은 또한 하나님 나라에서의 그리스도인의 품성적 이상(ideal)이다.

C. 성결: 그리스도인 성품의 이상(ideal)

하나님의 왕국은 다른 모든 왕국과 마찬가지로 왕국에서 바람직한 성품의 이상을 제시한다. 왕국의 거룩한 성품의 이상과 실제는 모두 산상수훈에서 설명되어 있다. "산상설교는 참으로 이 왕국의 헌법 그 자체이다."[25] 특히 팔복은 왕국이 요구하는 성결의 특성을 제시하고

25) Chester K. Lehman, *The Holy Spirit and Holy Life* (Scottdale, Pa.: Herald Press, 1959), p. 46.

있다. 웨슬리는 예리한 통찰력으로 그리스도의 접근 방식을 설명하는데, 그리스도께서 산상설교를 전하실 때 "우리의 친구이자 구세주의 역할을 더 잘 수행하기 위해 우리의 입법으로서의 최고의 권위를 내려놓으신 것 같다. 예수님은 보다 온화하고 매력적인 방식으로 … 그것을 따르는 사람들이 행복하다고 말씀하셨다."[26] 웨슬리에게는 팔복이 "참된 성결과 행복으로의 달콤한 초대"였다. 여덟 가지 팔복을 살펴보면, 그리스도와 생명력 있는 관계를 맺고 거룩하게 사는 사람만이 산상수훈에서 그리스도가 제시하신 영적 이상으로 행복을 찾을 수 있다는 것을 가르치고 있다.

1. 필요의 의식

거룩한 성품을 발전시키는 가장 강력한 동기 중 하나는 필요의 의식이다. "심령이 가난한 자는 복이 있나니 천국이 저희 것임이요"(마 5:3). 경제적 빈곤 그 자체에는 축복은 고사하고 윤리적인 것도 아니기 때문에 첫 번째 행복은 경제적 상황을 언급한 것으로 볼 수 없다. 그것은 거룩한 성품으로 인도하는 주된 특성이 영적 빈곤감이라고 말하는 것이다. 인간의 행동에 관한 모든 원칙 중 가장 큰것 중 하나는, 필요를 느끼기 전에는 개인이나 집단을 위해 아무것도 할 수 없다는 원칙이다. 교만은 종종 사람의 가장 큰 죄이기 때문에 "영혼의 가난은 본질적으로 교만의 왕좌를 빼앗는 것"[27]이며, 심령이 가난한 사람은 "자신이 하나님의 도움 없이는 어떤 선한 일도 할 수 없으며, … 하나님께서 그들에게 하라고 요구하시는 일을 할 수 있는 힘이 그들 자신에게

26) *Explanatory Notes upon the New Testament* (London: Epworth Press, 1941[reprint]), p. 28.

27) William Fitch, *The Beatitudes of Jesus* (Grand Rapid, Mich; Wm B. Eerdmans Pub. Co., 1961), p. 24.

는 없다는 것을 … 인식하는 사람들"[28]이다.

심령이 가난하다는 것은 공허하거나 태만한 태도를 의미하지 않고, 그것은 개인적인 자기 의지를 행사하려는 모든 욕망을 비우는 것을 의미한다. 심령이 가난하다는 것은 현재의 사고 습관, 상반된 견해, 편견을 기꺼이 버리고 "실제로 하나님을 찾는 데 방해가 될 수 있는 모든 것을 버림"[29]을 의미한다. 그런 태도는 참된 성결의 상태에서만 가능하다.

2. 영적 민감성

성숙한 그리스도인의 성품은 개인적, 사회적인 악에 민감하다. "애통하는 자는 복이 있나니 저희가 위로를 받을 것임이요"(마 5:4). 그러한 애통하는 자들은 하나님의 위로를 받을 것이지만, 애통하는 사람은 자신의 운명을 한탄하는 사람도 아니고 "사라진 도움의 손길과 고요한 음성의 영혼을 위하여 탄식하는"사람도 아니다. 여기서 애통하는 자들은 자신의 죄에 대해 진정한 슬픔을 표현하고 진심으로 회개하는 사람들이다. 애통하는 자들은 또한 세상에 있는 악이 계속되는 슬픔인 자들, 하나님의 사역이 쇠퇴해 가는 것을 보고 슬퍼하는 자들, 타락한 인류의 의에 대한 무관심으로 고통 받는 자들이다. 즉 거룩함은 위대한 "민감제(sensitizer)", 즉 성결이 사람들로 하여금 신기할 정도로 잘못을 깨닫게 하는 민감제이다.

---

28) R. V. G. Tasker, *The Gospel According to St. Matthew* (London: The Tyndale Press, 1961), p. 61.

29) Emmet Fox, *The Sermon on the Mount* (New York: Grosset and Dunlap, 1934), p. 22.

3. 영적 시각

온유함은 필수적인 만큼 드물다. 강하고 자신감 있는 그리스도인 성품은 온유함이다. "온유한 자는 복이 있나니 저희가 땅을 기업으로 받을 것임이요"(마 5:5). 사회적, 육체적 자기주장을 숭배하는 세대에게 "온유"라는 용어는 찰스 디킨스의 〈Uriah Heep〉과 같은 일종의 실수하는 사람의 용기, 하인의 정신, 사과하는 정신을 가진 사람을 암시한다.

영국의 작가 폭스(Emmet Fox)는 성경에서 가장 중요한 6개의 구절 중에서 이 축복(beatitude)을 중요하게 여긴다. 왜냐하면 본문에는 "모든 종류의 어려움을 극복하는 비결, 통제의 비결"[30]이 있기 때문이다. 온유함은 모든 상황에서 하나님의 뜻을 받아들이려는 완전한 의지와 자신을 포함한 모든 것을 영적 가치의 관점에서 평가하는 은혜의 상태이다. 온유함은 부끄러움과 자만이 없는 자기를 수용하는 것이다. 더 중요한 것은 온유는 하나님께 복종하는 입장에서 삶을 바라보는 관점이다. "그가 우리를 대하는 것을 선한 것으로 받아들이고 따라서 논쟁이나 저항 없이 받아들이는 정신적인 기질"[31]이라 할 수 있다.

4. 영적인 욕망

발전하는 성품은 하나님의 최선을 향해 나아가는 성품이다. "의에 주리고 목마른 자는 복이 있나니 저희가 배부를 것임이요"(마 5:6). 그리스도인의 삶은 위기와 발전을 포함하는 삶이며, 그 경험은 의로 양육되어야 하는 삶이다. 의에 주리고 목마르다는 것은 진리를 알고자

30) Ibid., p. 28.

31) Richard C. Trench, *Synonyms of the New Testament* (Grand Rapid, Mich.; Wm. B. Eerdmans Pu. Co., 1958 [reprint]), p. 152.

하는 진정한 열망을 갖는 것을 의미하는데, 그것은 옳고 그름에 대한 도전적인 개념을 가지고 있음을 말한다. 마틴 루터는 자신이 모든 사람의 일반적인 복지와 올바른 행동을 꾸준히 그리고 부지런히 증진하려고 노력하고, 말과 행동, 조언과 행동으로 이를 유지하고 수행하는 데 도움을 준 참으로 축복받은 사람이라고 느꼈다.[32)]

5. 차별적인 연민

거룩한 성품은 결코 죄나 불의에 가담하지 않는다. 그 성품은 항상 고통의 영향을 느낀다. "긍휼히 여기는 자는 복이 있나니 저희가 긍휼히 여김을 받을 것임이요"(마 5:7). 무언가로부터 "그가 도망쳤다"고 호소함으로써 범죄인의 자부심을 키우는 일종의 순진하고 관대한 자비가 있다. 잘못을 무시하거나 비행의 결과를 무시하는 것은 불법을 조장하는 것이다. 성결의 경험에는 속기 쉬운 것도 가혹한 것도 아닌 그릇된 행동에 대한 열린 눈, 즉 현실적인 평가, 이것이 긍휼의 표현이다. 자비롭게 되는 것은 일을 거룩한 방법으로 하는 것이다. 이 예수님의 팔복에 묘사된 자비는 "어떤 다른 종류의 잘못이나 실패로 인해 다른 사람이 우리의 힘 안에 있는 상황"[33)]에서의 용서의 정신이다. 그러한 상황에서 "행복한 사람"은 옳은 일을 행한다.

6. 화려한 비전

거룩한 성품은 장기적인 안목을 갖고, 그것을 통하여 지평선 너머 또 다른 세상을 본다. "마음이 청결한 자는 복이 있나니 저희가 하나

---

32) Martin Luther, *Commentary on the Sermon on the Mount*, trans. Charles A. Hay (Philadelphia; Lutheran Publication Society, 1892), p. 46.

33) Eric Baker, *The Neglect Factor* (New York: Abingdon Press, 1963), p. 59.

님을 볼 것임이요"(마 5:8). 예수님은 지혜나 지식이나 판단력이 순수한 자가 복이 있다고 말씀하신 것이 아니라, 마음이 청결한 자가 복이 있다고 하셨다. 마음이라는 용어는 의지와 애정을 의미한다. 순결한 마음은 하나님의 뜻에 어긋나는 것이 하나도 없는 마음의 순결함은 또한 하나의 목적을 가짐 또는 성실함을 의미한다. 마음이 청결한 사람은 하나님의 왕국에서 봉사하고 그분의 왕국에 기여하려는 주된 목적을 가지고 있다.

이 순결한 마음의 행복은 그 동반자들과 마찬가지로 현세 사람들의 특징으로 제시되고 있다. 확실히 하늘에는 애통이 없고(마 5:3), 화평케 하는 자들은 하늘에서 분쟁을 해결하는 데 관여하지 않을 것이다(마 5:9). 또한 하늘에 있는 자들은 의를 위하여 핍박을 받지 않는다(마 5:10). 그러므로 이 팔복은 이생에서의 경험을 나타낸다. 이 삶을 틀림없이 언급하는 이러한 팔복의 중심에서 예수님은 "마음이 청결한 자는 복이 있나니"라고 말씀하신다. 저명한 성결 저자는 마음의 순결을 다음과 같이 묘사했다. "순결한 마음에 있는 모든 기독교의 미덕은 그들의 반대되는 악덕을 배제하면서 존재한다. 즉 미움 없는 사랑, 거역 없는 복종, 불신앙 없는 믿음, 교만 없는 겸손, 노여움 없는 온유, 조바심 없는 인내, 다툼이 없는 평화가 있다."[34] 마음의 순결은 영혼의 눈을 열어 하나님의 환상을 보게 하는 것이다.

7. 자비심 많은 중재

그리스도인 성품은 인류의 몸에 있는 치유의 기름과 같아야 한다. "화평케 하는 자는 복이 있나니 저희가 하나님의 아들이라 일컬음을

---

34) A. Wood, *Purity and Maturity* (Chicago: The Christian Witness Company, 1913), p. 49.

받을 것임이요"(마 5:9). 평화보다는 전쟁이 인간의 자연스러운 상태이다. 6,000여 년의 기록된 역사에서 전 세계가 평화로웠던 해는 단 한 번도 없었다.[35] 평화는 인간의 자연스러운 상태가 아닌 직접적인 노력의 결과로 또는 하나님의 은혜의 결과로 와야 한다. 따라서 화평케 하는 사람은 사람들 사이의 갈등과 사람들 안에 있는 갈등을 해결하려고 시도하는 사람이다.

그리스도께서 말씀하신 복 있는 사람은 화평을 어떤 값으로 사는 사람이 아니라 능동적이고 용감하게 화해하고 인간의 선의의 영역을 넓히는 사람이다. 그렇게 함으로써 그들은 평화의 하나님과의 도덕적 관계를 나타낸다(롬 15:33). 성결이 평화와 화평케 하는 열쇠이다. 왜냐하면 성결에서 반역과 타락의 씨앗은 제거되고, 사랑과 자비로 대체되기 때문이다. 이처럼 유일하게 지속되는 평화는 성결 위에 세워진 평화이다.

8. 거룩한 용기

육체적 용기나 사회적 관심보다 더 큰 용기인데, 이것은 순결한 마음의 용기이다. "의를 위하여 박해를 받은 자는 복이 있나니 천국이 저희 것임이라"(마 5:10). 이때까지 예수께서는 하나님의 왕국에서 받아들일 수 있는 성품의 개념을 설명하고 계셨다. 이 마지막 팔복에서 예수께서는 진정한 그리스도인이 세상에서 만나게 될 영접에 대해서 말씀하고 계신다.

하나님 나라의 시민은 세상이 듣는 것과는 다른 북치는 사람의 소리를 듣고 있기 때문에 무관심하거나 공개적인 적대감에 직면하게 된

---

35) D. R. Davies, *Secular Illusion or Christian Realism* (London: Latmer House, Ltd., 1942), p. 19.

다. 성결은 타락한 인류에게서 받아들여지지 않는데, 죄에 대한 견책(rebuke)을 하기 때문이다. 예수는 팔복에서 말하는 완전의 경지를 사셨으며, 죄악 된 인류에 대한 반응으로 십자가를 지셨다. 바울은 피를 흘리는 인류의 상처를 치유하기 위해 기꺼이 심혈을 부었고 헌신했지만, 그의 보상은 사형 집행자의 칼날뿐이었다. 불경건한 세상에서 성결을 받는 것에 대한 바울의 요약은 "무릇 그리스도 예수 안에서 경건하게 살고자 하는 자는 박해"(딤후 3:12)라고 하였다.

예수님은 고난, 바로 그 고난이 복되다고 말씀하신 것이 아니라, 거룩한 삶 때문에 박해가 일어날 때 그리스도인이 거룩한 용기를 나타낼 기회가 있다는 뜻으로 말씀하신 것이다. 그리스도인은 거룩한 용기를 나타낼 뿐만 아니라, 그는 이 용기에 기쁨이라는 새로운 특징을 덧붙이셨다.

하나님 나라에서 성품의 목표는 성결의 경험에서만 가능하다. 그러한 경험을 통해서만 그리스도인은 지속적인 필요, 영적 감수성, 영적 관점, 영적 욕구, 분별력 있는 연민, 찬란한 시각, 자비로운 중재, 그리고 거룩한 용기에 대한 심오한 자질을 개발할 수 있다.

그리스도인의 성품은 진공 상태로 표현할 수 없다. 거룩한 성품은 그리스도의 권능과 은혜에 대한 최고의 확신을 가지고 삶의 영역에 들어가 문제를 정면으로 대면하고 하나님의 왕국에서 받아들일 수 있는 행동의 본질을 입증해야 한다. 성결은 사람의 매일 매일의 활동, 태도, 그리고 결정에서 가장 잘 나타난다.

D. 성결: 인격 내부의 혁명

성경에는 이론과 실제 사이의 행동 원칙과 생활에서의 원칙의 표현

사이에는 거짓된 긴장이 없다. 하나님의 왕국에서 허용되는 행위는 성령의 임재에서 오는 내적 혁신의 결과인 거룩한 성품의 성장이다. 거룩한 성품의 표현으로서 이 내적 혁신에는 순결한 의도, 영적 동기, 자기 수양, 헌신적인 애정, 열린 충성, 너그러운 용납 그리고 절대 헌신이 포함된다. 이러한 자질은 중생한 자에게 있어야 하지만 중생의 경험은 종종 약하고 돌발적이다. 반면에 성령 충만한 삶, 거룩한 삶은 그리스도인의 은혜를 강력하고 지속적인 표현으로 특색을 이룬다.

1. 정화된 의도

예수께서는 "너희 의가 서기관과 바리새인보다 낫지 못하면 결단코 천국에 들어가지 못하리라"(마 5:20)고 말씀하셨다. 예수님은 율법의 요구를 줄이려 하지 않으셨다. "오히려, 이것들을 날카롭게 하고 그것들이 일상생활의 패턴에 얼마나 깊이 파고드는지를 나타내는 것이 그의 바람"[36]이었다. "의" 또는 성결은 개인의 도덕성으로 간주되고 있다. 그러나 그것은 외적인 법을 준수하는 것 이상이어야 한다. 바리새인의 의는 주관적인 의도를 거의 고려하지 않고 외적인 행위에 불과했기 때문에 잘못이었다. 이는 개인의 성결을 바리새인의 의보다 높이는 것은 외적 준수에 순결한 의도를 더하는 것이다. 율법 준수와 의도의 순수성 사이에서 다음의 여섯 가지 대조를 보여줌으로 예수님은 하나님의 왕국에서의 영적 삶의 출발점을 밝히셨다.

a. 분노와 살인(마 5:21-26)

웨던(Whedon)은 이 구절에 대해 다음과 같이 설명한다. "단순히 육

---

36) John Wick Bowman and Roland W. Lapp, *The Gospel from the Mount* (Philadelphia: The Westminster Press, 1957), p. 63.

체적인 살인이 아니라 그러나 모든 살인의 뿌리가 되는 정신적 충동과 목적은 그것이 신체에 대한 정신적 살인이든, 지적 명성에 대한 것이든, 도덕적 명예에 대한 것이든 간에, 하늘의 고등 법원에서의 그 가중 정도에 따라 처벌되어야 한다."[37] 따라서 분노는 살인과 동일시된다. 왜냐하면 사람을 육체적으로나 지적으로나 도덕적으로 죽이려는 욕망은 죄로 분류되기 때문이다. 온전한 사랑이 있는 거룩한 마음만이 내면에서 미움을 없앨 수 있다. 증오는 실제 살인만큼 가중스럽지는 않지만 사람을 지옥에 떨어뜨릴 만큼 해롭다.

b. 정욕과 간음(마 5:27-30)

성결은 사람을 비인간화하여 성적 욕망으로부터 완전히 배제하거나, 자연스러운 성적인 감정들과 인식을 제거하지 않는다. 오히려 성결은 욕망, 즉 성적 매력에 대한 인식에 더해져 공개적으로 시사되거나 키워지는 욕망으로부터 자유로워질 수 있음을 말한다. 정욕은 상상력에 더해진 의지(volition)이다. 기회의 부재는 겉으로 드러나는 행위를 막고 실제 죄를 억제할 수 있지만 그러나 만일 의도적으로 행위를 저질렀거나 마음으로 그 행위를 상상했다면 죄(guilt)가 되는 것이다. 예수님은 정상적이고 정당한 성욕을 나무라지 않으셨다. 예수님이 비판하셨던 것은 여성을 단순히 욕망의 충족을 위한 수단으로 간주하는 것 - 즉 그녀를 사람이 아니라 한 사물로 간주하는 것이다.[38]

---

37) D. D. Whedon, *Commentary on the Gospel, Matthew-Mark* (New York: Carlton and Porter, 1860), p. 80.

38) A. D. Lindsay, *The Moral Teaching of Jesus* (New York: Harper and Brothers, 1937), p. 145.

c. 유효한 이혼과 무효한 이혼(마 5:31-32)

모세의 율법은 계몽되지 않은 인류에 대한 양보로 이혼을 허용했다. 성결의 내적 삶은 결혼을 한 남자와 한 여자의 평생 결합을 목표로 하는 신성한 제도로 간주한다. 루터는 기독교인은 이혼해서는 안 된다 말하며, 다음과 같이 말한다. "비록 그 배우자가 이상하거나 별나거나 흠이 있을지라도 각각 자기 배우자를 유지하고 함께 참으며 선과 악을 경험해야 한다. 이혼했으면, 당사자들이 결혼하지 않은 채로 남아 있을 것이며, 그리고 그것은 결혼을 자유롭게 하는 것은 허용되지 않을 것이다."[39]

d. 정직함과 영리함(마 5:33-37)

사회의 가장 치명적인 세 가지 죄인 살인, 간음, 이혼을 공격하신 예수님은 지나치게 영리하고, 속되고, 게으른 말의 죄를 공격하셨다. 거룩한 사람은 말에 단순하고 소박하다. 선서하는 일의 온갖 "메커니즘"은 문제를 혼란스럽게 하는 영리한 방법이었다. 거룩한 성실은 말뿐만 아니라 의도의 문제라는 단순한 이유 때문에 맹세를 강화할 필요가 없다. 단순한 "예" 또는 평범한 "아니오"는 성실의 목적에 부합해야 한다.

e. 관용과 보복(마 5:38-42)

예수께서는 기분이 상한 당사자의 손에서 개인적인 복수를 해제하는 원칙을 제시하셨다. 옛 법은 "눈에는 눈"이었다(출 21:23-25; 레 24:17-21; 신 19:16-21). 그러나 새로운 성결의 삶은 개인적인 잘못이 있을 때는 참으라는 원칙이었다. 예수님은 제자들에게 그들 사이의 개

---

39) OP. cit., p. 169.

인적인 관계에 대해 말씀하셨다. 이 관용의 원칙이 타락한 인류에게 무차별적으로 적용된다면 이는 폭력, 무정부 상태, 노예 제도를 초래할 것이다.

개인 폭행, 불공정한 법적 소송, 공식적 과징금 부과 또는 비공식적 재능 착취, 지원 요청과 같은 모든 사례는 보복이 아니라 관용으로 충족되어야 한다. 예수님은 어디서도 정의에 대한 열망을 허용하지 않는 법이 없고, 잔인한 착취를 인정하신 바가 없다. 예수님은 단지 성결만이 보복을 구하지 않는다고 말씀하고 계신 것이었다. 몬테피오레(Montefiore)는 말하기를, "다른 쪽 뺨을 맞는 것과 겉옷에 대한 가르침과 같은 역설적이면서도 고풍스러운 교리로 인해, 얼마나 많은 분노가 가라앉지 않았는지 얼마나 복수에 대한 욕망이 억제되었는지 얼마나 많은 자기희생이 유발되었는지 우리는 결코 알 수 없음"[40]을 지적하였다.

f. 포용적 사랑과 배타적 애정(마 5:33-38)

악을 악으로 보답하는 것은 동물다운 것이고, 선을 선으로 갚는 것은 인간다운 것이고, 악을 선이 되게 하는 것은 하나님다운 것이다. 예수님의 사랑(아가페)은 감정이나 애정(에로스, 필레오)을 의미하지 않는다. 예수님은 낭만주의적 사랑, 형제간의 사랑, 부모의 사랑, 부모에 대한 사랑, 국가에 대한 사랑, 동지간의 사랑을 말씀하신 것이 아니다.

인간 행위에 반영되듯이 하나님의 사랑은 행동의 원칙, 의도의 순수성, 모든 사람에 대한 끈질긴 호의이다. 하나님의 사랑은 모든 인간

---

40) C. J. Montefiore, *The Synoptic Gospels* (London: The Macmilan Co. Ltd., 1924), p. 82.

이 하나님 아래에서 자신의 최고 수준의 자아실현을 달성하는 것을 보고자 하는 것이며, 하나님이 주신 열망과 더 나아가 그러한 달성을 가능케 하는 모든 지원을 하려는 의지이다.

2. 적절한 동기

그리스도인 성품과 영성은 참된 동기에 달려있다. "사람 앞에서 너희 의를 행치 않도록 주의하라"(마 6:1). 전지전능하신 하나님은 인간 활동을 촉발하는 모든 동기를 알고 있다. 물론 동료 시민들은 그 사람의 동기를 면밀히 조사할 수 없으며 종종 개인 자신도 자신의 진정한 동기를 알지 못한다. 성결의 경험이 가장 큰 차이를 만드는 것은 의도와 동기의 영역이다. 하나님 앞에서 받아들일 수 있는 동기는 세 가지 방식으로 표현된다. 즉, 겸손한 헌금, 경건한 기도, 선언되지 않은 자기 수양의 방식으로 표현된다.

a. 성결이 주는 일에 합당한 동기를 부여한다.

예수님은 헌금을 드리는 것과 남을 돕는 것에는 잘못된 길이 있고 올바른 길이 있다고 가르치셨다(마 6:1-4). 그릇된 방법은 사람들 사이에서 선의나 명성을 얻기 위해 행위나 선물을 남들에게 알리고, 경건한 행위를 널리 알리는 것이었다. 자신의 좋은 목적을 위해 재산을 기부하려는 그런 동기는 위선적이며, 그것은 한 몫을 하고 있는 것이라 볼 수 있고, 그것은 이기적인 동기를 가리기 위해 경건의 가면을 사용하고 있는 것이다. 올바르게 주는 방법은 선물을 다른 사람들이 알아채지 못하게 그리고 우리 자신이 예상치 못하도록, 눈에 거슬리지 않게 조심스럽게 주는 것이다(대가를 바라고 주는 것). 그것은 인간의 칭찬이나 하나님의 보상에 대한 소망 없이 이루어지고 결국 잊혀지는 것이다.

b. 성결은 기도에 합당한 동기를 부여한다.

적절한 동기 부여가 중요한 영적 활동의 또 다른 영역은 기도 행위이다(마 6:5-8). 성결은 경건한 기도로 이어진다. 헌금을 드림에 있어서, 받아들일 수 있는 것과 받아들일 수 없는 방법이 있듯이, 기도하는 방법에도 주님께서 받으시는 기도와 받으실 수 없는 기도가 있다. 잘못된 기도 방법은 자신에게 집중하여, 기도를 받는 사람보다 기도하는 사람에게 더 많은 관심을 기울이는 것이다. 잘못된 기도 방법은 하나님께 미치는 영향보다 사람들에게 미치는 영향에 더 관심을 갖고, 기도의 형태나 기도하는 시간에만 집중하는 것이다. 올바른 기도 방법은 가능한 한 주의를 산만하게 하는 모든 요소를 배제하고, 우리의 일을 차단하고 사람에게 관심을 갖지 않는 것이다. 합당한 기도는 기도가 사람을 거룩하고 주권자이신 분의 임재로 안내한다는 깨달음에 기초한 기도이다. 용납될 만한 기도는 결국 하나님에 대한 신임과 신뢰 그리고 사람 안에 있는 평화와 믿음에서 나온다.

c. 성결은 금식에 대한 합당한 동기를 부여한다.

금식의 영역에서도 거룩한 동기가 필수적이다(마 6:16-18). 금식으로 대표되는 자기 수양은 그리스도께서 승인하신 활동이지만, 그러나 그것이 자기 수양의 영적 과시나 슬픔에 잠기는 행사가 되어서는 안 된다. 어떤 사람이 금식할 때 그것을 광고판에 광고하듯 발표할 필요는 없다.

금식은 특히 매주 월요일과 목요일에 금식하곤 했는데, 익숙한 경건한 유대인들 사이에서 금식은 회개의 표시였다(눅 18:12). 수 세기 전에 이사야는 "불성실한 금식을 개탄하며 머리를 쇠붙이처럼 숙이고 굵은 베옷과 재에 굴복한 자들"을 정죄하였다(사 58:5).[41] 예수께서는 군중으로부터 "여기에 경건한 사람이 가고 있다"는 중얼거림을 듣기 위해 얼굴에 재를 바르고 공공장소에서 행진함으로써 경건하다는 평판을 얻으려는 사람들을 정죄하셨다. 그리고 주님은, "그것이 그들의 상이요 그들이 홍정하는 상이요 그들이 얻을 모든 상이니라"[42]고 말씀하셨다.

3. 헌신적인 애정

인간의 애정은 그의 활동을 지배하는 경향이 있기 때문에 거룩한 애정이어야 한다. "너희를 위하여 보물을 땅에 쌓아 두지 말고…너희를 위하여 보물을 하늘에 쌓아 두라. 너희 보물이 있는 곳에는 너희 마음도 있느니라"(마 6:19-21). 토인비(Toynbee)는 세상과 관련하여 종교가 세 가지 방향 중 하나를 취할 수 있다고 지적했다. 이슬람과 같은 일부 종교는 종교와 사회 질서를 동일시하며, 수도원주의와 같은 다른 것들은 반 세계적이거나 지나치게 탈-세계적(otherworldly)이다. 그러나 기독교와 같은 일부 종교는 세상에 있지만 세상에 속하지 않는다.[43]

예수님은 이 세상에 속한 것들로부터 삶의 주된 만족을 얻는 태도에 대해 경고하셨다. 돈에 대한 사랑뿐 아니라 명예에 대한 사랑, 지위에 대한 사랑, 신분에 대한 사랑, 불법으로 하는 일에 대한 사랑, 그것이 무엇이든 간에 이 삶과 이 세상에서 끝이 있는 것은 아낌없는 애

41) A.M. Hunter, *A Pattern for Life* (Philadelphia: The Westminster Press, 1953), p. 75,

42) Ibid.

43) Arnold Toynbee, *Christianity Among the Religions of the World* (New York: Charles Scribner's Sons, 1957), p. 8-10.

정을 받을 가치가 없다.[44)]

보물을 하늘에 쌓는 것이 성결의 관점에서 삶을 바라보는 것이다. 생명력 있는 성결은 돈에 대한 사랑을 끊는 것, 명예에 대한 탐욕을 끊는 것, 지위에 대한 숭배를 중단하는 것과 개인적 이익에 대한 노예적 전념으로부터의 자유를 의미한다. 성결은 청지기 직분과 영원한 가치에 대한 감사를 우리에게 집중시키기 때문에, 성결은 하늘에 보물을 쌓는 것이다.

4. 열린 충성

그리스도인의 최고의 충성은 하나님께 대한 것이다. "너희는 하나님과 재물을 겸하여 섬기지 못하느니라"(마 6:24). 궁극적으로 영적인 정신분열증은 불가능하다. 성결은 하나님의 뜻에 대한 완전한 복종의 결과로 공개적이고 일관된 충성의 수준에서 작용하기 때문에 건강하다. 현대 정신의학의 문헌, 현대 교육 이론, 현대 철학적 논의는 모두 인간이 분열된 충성의 토대에서 활동할 때 자살한다는 사실과 그리고 사람은 의도적으로 자신의 경험을 넘어 대의를 위해 지원하거나 일을 할 때 가장 높은 수준의 개인적 자아실현과 만족감을 얻는다는 것을 지적하고 있다. 성결은 그리스도에 대한 열린 충성의 발판이다.

5. 관대한 평가(마 7:1-5)

웨슬리는 성결에 방해가 되는 것은 관대한 평가의 부족에서 비롯된다고 말하였다.[45)] 성결은 "완전하고 명확하며 확실한 지식 없이, 절대

44) D. Martyn Lloyd-Jones, *Studies on the Sermon on the Mount* (Grand Rapids, Mich: Wm B Eerdmans Pub. Co., 1960), II, 81.

45) Notes, p. 41.

적인 필요도 없이 그리고 부드러운 사랑 없이"[46] 영적인 판단이나 차별을 행사하기를 거부하는 모든 사람에 대한 감사가 있게 한다. 자신의 중요성에 대한 숭고한 감각을 가진 사람이, 자신의 삶의 심한 결점에 대해서는 모르면서 다른 사람들의 사소한 결점이나 약점을 찾아내는 것이다. 성결은 문제에 대한 접근법이 순진한 것도 아니고 불쾌하거나 부당한 행동을 다루는 데 쉽게 속지도 않는다. 그러나 성결은 관대한 평가의 정신으로 판단을 유보하거나 결단을 내린다.

6. 절대적인 헌신

"좁은 문으로 들어가라"(마 7:13). "나더러 주여 주여 하는 자마다 천국에 다 들어갈 것이 아니요 다만 천국에 계신 내 아버지의 뜻대로 행하는 자라야 들어가리라"(마 7:21). 웨슬리는 좁은 문을 산상수훈에서 묘사된 성결이라 말한다.[47] 이 거룩한 길로 들어가는 문은 좁다. 문이 조금 좁을 뿐만 아니라, 그 길이 매우 좁다. 그 문을 들어가기 위해 성결이 필요하고 계속 가는 것을 위해서도 성결이 필요하다.

설교하는 직업이거나 주목할 만한 성공들이 왕국에 들어가는 것을 보장하기에 충분하지 않다. 성결은 인격을 형성하며 모든 인격은 반드시 심사를 받는다. 시험이 왔을 때, 성결은 인정과 인내를 보장하는 그리스도인 경험의 한 자질이기 때문이다. 성결이라고 불리는 헌신적이고 순결한 삶의 표현 안에서만 궁극적이고 절대적인 헌신을 할 수 있다.

---

46) Ibid.

47) Ibid., p. 43.

III. 성결: 하나님께서 받으실만한 예배의 표준

마태복음은 하나님 나라에서의 거룩한 성품의 이상을 제시하고 있다. 그러나 그리스도인의 삶은 세상에서 격리된(수도원에 틀어박혀 있는 것과 같은 - 역주) 후퇴가 아니다. 참된 성결은 의의 옷을 입고 인생의 문제에 정면으로 맞서 나아간다. 마가복음과 누가복음은 거룩한 봉사의 확장에 대한 그림을 제시한다. 브레드(J. Wesley Bready), 스위트(W. W. Sweet) 그리고 스미스(Timothy L. Smith)는 참된 성결이 항상 사회적 봉사와 개인적 봉사에 관심 있다는 것을 보여주고 있다.

그리스도인의 봉사는 성결과 관련하여 적어도 네 가지 원칙을 수반한다. 이 원칙 중 첫 번째는 사랑이 기독교인의 봉사의 원천이라는 것이다. 두 번째 원칙은 거룩한 봉사가 미래의 삶의 목표가 아니라 지금 여기에서의 그리스도인을 위한 표준이라는 것, 세 번째 원칙은 기독교 봉사에서 자기 훈련의 필요성을 설명하는 것이다. 반면에 네 번째 원리는 오직 거룩함만이 이 삶에서 죄와 타락의 가혹한 도전에 대처하기에 적합하다는 것이다.

A. 거룩한 사랑과 그리스도인의 봉사

그리스도인의 봉사의 기준은 하나님께 대한 완전한 헌신이다. "네 마음을 다하고 목숨을 다하고 뜻을 다하고 힘을 다하여 주 너의 하나님을 사랑하라 … 너의 이웃을 네 자신과 같이 사랑하라"(막 12:30-31). 백스터(Richard Baxter)는 "사랑이 영혼의 마지막 행동"이라고 말했다.

문자 그대로, 그 견해는 너의 마음을 다하여 하나님을 사랑하는 것이다. 하나님께 대한 사랑은 마음의 한 영역 또는 여러 영역을 소모하는 것이 아니라, 영역의 전체 길이와 너비를 비우는 것이다. 이 부분에서 마음이라는 단어는 애정의 특별한 자리와 같은 현대적이고 대중적인 의미로 사용되지 않았다. 그것은 우리 본성의 내부에 대한 보다 원시적인 의미를 갖고, 물리적 주변부와 구별되는 완전한 존재의 중심 또는 핵심이다.[48] 성결은 온전함이며 그러한 온전함이 그리스도인의 봉사를 가능하게 한다.

인간 전체는 하나님을 사랑해야 한다. 즉 그의 애정, 포부, 지적 능력을 다해서 사랑해야 한다. 전시 방송에서 캔터베리의 대주교는 영국인들에게 말하기를, "이 세상은 단 한 가지에 의하여 정치적 혼란과 붕괴로부터 구원받을 수 있는데, 그 한 가지가 바로 예배"[49]라고 하였다. 언뜻 보기에 그러한 진술은 교회의 진부한 표현을 말하는 것 같다. 그러나 대주교의 주장은 교회 출석 이상을 의미하는 것이다. 그는 계속하여 말하기를, "예배를 드리는 것은 하나님의 거룩함으로 양심을 분발시키고, 하나님의 진리로 마음을 다짐하고, 하나님의 아름다움으로 생각을 정화하며, 하나님의 사랑으로 마음을 열고 하나님의 목적에 뜻을 바치게 하는 것"[50]이라고 하였다. 성령세례를 받은 삶은 하나님과 사람에게 가장 큰 봉사를 한다.

B. 현대의 성결

성결은 현대적 경험이다.-그것은 "현재(here and now)"를 위한 것이

48) James Morrison, *A Practial Commentary on the Gospel According to Mark* (London: Hodder and Stoughton, 1900), p. 341.

49) Quoted by Ralph W. Sockman, T*he Higher Happiness* (New York: Abingdon-Cokesbury Press, 1950), p. 148.

50) Ibid.

다. “우리가 원수의 손에서 건지심을 받고, 종신토록 성결과 의로 두려움이 없이 섬기게 하리라 하셨도다”(눅 1:74-75). 여기에 성결의 가능성에 대한 네 가지 견해가 있다. 하나는 성결은 우리가 얻으려고 노력해야 하지만 결코 달성할 수 없는 이상이라는 것이다. 두 번째 견해는 성결의 개념은 예수 그리스도의 재림 이후에 세워질 천년 왕국에서 적용된다는 것이다. 세 번째 해석은 하나님에 대한 기쁜 비전은 지상 실존에서는 불가능하며, 하나님의 영원한 나라에서 완전히 영성화된 삶을 기다려야 한다는 것이다. 네 번째 입장은 성결은 현대의 경험에서 실현될 수 있는 요구사항이자 경험이라는 것이다.

스가랴의 말은 성모 마리아의 노래 후주곡으로 여겨질 수도 있다. 마리아의 노래는 그리스도의 선물을 위해 하나님을 높였고, 스가랴는 그리스도의 선물이 인간을 위해 할 수 있는 것, 즉 현생에서 성결과 의로 하나님을 섬길 수 있도록 하나님을 찬양했다.

C. 성결, 섬김, 자기 수양

하나님을 섬기려면 강한 자기 훈련이 필요하며 성결은 그러한 봉사를 촉진한다. “누구든지 나를 따라오려거든 자기를 부인하고 자기 십자가를 지고 나를 좇을 것이니라”(마 8:34). 불교는 자기 부정을 목표로 모든 욕망의 제거를 강조한다. 공산주의는 모든 재산의 공적 소유 또는 자기 식별과 함께 모든 사람의 평등을 강조한다. 자유주의는 정치, 교육, 종교에서 표현의 자유를 주창하여 자기 고양(self-exaltation)을 가져왔다. 하지만 기독교는 성결을 강조함으로 자아실현을 가져오는 자기 수양을 강조한다.

예수님께서 말씀하실 때 그분을 따라오는 많은 사람들은 대부분 열정이 있었다. 사람들은 구약의 메시아에 대한 예언을 기억하고 있었고, 큰 기대에 부풀어 있었다. 예수님은 한 가지 예리한 말씀으로 그들의 거짓 희망을 일소하셨다. 그리스도를 따르는 자들은 자신을 버리고 지상의 안일함과 안락함과 위엄과 영광을 추구하는 그들의 본성의 가장 강한 갈망에 대해 영원한 "아니요(No)"를 말해야 한다는 것이다.

자아 수양은 자아 포기를 포함할 뿐만 아니라 의도적으로 십자가를 지는 것으로 나아간다. 그리스도를 따르는 사람들은 자신의 십자가를 지고, 그리스도를 따르는 자들은 자기의 십자가를 지고 비틀거리며 나아가야 하고, 필요하다면 사형 집행 장소로, 최후의 심판을 받을 준비가 되어 있어야 한다.

D. 대립의 충돌

죄는 인간의 가장 큰 결점인데, 이 성결은 하나님의 가장 큰 치료제이다. "나는 당신이 누구신지 아노니 하나님의 거룩한 자니이다"(막 1:24). 종교는 지성주의, 의식주의, 합리주의, 율법주의 또는 신비주의의 형태를 취할 수 있다. 또는 이러한 유형의 각각의 일부 특징을 통합하지만 하나님과의 의미 있는 관계에서 모든 유형을 초월하는 중요한 경험이다. 여기서 의식주의, 합리주의, 율법주의, 신비주의의 공통점은 있는 죄를 처리하지 못한다는 것이다.

그리스도의 사역에서 놀라운 점은 성결의 정반대인 귀신 들린 사람들을 만나 그들을 정복하는 그분의 능력이었다. 예수님은 회당에서 더러운 귀신 들린 사람을 만나셨다. 그리고 그것이 회당에 있는 부정한 영을 가진 사람이든, 갈릴리에서의 문둥병자이든, 벳새다에서의 소경이든, 간음 중에 잡힌 여인이든, 당시의 종교적인 위선자이든 예수님은 그 상황을 지배할 수 있었고 당신의 능력을 발휘할 수 있었다.

더 나아가 성경적으로, 역사적으로도 성결은 죄에 대한 최고의 해독제였다. 웨슬리는 원시적인 죄 앞에서 무력감을 느꼈기 때문에 선교에 대한 실패와 실망감 때문에 조지아를 떠났다. 미국 개척지의 기독교 목사들과 교사들 중 순회 목사들은 성결의 복음을 전하면서 죄를 다룸으로 가장 성공적인 선교를 했었다.

성결은 하나님 나라의 시민권에 대한 요구를 충족하며 왕국의 이상적인 성품에 대한 자격에 부합한다. 성결은 하나님의 나라에서 봉사할 발판이며, 성결은 그리스도인의 교제의 영역에서 그 최고의 장면을 나타낸다고 볼 수 있다.

IV. 성결: 그리스도인의 교제의 근원

신약에서 에큐메니칼적 표현의 최고점은 요한복음 17장에 나오는 그리스도의 기도에서 찾을 수 있다. 교회적 일치의 기초는 개인의 일치의 개념에서 찾을 수 있으며, 개인적 일치는 성결의 경험에서 온다. 개인이든 공동체이든 모든 영적 일치는 모든 집단의 가장 낮은 공통분모가 아니라 가능한 가장 높은 원칙에 기초해야 한다.

고난과 죽음의 시기 전날에 가르치는 자들은 중재자가 되고, 예언자는 대제사장이 된다. 그 기도는 제사장의 중재기도의 전형이다.

> "내 기도가 그들만 위함이 아니요 또 그들의 말로 인하여 나를 믿는 자들을 위하여도 구하노니, 아버지여 아버지께서 내 안에 계시고 내가 아버지 안에 있는 것 같이 그들도 다 하나가 되어 하나가 되게 하옵소서 그들도 우리 안에 있게 하사 아버지께서 나를 보내셨다는 것을 세상이

믿게 하옵소서. 내게 주신 영광을 내가 그들에게 주었사오니 이는 우리가 하나인 것 같이 그들도 하나가 되게 하려 함이니이다"(요 17:20-22).

대제사장의 기도에는 세 가지가 고려되고 있다. 즉 기도하는 사람들을 위하여, 기도의 목적을 위하여, 기도를 통해 성취되기를 바라는 결과를 위한 것이다.

A. 제자들을 위한 기도

그리스도께서는 제자들의 성화와 그리고 후에 있을 교회를 위해 기도하고 계셨다. 그러므로 기도는 중생을 위한 것이었다. 이 장에 있는 그들의 중생의 증거들을 주목하라. (a) 그들은 이미 아버지에 의하여 그에게 주셨다(6, 9, 11절). (b) 그들은 이미 영생을 얻었다(2절). (c) 그리스도께서는 그들이 영적이었기 때문에 그들에게 하나님의 이름을 계시해 주셨다(6절). (d) 그들은 독특한 의미에서 하나님께 속해 있다(6, 9절). (e) 그들은 하나님께 순종했다(6절). (f) 그들은 경험에서 오는 신성한 것들에 대한 지식을 가지고 있었다(7, 25절). (g) 그리스도께서는 세상을 떠나시게 되매 그들에게 진리를 맡기셨다(8, 14절). (h) 그들은 구원의 믿음으로 예수님을 영접했다(8절). (i) 예수님은 그들에서 영광을 받으셨다(10절). (j) 그들은 세상에 속하지 않았다(14, 16절). (k) 그들이 다른 세상에 속하였으므로 세상이 그들을 미워하였다(14, 16절). (k) 다른 세상에 속하였으므로 세상이 그들을 미워하였다(14절). (l) 그들은 이미 그분의 영광을 받았다(22절).

B. 기도의 목적

예수님은 "저희를 진리로 거룩하게 하옵소서 아버지의 말씀은 진리"(요 17:17)라고 기도하셨다. 기도의 중심이 되는 이 말씀은 예수님께서 인간을 위해 바라시고 뜻하신 바를 계시한 것이다. 웨스트콧(Westcott)이 표현한대로 "기도는 기독교 사회에 입회하는 것으로 대표되는 헌신이 실제로 실현될 수 있도록 하는 것이다."[51] 제자들이 완전한 교제에 들어가는 행위는 성화였다. 성화라는 단어는 성경에서 사용되는 것처럼 네 가지, 즉 (1) 분리, (2) 헌신, (3) 성별, (4) 정결을 의미한다. 그리스어 명사 *hagios*에 해당하는 라틴어는 "거룩한" 또는 "순수한"을 의미하는 *sanctus*이다. "만들다"를 의미하는 라틴어 동사 *facere*와 "~의 행위"를 나타내는 접미사, *tion*이 결합된 이 단어는 성화, 즉 거룩하게 만드는 행위 또는 순수함을 나타낸다.[52]

따라서 거룩하게 한다(to sanctify)는 것은 거룩하게 된 사람 또는 대상에 의하여 거룩한 용도로 구별하거나 정화하는 것을 의미한다. 인간과 같이 부정한 존재가 거룩한 용도로 구별되려면 그 용도만큼 내적으로 순수해야 한다. 물건이 거룩한 용도로 구별되는 경우 육체적인 것을 제외하고는 정화될 수 없고, 이때 물건에 부여된 거룩함은 상징적이다. "그리스도와 같이 거룩한 존재가 거룩한 헌신을 위해 구별된 장소를 정화시킨다는 것은 애초에 불가능하다. 왜냐하면 그분은 이미 완전히 순결하시기 때문이며, 그것은 거룩한 것을 거룩한 것으

---

51) B. F. Westcott, *The Gospel according to St. John* (Grand Rapid, Mich: Wm. B. Eerdmans Pub. Co., 1950), p. 245.

52) C. W. Ruth, *Entire Sanctification* (Chicago: The Christian Witness Co., 1903), p. 19-20.

로의 성별을 의미하기 때문이다."[53] 인간이 헌신을 위해 거룩하게 성별되고 하늘 성소에 바쳐질 수 있지만, 이러한 용도를 얻기 위해서는 그의 정화 전체가 완전해야 한다.

이처럼 제자들의 명백한 충성심과 성실함에도 불구하고 예수께서는 "개개인 그리스도인으로서의 은혜 안에서의 인내와 성장과 성숙뿐만 아니라 특히 사도 직분을 위한 영적 장비를 고려하여"[54] 그들의 성화를 위해 기도하셨다.

C. 기도의 결과

성화의 결과는 인간의 연합이 될 것이다. 즉 그들 각자가 완전히 하나의 단위(unit)가 되어야 한다. "여기서의 하나됨은 단순히 의지나 사랑의 조화가 아니라 그리스도의 성령의 내주하심에 의한 하나이며 궁극적으로 본성의 하나이다."[55] 그 연합은 또한 영적인 연합 - 즉 하나님 안에서 믿음과 삶의 연합이 될 것이다. 기도의 연합은 교리의 만장일치가 아니다. 일치는 그리스도의 말씀을 반영하는 사도 바울이 기도한 유형, 곧 "우리가 다 하나님의 아들을 믿는 것과 아는 일에 하나가 되어 온전한 사람을 이루어 그리스도의 장성한 분량이 충만한 데까지 이르리니"(엡 4:13)의 유형이다. 윌리엄 템플(William Temple)은 이러한 영적 연합을 다음과 같은 말로 언급했다. "기독교계의 연합으로 가는 길은, 회의실에서 공식화해야 할 임무가 있기는 하지만, 그렇다

53) D. D. Whedon, *Commentary on the Gospel of Luke and John* (New York: Nelson and Philipps, 1866), p. 385.

54) A. B. Bruce, *The Training of the Twelve* (New York: Richard R. Smith, 1930), p. 458.

55) Alford, op.cit., I, 878.

고 위원회의 합의를 통해서 이루어지는 것은 아니다. 그것은 아버지와의 연합과 깊고 실제적인 주님과의 개인적인 연합을 통해서이다.[56]

요약

성결이 하나님의 왕국의 열쇠이다. 성결의 경험을 통해서 하나님의 왕국에 대한 이방인들이 온전한 시민권의 자리로 인도된다. 성결은 그리스도인 시민권의 이상이며 현재의 왕국 양식에서 달성할 수 있다. 하나님의 왕국에서 허용되는 모든 행위는 성결의 삶의 직접적 또는 간접적 표현이다. 진정한 그리스도인의 봉사는 그 영감과 성숙의 원천을 성결의 경험에서 찾는다. 마지막으로 성도의 교제는 성결의 삶에서 일치와 조화를 찾는다. 개인의 온전함과 교회의 일치로 가는 길은 신자의 성화, 즉 성령 충만한 삶이다.

56) *Readings in St. John's Gospel* (London: Macmillan and Co. Ltd., 1959), p. 327.

7장
사건으로서의 성화

이전 장에서의 강조점은 오순절과 오순절 이후의 성령의 역사였다. 성령 안에서 또는 성령과 함께하는 세례는 온전한 성결이라 불리는 영적인 경험을 가져온다. 온전한 성결의 경험을 논의할 때 정화와 두 번째 사건(second crisis)과 같은 몇 가지 용어가 소개되는데, 이러한 새로운 용어들의 도입은 종종 성령세례라고 불리는 성령의 역사에 대한 강조가 성화와 순결의 상태의 표현으로 전면에 나타남을 보인다.

또한 지금까지의 절차는 성서적 개요에 따라 연대순으로 성결 교리를 연구하는 것이었다. 이제 토론은 실용적인 목적을 위한 주제의 개요를 따를 것이다.

I. 성화의 종류

중생이 위기의 경험인 것처럼 온전한 성화는 사건적 경험(crisis experience)이다. 두 번째 위기를 지적하는 것은 성결과 성결한 사람들의 경험 모두와 조화를 이룬다. 온전한 성결을 위기로 간주하는 것은 중생의 혁명적 성격을 최소화하는 것이 아니다. 두 번째 위기도 은혜 안에서 더 성장할 가능성을 무효화하는 것이 아니다. 위기로서의 성화는 중생의 역사를 보존하고, 하나님의 능력을 확대하며 보다 영적 성장을 가능하게 한다.

그러나 성화에는 많은 측면이 있다. 사회적 성화, 초기의 성화, 순간적 또는 개인적 성화, 점진적인 성화 등이 있다. 구약에서 백성들은 스스로를 거룩하게 했고, 모세 또한 그들을 거룩하게 했다. 제사장, 레위인, 왕 그리고 회중은 사물과 백성을 거룩하게 하였다(출 19:10; 레 11:44; 요 17:19). 이러한 유형의 성화를 공식적 또는 종교적 성화라고 부른다. 바울은 믿지 않는 남편이나 아내가 믿는 배우자에 의해 거룩하게 된다고 말했다(고전 7:14). 그리고 유사하게 적어도 한 명의 그리스도인 부모가 있는 가정의 자녀들은 거룩하다고 말했다. 이것을 사회적 성화라고 부른다.

A. 초기 성화 또는 부분적 성화

초기 또는 부분적 성화는 중생을 위한 또 다른 용어이다(참조, 1장). 거듭난 사람은(부분적으로) 성화되었다고 말하지만, 완전히 또는 전체적으로는 성화된 것은 아니다(고전 1:2; 고전 6:11). 이 첫 번째 사역에서 사람은 회개, 구원하는 믿음, 칭의, 중생, 양자됨 그리고 성령의 증거를 경험하는데, 이것들은 모두 부분적인 성화인 하나의 순간적인 역사의 측면이다. 그러나 거듭난 자 안에 모든 영적 은총이 있지만, 그에게는 여전히 육신의 표출을 위해 싸우는 육적인 반대 요소가 있다. 영적인 은총에 반대되는 육적인 반대의 존재는 거듭난 자의 영적인 삶, 즉 영생을 위협한다.

죄인이 거듭날 때 그는 영생을 소유하게 된다. 그러나 영생은 시간이나 기간과 아무 상관이 없고, 영생에 대한 성경적 개념은 관계적이고 경험적이다.

"영생은 곧 유일하신 참 하나님과 그가 보내신 자 예수 그리스도를 아는 것이니이다"(요 17:3). 하나님을 구속적으로 아는 것이 영생인데, 이때 "영원한 생명"은 지속 기간의 질을 의미한다.

B. 온전한 성화

두 번째 사건으로서의 온전한 성화는 뚜렷한 은혜의 역사이다. 온전한 성화에 대한 입장을 두 번째 사건으로 언급하면서 나사렛 교회는 다음과 같이 말하고 있다.

> 우리는 온전한 성화가 중생 이후에 있는 하나님의 행위임을 믿는다. 그리고 그것을 통하여 신자는 원죄 또는 부패에서 벗어나 하나님께 대한 철저한 헌신의 상태와 거룩한 사랑의 순종이 완전케 됨을 믿는다.[1]

이 믿음의 진술은 성경의 가르침과 실제 그리스도인의 경험과 조화를 이룬다.

성화의 시간적 요소에 관한 관점을 발전시키는 데 있어서 문제가 되는 두 가지 관점을 다룰 필요가 있다. 즉 (1) 성경에 있는 두 번째 사건으로서의 온전한 성화의 실례들 (2) 성화를 두 번째 사건으로 간주하는 성경 구절에 대한 주석적 분석과 함께 성경 용어에 사용되는 단어와 문구들의 문법적 분석을 다룰 필요가 있다. 후자는 다음 장에서 논의될 것이다.

---

1) *Manual, Church of the Nazarene* (Kansas Cty: Nazaren Publishing House, 1968), p. 31.

II. 성경에 있는 온전한 성화에 대한 실례들

온전한 성화를 두 번째 사건으로 받아들이는 것은 성경적이다. 계시는 복음주의자들이 인정하는 권위이기 때문에, 그리고 검증의 책임은 성화의 "두 번째"를 부인하는 자들에게 무겁게 달려 있기 때문에, 다음 논의의 절차는 성경이 스스로 말하도록 할 것이다. 또한 개인적인 경험을 통해 하나님을 알았고, 그들을 성령 충만한 삶의 수준으로 끌어올린 두 번째 사건을 체험한 신약성경의 인물들에 대한 몇 가지 예가 인용될 것이다.

초기 성화와 온전한 성화 사이의 구별은 성경 해석에 있어서 혼란을 피하기 위해 분명히 염두에 두어야 한다. 특히 바울은 이 단어들을 상호 교환적으로 사용하였다. 그래서 그는 로마서 1:7에서 "로마에서 하나님의 사랑하심을 받고 성도로 부르심을 받은 모든 자에게"라고 기록하고 있다. 여기서 "성도들"이라는 단어는 정결케 하는 과정이나 성결의 상태를 나타내지 않는다. "성도"라는 말은 단순히 부르심을 받고 하나님의 소유가 된 사람들로서 일반적으로 기독교인에게 적용되는 용어이다.

바울은 다시 고린도전서 1:2에서 "고린도에 있는 하나님의 교회 곧 그리스도 예수 안에서 거룩하여지고 성도라 부르심을 입은 자들에게"라고 썼다. 고린도 교회에 대한 이후의 묘사는 매우 영적이고 심지어 윤리적인 교회와는 거리가 멀기 때문에, 바울은 순결의 발전된 상태를 전혀 염두에 두지 않았다. 바울이 중생과 관련하여 사용한 용어는 고린도전서 6:11에서, "그러나 여러분은 주 예수 그리스도의 이름과 우리 하나님의 성령으로 씻겨지고, 거룩하게 되고, 의롭게 되었다"라고 기록함으로 분명히 밝혀졌다. 여기서 초기의 성화는 거듭남과 동의어이며, 성화의 과정은 거듭남에서 시작되며, 그때에 사람이 새로운 존재가 되고 구별되고 독특하게 하나님께 속한 것으로 세상과 멀리 떨어져 있게 된다.

중생에 이은 두 번째 사건의 구체적인 예는 제자들의 삶, 사마리아의 제자들, 에베소 교회, 바울의 경험, 그리고 고넬료의 경험에서 추론해 볼 수 있다.

A. 오순절 전후의 제자들

신약에서 은혜의 두 번째 역사의 고전적인 예는 제자들의 경험이다. 제자들의 오순절 이전 상태를 고려할 수 있는 방법은 다음의 네 가지뿐이다. (1) 그들은 단순히 인간 지도자의 영감을 받은 고상한 도덕적 유대인이었다. (2) 그들은 오순절 이전에 성화되었다. (3) 그들은 오순절 날 성령세례를 받아 거룩하게 된 거듭난 사람들이었다. (4) 그들은 오순절에서 중생했다가 다시 타락한 신자들이었다. 오순절 이전에 제자들이 중생하고 오순절에서 거룩하게 되었다는 사실에 대한 성경적 증거는 압도적인 것 같다.

1. 오순절 이전에 구원받은 자였다는 증거

a. 그들은 세상에 속하지 않았다(요 17:14).

b. 그들은 그리스도에 의해 보호되었고 잃어버리지 않았다(요 17:12).

c. 그들의 이름은 하늘에 기록되었다(눅 10:20).

d. 그들은 하나님과 그리스도의 것이다(요 17:9-10).

e. 그들은 귀신을 쫓아내는 권세를 얻었더라(눅 9:1, 10, 20).

f. 그들은 안수를 받고 위임을 받았다(마 28:19; 막 3:14-15).

g. 그들은 10일 동안 하나님을 찬양하며 기도하며 기다렸다(눅 24:53).

2. 부족한 점이 있었다는 증거

a. 그들은 때때로 불안정하고 충성스럽지 않았다(막 14:15).

b. 그들은 때때로 육적으로 이기적이었고 육신적인 야망이 있었다(막 10:28, 10:37-41; 마 19:27).

c. 그들은 때때로 육신적으로 분파주의자였다(마 15:22-23).

d. 그들은 이따금 영적인 원한이 있었다(눅 9:54-55).

3. 오순절 이후에 변화가 있었다는 증거

a. 그들의 마음이 성령의 세례로 인하여 정결케 되었다(행 2:4, 15:8-9).

b. 그들은 사람을 두려워하는 불안정한 사람들이었지만, 용기 있고 담대한 그리스도의 증인으로 변하였다(행 2:14).

c. 그들의 마음이 하나 되었다(행 2:44).

d. 영적 조명이 생겼다(행 2:14-40).

제자들은 오순절 이전에도 그리스도인이었다. 그리고 오순절에서 어떤 일이 일어나서, 그들의 외적인 영적 행위뿐만 아니라 내적인 영적 반응이 극적으로 변화되었음이 분명하다. 성경의 기록에는 오순절 이전에 혼란스럽고 불안정하며 타락한 이 남녀들에게 그러한 급진적인 변화가 있었다는 증거가 더 이상 들어 있지 않다. 오순절 이후 생명의 실타래(the thread)는 "세상을 뒤집어 놓은" 성령으로 충만하고 성령의 인도를 받는 사람들 쪽을 향하여 변화 없이 쉬지 않고 달려갔다. 그리스도의 부활도 오순절이 가져온 변화를 가져오지 못했다. 오순절의 사건, 즉 이미 그리스도와 개인적인 관계를 누리고 있는 사람들의 삶의 위기가 초기 교회의 정복 사업을 시작한 것이다. 오순절은 오순절로서 한 경륜의 시대에서 다른 경륜의 시대로 전환되는 극적인 사건 그 이상이었다. 그것은 영적 생활의 한 수준에서 더 높은 수준의 영적 생활로 전환하는 매우 개인적인 두 번째 사건이였다.

B. 사마리아에서의 제자들

사람이 제자들에게 성령이 임한 것을 설명하되 그들의 경험의 "두 번째 경험"임을 부인할 수 없었다. 예수 자신도 그들에게 설교하기 위해 사마리아로 가야 할 필요성을 느끼셨다. 그리고 그는 이틀 동안 수가(Sychar)에서 설교하셨고, 야곱의 우물가에서 사마리아 여인과 나눈 그분의 대화는 사마리아인들의 강한 메시아에 대한 기대를 드러냈다(요 4:25). 결국 예수의 설교는 사마리아에서 열매를 맺어, "그 도시의 많은 사마리아인이 그를 믿게" 하였다(요 4:39).

1. 사마리아인의 부흥

빌립이 오순절 후에 설교하기 위해 사마리아로 갔을 때 그는 그리스도에 대한 사전 지식이 있는 공동체에게 가고 있었다. 사도행전 8:5-13에 묘사된 대로 예루살렘 밖에서 처음으로 복음을 전하려는 노력에 대해 다음과 같이 관찰할 수 있다. (1) 많은 사람이 불결한 영으로부터 정결함을 받았다. (2) 그들은 빌립의 말에 주의를 기울였다(6절). (3) 그 공동체의 주요한 죄인이 거듭나고 세례를 받았다(13절). (4) 많은 남녀가 하나님 나라에 관한 빌립의 가르침을 받아들이고 세례를 받았다(12절). (5) 마침내 "그 성에 큰 기쁨이 있더라"(8절).

2. 두 번째 사건

부흥의 소식이 예루살렘에 전해지자 약간의 우려가 있게 되었다. 기독교의 창시자들은 유대인이었고, 유대인들에게 "사마리아인은 이방인보다 더 나빴기 때문이다. 그들은 이단자요, 분열주의자였으며, 불신자보다 더 미움을 받고"[2] 있었다. 베드로와 요한은 초기 교회의 새로운 발전을 평가하기 위해 영적인 대사로 파견되었다. 사마리아에서의 베드로와 요한의 사역에는 네 가지 중요한 의미가 있다. (1) 베드로와 요한이 사마리아에 도착하면서 가장 먼저 한 일은 "그들이 성령 받기를"(행 8:15) 위해 그들을 위해 기도하는 것이었다. (2) 회심한 사마리아인들은 아직 성령을 받지 못하였다(행 8:16). 의심할 바 없이 여기에 언급된 것은 오순절과 유사한 부으심으로 성령을 받는 것이다. 이는 인간의 삶에서 행해진 모든 영적인 일이 성령에 의해 행해졌기 때문이다. (3) 베드로와 요한이 안수하자 그들은 성령을 받았다(행 8:17). (4) 한참 후에 기독교로 개종한 사람들을 위한 할례의 필요성에 관한 의견의 불일치가 생겨 번창하는 교회를 분열시킬 위협이 있었다. 바울과 바나바는 다른 사람들과 함께 할례의 요구 사항에 반대하는 이방인들의 주장을 제시하기 위해 예루살렘으로 가도록 선출되었다. 베드로는 "또 마음을 아시는 하나님이 우리에게와 같이 그들에게도 성령을 주어 증언하시고, 믿음으로 그들의 마음을 깨끗이 하사 그들이나 우리나 차별하지 아니하셨느니라"(행 15:8-9)고 선언함으로 문제를

---

2) Richard B. Rackham, *The Acts of the Apostles* (London: Methuen and Co., 1951), p. 112.

해결하였다. 신약 성경에 두 번째 사건에 대한 다른 언급이 없어도, 사마리아인들의 실례만으로도 이 견해를 뒷받침하기에 충분할 것이다.

C. 에베소에서의 제자들

바울은 그의 첫 번째 선교 여행에서 잠시 에베소를 방문했고 아굴라와 브리스길라를 두고, 대도시에서 유대인 전도사역을 했다(행 18:18-21). 후에 아볼로가 설교하기 위해 에베소에 왔는데, 그는 강력한 설교자였으며, 주님의 도를 배워 성령 안에서 열심으로 주님에 관한 것을 자세히 말하며 가르쳤다(행 18:25). 그러나 아볼로는 요한의 세례만 알고 있었기 때문에 아굴라와 브리스길라를 개인 교사로 세워 새로운 기독론에 대한 집중 교육을 받았다(행 18:24-28). 에베소에서 그리스도인 회심자들이 생긴 것은 아굴라와 브리스길라의 활동과 아볼로의 설교 때문이었다.

성령에 대한 저들의 영적 지식이 부족하고 요한의 세례만 받았기 때문에 어떤 이들은 저들이 중생의 상태에 있음을 부인했다. 그러나 다시 성경 자체가 말하는 것을 보면, 에베소의 제자들에 대해 다음의 몇 가지 중요한 사실이 언급될 수 있다.

1. 이 사람들은 제자로 여겨진다(행 19:1).

브루스(F. F. Bruce)는 말하기를, 그들이 "다른 곳에서 절대적으로 사용된 제자의 의미에 따라 그리스도의 제자였다고 추정할 수 있다. 만약 그들이 요한의 제자였다면 우리는 이것이 명시적으로 언급될 것으로 예상했을 것이다."[3] 그리고 "제자들이 안디옥에서 처음으로 그리

---

3) *The Acts of the Apostles* (Grand Rapid, Mich; Wm B. Eerdmans Pub. Co.,

스도인이라 일컬음을 받았기 때문에"(행 11:26), 신약성경은 일반적으로 달리 표시되지 않는 한 이 단어를 교차적으로 사용한다.

2. 그들은 그리스도를 믿었다.

아볼로가 에베소를 떠나 아가야로 갔을 때(행 18:27), "성경을 통해 예수는 그리스도라고 증거하여 공중 앞에서 유대인들을 힘있게 납득시켰다"(행 18:28). 따라서 아굴라와 브리스길라의 가르침이 효과적이었고 아볼로가 설득한 모든 신자들은 그리스도를 믿는 방향에 있을 것이라고 추정할 수 있다.

3. 바울은 그들의 신앙 상태를 받아들였다.

바울이 에베소에 왔을 때 그는 이 사람들이 은혜의 상태에 있다는 사실을 분명히 받아들였다. 왜냐하면 그는 그들을 신자로 여겼기 때문이다(행 19:2). 바울이 그들의 영적 상태에 만족하지 못한 것은 사실일 것이다. 한 작가가 말한 대로, "아마도 세례자의 예를 따라 그들은 엄격하고 우울한 금욕주의자들의 삶을 살았고, 그리스도인의 기쁨이 없었고. 또는 그들은 다시 바울의 영적 가르침을 이해하지 못했을 수 있다."[4] 또한 바울은 그들에게 그리스도에 대한 지식을 묻지 않았다. 그는 그리스도에 대한 그들의 믿음을 출발점으로 삼는 것 같았지만, 그들의 경험에 또 다른 차원을 더하고 싶었을 것이다.

그래서 바울은 "너희가 믿을 때부터 성령을 받았느냐?"(행 19:2)라고 날카로운 질문을 했다. 이 질문이 킹 제임스 영어성경 이외의 번역본에서는 다르게 번역되었다. 번역의 차이점에 대한 퍼카이저(W. T.

1960), p. 353.

4) Rackham, op.cit., p. 346.

Purkiser)의 논평은 예리하다.

> 원본이 영어성경 킹 제임스 성경에서 그대로 번역되었는지 또는 개정 및 표준성경에서 그대로 번역되었는지와 상관없이 "너희가 믿을 때에 성령을 받았느냐?" 이 점에 관하여는 조금도 다름이 없다. 어느 경우든지, 바울이 말하는 의미에서 그들이 믿었다고 인정한 것이요 또 성령을 받지 아니한 것은 분명하다.[5]

4. 바울이 에베소인들에게 세례를 베풀었다.

바울은 주의 이름으로 에베소에 있는 그리스도인들에게 세례를 베풀었다(행 19:5). 바울은 고린도 교회에 보낸 편지에서 자신이 기억할 수 있는 한 그리스보와 가이오와 스데파누스의 가족에게만 세례를 주었다고 말했기 때문에 분명히 세례 문제를 강조하지 않았다(고전 1: 14-16). 그는 또한 "그리스도께서 나에게 세례를 주라고 보내신 것이 아니라 복음을 전하라고 보내셨다"고 주장했다(고전 1:17). 그럼에도 불구하고 바울은 에베소의 제자들에게 조금도 주저하거나 유보하지 않고 세례를 베풀었다. 바울이 에베소에 왔을 때 이 사람들이 여전히 죄인이었다면 바울은 거듭나지 않은 사람들에게 세례를 준 죄를 범한 것이 된다. "그 이후로 그런 일이 자주 있었다는 것은 논의하지 않을 것이다; 그러나 우리는 바울이 그 실행을 시작했다는 것을 인정할 수 없다."[6]

따라서 바울이 그들에게 손을 얹었을 때 그들은 이미 제자들이며, 그리스도를 믿었고, 은혜의 상태에 있는 것으로 바울이 인정하고 바

---

5) *Conflicting Concepts of Holiness*, p. 40.

6) Ibid., p. 41.

울에게서 세례를 받은 사람들에게 안수한 것이다. 그리고 성령이 그들에게 임하셨을 때, 그분은 성경에 의해 그리스도인이라 일컬어질 자격이 있는 사람들에게 두 번째 사건으로서 즉각 임한 것이었다. 나중에 바울은 에베소 사람들에게 보낸 개인 편지에서 성령 충만한 삶의 중요성을 다시 한번 강조한 것이다.

D. 사도 바울

바울의 회심은 신기하고 독특하다. 성경에 있는 어떤 인물도 바울처럼 그의 삶에서 갑작스럽고 극적인 변화를 경험하지 못했다. 바울의 경우 시간적 요소가 극히 짧은 것은 사실이다. 그러나 이 시점에서 주요 관심사는 중생에 이어 두 번째 사건을 겪은 사람들의 성경적 예를 제시하는 것이다. 성경 기록이 주어진 그대로 받아들여진다면 바울은 또 다른 그러한 예이다.

1. 바울의 회심

바울은 다메섹으로 가는 도상에서 회심했다(행 9:3-8). 거의 모든 성경학자들은 그 당시의 그가 회심했다는 타당성에 동의한다. 바울의 삶에서의 극적인 변화는 참으로 "터가 흔들리는" 경험이었다. 대부분의 사람들은 거듭날 때 은혜의 기쁨과 해방감을 경험하지만, 바울은 그렇지 않았다. 그는 다메섹으로 끌려갔을 때 "사흘 동안 보지도 못하고 먹지도 아니하고 마시지도 않았다"(행 9:9). 바울의 회심은 3일 금식으로 이어졌다. 이 3일간의 강렬한 영적 훈련 동안 바울의 생각에 일어난 일에 대한 암시가 없다. 그리고 그가 무엇을 어떻게 느꼈는지에 대한 암시도 없다.

2. 바울이 성령 받음

사흘 후에 아나니아가 바울을 찾아와 문안하고, 그에게 안수하여 이르되 "형제 사울아 주 곧 네가 오는 길에서 나타나셨던 예수께서 나를 보내어 너로 다시 보게 하시고 성령으로 충만하게 하신다"(행 9:17) 하니, 이때 바울이 성령을 받았다는 것으로 인정할 수 있다. 그의 첫 번째 전도 여행에서 바울은 바보라는 도시에서(행 13:6) 바예수(Bar-Jesus)라는 거짓 선지자로부터 심각한 도전을 받았다. 바울은 그 상황에 알맞게 대처했다. "바울이라고도 하는 사울이 성령이 충만하여 그를 주목하였다"(행 13:9).

일부 학자들은 바울의 회심과 성령세례 사이의 극히 짧은 시간차를 지적하기 때문에 중생과 온전한 성화 사이의 시간적 요소에 관하여 지금까지 제시된 성경적 예에서 배운 원칙을 요약하는 것이 바람직할 것이다.

a. 아마도 하나님은 한 번의 은혜의 역사로 사람을 거듭나게 하시고 성화시키실 수 있을 것이다. 그러나 인간은 자유로운 도덕적 행위자이기 때문에, 필요에 대한 인식, 개인적인 관심과 욕구, 개인적인 헌신 없이는 인간에게 어떤 중요한 일도 일어날 수 없다. 하나님이 아닌 사람은 순간적 사건 경험 사이에 시간적 요소를 필요로 하는 사람이다. 이 개념은 나중 논의에서 보다 완전하게 다루어질 것이다.

b. 시간의 길이는 성경이 정한 것이 아니라 사람이 정한 것이다. 사람들은 영적 감수성과 영적 진리를 파악하는 면에서 다양하다.

c. 제자들은 그리스도 중심의 삶, 성령의 인도를 받는 생활의 본질에 관한 진리를 완전히 이해하는 데 약 3년이 걸렸다.

d. 오순절 이후의 베드로의 설교는 시간이 짧을 수 있음을 암시하

고 있다(행 2:37-39).

e. 새 교회의 지도자들은 시간이 얼마 남지 않았다고 생각했다. 왜냐하면 베드로와 요한이 빌립 밑에서 회심한 사마리아인들이 후에 그들을 (성령 충만을) 경험하도록 인도했기 때문이다(행 8:5-17).

f. 아나니아는 바울이 회심한 후 며칠 안에 성령으로 충만할 수 있다고 생각했다(행 9:17-19).

g. 바울 자신은 데살로니가 교인들이 영적인 삶에 들어간 후 몇일 내에 성화될 것을 촉구했다(살전 4:3, 5:23-24).

h. 에베소의 바울도 즉각적인 행동을 촉구했다(행 19:1-7).

i. 사람들이 필요를 인식하기 전에 조치를 촉구하거나 또는 처음 사랑을 잃을 때까지 기다리게 하는 것에는 위험이 있다.

E. 고넬료의 경우

신약성경에 있는 성령을 2차적, 순간적 사건 체험으로 영접한 사람들의 예를 끝내기 전에 고넬료의 경우도 사용될 수 있다고 생각한다(행 10장). 고넬료의 개종에 대한 기록이 없고 앞의 논의가 은혜의 두 가지 역사를 가진 사람들을 언급하기 때문에, 고넬료는 직접적인 주장에 의한 본보기가 아니라 추론에 의한 본보기로 제시된다. 웨슬리가 고넬료를 불신자로 여겼던 것은 사실이다. 왜냐하면 그는 다음과 같이 썼다. "그러나 기독교적 의미에서 코르넬리우스는 당시 불신자였다."[7] 아담 클라크는 고넬료를 이방인으로 곧, "그가 할례로 언약의 띠를 맺지 아니하였으므로 정의의 개종자는 아니지만 성문을 통한 개종한 자(proselyte of gate - 모세의 율법[할례 등]을 이행할 의무가 없는 개종자-역

7) *Notes*, p. 432.

주)"[8]라고 언급했다.

그러나 기술적인 의미에서 고넬료가 그리스도인이 아니었다고 말하는 것과 중생에 비할 만한 하나님과의 생명적이고 경험적인 관계가 없었다고 말하는 것은 완전히 다른 것이다. 일부 구약 성경의 인물들은 "믿음의 선"에 도달할 수 있었고 중생과 성화에 필적하는 은혜의 위치에 도달할 수 있었다. 하나님은 규정된 형식이나 특수한 채널에 제한되지 않으신다. 하나님은 진실한 영혼이 그를 찾을 때마다 그가 가진 가장 좋은 지식에 따라 사람을 만나신다. 라캄(Rackham)이 고넬료가 세례를 받기 전에 성령이 임한 것에 대해 관찰한 것처럼: "그것은 하나님은 자유롭고 그의 은혜가 어떤 통로에도 제한되지 않는다는 것"[9]을 증명한 것이다.

1. 고넬료의 그리스도인의 자질

사도행전 10:2-3에서 고넬료에 대해 여러 가지가 언급되는데, 그것들은 그를 하나님과 중요한 인격적 관계를 누리는 독실한 사람으로 만든 활기 있는 경건이 있음을 나타낸다. 그는 하나님을 두려워하는 사람이었다. 그는 온 가족을 하나님께 경건한 예배를 드리도록 인도했으며 계속해서 꾸준히 기도했다. 그는 재정 문제에 있어서도 인색하지 않았다.

그는 천상의 비전으로 영예를 얻었고 그의 이런 영적인 반응은 하나님 보시기에 합당하게 받아들여졌다. 이렇게 보면, 이 고넬료는 미가서에서, "여호와께서 네게 구하시는 것은 오직 정의를 행하며 인자를 사랑하며 겸손하게 네 하나님과 함께 행하는 것이 아니냐?"(미 6:8)

8) Op. cit., V, 760.

9) Op. cit., p. 159.

라고 표현된 영성의 결정체를 만난 것이 아닌가? 그리고 믿음의 관계를 하나님과의 합당한 관계의 기초로 여기는 바울이, "일을 아니할지라도 경건치 아니한 자를 의롭다 하시는 이를 믿는 자에게는 그의 믿음을 의로 여기시나니"(롬 4:5)라고 한 진술은 고넬료와 아브라함에게도 적용되지 않을까?

그리고 베드로는 고넬료의 영적 상태를 승인했다. 왜냐하면 두 사람이 만났을 때, 베드로는 "내가 참으로 하나님은 사람의 외모를 보지 아니하시고 각 나라 중 하나님을 경외하며 의를 행하는 사람은 다 받으시는 줄을 깨달았도다"(행 10:34-35)라고 외쳤기 때문이다.

2. 고넬료와 두 번째 사건

두 번째 경험은 즉시 고넬료에게 와서 베드로의 설교를 중단시켰다. "베드로가 이 말을 할 때에 성령이 말씀 듣는 모든 사람에게 내려오셨기"(행 10:44) 때문이다. 그리하여 고넬료는 잊을 수 없는 경험을 통해 성령으로 충만한 그리스도인의 삶의 신약성경 표준으로 들어 올려졌다.

성경이 스스로 말하는 것이 허용된다면, 성경은 중생 후에 성령의 강림을 체험한 제자로 불리는 그리스도의 추종자였던 사람들의 예를 제시한다. 성경 역사가는 또한 사도행전 2:41에서 (행 4:31에 있는 성령을 받은) 3,000명의 개종을 지적한다. 신약성서에는 제2의 사건이 제1의 사건이나 중생처럼 유효하게 하는 사례가 충분히 있다고 진술할 수 있다. 특히 복음주의자들은 "두 번째 축복"이라는 성경적 가르침을 거부하는 것을 극도로 지양해야 한다. 왜냐하면 그들의 논리가 그들 자신에게 역전된다면, 신약에서 중생의 개념을 유지하기 어려울 수 있음을 발견할 수 있기 때문이다!

그러나 그러한 경험, 심지어 성경적 경험도 궁극적인 의미에서 교리를 지지하기에 충분하지 않다. 성경해석학은 어떤 진리가 모든 것을 포괄할 수 있기 전에 일반적이고 포괄적이며 근본적인 주제를 필요로 하기 때문이다. 성결의 교리는 성경 계시의 일반적인 취지가 성결의 개념을 포함하고 있다는 큰 이점이 있다. 따라서 성화를 두 번째 은혜의 역사로 논할 때 주석적 분석을 경험적 예들에 추가하는 것이 가능하다.

8장
온전한 성화에 대한 주석적 분석

성결의 삶은 그리스도인을 위한 신약의 규범이다. 이전 장에서 열거된 예들은 그리스도인의 기준이 두 단계, 즉 중생과 온전한 성화의 두 사건에서 도달함을 말했다. 이제 이 논의는 성령 충만한 삶의 수준에 도달하는 과정의 이중적 특성을 가르치는 성경적 연구로 바뀔 것이다. 신약성경은 상징, 직접 명령, 약속, 기도, 권면 그리고 문법적 추론으로 성결을 설명하는데, 그것은 그리스도인의 규범으로 그리고 온전한 성화는 사람을 거룩하게 만드는 하나님의 방법으로 지적하고 있다.

I. 포도나무와 가지의 상징

예수님은 요한복음 15장에서 포도나무와 가지의 상징으로 영적인 삶의 본질을 제시하고 있다. 영적 삶의 본질적 영역에서 본 이 이미지에 있어서 영적 삶은 "하나님과 인간의 만남" 이상으로, "나와 당신"의 관계 이상으로, "인간의 헌신" 이상으로 보고 있다. 포도나무와 가지의 상징에서 영적 삶을 그리스도와의 연합으로, 하나님 자신 안에 구현된 생명을 주는 생명의 흐름에 의해 유지되는 삶으로 제시되고 있다고 볼 수 있다.

예수님은 요한복음 15장 처음 두 구절에서 세 종류의 가지에 대해 말씀하고 계신다. 첫째는 열매를 맺지 않는 가지인데, 이 가지는 거부되었다. 두 번째 가지는 "열매를 맺는" 가지인데, 분명히 이것은 거듭난 그리스도인을 상징한다. 왜냐하면 예수께서 "이 가지도 포도나무에 붙어 있지 아니하면 절로 과실을 맺을 수 없느니라. 너희도 내 안에 있지 아니하면 그러하리라"(요 15:4)고 말씀하셨기 때문이다.

그러나 열매를 맺는 이 그리스도인에게 어떠한 일이 일어난다. 열매를 맺는 가지마다 "더 많은 열매를 맺게 하려고 그것을 깨끗이 하시기"(요 15:2) 때문이다. 클라크(Adam Clarke)는 이 구절에 대해 주석하면서 다음과 같이 썼다. "*kata*와 *airo*에서 온 동사 *kathairo*는 보통 정화, 제거, 깨끗케 하는 것을 의미하지만, 이 본문에서는 가지치기 또는 잘라내기의 의미로 받아들여져야 한다."[1)]

성경의 인물이나 상징은 영적 실재를 가리키기 때문에, 이 가지치기 또는 깨끗이 하는 것은 이미 그리스도에게 접붙여진 사람들의 삶에서의 실재이다. 이러한 가지치기의 목적은 더 활기차고 더 생산적인 영적 가지를 생산하는 것이다. 이 가지, 곧 거룩하게 된 사람이 "더 많은 열매를 맺는" 자이다. 성경적 관점에서 볼 때 두 번째 위기는 정상적이고 바람직해 보인다.

II. 살아있는 희생

바울은 옛 언약의 형태에서 새 언약의 삶으로 신속하고 완전하게 전환한 유대인이었다. 그러나 그는 전통적인 유대교와 그리스-로마 환경에서 온 용어를 사용하여 기독교인의 삶의 진리를 전달했다. 바

1) Op. cit., V, 627.

울이 "산 제물"에 대해 말했을 때 관련된 영적 진리는 유대인, 그리스인, 로마인 모두에게 즉각적으로 분명했던 것이다. 따라서 그는 다음과 같이 말했다.

> "그러므로 형제들아 내가 하나님의 모든 자비하심으로 너희를 권하노니 너희 몸을 하나님이 기뻐하시는 거룩한 산 제사로 드리라. 이는 너희의 드릴 예배니라 너희는 이 세대를 본받지 말고 오직 마음을 새롭게 함으로 변화를 받아 하나님의 선하시고 기뻐하시고 온전하신 뜻이 무엇인지 분별하도록 하라"(롬 12:1-2).

와일리(H, Orton Wiley)는 로마서의 이 구절을 논의하면서 그것이 중생 후의 은혜의 역사를 가리킨다는 것을 보여주는 몇 가지를 관찰했다. 와일리에 대한 이러한 관찰은 다음과 같이 제시된다.

> (a) 이 권면은 당시 그리스도인들에게 한 것 (b) 하나님의 자비에 대한 호소는 그분의 용서하시는 은혜를 아직 경험하지 않은 사람들에게는 아무 의미가 없을 것 (c) 희생 제물은 죄책과 부패를 깨끗이 씻음으로써 처음으로 거룩하게 된 것으로 드려짐 (d) 그것이 받아들여질 수 있었다는 것, 즉 그것을 바친 사람들은 의롭다함을 받은 사람들이었을 것이라는 것: 사도는 이 모든 것을 합당한 기원이라고 간주함 (e) 신자들의 마음에 세속적인 것에 기울거나 죄에 기울어지는 마음이 남아 있다는 것 (f) 세상에 순응하려는 이러한 경향은 그들의 마음을 더 변화시키거나 새로워짐으로써 제거되어야 한다는 것; 그리고 (g) 그렇게 함으로써 그들은 하나님의 선하시고 받으실만하고 완전한 뜻을 증명하거나 경험하

게 되었다는 것이다.[2)]

"산 제물"이라는 용어나 상징을 사용함에 있어서 바울은 확실히 위기의 경험, 즉 즉각적인 일을 말하였다. 옛 언약에 있어서의 제사는 정해진 시간에 완성된 확실한 사건으로, 희생되고 불태워진 것이나 또는 먹은 것들을 바치는 것이었다. 사실 바울의 모습에서 희생제물은 하나님의 구원의 능력에 대한 증거로 살아남아야 하는 것이다. 그러나 산-제사는 먼저 드려지고 받아들여져야 한다. 그러면 그것은 참된 성결의 정신을 발전시키고 더욱 완벽하게 반영하게 된다.

III. 에베소 교인들에 대한 바울의 호소

에베소서에서 바울은 이전에 데살로니가, 고린도, 로마 그리스도인들에게 편지를 썼던 일을 다시 한다. 그는 먼저 영적 은혜의 현재 상태를 지적하고 그들의 영적 특성을 열거한다. 둘째, 그는 그들의 약점, 실패, 결함을 지적하고, 셋째, 그는 성화의 행위를 통해 신성한 성결을 고유하는 자가 되라고 촉구한다. 이 성화의 행위는 그리스도인을 성령으로 충만한 삶의 수준으로 끌어올리는 일반적인 신약의 방법이다.

A. 에베소에서의 영적 신분의 증거

바울은 자신의 관습대로 에베소인들을 그리스도인으로 구별하는 특성을 나열하는 것으로 시작했다.

---

2) *Christian Theology*, II, 445-46.

1. 에베소인들은 성도라 불린다(엡 1:1).

"성도"라는 말은 바울이 그리스도인을 지칭하기 위해 일반적으로 사용하는 칭호이다. 그것은 신자들의 특정한 그룹을 의미하지 않고 일반적으로 교회의 모든 구성원에게 적용되었다. 교회가 오래됨에 따라 그 이름이 "순결, 헌신, 경건과 같이 성도에게 해당되는 미덕과 관련되어 개인의 성결이라는 개념이 용어"[3]에 붙여졌음을 볼 수 있다.

2. 에베소인들은 그리스도께 충실했다.

그 편지는 "그리스도 예수 안에 있는 신실한 자들"(엡 1:1)에게 쓴 것이다. 여기서 신실한 사람들이란 단순히 그리스도를 믿는 사람들이 아니다. 충실한 사람들은 "그들의 그리스도인 생활과 고백에 굳건한 사람들을 나타낸다."[4] 믿음은 바울에 대한 지적 믿음이나 정신적 동의 그 이상이었다. 바울에게 있어 믿음은 "지성과 마음과 양심과 의지가 그리스도를 사람의 구속자요 통치자로 인정하는 행위"였다.[5] 에베소인들은 그리스도께 충성되고 신실하다고 일컬어짐으로써 바울로부터 영예를 받았다.

3. 에베소인들은 그리스도 안에 있었다.

바울은 이 에베소 그리스도인들을 "그리스도 안에 있는 자"라고 말한다. 어떤 이들은 이 문구가 "그리스도와의 개인적인 신비적 연합"[6]

3) Charles R. Erdman, *The Epistle of Paul to Ephesians* (Philadelphia: The Westminster Press, 1931), p. 23.

4) Ibid., p. 24.

5) R. W. Dale, *The Epistle to the Ephesians* (London; Hodder and Stoughton, 1888), p. 20.

6) F. C. Synge, *St. Paul's Epistle to the Ephesians* (London: Society for Promoting Christian Knowledge, 1941), p. 2.

에 대한 어떤 의미가 있다는 것을 부인한다. 그러나 대부분의 학자들은 "그리스도 안에서"라는 말이, 그리스도와의 생생한 연합과 개인적인 교제를 의미한다는 데 동의한다. 이렇게 보면 "아마도 그것은 사도가 사용한 모든 문구 중에서 가장 중요하고 특징적인 것"이다.[7] 다시 말하면 "그리스도 안에서"라는 문구는 바울의 서신서에 33번 나온다.[8] 그리고 그 의미에 약간의 차이가 있는 문구로 변형된 것은 약 240회 나온다.[9]

존 넬슨(John Nelson)이 제안한 것처럼 이 용어의 일반적인 의미는 다음과 같다. "바울은 그리스도 안에서 일어나는 신자의 모든 경험, 느낌, 생각, 의지를 설명하기 위해 그리스도 안에서라는 문구를 사용했다."[10]

"그리스도 안에" 있는 추종자들로서 이 에베소인들은 그리스도를 신뢰했다(1:12); 그들은 약속하신 성령으로 인침을 받았다(1:13). 그들은 모든 사람에게 믿음과 사랑을 나타냈고(1:15), 영적으로 살아났다(2:1, 5). 또한 그들은 하나님과 "하늘의" 관계를 경험했다(2:6). 웨스트콧(Westcott)에 따르면 "세 가지 특성, 곧 성도, 신실함, 그리스도 예수 안에 라는 표현들은 바울이 편지를 쓴 사람들에 대한 완전하고 조화로운 관점을 제공한다."[11]

웨스트콧은 다음과 같은 의견을 추가했다. "그는 신성한 사회에서

---

7) Erdman, op. cit., p. 25.

8) John B. Nelson, In Christ (Kansas City: Beacon Hill Press, 1960), p. 42.

9) H. R. Mackintosh, *The Doctrine of the Person of Christ* (Edinburgh: T. and T. Clark, 1912), p. 56.

10) Op. cit., p. 43.

11) Brooke Foss Westcott, *Saint Paul's Epistle to the Ephesians* (Grand Rapids, Mich: Wm. B. Eerdmans Pub. Co., n.d.), p. 4.

하나님께 헌신한 사람들(성도)에게, 또 그분을 향한 개인적인 헌신으로 영감을 받은 사람들(충실한 사람들), 교회가 일치와 생명을 발견하는 그분 안에 있는 사람들(4:16)에게 말하였다. 그러므로 성자, 충실함의 순서는 완전히 자연스러운 것으로 보이며, 이러한 생각은 하나님의 뜻, 인간의 응답과 보충적이라 볼 수 있다."[12)]

에베소 그리스도인들이 분명히 그리스도와 영적 연합 상태에 있었지만, 바울은 이 사람들의 영적 향상에 관심을 갖고 있었다. 에베소인들의 상태는 고린도인들과 달리 건전하고 완고한 영적 생활의 상태였다. 따라서 성결의 경험은 고린도인들과 같이 육신의 투쟁에 시달리는 사람들만을 위한 것이 아님이 분명하다. 성결의 경험은 교회의 가장 좋은 사람들에게 "그리스도 안에 있는" 삶의 충만한 삶으로 나아가라는 분명한 외침이다.

B. 영적 개선에 대한 바울의 관심

에베소의 성도들의 영적 발전에 대한 바울의 관심은 기도와 권면으로 표현되었다. 바울은 그들의 영적 깨달음과 영적 강화를 위해 기도했다. 그는 또한 그들에게 도덕적이고 영적인 삶을 통해 천국 시민권을 실제로 표현하도록 권면했다.

1. 에베소 교인들을 위한 바울의 기도

바울은 에베소의 그리스도인들의 영적 깨달음을 위해 기도했다. "네 이해의 눈이 밝아져 너희로 알게 하려 함이니라"(엡 1:18). 바울은 그들의 신학적 지식을 증가시켜 달라고 기도한 것이 아니다. "오히려

12) Ibid.

바울이 요구하는 지식은 확실히 영적이며 실제적인 것이다. 그의 요구는 도덕적 인식을 깨우치고 확대하는 것, 보다 명확한 영적 비전을 위한 것이다."[13] 바울은 교리의 대가였지만 그가 이 부분에서 기도했을 때에는 "교리를 실제 경험으로 옮기게 하고, 그들이 그리스도 안에서 그들의 유업의 전체를 향유하게"[14]하기 위함이었다. 즉, 이 완전한 유업은 성결의 경험이었다. 성령의 오심은 영적 깨달음의 기회인데, 성령의 한 가지 일은 진리의 의미를 드러내는 것이기 때문이다(요 14:26, 16:12-15; 고전 2:10).

2. 영적 능력의 증가를 위한 바울의 기도

바울의 첫 번째 기도(1:15-23)에서 그는 영적 조명이 증가하도록 기도했다. 개인의 깨달음이 영적인 힘과 안정으로 인도한다. 따라서 바울은 에베소인들이 "그의 영으로 말미암아 능력으로 강건하게 되며 속사람이 … 뿌리가 박히고 터가 굳어진 사람"이 되기를 위해 기도했다(3:14-19). 웨스트콧은 바울의 기도 의도를 다음과 같이 요약했다. "기도의 목적은 예수님의 약속에 따라 그리스도의 지속적인 임재를 다른 최종 형태로 표현되었다(요 14:23). 이는 가장 완벽한 강화를 의미한다. *kataiothenai*가 *krataiothenai*와 평행된 것이다. 그리고 두 경우 사용된 동사형, *aorist*(부정과거)는 축복이 전달된 것이 결정적인 행위"[15]였다는 것을 지적했다.

엘리콧(Ellicott)은 1:17에서와 같이 여기에서 바울의 기도는 "성령의

---

13) Erdman, op. cit., p. 38.

14) Lehman Strauss, *Devotional Studies in Galatians and the Ephesians* (New York; Loizeaux Brothers, 1957), p. 130.

15) *Saint Paul's Epistle to Ephesians*, p. 51.

은사를 위한 것”[16]이라 말한다. 또한 클라크(Adam Clarke)는 영적인 힘이 “성령의 주권적인 에너지에서 파생된다. 이 영적 에너지의 샘만이 영적인 일과 갈등에 필요한 힘을 공급할 수 있다”[17]고 말한다. 더 최근에 이것을 강조한 학자는 “이 힘의 근원은 원하는 능력을 전달하시는 성령”[18]으로 표현했다. 영적인 힘은 영적인 깨우침과 마찬가지로 성령의 충만함을 경험하는 데서 오며, 영적 조명과 영적 능력은 그리스도인이 그의 소명에 합당하게 행할 수 있게 한다.

3. 거룩한 그리스도인 사명을 위한 바울의 관심

바울에게 있어서, 그리스도인의 사명에는 실제적인 표현이 포함되어 있다. “너희가 부르심을 받는 천직에 합당한 길을 걷기를 간구하노라”(4:1). 에베소서의 첫 세 장 이후 바울이 갑자기 강조한 것에 대해, 한 연구가는 다음과 같이 말했다. “바울의 현재 교회의 영광에 대한 높고 열정적인 설명으로부터의 전환 그리고 그것의 무한한 희망, 즉, ‘낮음’, ‘온순함’, ‘오랜 고통’과 상호 관용은 갑작스럽고 예상치 못한 일이다.”[19] 바울에게 있어서 믿음과 의는 기독교인의 경험에서 샴쌍둥이(siamese twins)였다. 믿음은 실천적인 선한 일을 낳고 실천적인 윤리적 자질은 믿음에서 나오기 때문에 그것들은 분리할 수 없었다.

그러므로 바울은 그리스도인의 하늘 시민권이 개인의 충절, 가식 없는 헌신, 사회적 관용, 평화로운 연합으로 표현될 것이라고 강력하게 간청했다. 이상적인 영적 삶 또는 소명을 성취하기 위

---

16) Op. cit., III, 35.

17) Op. cit., VI, 447.

18) Erdman, op. cit., p. 67.

19) Dale, op.cit., p. 260-61,

해 바울은 하나님께서 영적 능력의 계획을 갖고 계시며 그리고 삼위일체 하나님의 개인적인 존재(4:4-6)에서부터 교회의 다양한 선물과 재능(4:11-13)에 이르기까지 다양한 도움을 주신다고 말하였다.

C. 성결과 천국 시민권

에베소 교회에 보낸 편지는 종종 "하늘"의 서신이라고 부른다. 그것은 "그리스도 안에 있는 하늘 처소"(1:3, 2:6)에 대해 말하며, 그리스도인들을 "성도들과 동일한 시민이요 하나님의 권속"이라고 말한다(2:19). 또한 그것은 그리스도인들에게 "사랑 가운데 행하고"(5:2), "빛의 자녀처럼 행하라"(5:8)고 권고하며, 교회에 대한 이상을 "영광스러운 교회로 삼아 티나 주름 잡힌 것이나 이런 것들이 없이 거룩하고 흠이 없게"(5:27) 하고, 그리스도인의 전쟁과 인내를 위해 도전한다(6:10-18). 이와 같은 천상의 시민권은 오직 성결의 삶 속에서만 세상과 날마다 대립하면서 살 수 있다. 이처럼 기독교인의 특권이자 의무인 성결은 부정적인 측면과 긍정적인 측면을 모두 가지고 있다.

1. 소극적인 측면 - "옛 사람"을 벗는 일

바울은 서신 서두에서 그는 모든 그리스도인에 대한 하나님의 영원한 목적은 그들이 거룩하게 되고 "사랑 안에서 흠이 없게 되는 것"(1:4)이라고 에베소 교인들에게 상기시켰다. 성결과 천국 시민권의 관계에 대한 강렬하고 실제적 접근을 통해 바울은 이렇게 쓰고 있다.

> "유혹의 욕심을 따라 썩어져 가는 구습을 따르는 옛 사람을 벗어 버리고, 오직 너희의 심령이 새롭게 되어, 하나님을 따라 의와 진리의 거룩

함으로 지으심을 받은 새 사람을 입으라"(엡 4:22-24).

a. 이전의 사람으로서의 "옛 사람"

"옛 사람"의 의미는 많이 논의되었던 문제이다. 이 단어는 신약성경에서 3회 나오는데, 즉 로마서 6:6; 엡 4:22 그리고 골 3:9에서 나타난다. 어떤 학자들은 "옛 사람"을 거듭나지 않은 상태, 회심하기 전의 죄인의 상태에 대한 언급으로 해석한다. 예를 들어 어드만(Erdman)은 "옛 사람"을 "이전의 자아, 중생하지 않고 이교 세계의 삶에 따라 형성된 사람"[20] 으로 묘사한다. 또 다른 연구가는 "'옛 사람'은 중생하지 못한 자연인이며 그의 생활 방식은 부패하고 속이고 음란하다"[21]고 말한다. 또한 바클레이(William Barclay)는 "옛 사람"은 단순히 거듭나지 않은 사람이라고 지적한다. 그는 계속해서 거듭남의 상징인 세례에 대한 그의 논의에서 "세례는 상징적으로 죽고 다시 일어나는 것이고, 그 사람은 죄의 옛 삶에 대해 죽고 은혜의 새 삶으로 살아났다"[22]고 말했다. 마지막으로 웨스트콧(Westcott)은 "옛 사람"을 "이기심으로 요약되는 옛 삶"[23]이라고 말한다.

b. 부패한 인간 본성으로서의 옛 사람

다른 주석가들은 "옛 사람"이라는 용어를 단순히 거듭나지 않은 이기적인 사람보다 훨씬 더 과격하게 말한다. 많은 연구가들에게 "옛 사람"이라는 용어는 인간 본성의 기본적인 타락과 관련이 있다. 마틴 루

---

20) Op. cit., p. 88.

21) Strauss, op. cit., p. 182.

22) *The letter to the Romans* (Philadelphia: The Westminster Press, 1955), p. 84.

23) *Saint Paul's Epistle to the Ephesians*, p. 66.

터는 "옛 사람"을 사람이 사악하게 행동하게 만든 인간 본성의 결함이라고 불렀다. 루터에 따르면 "인간의 사악함은 완고함 때문이 아니라, 태초부터 그 안에 있고 그의 본성의 깊이를 감염시키는 결함의 결과"[24]이다. 칼빈(John Calvin)은 에베소서 4:22에 대해 논평하면서 다음과 같이 썼다. "우리가 아담에게서 처음 태어났을 때, 우리가 아담에게서 유래한 자연의 타락을 옛 사람이라고 부른다."[25] 존 웨슬리는 로마서 6:6에 있는 "옛 사람"에 대해 언급할 때 섬세한 특징(touch)을 추가한다. 웨슬리는 바울이 "옛 사람"이라는 용어를 사용한 것을 "본질적으로 사람 전체에 퍼져나가 감염되지 않는 부분을 하나도 남기지 않는, 전적 타락에 대한 강력하고 아름다운 표현"[26]으로 간주한다.

언어학자들은 "옛 사람"의 의미에 대한 적절한 해석에 별다른 도움을 주지 못한다. 세이어(Thayer)는 "…우리의 사고방식, 느낌, 행동방식이 바뀌기 전에 그랬던 것"[27]으로 이 단어를 해석하며, 크레머(Cremer)는 이 용어가 "인간성의 특정한 형태 또는 표현을 하며, … 개인이 자연스러운 … 인간의 본성을 나타낸다"[28]고 말한다. 키텔(Kittel)은 "옛 사람"은 "회심하지 않은 사람의 죄 많은 존재"[29]를 의미하고, 아른트(Arnt)와 깅리치(Gingrich)는 이 용어를 이전의 거듭나지 않은 사람을 가리키는 데 사용한다.[30]

24) Wilhelm Pauck, ed., *Luther: Lectures on Romans, The Library of Christian Classies* (Philadelphia: The Westminster Press, 1964), XV, 182.

25) *Commentaries on the Epistles of Paul on the Galatians and Ephesians*, trans. William Pringle (Edinburgh: T. Constable, 1854), p. 294-95.

26) Notes, p. 540.

27) Op. cit., p. 474.

28) Op. cit., p. 105.

29) Kittle, op. cit., p. 365.

30) Op. cit., p. 610.

c. 궁극적인 관심사인 성결

옛 사람이라는 용어가 어떻게 해석되든, 교회의 궁극적인 목표는 성결이다. 옛 사람이 벗어진 후에 새 사람이 "의와 진실한 성결로 지으심을 받는"(4:24) 것이기 때문이다. 사람에게 부여된 이 성결은 그리스도의 속죄에 기초를 두고 있다. 그리스도는 죄인에게 영적 생명을 가져다 줄 뿐만 아니라(요 3:16), 교회를 거룩하게 하기 위해 죽으셨다(엡 5:25-26).

중생과 성화는 모두 그리스도의 속죄의 죽음에 달려있다. 에베소서 5:26에 나오는 "거룩하게 하다"라는 동사에 관하여 주교 엘리컷(Bishop Ellicott)은 말하길, "여기서 hagiase는 한편으로 단순한 성별(consecration)을 의미하지 않으며, 또한 다른 한편, 속죄, 면죄를 의미하지 않으며, 이는 성결과 도덕적 순결의 전달과 주입을 의미"[31)]한다고 말했다. 이 구절에 있는 "깨끗하게 하다"라는 단어는 능동 부정과거 분사(active aorist principle)로 쓰여 있는데, 이는 깨끗하게 되었다는 것을 의미한다. 윈체스터(Winchester)는 에베소서 5:26의 구절에 대해 설명하면서 다음과 같이 말한다.

> 그리스도께서 세상을 회복하고 당신의 죽음을 통해 구원받게 하기 위해 세상을 위해 자신을 바치신 것처럼, 예수께서 교회를 위하여 몸을 바치신 것도, 교회를 깨끗하게 하시고, 거룩하게 하시려고 하신 것이다. 여기에서 사용된 두 동사 모두가 부정과거시제(aorist in tense)이다. 그분이 당신의 교회를 거룩하게 하고 깨끗하게 하는 목적은 교회를 "거룩하고 흠이 없이" 자신에게 "드리게(present)" 하기 위함이다. 오직 그렇

31) Charles J. Ellicott, *A Critical and Grammatical Commentary on St. Paul's Epistle to the Ephesians* (Andover: Warren F. Draper, 1884), p. 133.

> 게 해야만 교회가 그분이 보시기에 참으로 영광스럽고 그분의 면전에서 행복할 수 있다.[32]

따라서 성결의 삶은 타락한 본성에 뿌리를 둔 거듭나지 않은 삶으로 해석될 수 있는 "옛 사람"을 벗어버리고 인격을 완전히 새롭게 하는 것을 말한다. 바울이 은혜의 좋은 상태에 있는 그리스도인들에게 더 높은 수준의 생활로 옮기라고 권면했기 때문에 이전 성품을 "벗어버리는 것"은 그리스도의 희생적인 죽음에 기초한 성령의 정결케 하시는 활동을 통해 이루어져야 했다. 그러므로 성결의 소극적인 면은 벗어내는 것, 깨끗케 하는 것과 관련이 있다. 에베소서 4:22과 5:26에서 사용된 언어는 "성령에 의해 영감을 받고 능력을 받은 의지의 갑작스런 결심을 나타내며, 더 이상 이러한 끔찍한 열정의 지배 아래 있지 않는 것"을 나타낸다. "우리는 영원히 그들에게서 벗어나자 거지가 그의 누더기를 벗어내고, 나사로가 죽음의 옷을 벗어낸 것처럼 그들에게서 벗어나자."[33]

2. 적극적 측면 - 새 사람을 입는 것

성결의 경험은 또한 적극적인 면을 가지고 있다. 성결은 "새 사람", 즉 신약의 그리스도인을 산출한다. 사람의 삶의 성격은 그 근원에 의해 결정되고, 성격은 행동을 결정한다. "새로운 영역에서의 삶은 그 근원인 '새로운 인간'으로 거슬러 올라가며, 그의 성품으로 인하여 그의 행위 또한 의롭고 거룩하다 볼 수 있다. 샘이 그 흐름을 결정하는

32) Olive M. Winchester and Ross E. Price, *Crisis Experiences in the Greek New Testament* (Kansas City: Beacon Hill Press, 1953), p. 71.

33) F. B. Meyer, *Ephesians: A Devotional Commentary* (Fort Washinton, Pa: Christtian Literature Crusade, 1953), p. 107.

것이다."[34] 성결의 몇 가지 긍정적인 측면이 바울에 의하여 제시되었다. 이러한 측면은 그리스도인의 전체적인 성격에 널리 퍼져 있고 실용적이고 윤리적이며 도덕적인 삶으로 표현된다.

a. 성품에서의 성결

바울은 에베소 사람들에게 편지를 쓸 때 신약 그리스도인의 규범에 대해 구체적으로 말했다. 그리스도인의 표준은 성결이었다. 따라서 바울은 "그는 그 안에서 우리를 선택하셨고 … 우리는 거룩해야 한다"(1:4)고 말했다.

다시 그는 "의와 진실한 성결로 지으심을 받은 … 새 사람을 입으라"(4:24)고, "자기 앞에 영광스러운 교회로 세우사 티나 주름 잡힌 것이나 이런 것들이 없이 거룩하고 흠이 없게 하려 한다"(5:27)고 권고하였다. "의"와 "성결"이라는 단어는 사람과 하나님 앞에서 신자의 삶을 요약한 것이다. "'의'는 사람 앞에서 그리스도인의 올바른 행동을 표현하고, '성결'은 하나님 앞에서 그의 행동을 표현한다. 의는 말과 행동으로 표현되는 외적인 태도이고, 성결은 하나님을 향한 마음과 생각의 태도이다."[35]

b. 행동에서의 성결

바울은 성결의 실제적인 표현에 관해 구체적으로 다루었다. 이러한 세부 사항은 그리스도인의 행동에서 성품의 명백한 표현에 대해 의심의 여지를 남기지 않았다. 따라서 그리스도인은 진실해야 한다(4:25).

---

34) Ruth Paxson, *The Wealth, Walk, and Warfare of the Christian* (Westwook, N.J.: Fleming H. Revell Co., 1939), p. 107.

35) Strauss. op. cit., p. 183.

"판단하지 않은 성질의 연기 같은 불길이나 불의의 분노의 내면적인 불을 피우지 않아야 한다."[36] 모든 관계에서 정직해야 하며(4:28), 불결한 말과 지혜롭지 못한 농담이 모두 없어야 하며(4:29), 성령의 인도하심에 민감하여야 한다(4:30). 또한 신랄함, 악감정, 육욕적인 불평이 없고(4:31), 성결에 내재된 부드러움을 나타내야 한다(4:32).

c. 개인적 관계에서의 성결

성결은 실제적인 활동에서의 사랑에 대한 다른 이름이다. 성결은 사랑에서 나타나야 한다. 그렇지 않으면 이는 신약성경이 말하는 성결이 아니다. 성결은 그것을 성적 거룩함(5:3)에서, 진리에 대한 사랑과 수용(5:6-8)에서, 창조적 노동(5:16)에서, 성령이 주시는 기쁨과 만족(5:18-19)에서, 감사의 정신(5:20)에서 그리고 협동의 정신(5:21)에서 나타난다.

바울이 에베소 성도들에게 제시한 성결은 모든 의미에서 이미 그리스도인인 그들의 특권이자 책임이었다. 이 성결은 성령에 의한 두 번째 위기로 얻어졌다. 온전한 성화라고 불리는 두 번째 위기로서 성결의 체험은 소극적 측면과 적극적 측면 모두를 포함하고 있다. 소극적인 측면은 바울이 "옛 사람"이라고 말하는 원죄의 오염을 깨끗하게 하는 것이었다. 성결의 적극적인 측면은 성령의 충만함이며, 이는 모든 기독교적 은총의 임재와 지속적인 발전을 가져온다.

IV. 데살로니가 교인들에 대한 바울의 명령

데살로니가 그리스도인들에게 보낸 편지에서 바울은 이렇게 말했

36) Paxson, op. cit., p. 116.

다. "하나님의 뜻은 이것이니 너희의 거룩함이라 곧 음란을 버려야 한다"(살전 4:3). 이 구절을 설명하는데 있어서 두 가지가 중요하다. 첫 번째, 이 데살로니가인들은 이미 그리스도의 몸의 지체였음을 보여주어야 한다. 둘째, 바울이 그들에게 성화의 결과인 더 높은 수준의 삶을 권면하고 있음을 보여줄 필요가 있다.

A. 데살로니가 교인들의 그리스도인의 특성

데살로니가 교회의 사람들에게는 그들이 그리스도인임을 명백하게 해주는 몇 가지 특성이 있었다. 이러한 특성들이 바울이 그들에게 보낸 첫 번째 편지의 앞부분에 나와 있다. (1) 바울은 그들에 대해 지속적으로 하나님께 감사했고, 기도할 때 지속적으로 그들을 언급하고(살전 1:2), 그의 기도는 "끊임없고 그들 모두를 위하여 감사한다고 말하였다. 그러니 그곳에는 불충실한 자가 없는 것 같았다."[37] 다음은 바울의 세 가지 감사기도이다.

1. 바울은 그들의 사랑과 믿음의 행위를 언급했다.

"저희들은 사변적이고, 나태한 믿음이 아니라 진실하고 건전하고 효력이 있는 믿음을 가지고 있었다. 그들의 믿음은 역사했다."[38] 둘째, 바울은 그들의 "사랑의 수고"(살전 1:3)에 대해 감사를 표했다. "사랑의 수고"라는 말은 인정이나 보상을 바라지 않고 하는 작은 봉사를 나타내는 데 자주 사용되기 때문에 오해하기 쉽다. "그러나 바울의 용

37) Leon Morris, *The Epistle of Paul to the Thessalonians* (Grand Raid, Mich: Wm. B. Eerdmans Pub. Co., 1956), 33-34.

38) Clarke, op. cit., Vi. 540.

어는 강력한 것으로 그는 그들이 사랑을 가지고 지칠 때까지 수고했다는 것을 의미했다. 이 말은 그들의 사랑의 결과를 말하는 것 아니라 사랑의 희생을 표현한 것이다."[39] 바울의 감사 기도의 세 번째 부분은 이 초기 그리스도인들의 "소망의 인내"를 언급한 것이다. "소망의 인내"는 "조용하고 수동적인 체념이 아니라 어려움에 직면한 적극적인 충성"[40]을 의미했다. 혹은 바클레이(William Barclay)가 말했듯이 "이것은 단순히 체념하는 것이 아니라 타오르는 희망으로 모든 것을 견뎌낼 수 있는 정신"[41]이라 볼 수 있다. 이처럼 바울의 기도는 데살로니가의 그리스도인들이 은혜의 좋은 상태에 있었음을 말하고, 바울은 그들을 위해 기도하는 것 외에 그들을 "사랑하는 형제들"이라고 불렀다.

2. 그들은 사랑받는 동료 그리스도인들이었다.

바울은 교인들을 "사랑하는 형제들"(살전 1:4)이라고 부른다. 바울에 관한 한, "그들의 삶에서의 성령의 실제적인 증거는 하나님이 그들을 그가 선택한 사람들 중에 등록시키기를 원하셨음"[42]을 보여주었다. 사랑받는 형제로서 그들은 "하나님의 선택받은 자"였다. 클라크(Adam Clarke)는 선택이라는 말을 넓은 의미로 해석한다. 유대인들이 "복음의 제의를 거절하였으므로 이제 하나님이 저들 대신에 이방인을 택하셨다. 이는 데살로니가인들이 알고 있는 그 선택이다."[43] 이 사람들은

---

39) Leon Morris, *The First and Second Epistles to the Thessalonians* (Grand Rapids, Mich: Wm Eerdmans Pub. Co., 1959), p. 51.

40) Ibid., 53.

41) William Barclay, *A New Testament Word Book* (London: SCM press, 1955), 60.

42) W. Robertson Nicoll, ed., *The Expositor's Greek New Testament* (Grand Rapids, Mich: Wm. B. Eerdmans Pub. Co., n.d.), IV, 24.

43) Op. cit., VI, 540.

하나님 왕국의 유효한 구성원이었다.

3. 저들은 거듭났다(살전 1:5).

복음은 데살로니가인들에게 "말씀으로 … 또한 능력과 성령과 큰 확신으로" 이르렀다. 이들 개인의 거듭난 상태에 대한 또 다른 증거는 그들이 복음에 응답한 방식이었다. "엄청난 증거는 말씀이 받아들여지는 방식에 있었었다."[44] 첫째, 그것은 권능으로 받아들여졌는데, 여기서 사용된 권능은 "구원에 이르게 하는 은혜의 권능"[45]을 말한다. 성령의 역사를 통해 그들은 바울의 제자가 되었고 더 중요하게는 그리스도의 제자가 되었다. 둘째, 그들은 "많은 환난 중에서 말씀을 받아들였다"(살전 1:6). 신약성서에서 '환난'이라는 단어는 '약간의 불편함'을 의미하는 것이 아니라 '크고 쓰라린 어려움'을 의미한다.[46] 셋째, 이 그리스도인들은 부당한 박해 앞에서도 자기 연민(self-pity)보다 기쁨을 표현했다(살전 1:6).

4. 그들은 다른 사람들에게 모범이 되었다.

데살로니가인들이 환난 가운데서도 기쁨으로 증거하였기 때문에, 저들은 마케도니아와 아가야에 있는 신자들에게 승리하는 그리스도인의 삶의 본이 되었다(살전 1:7-9). 데살로니가 교회가 다른 기독교인들에게 끼친 영향을 요약하면 다음과 같다.

---

44) John F, Walvoord, *The Thessalonian Epistle* (Findlay, Ohio; Dunham Publishing Co., 1955), p. 15.

45) R. C. Lenski, *The Interpretation of St. Paul's Epistle to the Colossains, to the Thessalonians, to Timothy. to Titus and to Philemon* (Minneapolis, Augsburg Publishing House, 1964), p. 226,

46) Morris, *The First and Second Epistles to the Thessalognians*, p. 27.

복음이 그들에게 열렬한 열심으로 받아들여졌고, 그 말씀들은 끊임없이 그들의 입에 있었고 그들의 마음에 기록되어서 그것이 팽창하여 … 데살로니가에서 나오는 소리를 모든 사람이 듣게 되는 강력한 나팔 소리가 되었다.[47]

B. 데살로니가 교인들의 영적 결핍

바울은 데살로니가 교회의 영적 결핍의 본질에 대해 분명했다. 바울은 그들에게 음행에 대해 경고와(살전 4:3), 또한 그들에게 사기행위에 대해 경고했다(살전 4:6). 그는 그들에게 시끄러운 간섭을 삼가라고 권고했는데(살전 5:11), 이 교회는 완전한 사랑, 곧 성결이 부족했던 것이다. 바울은 이 영적 부족을 채우는 방법 또한 마찬가지로 구체적이었는데 그 방법은 성화였다. 영적 결핍을 충족시키는 방법은 형제간의 요청과 반복되는 계명; 곧 "하나님의 뜻은 이것이니 너희의 거룩함이라 곧 음란을 버리라(살전 4:3)"는 두 가지 계명으로 제시되었다. 바울의 이 권면에 있는 성화(*hagiasmos*)는 두 가지 의미를 지니고 있다고 말할 수 있다. 일부 학자는 렌스키(Lenski)가 제안한 것처럼 분리의 개념을 강조한다.

하나님께서 원하시는 것은 데살로니가 교인들이 하나님을 위해 온전히 구별되어, 생활과 행위에 있어서 하나님도 알지 못하고 따라서 구별되지 아니한 이 세상과 구별된 그들의 상태이다.[48]

---

47) Ellicott, op. cit., 27.

48) *St. Paul's Epistles*, p. 308.

그러나 성화에는 따로 떼어놓는 것 이상이 포함되어 있다. 왜냐하면 단순히 따로 떼어놓는 행위는 바울이 염려한 영적 결함을 보완하지 못할 것이기 때문이다. 그래서 성화라는 단어에는 두 번째 의미가 추가되어야 한다. 웨슬리는 이 경우(살전 4:3)에 성화를 "마음과 생활의 온전한 성결"[49]로 해석한다. 클라크는 이 구절을 다음과 같은 말로 표현한다: "하나님께서 너희를 성결로 부르신다. 그는 너희가 거룩하게 되기를 요구하신다."[50] 하나님의 부르심은 외적으로(outwardly) 그리고 내적으로(inwardly) 거룩하게 하는 것이다. 이는 영과 영혼과 육체가 흠없이 보존되어야 하기 때문이다(살전 5:23).

외적 분리와 내적 성결은 둘 다 성화라는 단어의 번역들로 허용될 뿐만 아니라 데살로니가인들에게 보낸 이 첫 번째 편지의 전체적인 맥락에서 실제로 요구된다. 편지의 거의 끝 부분에서 바울은 그들의 성화에 대한 그의 깊은 관심을 다음과 같이 다시 표현한다. "평강의 하나님이 친히 너희를 온전히 거룩하게 하시고 또 너희의 온 영과 혼과 몸이 우리 주 예수 그리스도께서 강림하실 때에 흠 없게 보전되기를 원하노라"(살전 5:23). 그런 다음 바울은 "너희를 부르시는 이는 미쁘시니 그가 또한 이루시리라"(살전 5:24)라고 선언하면서 현재에 도달할 수 있는 성결의 개념을 강조했다.

바울의 데살로니가 교회에 준 그의 권면에 대한 연구에서 중생보다 더 높은 수준의 영적 생활이 있다는 것이 분명해졌다. 이 높은 수준의 영적 생활이 그리스도인의 생활에 대한 신약의 기준이다. 그것은 성화라고 불리는 성령의 역사에 의해 달성되거나 받아들여진다. 이 성화의 역사는 중생에 뒤따르는 것으로 분명히 나타났다. 그러므로 이

49) Notes, p. 759.

50) Op. cit., VI, 548.

성화의 역사는 타당하게도 두 번째 위기라고 부른다. 신약성서 저자들의 말에서 나온 다른 구절들 역시 두 번째 위기에 대한 그들의 가르침에서 정확하다. 그러한 구절 중 하나는 히브리 그리스도인들에게 보낸 편지에서도 찾을 수 있다.

V. 히브리 서신에 있는 도전

히브리서의 기자는 또한 다음과 같은 말로 두 번째 위기를 시사했다. "그러므로 우리가 그리스도의 도의 초보적인 것을 버리고 … 완전한 데로 나아갈지니라"(히 6:1). 저자는 히브리 기독교인의 영적 진보가 부족하다는 사실에 깊은 관심을 갖고 있다. 이 사람들이 기독교인이었다는 데는 의심의 여지가 없다. "그들은 깨달음이 있었고, 큰 고난의 싸움을 견뎌냈으며, 사람들의 구경꾼이 되었다는 것(10:32, 33)은 그들이 회심했다는 충분한 증거"[51]이다. 더 나아가 이 사람들은 "죽은 행실을 회개하고 하나님께 대한 신앙과 세례와 안수와 죽은 자의 부활과 영원한 심판의 교리"(6:1-2)에 대하여서 그리스도인의 생활의 기초를 이미 쌓고 있었다. 그러나 그들은 온전함에 이르지는 못하고 있었다.

A. 첫 번째 원칙 배우기

이 본문(히 6:1)에 대한 자세한 설명은 성결의 성경적 기초를 강화하는 데 도움이 된다. 이 본문 각 중요한 단어 또는 구절은 다음 토론에

51) H. Orton Wiley, *The Epistle to the Hebrews* (Kansas City; Beacon Hill Press, 1959), p. 199.

서 분석될 것이다.

1. 필요한 전환

히브리 그리스도인들은 더 높은 은혜의 상태로의 전환이 필요했다. 그리스어 *dio*는 "그러므로" 또는 "이러한 이유로", "영향이 자명함을 나타냄으로써"로 번역될 수 있다.[52] 따라서 이 단어는 "이 구절을 히브리 그리스도인들의 영적 진보가 없는 것에 대한 부끄러움을 설명하는 이전 장의 권고와 연결"[53] 된다.

분사 *aphentes*는 "떠난다(to leave behind)"를 의미한다.[54] 그러나 이 구절의 부정과거로 (in aorist)로 사용되었기 때문에 이는 "이미 떠났다"로 번역될 수 있다. 한 학자는 이 단어가 "여기에서와 같이 자주 사용된 것은 다른 곳으로 가기 위해 또는 다른 직업에 종사하기 위해 일을 그만 둔다는 것을 의미"[55] 했다고 말했다.

2. 그리스도 교리의 원리

엘리콧(Ellicott)은 "'그리스도의 교리의 원리'는 실제로 '첫째 원리의 교리' 또는 태초의 말씀"의 교리라고 말한다.[56] 이러한 기본 원칙은 " 세 가지 중요한 헬라어 용어들로 표현되는 세 가지 주된 항목으로, 즉 (1) *metanoias*, 회개, (2) *pisteos*, 믿음, (3) *didaches*, 교리 또는 가르침"

---

52) Arndt and Gingrich, op. cit., 197.

53) Wiley, *The Epistle to the Hebrews*, p. 202.

54) Arndt and Gingrich, op. cit., 510.

55) Moses Stuart, *A Commentary on the Epistle to the Hebrews* (Andover: Warren F. Draper, 1876), p. 344.

56) Charles John Ellicott, ed., *A New Testament commentary for English readers* (London: Cassell and Co., 1897), IV, 301.

의 항목으로 요약된다.[57] 회개는 개인적인 슬픔의 표현이자 죄로부터 돌이키는 행위이다. 반면에 믿음은 용서와 칭의 안에 있는 하나님의 은혜를 받아들이는 능동적이고 개인적인 응답이다. 여기에 언급된 교리는 세례, 안수, 죽은 자의 부활과 같은 미래 사건에 대한 믿음, 최후의 심판과 같은 그리스도인의 생활의 시작에 속한 초기의 교리들이다. 확실히 이러한 초기의 기본적인 조건들을 충족하지 않고서는 아무도 그리스도인이 될 수 없다.

3. 완전을 향해

기독교인들은 "앞으로 나아가라(go on)"는 권고를 받았다. "앞으로 나아가자"는 말은 "완전을 향해 나아가자"를 의미한다. 이처럼 "이 단어들에는 일반적인 표현에서 놓치는 긴박감"[58]이 있다. 클라크(Adam Clarke)는 원문의 동사는 매우 강조적이며, "이 완전으로 나아가자"라는 의미에 대해서 말했다; 그리고 다시 여기에는 "우리가 성인 그리스도인이 될 때까지 - 곧 우리가 모든 것에서 구원을 받고 그리스도의 영과 능력으로 충만해질 때까지 결코 쉬지 말자"[59]라는 의미가 있다고 본 것이다. 웨돈(Whedon)은 이와 같은 말에는 그리스도인의 완전으로 나아감의 긴박함을 강조하고 있다고 말했다. "히브리서 6:1의 말씀이 … 완전한 그리스도인의 인격으로 발전하기 위한 권고로 인용될 때, 그것은 잘못된 인용문이 아니다."[60]

여기에서 완전을 위하여 사용된 단어는 *teleioteta*이다. 이 단어는

---

57) Wiley, *The Epistle to the Hebrews*, 199-200.

58) Ellicott, *A New Testament Commentary for English Readers*, III, 301.

59) Op. cit., VI, 723.

60) *Commentary on the New Testament, Titus—Revelation*, p. 76.

히브리서 6:1과 골로새서 3:14에만 나타난다. 몰튼(Moulton)과 밀리건(Milligan)은 이 단어의 세속적인 배경을 "완전히 자라난, 성숙한, 네 개의 다 자란 수탉, 좋은 작업 순서 또는 상태, 하나의 완전한 공장, 완전한 등잔대, 최종 평결"[61]을 의미하는 것으로 설명한다. 이 참조에서 완전은 성숙한 상태를 의미한다.

a. 건전한 것으로서의 완전

인간의 경우 위에서 언급한 세속적 의미는 법적 성숙에 도달한 사람의 경우이다. 닭의 경우는 우에스트(Wuest)가 제안한 바와 같이 "건전함, 질병 및 신체적 결함으로부터의 자유, 제분소와 관련하여서는 이는 신뢰할 수 있는 작업 순서를 의미하므로 곡물이 필요하거나 원할 때 생산될 수 있다. 램프스탠드(lampstand)의 경우는 빛을 내기 위해 필요한 모든 부품이 있음을 의미한다."[62] 요약하면 이 용어는 세속적 의미에서는 성숙하고 건강하며 신뢰할 수 있는 작업성 및 완전성을 의미한다.

성경적 맥락에 비추어 볼 때, 완전(perfection)이라는 용어는 다양한 그리스도인의 은혜와 미덕이 적절한 비율로 표현되는 균형 잡힌 그리스도인 인격의 의미에서 성숙이라는 것 이상을 의미하는 것으로 해석되어야 한다. 바울은 고린도인들을 "아기들", 즉 영적으로 미성숙한 사람들로 언급했다. 고린도인들의 이러한 영적 미숙함은 그들의 최근에 회심했음을 또는 그리스도인으로서의 경험의 기한(time limit)을 언급하는 것이 아니었다. 바울이 "아기들" 또는 미성숙이라는 용어를 사

61) James H. Moulton and George Milligan, *The Vacabulary of the Greek testament* (London: Hodder and Stoughton, 1930), p. 629.

62) Kenneth, S. Wuest, *Treasures from the Greek New Testament* (Grand Rapids, Mich: Wm. B. Eerdmans Pub. Co., 1941), p. 113.

용했을 때, 그는 이것이 영적 은혜의 결핍(고전 3:1)인 영적 유치함 또는 육적인 특성의 상태임을 지적한 것이다. 따라서 영적 성숙은 적어도 육적인 특성이 없고 영적 은총이 있음을 지적한 것이다.

b. 순결함으로서의 완전

그러나 히브리인들이 구하도록 촉구 받은 완전은 그들이 성장과 발전의 여지가 없는 도덕적, 영적 완전성의 상태로 마법처럼 고양된 은혜의 상태를 말하는 것이 아니었다. 또한 타락하지 않고 다시 죄에 빠질 수 없는 상태를 말함도 아니었다. 앤드루 머레이(Andrew Murray)는 그리스도인에게 가능한 완전에 대한 일반적인 개념을 다음과 같이 말했다.

> 여기서 완전이 무엇을 의미하는지 아는 것은 어렵지 않다. 완전한 것은 창조주가 의도한 것과 일치하는 것이다. … 하나님은 말씀으로 우리 앞에 생명을 주셨다. 그는 실제로 우리가 살 것을 의미한다. 그리고 그의 모든 진정한 자녀들이 어린 시절을 떠나 완전을 향해 나아가기를 요청하신다.[63]

더 큰 맥락에서 완전의 의미는 더욱 선명하게 정의된다. 나중 구절(히 7:19)에서 저자는 율법이 아무 것도 온전하게 하지 못한다고 말한다. 여기서 완전하다(perfect)는 말은 온전함(entire, 흠 없음)을 의미한다. 이 용어를 설명하면서 트렌치(Richard Trench)는 "*holoklrtos* 즉 완전은 자신의 온전함을 보존한 자, 또는 자신의 완전함을 한 번 잃었

---

63) *The Holiest of All* (New York: Fleming H. Revell Co., 1894), 205.

다가 이제 되찾은 자를 지시"[64]한다고 말했다. 완전에 대한 두 용어(즉 *holokleros* 및 *teleios*)의 사용을 설명하면서 트렌치는 다음과 같은 결론을 내린다. "*holokleros*[entire, 온전함, 흠 없음]는 기독교인에게 있어야 할 은혜가 부족하지 않다는 의미이고; *teleios*[perfect, 완전]는 어떤 은혜도 약하고 불완전한 초기에 있지 않고, 모든 것이 성숙과 완성에 도달했다는 것을 의미한다."[65] 이 문맥에 비추어 볼 때 필자는 이 용어들을 사람이 영적 적합성 또는 충만함 또는 완전함의 상태 - 즉 실용적이고 운영적이며 신뢰할 수 있는 삶의 수준에 도달하게 하는 하나님의 능력이 주어진 상태를 의미한 용어들로 사용하고 있었다. 그러한 상태가 성결의 상태이다.

히브리서의 훨씬 더 큰 맥락에서 볼 때, 완전이라는 용어의 의미는 더욱 날카롭게 정의되었다. "완전으로 나아가자"라는 권면에 이어, 이전의 모든 제사장들과 과거의 모든 희생에 비해 그리스도의 제사장 직분의 우월성에 대한 상세한 분석이 있다. 인간에 미치는 영적인 관점에서 볼 때, 그리스도 사제직의 본질적인 우월성은 성결이 현대적 가능성임을 직접적으로 지적한다. 다음은 그리스도의 제사장직이 사람에게 성결을 가져다주기 위해 고안된 것임을 나타내는 참조 목록이다.

c. 양심의 정화

"하물며 그리스도의 피가 … 너희 양심을 죽은 행실에서 깨끗하게 하고 살아계신 하나님을 섬기게 하지 못하겠느냐"(히 9:14). 이것은 영구적인 현재 적용을 통한 지속적인 미래의 약속이다. 그리스도의 정

64) Op cit., p. 771.

65) Ibid.

결케 하시는 일이 이미 완성되었기 때문이다(히 1:3). 그리고 깨끗이 씻는다고 묘사된 것은 "죄로부터 정화를 가져오는 것"[66]을 의미했다. 따라서 양심을 깨끗이 한다는 것은 "죄책감에서 벗어나게 하는 것, 깨끗하게 하는 것"[67]을 의미한다. 와일리(Wiley)가 지적한 것처럼 "깨끗하게 하다" 또는 "정화한다"는 말은 *katharieei*이며 이는 "의식적인 의미로 일반적으로 사용된 고대 헬라어 동사"[68]이다. 본문 외에 이 단어는 신약성서에서 단 두 곳에서만 사용되었는데, 하나는 마태복음 3:12에 "그가 자기의 타작마당을 깨끗이 정하게 하시리라"는 것과, 다른 하나는 야고보서 4:8에 "죄인들아 손을 깨끗이 하라"는 말씀이 있다. 이 말의 어법은 "피는 실제 죄를 깨끗이 씻을 뿐만 아니라 본성 자체를 정화"[69]한다는 것을 분명하게 하는 것이다.

d. 현대의 성화

"이 뜻을 따라 예수 그리스도의 몸을 단번에 드리심으로 말미암아 우리가 거룩함을 얻었노라"(히 10:10). 저자는 앞 절(10:9)에서 그리스도께서 그가 자신을 산 제물로 바침으로, 하나님의 뜻을 완전하게 나타내셨다고 밝혔다. 이 구절에서(10:10) 저자는 순종하는 희생의 영구적인 결과가 성화임을 지적한다. 여기서 "우리가 거룩함을 받았다(*hagiasmenoi*)"는 말은 "거룩하게 한다(*hagiazo*)"라는 동사의 완곡한 완료 수동 직설법(periphrastic perfect passive indicative)이다. 이런 동사의 형태는 "완료된 행동의 현재 상태"[70]를 나타낼 수 있기 때문에, "우리

66) Arndt and Gingrich, op. cit., 388.

67) Thayer, op. cit., 312.

68) *The Epistle to the Hebrews*, p. 300.

69) Ibid.

70) Ernest DeWitt Burton, *Syntax of the Moods and Tenses in New Testament*

가 거룩하게 되었다(we have been sanctified)"로 해석된다. 그러므로 현대 성화는 완전한 대제사장 예수 그리스도의 희생의 사역에 포함되어 있다는 것이다.

현대의 성화는 히브리서 10:14에 또 언급되고 있다: "그가 거룩하게 된 자들을 한 번의 제사로 영원히 온전하게 하셨느니라."

와일리(Wiley) 박사는 이 구절에 사용된 그리스어 용어를 기술적으로 분석한 후 다음과 같은 결론을 내렸다.

> 이 말씀은 상속인이 유언장에 포함되었을 뿐만 아니라 그들이 유증받은 것을 실제로 소유하게 되었음을 확언한다. 그들은 그리스도께서 자신의 위대한 희생을 통해 이루신 현재적, 내적, 영적 체험으로 "거룩하다". 더욱이 필자는 "거룩하게 된"이라는 용어를 레위 체제로는 결코 성취할 수 없었지만 지금은 그리스도에 의해 성취된 *teleiosis* 또는 "완전"과 연결시키고 있다. 여기에서 사용된 단어 *tetelioken*은 *teleioo*의 완전 능동 직설법으로 쓰여져 있다. 이는 "그는 완전해졌고 계속해서 완전을 유지한다"는 의미이다.[71]

현대의 성화는 그리스도 사역의 이 측면에 대한 고전적인 국면 중 하나에서 다시 선언되고 있다. "그러므로 예수도 자기 피로써 백성을 거룩하게 하려고 성문 밖에서 고난을 받으셨느니라"(히 13:12). 이 본문은 히브리서의 절정인데, 저자는 실제로 그리스도의 사역의 결과를 특히 강조하면서 구속사에 대한 해석을 제시했다. 히브리서의 저자는 "하나님의 성결은 모든 요소에 있는 구속의 전체 계시의 기본적이고

Greek (3rd ed. Grand Rapids, Mich: Kregel Publication, 1955), p. 40.

71) *The Epistle to Hebrews*, p. 324.

형성하는 원리"[72]라는 진술에 동의할 것이다.

히브리서 서신은 구약의 제사 제도를 광범위하게 다루고 있기 때문에 저자도 성결이 "그와 그들 사이에 맺은 언약의 원칙"[73]이라는 데 또한 동의할 것이다. "하나님의 성결이 성화에서 역사적으로 나타나 보였기"[74]때문에 그 용어의 의미를 확인하는 것이 중요하다.

크레머(Cremer)는 정확한 정의를 다음과 같이 제시했다. "거룩하게 한다는 것은 하나님의 성결 속에서, 하나님의 선택된 사랑 속에서 드러난 하나님의 순수함 속에서, 그의 분량에 따라, 어떤 것이든 참여하게 하는 것을 의미한다."[75] 크레머에 따르면 성화에는 두 가지가 포함된다. 즉 (1) "… 은혜와 의의 하나님과 교제하는 삶을 세우고, 발전시키고, 보존하는 것 … 존재하는 불순함을 제거하는 성화가 부름에 수반되며 그 특징을 나타내는 것, (2) 하나님의 영향력을 받은 사람 편에서 거룩한 생명의 교제를 보존하고 양육하는 것"[76]이 포함된다.

그리스도를 통해 과거의 모든 희생 행위, 사제직, 의식, 의식적 봉헌, 봉헌과 성별, 잔치와 금식 등 "이 모든 것은 하나의 위대한 성화 행위에서 그것들의 최고점에 달한다. 이 성화에 의하여 그리스도는 사람의 마음을 정결케 하고, 성령을 통하여 그들 안에 거하신다."[77]

두 번째 위기에 대한 성경적 예와 두 번째 위기를 가리키는 성경적 명령과 권고에 더하여 성경 용어도 두 번째 위기를 지적한다. 확실히 문법의 분석이 성경의 예와 성경의 강해와 같은 비중을 지니지 않는

72) Cremer, op. cit., 46.

73) Ibid., 43.

74) Ibid., 47.

75) Ibid., 54.

76) Ibid., 56.

77) Wiley, *The Epistle to the Hebrews*, p. 418.

다. 그러나 그러한 분석은 두 번째 위기에 관한 성경의 가르침의 범위를 완성하기 때문에 중요하다. 다음 분석에서는 두 번째 위기와의 관계를 보여주기 위해 중요한 단어와 동사 형태를 분석하고자 한다.

VI. 의미론적 분석에서 본 성화

이 시점에서 중생과 온전한 성화라는 두 가지 경험이 자동적으로 마술처럼 사람을 순식간에 성도로 끌어올리는 것은 아니라는 점을 관찰하는 것이 좋을 것이다. 여기서의 목적은 신약성서의 생활 규범은 거듭남에 뒤따르는 위기를 포함하고 있음을 보여주기 위한 것이다. 이 신약 표준에 도달한 그리스도인은 무한한 영적 발전과 헌신적인 기독교 봉사를 위해 준비되어 있다. 이어지는 논의의 목적을 위해 문법적 분석은 성화와 관련된 몇 개의 중요한 용어에 한정될 것이다. 또 원어에서 교리적으로 중요한 동사 형태의 구조에 대한 연구에 한정될 것이다.

A. 성경의 용어는 두 번째 위기를 가리킨다.

신약의 많은 용어는 두 번째 위기를 암시하고 있다. 따라서 선택된 모든 목록은 전체가 아니라 대표적인 것들이다. 여기서 토론을 위해 선택한 용어는 세례, 십자가에서 못박힘, 선물, 희생 등이다. 그리고 동사는 '순결케하다', '씻기다', '멸하다', '정결케 하다', '거룩하게 하다' 같은 단어들이다.

1. 세례

앞에서 제시된 바와 같이 온전한 성화의 행위는 종종 세례로 언급된다. "요한은 물로 세례를 베풀었으나 너희는 몇 날이 못 되어 성령으로 세례를 받으리라"(행 1:5). 퍼카이저가 지적한 대로, "점진적 세례는 불합리하다. 그것이 물로 받는 세례이든 성령으로 하는 세례이든 불합리하다."[78] 사실 물로 점진적인 침례를 받는 것은 비극이 될 수 있다! 세례는 항상 주어진 시점에서 수행되고 완료되는 행위를 의미하는 용어이다. 확실히 사람들은 죽음에 이르러서야 비로소 완성되는 점진적인 세례를 계속 받지는 않을 것이다. 물세례와 성령세례는 모두 순간적으로 이루어지며 완성되는 것이다.

2. 십자가에서 못 박힘

온전한 성화와 관련하여 근절이라는 용어를 사용하는 것에 대해 많은 비판이 제기되었다. 이 비판은 두 가지 이유에서 제기되었다. 즉 이것은 성경적 용어가 아니고, 개인에게서 육체의 어떤 것을 제거하는 것을 의미하기 때문이다. 그러나 이러한 의문제기는 타당하다고 볼 수 없다. 왜냐하면 삼위일체와 같은 단어는 성경적 용어가 아니지만 성경적 개념을 표현하는 데 허용되는 용어로 받아들여지고 있기 때문이다. 또한 평판이 좋은 사상가가 죄를 영혼에서 제거된 육체의 어떤 것으로 생각하는 것도 지극히 순진한 생각이다. 영혼이 영적 실체이기에 그것은 육체의 실체를 혼합하지 않을 것이기 때문이다.

근절이라는 단어의 사용에 반대가 있는가 하면, 십자가에 못 박힘과 같은 더 강력한 용어도 있다. 성화는 때로는 소극적 의미에서, 다음의 글에서 보듯이, 십자가에 못 박히거나 죽음으로 언급되고 있다.

---

78) *Conflicting Concepts of Holiness*, p. 34.

"우리가 알거니와 우리의 옛 사람이 예수와 함께 십자가에 못 박힌 것은 죄의 몸이 죽어 다시는 우리가 죄에게 종노릇 하지 아니하려 함이니"(롬 6:6), "그러므로 땅에 있는 너희 지체를 죽이라[죽은 자로 취급하라]"(골 3:5), "내가 그리스도와 함께 십자가에 못 박혔나니 그런즉 이제는 내가 사는 것이 아니요 오직 내 안에 그리스도께서 사시는 것이라 이제 내가 육체 가운데 사는 것은 나를 사랑하사 나를 위하여 자기 자신을 버리신 하나님의 아들을 믿는 믿음 안에서 사는 것이라"(갈 2:20).

십자가 처형은 범죄자를 사회에서 제거하는 방법이었기 때문에 그것은 점진적이거나 연장된 과정이 아니었다. 범죄자가 몇 시간 또는 며칠 동안 죽음의 진통 속에서 괴로워하는 것은 사실이지만 십자가 처형은 완성되고 끝난 사건이었다. 즉 죽음이 왔고 범죄자는 더 이상 사회에 위협이 되지 않았다. 또한 이와 관련하여 바울은 "죄의 몸"이 멸망되는 것에 대해 말하고 있다. 파괴한다(to destroy)는 것은 억누르거나 약화시키거나 비활성화시키는 것을 의미하지 않는다. 이는 방해가 되는 것을 파괴, 제거, 철거하는 것을 의미한다. 그래서 여기에서 다시 말하는 것은 즉각적인 완전한 행동을 의미하는 것이다.

3. 선물

성화는 종종 받을 "선물"로 언급되고 있다. 예수께서는 "너희가 악한 자라도 좋은 것을 자식에게 줄 줄 알거든 하물며 너희 천부께서 구하는 자에게 성령을 주시지 않겠느냐"(눅 11:13)고 말씀하셨다. 오순절 후에 베드로는 "너희가 회개하여 각각 예수 그리스도의 이름으로 세례를 받고 죄 사함을 받으라 그리하면 성령의 선물을 받으리라"(행 2:38)고 하신 주님의 말씀을 그대로 말하고 있다.

선물의 본질은 점진적으로 주어지는 것이 아니라 즉시 주어지는 것이다. 은사를 개발하거나, 은사에 대한 청지기 직분을 행사하거나 심지어 은사를 남용할 수도 있다. 그러나 선물을 받으면 이전에 가지지 못했던 것을 가진 것을 알게 된다.

4. 산 제물

산 제물은 단번에 그리고 영구히 드려졌다. 구약에서는 제물은 행위, 사건이며 강렬한 준비로 시작되고 내면의 평화로 기억되는 의식이었다. 바울이 로마 그리스도인들에게 자신을 산 제물로 바치라고 권고했을 때, 그는 그들에게 그 행위를 즉시, 단번에 완료하라고 요청한 것이었다. 로마서 12:1에서 자신을 제물로 드리는 결말에 대해 한 학자는 "하나님께 자기를 내맡기는 것은 하나님을 기쁘시게 하는 행보에서 그 결과를 지속적으로 드러내는 순간적인 행동으로 단번에 그리고 영원히 끝나는 것으로 생각해야 한다"[79]고 논평했다. 다니엘 스틸(Daniel Steele)은 그것을 "반복할 필요가 없는 단일 행위"[80]로 해석했다. 그러므로 클라크(Adam Clarke)는 로마서 12:1에 대한 그의 발언에서 행위의 종국(finality)을 다음과 같이 표현하였다: "그들은 희생의 정신으로 자신을 포기하라는 권고를 받았다: 번제물 전체가 그랬듯이 저들이 여호와의 소유가 되고 다른 용도로 사용되는 부분이 전혀 없도록 해야 한다."[81]

---

79) Friedrich A. Philippi, *Commentary on St. Paul's Epistle to Romans* (Edinburgh: T. and T. Clark, 1878), II. 250.

80) Daniel Steele, *Milestone Papers* (New York: Phillips and Hunt, 1878), p. 69.

81) Op. cit., VI, 136.

B. 동사 형태와 두 번째 위기

순간적인 두 번째 위기로서의 성화는 또한 신약성경에 있는 동사 형태에 대한 연구에서 중요한 지지를 얻고 있다. 이 분야의 초기 연구 중 하나는 메소디스트 학자인 다니엘 스틸(Daniel Steele)에 의하여 제시되고 있다. 그의 책, *Milestone Papers*에는 "헬라어 신약성서에 있는 동사의 시제에 대한 연구(The Tense Readings of the Greek New Testament)"라는 항목이 있다. 또한 동일한 것을 다루는 또 다른 인상적인 연구가 프라이스(Ross E. Price)가 편집한 윈체스터(Olive M. Winchester)의 논문, "헬라어 신약성서에 있는 위기 경험 (Crisis experience in the Greek New Testament)"이 있다. 또 다른 웨슬리안 작가인 브라운(Charles E. Brown)은 그의 저서, 《성화의 의미(*The Meaning of Sanctification*)》에서 헬라어 동사 형태에 기초한 두 번째 위기에 대한 건전하고 성경적인 증거를 제시하고 있다.

두 번째 위기로서의 성화와 관련된 동사 형태의 중요성은 그리스 문법의 시제가 동시대 언어의 시제와 상당히 다른 의미를 가지고 있었다는 것이다. 현대 언어와 대조되는 그리스어 시제 사용의 차이를 언급하며, 한 학자는 다음과 같이 논평했다.

> 그리스어 동사의 형태와 관련하여 시제(tense)라는 이름을 헬라어의 동사 형태와 연관시켜 사용하지 않을 수 없는 것은 다소 유감스러운 일이다. 그것은 행동의 시간에 너무 많이 관심을 갖지만, 그리스인의 마음에서 현저하게 집중하는 것은 행동의 시간이 아니라 행동의 상태(state)에 관한 것이다.[82]

82) H. P. V. Nunn, *A Short Syntax of New Testament Greek* (Cambridge: The

영어에서는 동사 시제는 주로 과거, 현재 또는 미래와 같은 동작 시간을 나타낸다. 그러나 그리스어에서의 시제는 시간의 연속을 나타내지만, 그것들은 주로 행동의 종류나 행동의 상태를 가리킨다. 두 가지 기본 종류 또는 동작 상태가 선형 행동(linear action) 또는 정확한 행동으로 설명된다. 행동이 계속되는 것이나, 과정으로 간주될 때 그것은 선형 행동이다. 행위를 단순히 하나의 사건 또는 단일 사실로 본 과거의 사건으로 간주할 때 이를 정확한 행위라고 한다.

따라서 그리스인은 현재 또는 불완전한 시제를 사용하여 계속되는 행동이나 불완전한 상태를 나타내는데, 이것이 선형 행동이다. 반면에 그리스어에서는 부정과거(aorist)를 사용하여 순간적, 완료된 것 또는 정확한 행동을 나타낸다. "미완료 시제는 과거 시간의 연속적인 동작임을 의미하는 반면, 부정과거(aorist)는 단순한 과거 시제이다."[83] 위너(G. B. Winer)는 부정과거(aorist)는 "순간적인 행동으로 간주되는 과거 어느 시점에서 일어난 사건의 단순한 발생"[84]을 언급하는 것이라고 설명한다. 그러면 일반적으로 부정과거는 "그들이 차지한 시간에 대한 언급 없이 단순히 사건이나 단일 사실로 생각되는 행동"[85]을 말하는 것이다. 시간에 관한 예외는 과거 시간을 나타내는 부정과거 직설법이다. 그러나 부정과거 시제가 사용될 때는 이는 "항상 하나의 동작"[86] 또는 순간적인 동작을 의미한다.

University Press, 1956), 66.

83) J. Gresham Machen, *New Testament Greek for Beginners* (New York: The Macmillan Co., 1923), 81.

84) *A Treatise on the Grammar of New Testament Greek* (Edinburgh: T. and T. Clark, 1870). 331.

85) James Hadley, *A Greek Grammar for Schools and College* (New York: D. Appleton and Co., 1877), p. 264,

86) A. T. Robertson, *A Grammar of the Greek New Testament in the light of*

동사 시제에 대한 이 모든 기술적 논의의 관련성은 스틸(Steele)의 *Millestone Papers*의 긴 인용문에서 볼 수 있다. 헬라어 신약성서에서 사용된 부정과거 시제의 사용을 두 번째 위기와 관련하여 그는 다음과 같이 썼다.

> 1. 유혹에 저항하는 기도와 영적인 노력에 대한 모든 권면은 일반적으로 지속성을 강하게 나타내는 현재 시제로 표현되었다.
>
> 2. 우리의 연구에서 깊은 인상을 주는 다음 사실은 최종 구원의 조건이 언급될 때 부정과거(aorist)는 없고 현재 시제가 존재한다는 것이다. 우리의 추론은 궁극적인 구원의 조건은 지속적이고 시험을 통해 연장되며 또한 어느 한 행동으로 완료되지 않는다는 것이다. 가장 큰 요구 사항은 예수 그리스도를 믿는 신앙이다. 헬라어를 주의 깊게 연구하면 연구자들은 믿음의 한 행위가 영생을 상속받을 것이라 확신하는, 빼앗길 수 없는(non-forfeitable) 정치적 보증임을 또는 플리머스 형제회와 일부 평신도 전도자들이 가르치는 대로, 천국행 티켓을 보장한다고 가르치는 것이 큰 실수라는 것을 확신하게 될 것이다. 헬라어의 시제는 믿음은 신자가 칭의에 들어가는 마음의 상태와 습관을 표시하는 것이다.
>
> 3. 그러나 거듭남과 온전한 성화에 있어서 성령의 능력으로 신자의 영혼이 정결케 되는 일을 생각하게 될 때, 부정과거 시제가 거의 한결같이 사용되고 있음을 발견한다. 이 시제는, 최고의 신약성서 문법학자에 따르면, 지속적이고 습관적이거나 반복적인 행위를 나타내지 않고 다만 순간적이고 단번에 다 이루어지는 행위를 나타낸다. 우리는 이 동사들(즉 성화와 완전을 나타내는 동사들) 중 하나를 개인들에 대해 언급될 때 미완료 시제에서 발견하려는 것은 헛수고였다. 거룩하게 하다

Historical Research (4th ed. Nashville: The Broadman Press, 1923), p. 835.

> (to sanctify)라는 동사 hagiazo는 항상 부정과거 또는 완료형이었다 … 정결케 한다(to purify)를 의미하는 동사 katharizo와 hagnizo도 마찬가지이다. 우리의 추론은 온전한 성화의 역사에서 성령의 능력은, 아무리 오랜 준비 기간이 있어도 순간적인 행위에 의해 단번에 행사한다는 것이다. 이것은 이 은혜를 경험한 사람들의 보편적인 증언으로 확증된 것이다.[87)]

두 번째 위기와 관련된 부정과거 시제에 대한 추가 논의는 이후 장에서 고려될 것이다.

요약

성경적 증거는 온전한 성화를 두 번째 위기로 지적하고 있다. 특히 신약성경에는 신자가 중생 후에 성령세례를 받는 예가 많이 나온다. 이 영적 세례는 성화와 동의어이다. 신약성서 구절들, 특히 바울의 글에 대한 집중적인 연구는 거기에 "또한" 그리스도인에게도 경험이 있음을 말하고 있다. 마지막으로 신약성경의 용어와 문법 구조는 두 번째 위기라는 개념이 유효한 성경적 교리로 만들고 있다. 따라서 성경적 예와 성경적 해석, 성경적 용어를 기초로 하여 온전한 성화는 중생 뒤에 오는 두 번째 위기라고 보는 타당성을 받아들일 수 있다.

---

87) p. 57-90.

9장
성화의 시간적 요소

모든 기독교 단체는 성화를 믿는다. 그 이유는 비교적 간단하다고 볼 수 있는데, 첫째로 대부분의 교회는 성경을 기독교인의 삶에 대한 권위와 영감의 원천으로 믿고 있다. 그리고 성화의 교리가 성경적이라는 것은 의심의 여지가 없다. 둘째, 완전은 종교적 경험의 목표이자, 또한 목적이어야 한다. 그렇지 않으면 종교는 주로 감정적으로 선호하는 일이나 또는 인간의 성취의 문제만을 다루는 것이 된다. 그러나 하나님의 구속사역의 일을 생각할 때, 성결은 종교적 존재의 정상적이고 당연한 목적이 된다. 그러므로 성결이나 완전에 대한 개념 그 자체가 교회들 사이에 불일치의 주요 원인이 아니다.

개인의 성결 문제에 있어서 기독교 단체들 사이의 "큰 차이"는 성화에서의 시간적 요소 때문이다. 달리 말해서, 불일치의 원인은 온전한 성화의 시기에 관한 것이다. 또 다른 방식으로 표현하자면 문제는: 사람이 지금 여기에서 성결의 상태를 가능하게 하는 개인적인 구속적 은혜의 위기를 경험할 수 있는가의 문제이다. 웨슬리안 전통의 성결 교회는 항상 두 번째 위기 경험의 결과로 개인의 성결의 가능성을 제시해 왔다. 그러나 다른 그룹들은 이 가능성을 거부해 왔기 때문에, 시간 요소가 중요한 문제가 되었다.

성화에서의 시간 요소와 관련하여 교회에서 적어도 8가지 주장이 있어 왔으며 대부분의 경우 주로 자기의 주장이 옳다고 주장해 왔다. 즉, 8가지 중 하나를 받아들이는 것은 나머지 주장을 거부하는 것을 의미했다. 따라서 어느 한 집단이 다른 집단보다 더 관용적이라고 칭찬할 수도 없고 더 독단적이라고 비난할 수도 없었다. 논의할 8가지 주장은 다음과 같다: (1) 사후(postmortem) 이론, 즉 로마 가톨릭의 입장; (2) 동시 이론 또는 모라비아 이론; (3) 위치적 교리 또는 그리스도 안에서의 거룩함의 교리; (4) 성장에 의한 성화, 즉 점진적 성화의 개념; (5) "죽어가는 은혜(dying grace)"의 가르침; (6) 억제의 이론, 즉 반작용(counteraction) 이론; (7) 오벌린(Oberlin)의 이론; (8) 웨슬리안의 교리.

I. 사후(postmortem) 이론

로마 가톨릭 신학은 대부분의 사람들의 성화의 시간을 사후에 두었다. 가톨릭의 가르침에 따르면 사람은 세 가지 상태 중 하나에서 죽을 수 있다.[1] 첫째, 사람은 "죄를 생각하며" 죽을 수 있다. 그러한 사람은 세례를 통해 하나님의 은혜를 받지 못하거나 받지 않고 죽을 수 있으며, 그는 그것을 거부하고 대죄 가운데서 죽는다. 그런 사람은 영원히 천국에서 차단되며, 그의 운명은 지옥이다. 둘째, 사람은 "하나님의 사랑으로 충만하고 모든 죄의 더러움에서 벗어나" 죽을 수 있다. 그러므로 곧장 하늘에 계신 하나님을 뵙는다. 성모의 영혼이 그랬으며 또한 죄를 범할 수 있기 전에 죽은, 세례 받은 어린이 영혼의 경우도 그러했다.[2] 셋째, 사람은 "하나님의 사랑"을 품고 하나님을 섬기고

1) George D. Smith, ed., *Teaching of the Catholic Church* (New York: The Macmillan Co. 1951), p. 1146.

2) Ibid.

사랑하겠다는 결심을 가지고 죽을 수 있다. 그러나 그의 사랑과 봉사는 나쁜 습관과 작은 죄로 인해 방해를 받는다. 그런 상태에서 죽는 사람은 연옥에 간다.

A. 연옥

연옥은 가톨릭의 가르침에 따라 두 가지 목적을 가지고 있다. 첫 번째 목적은 징벌이다. 그들은 모든 죄에는 죄책감과 형벌이 수반된다고 말한다. 하나님은 세례로 원죄를 용서하시고, 개인적인 사죄의 고백에 근거하여 죄의 죄책을 용서해 주신다. 그러나 죄의 형벌은 남아 있어 현세에서 고해성사를 통하여 그 대가를 치러야 하거나 연옥에서 고통을 받음으로써 그 대가를 치러야 한다. 두 번째 연옥의 목적은 정화이다. 따라서 가톨릭의 가르침에 따르면, "연옥(이를 라틴어는 pugare라고 하는데, 이 말은 정결하게 하다, 정화하다의 뜻인 연옥)"은 하나님의 은총에서 이생을 떠날 때, 가벼운 죄(venial faults)에서 완전히 용서를 못 받았거나, 또는 그들의 범죄에 대한 속죄를 완전히 받지 못한[3] 사람들이 고통을 받는 장소 또는 상태이다. 또 다른 정의에 따르면 "연옥"이란 이름은 고통을 통해 그러한 영혼들이 그들의 본질적인 완벽함에 이르게 되는 상태를 가리키는 말이며, 이 상태에 있는 영혼들은 하나님과 결합하고, 그들이 알려진 대로 심지어 그를 알 수 있도록 이끈다.[4]

가톨릭 교리 문답은 연옥의 정화 작용을 언급하는 점에서는 정확하다. 교리 문답은 "연옥에 있는 영혼들은 그들의 죄의 결과로부터 정화

3) Ibid., p. 1147.

4) Phillip Hughes, *The Catholic Faith in Practice* (Wilkes-Barre.Pa: Dimension Books, Inc., 1965), p. 117.

되기 위해서는 여전히 고통을 받아야"[5]한다고 말하고 있기 때문이다. 이론적인 관점에서 볼 때, 하나님의 특별한 도움으로 연옥을 피할 수 있다. 가톨릭의 가르침에 따르면 아마도 마리아와 세례 요한의 경우가 그러했다. 그러나 실질적으로 죄에서 완전히 벗어날 수 있는 사람은 아무도 없다. 따라서 성결 또는 완전의 상태에 도달하는 방법은 연옥에서 고통받음으로써 가능하다. 고린도전서 3:13에 대한 한 주석가는 다음과 같이 말했다.

> 마지막 말("그 불이 각 사람의 공적이 어떠한 것을 시험할 것임이라"는 말)은 분명히 어떤 형벌의 고통을 암시하고 있다. 바울이 그것을 하나님의 심판과 매우 밀접하게 연결시켰기 때문에, 그것은 이 세상에서의 고통에만 국한될 수는 없고, 그것은 삶 이후, 즉 연옥에서의 정화 받는 고통에 대한 개념을 포함하고 있는 것으로 보인다.[6]

일반적으로 개신교와 특히 성결운동은 사람이 연옥에서 정화 받는다는 개념을 거부한다.

B. 연옥 교리에 대한 반대

연옥의 개념과 연옥에서의 고통을 통한 정화의 개념에 대해 몇 가지 반대가 있다. 즉 (1) 그것은 성경적이지 않고, (2) 그것은 영적 원리에 어긋나며, (3) 그것은 죄에 대한 나태한 태도를 조장한다는 반대

---

5) *A Catholic Catechism*, p. 163.

6) Don B. Orchard, ed., *A Catholic Commentary on Holy Scripture* (New York: Thomas Nelson and Sons, 1953), p. 1087.

가 대표적이다.

1. 그것은 성경적이지 않다.

개신교인들은 일반적으로 연옥 교리의 근거가 되는 증거가 성경이 아니라 "외경, 마카비서 12:39-45"[7]에 있기 때문에 배척한다. 가톨릭 학자들은 고린도전서 3:13-15의 "각 사람의 공적이 나타날 터인데 그 날이 공적을 밝히리니 이는 불로 나타내고 그 불이 각 사람의 공적이 어떠한 것을 시험할 것임이라. 만일 누구든지 그 위에 세운 공적이 그대로 있으면 상을 받고, 누구든지 그 공적이 불타면 해를 받으리니 그러나 자신은 구원을 받되 불 가운데서 받은 것 같으리라"는 말씀을 인용한다. 그러나 바울 서신의 이 부분은 사람 자체가 아니라 사람의 한 일(the work of men)에 대한 그림을 그린 것이다. 그러므로 그것은 삶의 불길이나 심판의 흰 빛에서 당한 일을 언급하고 있는 것이다.[8]

2. 그것은 영적 원리에 어긋난다.

첫째, 사람의 회복을 보장하는 것은 그리스도의 고난과 죽음을 매개로 하는 하나님의 은혜이다. 그리스도께서 죄의 형벌을 완전히 지불하셨기에 인간은 하나님의 공의의 요구를 더 이상 충족시킬 수 없다. 둘째, 성경이나 인간의 경험에서 볼 때 그와 같은 고통이 구속하거나 정화시키는 작용을 한다는 증거는 없다. 셋째, 육체는 죽을 때 버려지고 영혼은 영적인 삶으로 들어간다. 따라서 연옥의 주요 목적, 즉 육신과 식욕을 정화하는 것이 제거되었다. 가톨릭의 가르침에 따르면, 다음과 같은 방식으로 고통이 정화한다고 한다. 즉 "무성하고 건강에

7) George D. Smith, op. cit., p. 594.

8) Wesley, *Notes*, p. 594.

해로운 육체적 식욕을 본래의 범주로 되돌려지게 함으로, 그리고 육체에 대한 영혼의 통제가 회복되게 함으로, 그리고 영혼 자체가 모든 잘못된 습관과 욕망에서 해방되게 하는 방식으로 고통이 정화된다고 한다."[9] 사후에는 육신이 없기 때문에 육욕과 그릇된 습관의 문제는 제거된다. 또한 바울은 그러한 모든 육체의 일은 현세의 삶에서 벗어나게 되어있다고 가르쳤다(골 3:8-10; 엡 4:25-32).

3. 그것은 죄에 대한 나태한 태도를 조장한다.

큰 죄는 사람을 지옥으로 정죄하지만 작은 죄는 그리스도인의 삶에 있는 것으로 인식되고 있다. 그러므로 사람이 하나님을 사랑한다고 고백하면서도 간음, 거짓말 등 육신의 죄를 범할 수 있다. 그러나 이 죄들은 충동적으로 행해지거나 육체의 나약함 때문에 행해지므로, 하나님과의 관계가 끊어지게 하지는 않는다. 역사적으로 로마 가톨릭 교회는 개인의 거룩함을 일상생활의 영역에서 말하지 않고, 회랑, 계약, 수도원에서 다룬다. 따라서 개인의 거룩함은 선택된 소수의 영적 목표였다. 그러나 대다수의 하나님의 백성은 영적으로 게으르거나 연약한 상태에 놓여 있다. 이러한 개인 경건의 두 가지의 시스템은 구원의 본질에 대한 성경의 가르침과 합리적 이해 모두에 위배된다.

II. 중생과 동일시하는 이론

성화의 동시이론은 중생과 성화가 모두 회심의 경험에서 일어난다고 가르친다. 이 이론에 의하면, 사람은 중생과 성화의 기본적인 영적 혜택을 동시에 받는다. 중생의 첫 번째 위기 외에는 위기가 없다. 첫

9) George D. Smith, op. cit., p. 1144.

번째이자 유일한 위기 후에 사람은 은혜 안에서 성장하고 그리스도인 성숙으로 발전한다. 그러므로 그리스도인의 삶에서의 성결은 중생의 결과이다. 이 가르침은 주로 메노 시몬스(Menno Simons)와 모라비안(Moravians)의 추종자인 독일의 경건주의 그룹에 의해 옹호되었다. 이 두 그룹 모두 중생의 결과인 실제적인 성결을 강조했다.

A. 메노나이트의 견해

[메노나이트는 16세기 네덜란드의 프리슬란트에서 일어난 개신교의 일파-역주]

메노나이트는 개신교 개혁 초기의 경건주의적 요소를 나타낸다. 메노나이트파 교회가 로마 가톨릭 교회에서 탈퇴한 이유를 한 교회 역사가는 다음과 같이 설명했다. "그리스도인의 삶의 본질적인 특징은 의식, 교회 축제, 성지순례, 유물 숭배, 십자성호, 묵주기도 등이 아니라 그리스도와 그분의 말씀에 대한 거룩한 순종이다."[10] 거룩한 삶은 항상 이 그룹의 종교 생활의 일부였다. 메노나이트에게 있어서는 거룩한 삶은 중생의 결과이다. 중생을 영적 부활로 말하면서 시몬스는 다음과 같이 선언했다. "부활에는 새로운 피조물, 영적 출생과 성화가 포함되어 있으며, 이것이 없이는 아무도 주님을 볼 수 없다."[11] 중생이 가져오는 성결은 혁명적 성격을 띠는데, 이는 그것이 "경건하고 거룩하며 깨끗하며 하나님께 순종하며 온 인류를 섬기며 진리에 능력이 있고 의에 대한 믿음을 나타내며, 죄에 대하여 죽고 성령으로 사는

10) John Christian Wenger, *Glimpses of Mennonite History and Doctrine* (Scottdale, Pa.: The Herald Press, 1949), p. 5.

11) John Christian Wengar, ed., *The Complete Writings of Menno Simons* (Scottdale, Pa.: The Herald Press, 1956), p. 54.

것"[12]을 의미하기 때문이다. 그러므로 모든 일에 있어서 기독교적이며 사랑에 있어서 흠잡을 데가 없기 때문이다. 그러나 그러한 성결은 어떤 종류의 완전주의와도 동일시되어서는 안 된다. 왜냐하면 동일한 저자가 "우리가 완전하고 죄가 없다고 자랑한다고 … 생각하지 마라"고 쓰고 있기 때문이다.[13]

같은 시대 이 그룹의 다른 학자는 메노나이트 교회의 역사적 입장을 다음과 같이 반복하여 말한다.

> 성령님을 경험하게 되는 두 번째 위기는 없다. 어떤 위기 경험이 그리스도 예수 안에서 새 생명이 있게 하는 성령세례를 능가할 수 있는가? 방금 언급한 것을 능가하는 성령체험을 말하는 성경적 언어는 없다. 성령세례에 의하여 온전한 성화의 두 번째 위기를 말하는 사람들의 성실성과 열심에 경의를 표하며, 이 세례는 그리스도인 생활의 시작을 알리는 위기 체험이라고 말해야 한다. 이후의 모든 경험은 내주하는 성령의 활성화를 통해 시작된 것이다.[14]

이 입장이 내포하는 의미에 답하기 전에 메노나이트와 유사한 모라비안의 개념을 살펴보자.

B. 모라비안의 견해

모라비안 교회 또는 형제의 화합(unitas Fratrum)라고 불리는 이 단체

12) Ibid., p. 447.

13) Ibid., p. 506.

14) Lehman, op. cit., 178.

는 "1457년부터 시작되었다. 보헤미아라는 곳에서 일어났다. 이 단체의 초기 회원들은 후스(John Hus)의 영적인 마음을 가진 추종자들이었다."[15] 보헤미아, 모라비아, 폴란드가 초기 봉사 활동의 지역이었다. 극심한 박해로 인해 이들 중 많은 사람들이 18세기 초에 독일의 작센으로 이주했다. 여기에서 그들은 진젠도르프 백작(Nicolaus Ludwig von Zinzendorf)의 영지에서 피난 생활을 했다. 1723년에 진젠도르프와 세 동료는 "네 형제의 언약(Covenant of the four Brothers)"으로 알려지게 된 협회에 가입했다. "이 네 사람은 그들 자신과 온 땅에 성결을 촉진하겠다"[16]고 서약했다. 진젠도르프 백작은 선교 프로그램을 개발한 최초의 프로테스탄트 지도자 중 한 명이었다. 사실 "선교가 그의 가장 큰 업적이었음이 입증되었다."[17] 또한 모라비안들 사이에서의 주요한 강조는 개인의 성결이었다.

1. 웨슬리와 모라비안

모라비안과 웨슬리가 만나게 된 것은 그들의 선교사역 중이었다. 1735년 웨슬리가 선교 사업을 위해 배를 타고 조지아로 가는 배에 26명의 모라비안 선교사들이 있었다. 웨슬리는 그들의 여정에 깊은 인상을 받았고 특히 독일 목사 중 한 사람인 슈판겐베르그(Mr. Spangenberg)에게 깊은 인상을 받았다. 웨슬리가 1738년에 영국으로 돌아왔을 때 또 다른 모라비아 목사인 피터 뵐러를 만났다. 그는 웨슬리를 올더스게이트 경험으로 이끄는 데 중요한 역할을 했다. 웨슬리는 헤른후트(Herrnhut)에 있는 모리비안들을 잠시 방문했다. 거기서 그들

15) *ERE*, VIII, 837.

16) John R, Wernlick, *Count Zinzendorf* (New York: Abindgon Press, 1957), p. 65.

17) Ibid., 93.

의 그리스도에 대한 헌신에 큰 감명을 받았다. 영국에서 웨슬리의 초기 추종자들은 모로비아인들과 같은 "협회들"에서 만나 예배를 드렸다. 그러나 모라비안과 메소디스트 사이에 단절이 일어났다. 그래서 1740년에 웨슬리안 메소디스트가 시작되었다.

2. 웨슬리와 모라비안의 차이점

웨슬리와 모라비안 사이에는 몇 가지 의견 불일치가 있었지만 가장 예리한 것 중 하나는 성결과 완전의 영역에서이다. 웨슬리는 모라비안들을 보편주의, 정적주의, 율법무용론을 주장한다고 비난했고 그것과 함께 성결의 문제도 등장했다. 웨슬리는 1750년 11월에 조지 스톤하우스(George James Stonehouse)에게 보낸 편지에서 모라비안과 의견이 다른 점을 열거했다. 그 목록에는 웨슬리가 동의하지 않은 모라비안 교리의 다음 사항이 포함되어 있다.

> 5. 우리가 의롭게 되는 순간에 우리는 전적으로 성화된다. 그리고 우리가 죽는 날까지 그 이상도 그 이하도 거룩하지도 않다.
> 6. 신자는 그 자신 안에 성결이 전혀 없다. 그의 모든 성결은 전가된 것이지 본래부터 가지고 있는 것이 아니다. [18]

웨슬리의 그리스도인 완전에 대한 교리는 모라비안에게 성결과 "정적(stillness)"이 메소디스트들에게 걸림돌이 되는 것만큼이나, 그들에게도 또한 걸림돌이었다. 진젠도르프는 "나는 이 삶에 내재되는 완전은 인정하지 않는다"[19]고 말했다. 그리고 그는 다시 말하기를, "이것

18) Telford, op. cit., III, 53-54.

19) Clifford W. Lowlson, *Moravian and Methodist* (London: The Epworth

은 오류 중의 오류이다. 그리스도가 우리의 유일한 완전이다. 누구든지 완전을 추구하는 사람은 그리스도를 부인하는 것"[20]이라 했다. 웨슬리가 1769년 12월 26일에 트레베카에 있는 헌팅돈 학교의 교장인 벤슨(Joseph Benson)에게 보낸 편지에 따르면 진젠도르프는 완전이 가능하다고 생각한 사람을 자신의 협회에 받아들이지 않을 것이라고 선언했다고 한다. 진젠도르프의 이 주장에 대한 웨슬리의 간결한 답변은 다음과 같다: "그러나 나는 당신이 그것을 생각할 뿐만 아니라 그것을 좋아할 것이라고 믿는다."[21] 이처럼 실용적이고 교리적인 문제들이 웨슬리와 모라비안 사이의 분리를 가져왔다.

C. 중생과의 동시 이론에 대한 반대

웨슬리의 추종자들은 중생과 성화의 동시적 속성을 거부하는 그의 입장에 공감한다. 이러한 반대의 이유는 성경적, 심리학적, 실제적 면에서 제기된다.

1. 성경적 반대

동시 이론에는 세 가지 심각한 약점이 있다. 첫째, 성경은 두 번째 위기를 겪은 사람을 기독교인으로 확실히 받아들여진 몇몇 사람들의 예를 제시하고 있다. 둘째, 사람이 중생했을 때 성화 되었다면 거룩하라는 모든 명령과 권면이 구원을 받아야 할 죄인들에게 주어진 것이 된다. 이 생각은 건전하지 않다. 왜냐하면 죄인은 성결과 의에 대

Press,1957), 114에서 재인용.

20) Ibid.

21) Telford, op. cit., V, 166.

한 개념을 갖기 전에 먼저 영적으로 살아있어야 하기 때문이다. 셋째, 신약성경은 고린도인, 에베소인, 데살로니가인과 같은 많은 사람들이 그리스도인이었음을 인정하면서도 이제 그들이 정결과 성결의 삶으로 나가도록 권고하고 있다.

2. 심리학적 반대

심리학적으로 말하면 성화는 일반적으로 거듭남과 동시에 일어날 수 없다. 이것은 하나님께서 개인을 거듭나게 하시면서 동시에 개인을 거룩하게 하실 수 없다는 것을 의미하지는 않는다. 그러나 방해의 요소는 하나님에게 있는 것이 아니라 사람에게 있는 것이다. 적어도 두 가지 요소, 즉 필요하다는 의식과 의지적 반응이 없으면 사람에게서 의미 있는 일이 일어날 수 없기 때문이다. 그러므로 사람이 회개와 자백의 자리에 이르면 용서와 복종과 영적 생명의 전수에 대한 필요의식과 의지적 반응이 중심이 된다. 사람이 거듭난 후에야 비로소 거룩한 삶의 영역에서 필요의식이 생겨난다. 따라서 두 번째 위기는 하나님의 능력을 반영하는 것이 아니며, 또한 하나님이 자신의 거룩함을 사람에게 전하기를 꺼리신다는 뜻도 아니다. 그러나 하나님께서도 그와 비슷한 필요성을 느끼고 자발적인 반응이 나타나기 전에는 사람을 거룩하게 하실 수 없으시다. 비록 사람을 거듭나게 하실 때 거룩함을 부여하실 수 있지만, 개인의 성결은 사람이 그 필요를 느끼고 의지적으로 반응한 결과로 성취된다.

3. 실질적 반대

실질적 면에서 동시 이론에는 몇 가지 약점이 있다. 첫째, 신자들 안에 죄가 존재한다는 사실은 거의 보편적으로 받아들여지고 있다.

둘째, 성경은 그리스도인의 삶에 대한 신약의 규범은 죄의 권세로부터의 자유임을 가리킨다. 따라서 그리스도인의 삶에 대한 신약의 표준은 불가능하고 비합리적인 이상이거나 혹은 그리스도인에게 "하나님을 두려워하는 가운데 완전한 성결"을 지켜야 할 의무가 있는 것이다. 셋째, 많은 그리스도인들이 온전한 성화라고 하는 두 번째 위기를 증언한다. 이렇게 보면 이 사람들은 속았거나 위선적이다. 웨슬리 시대부터 현재까지 이 사람들에 대한 그러한 비판을 없애는 것은 오히려 더 큰 과제이다. 넷째, 동시적 이론을 수용한 사람들은 성결을 내적 생명과 능력의 관점에서 보다는 외적 율법주의의 관점에서 해석하는 경향이 있다.

III. 신분상의 성결

퍼카이저(W. T. Purkiser)에 따르면, "온전한 성화의 교리의 본질적인 요점은 마음이 순결을 영혼의 실제적 정화로 본다"[22]는 사실에 있다. 그러나 그는 웨슬리의 그리스도인의 성결에 대한 입장에 대한 강한 도전이 있음을 인정하며, 다음과 같이 말한다.

> 이 믿음에 대한 주요한 도전들 중 하나는 그러한 정화는 불가능하며 신약성경의 성결은 그리스도 안에 있는 자들이 실제로는 불순결하지만 거룩하게 여겨진다고 말하는 신분상의 성결을 주장하는 매우 많은 성경 선생들, 전도사들, 신학교들, 그리고 라디오 설교자들로부터의 도전이다.[23]

---

22) *Conflicting Concepts of Holiness*, p. 15.

23) Ibid.

신분상의 성결의 개념이 서론에 포함되어 있었지만 강조하기 위해 여기서 좀 더 자세히 설명하겠다.

A. 신분상의 성결에 대한 루터의 견해

"그리스도 안에서 거룩하다"는 개념, 즉 신분상으로 거룩하다는 개념은 성결이 세상의 "모든 교회와 모든 기독교인에게 공통적으로 사용되는 것이라고 가르친 루터 신학의 특징"[24]이었다. 따라서 루터가 생각하기에 성결은, 모든 기독교인의 보편적인 표시이며 믿음의 결과로 오는 것이다. "그리스도인의 성결, 즉 보편적 기독교의 성결은 성령이 사람들에게 그리스도에 대한 믿음을 줄 때 오는 것"[25]이기 때문이다. 루터에 따르면 평범한 그리스도인의 것보다 더 거룩한 은혜의 상태는 없다. 그에 대한 한 현대 해석가는 다음과 같이 표현한다.

> 믿음이 하나님의 선물을 받아들이고, 따라서 사람은 믿음으로 말미암아 성도가 되는 것이기 때문에 "거룩함(holy)"은 "믿는다"와 같은 의미가 된다. 성도 또는 거룩한 자들은 믿는 자들이다. 그래서 "거룩하게 하다"는 것은 "믿는 자로 만든다"는 것을 의미한다. 루터의 설명에서의 강조점은, 다만 둘 사이에 실질적인 차이는 없는 것을 제외하고는, 거룩함과 거룩하게 함으로부터 믿음과 믿음을 갖게 됨으로 옮겨졌다.[26]

24) Luther, *Works*, V. 266-67.

25) Ibid., p. 267.

26) Girgensohn, op. cit., p. 189.

B. 신분상의 성결에 대한 현대의 가르침

신분상의 성화의 개념을 지지하는 또 다른 사람은 "신분상의 완전은 모든 그리스도인의 소유로 계시되었다. 그러므로 그것은 그리스도께서 우리를 위해 이루신 절대적인 완전이다. 모든 성도(거룩하게 된 자들)는 그리스도의 죽으심으로 말미암아 성취된 완전에 참여한 자이다."[27] 그러므로 신분상의 완전은 신분상의 성화와 동의어인 것이다. 이것은 "그리스도께서 모든 신자를 위하여 역사하셨고 구원하는 믿음의 순간부터 신자의 소유"[28]이다.

신분상의 성화의 관점에서 볼 때, 성화는 "하나님과의 관계로 인해 사람들에게 부여된 거룩함이다. 모든 그리스도인이 거룩하거나 성도라고 말하는 것은 이러한 낮은 의미에서이다. 기독교의 교회는 분리된 공동체로 간주되며, 그 본질은 거룩하다."[29] 퍼카이저는 신분상의 성화에 대한 그의 분석에서 이 가르침의 근거는 적어도 다섯 개의 서로 관련된 논제에 놓여 있다고 말한다.

> 첫째, 그리스도인은 지상 생활 전체에 걸쳐 두 가지 본성 즉 하나님의 씨와 육신의 생각 또는 육의 본성을 소유하고 있다. 이 두 본성은, 어떤 식으로든 하나님과의 관계를 개선하거나 방해함 없이, 신자의 실제 행동이 이제 하나 아래에 있고 지금은 다른 하나 아래에 있는 방식으로 공존한다는 주장이다.

---

27) Walvoord, *Doctrine of the Holy Spirit*, p. 208.

28) Turner, op. cit., p. 87.

29) Ibid.

둘째, 신자는 그리스도 안에 있고 그리스도는 거룩하기 때문에 신자는 그리스도 안에서 거룩하다. 그러나 성품이나 행동에 있어서 반드시 거룩한 것은 아니다. 즉, 그리스도의 의(하나님의 율법에 대한 그분의 완전한 순종)는 신자의 고백한 죄를 덮기 위해 칭의에서 전가될 뿐만 아니라; 그리스도의 거룩함(본성이 하나님의 성품과 일치함)이 마찬가지로 신자에게 전가되었다. 하나님은 그리스도를 통해 신자를 보시고 그리스도가 거룩하신 것처럼 비록 신자가 바로 그 순간 육욕과 죄로 가득 차 있을지라도, 신자를 거룩하게 보신다는 주장이다.

셋째, 신자의 죄성은 이생에서 결코 파괴될 수 없으며 따라서 육신적 생각의 부분적, 때로는 완전한 지배 아래 있게 된다. 그러나 이 죄의 본성에서 나오는 죄는, 신자의 경우 하나님의 심판대에서 정죄를 받지 않는다. 이것들은, 그들의 주장에 의하면, 보상에 대한 하나님이 정하신 분배가 그리스도의 심판대에서 처리되었다는 주장이다.

넷째, 신자가 그리스도를 처음 영접할 때 부여되는 칭의 또는 용서는 영구적인 칭의이며 과거의 모든 죄뿐만 아니라 그가 범할 수 있는 모든 미래의 죄를 포함한다. 오직 믿음만이 칭의의 근거이다. 그리고 회개는 … 기독교인이 하나님과의 관계를 잃거나 관계가 깨졌다는 것을 깨달았을 때, 죄를 짓는 그리스도인의 일시적인 슬픔이라는 주장이다.

다섯째, 믿는 자의 입장은 그의 도덕적 상태로부터 나올 수 있다는 것은 앞에서 말한 것으로부터 나온다. 영원한 보장(eternal security)의 교리로 현재 알려진 이것은 기본적으로 한 번 구원받은 개인은 그의 믿음이나 믿음의 부족, 그의 죄나 삶의 의에 관계 없이 결코 최종적으로 멸망

할 수 없다는 주장이다.[30)]

신자에게 그리스도의 의가 전가되는 것과 관련하여 위에서 논의한 개념에 대해 그것이 사람 내부의 변화라기보다는 신분의 변화를 나타내는 칭의와 동일시되는 한 이의가 없다. 그러므로 그리스도 예수 안에서 거룩하게 된 자들(고전 1:2)은 거룩한 자로 불리기 때문에 모든 성도들은 거룩하다고 간주하는 것은 타당하다. 그러나 웨슬리의 관점에서 볼 때 성화의 개념은 단순히 하나님과의 객관적인 관계 이상을 포함한다. 웨슬리 안에 있어서 중생과 성화는 모두 성령의 임재에서 파생되는 주관적이고 경험적인 변화를 포함한다. 그러므로 이제 신분상의 성화의 개념에 대한 몇 가지 확실한 반대를 열거하는 것이 가능하다.

C. 신분상의 성결에 대한 반대

1. 이 개념은 중생을 실제 변화 없는 신분상의 변화로 만들 수 있다.

성화가 단순히 신분상으로만 간주 된다면 중생을 신분상 또는 관계로 간주하는 것도 가능하다. 이것은 중생을 성례전적인 개념으로 받아들이는 것을 의미할 것이다. 성경의 언어는 두 경우 모두 동일한 언어로 사람에게 말한다. 더욱이 만약에 중생과 성화가 단지 형식적인 것이면, 기독교는 유대교보다 약간 개선된 것일 뿐이다. 그러나 신약성경은 중생과 성화를 형식적이거나 관계적인 것 이상으로 지적하고 있다. 두 경우 모두 그리스도와의 연합을 통한 중요하고 효과적인 변화가 있다.

---

30) *Conflicting Concepts of Holiness*, p. 17-18.

2. 신약은 성결을 동시대에 일어나는 것으로 간주한다.

신약성경은 개인의 성결은 약속된 것, 바라는 것, 믿는 자에게 영향을 미치는 것, 모든 신자에게 의무가 되는 것으로 말하고 있다. 따라서 그것은 단지 신분상의 것일 수는 없다.

3. 이 개념은 하나님의 능력을 최소화한다.

성화를 신분상의 것으로 간주하는 것은 그리스도의 구속 능력을 최소화하고 죄의 파괴적인 능력을 확대하는 것이 된다. 구속의 총체적 활동은 인간을 죄로부터 해방시키기 위해 고안되었다. 하나님의 능력에 대한 가장 큰 증거는 거룩한 삶인데 이것을 부정하는 것이다. 신분상의 성화는 겸손하고 경건하게 하나님과 동행함으로써 온전한 성화를 증거한 수백, 수천의 많은 사람들의 경험을 부인한다.

웨슬리에게 있어서 완전한 성화는 거룩함의 상태에 이르게 하는 두 번째 위기이다. 지금 신자는 내면에 존재하는 죄악 된 태도와 자질과의 영원한 싸움에서 해방되었다. 그는 완전히 "그리스도 안에"있다. 그리스도인은 육신의 타고난 욕구로 인한 압박감을 느낄 수 있으며 하루에도 백 가지의 유혹을 받을 수도 있다. 그러나 그의 기본 경향(keynotes)은 기쁨과 승리이다.

IV. 점진적 성화

성화의 가장 대중적인 개념은 아마도 점진적인 성화일 것이다. 이는 또한 서론에서도 언급되었다.

A. 점진적인 성화에 관한 진술

저명한 칼빈주의 신학자인 찰스 핫지(Charles Hodge)는 점진적인 성화의 개념을 다음과 같은 말로 표현했다.

> 웨스트민스터 요리문답에서 말하는 성화는 "하나님의 거저 주시는 은혜의 역사로 말미암아 우리가 하나님의 형상을 닮아 온전한 사람(whole man)으로 새롭게 되고 점점 더 죄에 대하여 죽고 의롭게 사는 것이다."[31]

또 다른 학자는 다음과 같은 말로 같은 생각을 말했다.

> 단순한 중생은 그의 지시와 성향을 거룩하게 하지 못한다. 또한 스스로 거룩한 성향을 싹트게 할 수도 없다. 그러나 중생하고 거듭난 죄인의 성향이 점진적으로 하나님의 뜻과 조화를 이루기 위해서는 성령의 추가적인 그리고 각별한 역사가 요구된다. 이것은 성화의 점진적인 역사이다.[32]

다른 학자는 말하기를, "성화는 성숙을 향한 영혼의 성장"[33]이거나, "그러므로 성화는 영혼을 완전하게 또는 점진적으로 정화하는 것"[34]이라고 말했다. 네덜란드 신학자인 베르까우어(G. C. Berkouwer)는 점진적인 성화에는 네 가지 요소가 있다고 말했다. 즉,

31) Op. cit., III, 213.

32) Kuyper, op. cit., p. 449.

33) A. A. & J. A. Hodge. op. cit., p. 62.

34) Cox, op. cit., II, 11.

1. 우리의 죄성에 대한 지식의 증가
2. 죄에서의 사함과 그리스도의 의를 구하는 일에 대한 진지함(earnestness)의 증가
3. 성령의 은혜와 하나님의 향상을 따라 점점 더 새로워지도록 변함없는 노력이 있도록 하나님께 하는 기도
4. 종말론적 전망과 완성의 목표[35)]

"이것은 어떤 도덕적 성화와도 아주 거리가 멀다"고 그는 말했다. 그러나 온전한 성화에 대한 웨슬리안의 견해는, 이미 말한 바 있듯이, 도덕적이라기보다는 윤리적이요, 영적인 것이다.

B. 점진적 성화에 대한 반대

점진적인 성화 교리와 관련하여 기본적인 약점을 보여주는 많은 결론을 제시할 수 있다.

1. 역사적 증거가 거의 없거나 전혀 없다.

역사적인 관점에서 볼 때, "완전을 향한 성장"을 옹호하는 개인이나 그룹은 목표를 향한 진전을 이루지 못한 것처럼 보이며, 일반적으로 영적 발전에 대한 중요하고 일관된 관심을 나타내지 않고 있다.

2. 본질적으로 인본주의적이다.

이 개념은 본질적으로 행위와 인간의 성취에 의한 성화다. 사람을

35) G. C. Berkouwer, *Faith and Sanctification* (Grand Rapids, Mich: Wm. B. Eerdmans Pub. Co., 1952), p. 109.

거룩하게 만드는 것은 거룩한 행위가 아니라 행위를 거룩하게 만드는 거룩한 마음이다.

3. 성경 용어로는 입증되고 있지 않다.

성경 용어는 점진적이고 오래 끄는 죄의 정복으로 평생 성장한다는 개념을 말하고 있지 않다. 죄를 정복하는 일에 사용된 말은 다음과 같다. 즉, 십자가에 못 박는 것(롬 6:6; 갈 2:20), 정결하게 하는 것(고후 7:1; 엡 5:26; 약 4:8; 요일 1:7-9), 순결하게 하는 것(행 15:9; 딛 2:14; 히 9:13), 깨끗케 하는 것(시 51:7; 마 3:12; 히 9:14; 사 6:7; 요 15:2), 거룩 또는 성화되는 것(롬 15:16; 살전 5:23; 히 13:12; 벧전 1:23). 이 모든 말은 죄와 평생 투쟁하는 것이 아니라, 한 행위로 인해 이루어지는 현재의 상태를 가리키고 있다. 문맥의 조사와 문법적 분석은 거룩함이라는 특정한 행위와 영적 상태를 가리키고 있다.

4. 부패의 본성은 성장을 불가능하게 만든다.

영적 부패는 행동이나 행위가 아니라 모든 개인의 반응과 성격의 근원에 있는 인간 본성의 특성이다. "이 원죄는 성령의 초자연적이고 의식적인 작용 없이는 눈에 띄지 않고 자랄 수 없다."[36] 죄가 점진적으로 용서되지 않듯이 부패는 점진적으로 제거되지 않는다.

5. 성화의 본질은 성장을 불가능하게 만든다.

성경에 따르면 성화 또는 정결은 주로 성령의 역사다. 사람이 칭의와 중생을 얻거나 공로를 얻을 수 없는 것처럼 사람이 자신 스스로 성화를 얻거나 성취할 수 없다. 성화는 인간의 도덕적 수단에 의한 도덕

36) Wood, *Purity and Maturity*, p. 133.

적 순화 과정이 아니다. 성화는 그것의 공급에 있어서, 그 방법에 있어서 초자연적이며, 그 본질에 있어서도 초자연적이다. 따라서 성화는 성령의 활동과 임재의 결과이다. 그리고 성령의 역사의 결과이기에 성화는 순간적이다. 사람은 깨끗하게 자랄 수 없다. 그는 깨끗이 씻음을 받아야 한다. 우드(J. A. Wood)는 온전한 성화의 순간적인 측면에 대해 다음과 같이 웨슬리를 인용했다.

> 참으로 이것은 너무나 분명한 진리이므로 널리 흩어져 있는 모든 하나님의 자녀들이 … 일반적으로 다음 사항에 동의한다. 비록 우리가 "영으로써 몸의 행실을 죽인다" 할지라도, 타고난 죄와 내적인 죄 모두를 저항하고 정복하는 것, 우리가 날마다 우리의 원수를 약하게 할지라도 그들을 몰아낼 수는 없다. 칭의에서 주어진 모든 은혜로도 우리는 그들을 제거할 수 없다. 아무리 깨어 기도해도 마음과 손을 온전하게 씻을 수 없다. 분명한 것은, 주님께서 우리 마음에 다시 말씀하시기를 기뻐하여, 주님께서 두 번째로, 깨끗해지라(be clean)고 말씀하실 때까지 우리는 할 수 없다. 그러면 문둥병은 깨끗해지고 … 타고난 죄는 더 이상 내재하지 않는다.[37)]

사람이 은혜에서 성장할 수 있지만 성장해서 은혜에 들어갈 수는 없다. 사람의 타고난 죄성이 아담에게서 나온 것처럼 사람의 선천적인 의 또는 순결은 둘째 아담이신 그리스도에게서 나온다. 이 내재적 성결은 온전한 성화라고 하는 초자연적인 역사이다.

---

37) Ibid., p. 139-40.

6. 신생에 대한 비유는 성장 개념이 틀렸다는 것을 증명한다.

퍼카이저는 성장 이론에 대한 가장 분명한 불일치점 중 하나를, 중생과 온전한 성화 사이의 비유를 묘사하면서 설명했다. 그는 다음과 같이 말한다.

> 성경에 있는 칭의 또는 중생과 성화 또는 성결 사이의 비유를 … 생각해 보라. 이 두 하나님의 은혜의 역사 사이에는 큰 유사점이 있다.
>
> 이제 거의 모든 성경을 믿는 기독교인은 중생, 칭의가 점진적인 것이 아니라 순간적이라는 것을 인정한다. 그것은 신자의 삶의 특정 시점에서 일어나는 하나님의 행위이다. 그러나 칭의와 성화가 동일한 하나님의 사랑, 동일한 하나님의 뜻, 동일한 거룩한 말씀, 동일한 복된 성령, 동일한 구속의 피, 동일한 인간 조건인 믿음의 산물이라면 하나는 순간적이고 다른 하나는 점진적이라고 주장하는 정당한 이유가 있겠는가? 만일 칭의가 순간적이라면 같은 이에 의해 이루어지는 성화가 동등하게 순간적인 행위가 되지 않을 이유가 분명히 없다.
>
> 사실 중생의 순간성을 증명하는 모든 주장은 성화에 적용될 때와 마찬가지로 강력하다. 성화의 직접성에 대한 증거가 거부된다면 칭의의 직접성을 증명할 논리적 근거는 없다.[38]

V. 성결은 '임종 시에 임하는 은혜'라는 이론

성결은 죽을 때 임하는 은혜라는 이론은 성결한 상태로의 성장 또는 성결의 상태를 향하여 성장한다는 개념과 밀접한 관련이 있다. 이 견해에 따르면 죄의 존재와 능력은 평생 동안 사람과 함께 남아 있다.

38) *Conflicting Concepts of Holiness*, p. 32-34.

죽는 시간에, 즉 "임종(죽는 순간)"할 때, 영혼은 죄에서 해방되어 거룩하고 순결한 하나님의 임재로 들어간다고 한다. 전통적인 프로테스탄트 신학의 큰 분야의 일부인 이 사상은 루터와 칼빈 그리고 나중에는 그들의 많은 추종자들에 의하여 가르쳐져 왔다.

A. 임종 시 임하는 은혜에 대한 루터의 견해

갈라디아서 5:17에서 바울이 논의한 육체와 성령 사이의 투쟁에 대해 말하면서 루터는 다음과 같이 말했다. "세례를 받고 성자인 사람들 안에 있는 이런 사악한 욕망이 어디로부터 생겨나는가? 의심할 여지 없이 육신으로 태어나면서부터, 악한 욕망은 그들과 함께 태어난다. 그리고 그것은 죽을 때까지 계속되며, 우리가 살아있는 동안 우리의 영에 대한 투쟁과 저항이 있게 된다."[39] 루터는 그의 "세례에 관한 논문"에서 죽을 때 있을 정화에 대해 더 정확하게 다음과 같이 말하고 있다. "죄가 죽거나 익사하는 것은 이생에서는 완전히 성취되지 않는다. 아니, 사람이 육체적 죽음을 통과하고 완전히 썩어 흙으로 변하기 전에는 성취되지 않는다."[40] 루터에게 있어 세례로 상징된 구속 사업은 죽을 때까지 끝나지 않았다. "그때에야 비로소 세례에서 나타낸 것이 의미하는 바가 끝날 것이다. 그때에 우리는 죽음에서, 죄에서, 모든 악에서 일어나 몸과 영혼이 순결하고, 그때로부터 우리는 영원히 살 것이다."[41] 루터에게 있어서 인간은 죽음의 투쟁에서 풀려날 때까지 사람은 내적 죄와 투쟁한다.

---

39) Op cit., III, 25.

40) Ibid., I, 57.

41) Ibid., p. 58.

B. 임종 시 임하는 은혜에 대한 칼빈의 견해

칼빈은 신자에게 가능한 완전에 대한 그의 논의에서 루터의 생각과 유사한 견해를 표현했다. 그는 현재의 삶에서 완전의 목표를 향한 진전의 가능성을 인정하지만, "우리는 죄의 몸을 버리고 주님과 완전히 합치기 전에는 결코 목표에 도달하지 못할 것"[42]이라 말했다. 현대의 신학은 개인이 정화되는 시간에 관한 루터와 칼빈의 역사적 견해를 그대로 반영하고 있다. 따라서 베르까우어는 웨슬리안의 현재 경험할 수 있는 성결에 대한 강조를 "장차 있을 영광의 조급한 점유(premature seizure)"[43]로 언급하고 있다. 여기에서 다시 성결은 종말론적 전망에서 강조되고 있다. 왜냐하면 "우리는 생애 후에야 완전의 목표에 도달하기"[44] 때문이다. 또한 브루너도 성결의 이상을 향한 성장과 결합 된 신분상의 성결의 개념을 제시하며 다음과 같이 말한다. "분명히 하나님의 관점에서 성화는 분할 할 수 없는 연합이며, 예수 그리스도를 통한 칭의로서의 특성에 있어서 독특하고 총체적인 사건이다. 그러나 경험에 있어서 그것은 마치 하나님이 인간의 죄악 된 본성을 앞으로 밀어 넣음과 같은, 일련의 행동을 통해 개별적인 인간 안에서 성취된다."[45] 브루너에게 있어서 성화는 "이 지상의 역사적 세계에서 결코 완성되지 않는 평생 과정"[46]이다. 웨슬리안은 사람이 영화롭게 되는 대상이 되기 전에는 영화롭게 된 완전의 상태에 도달할 수 없다는 데 재빨리 동의할 것이다. 그러나 웨슬리안은 신자가 지금 여기에서 경험적인

42) Op. cit., II, 118.

43) Op. cit., p. 67.

44) Ibid., p. 97.

45) *Dogmatics*, III, 293.

46) Ibid., p. 296.

성결의 상태에 도달하는 체험은 가능하다고 말할 것이다.

C. 성결은 임종 때에 있는 은혜라는 이론에 대한 반대

성결은 임종 때에 있는 은혜라는 역사적 개념을 거부하는 몇 가지 유력한 이유가 있다.

1. 이 이론은 성경적이 아니다.

성경 어디에도 죽음이 정화의 관문이라고 말한 곳이 없다. 그 반대가 사실이다. 성경은 죽음이야말로 마지막으로 정복해야 할 적으로 간주하고 있다(고전 15:26). 그러나 죽음이 정화를 가져오고 사람을 하나님의 형상으로 회복시킨다면 죽음은 인간의 가장 좋은 친구일 것이다. 또한 성경은 죽음은 성격을 변화하는 것이 아니라 성격을 고착시키는 것으로 말하고 있다(계 22:11; 눅 16:24).

2. 이 이론은 죄를 물질적인 것으로 간주하고 있다.

이 이론의 가르침은 죄가 육체에 상주한다는 고대 영지주의 사상을 포함하는 것으로 보인다. 그러나 신약성경은 죄는 "마음"에, 즉 자아의 중심에, 인격의 핵심에, 영혼에서 작용하는 것으로 정확하게 말하고 있다.. 그리고 인간의 본질적인 자아, 그의 인격, 그의 존재의 본질은 죽지 않기 때문에 육체적 죽음은 그의 영적 상태에 어떤 극적이고 혁명적인 변화를 가져올 수 없다.

3. 이 이론은 심리학적으로 건전하지 않다.

죽을 때 또는 죽음 후에 정화가 있다는 개념은 심리학적으로 매우 약하다. 왜냐하면 사람은 즉시 죽을 수도 있고 오랜 시간이 지난 후에 죽을 수도 있기 때문이다. 그는 오랫동안 의식 없이 있을 수도 있다. 이 경우 죽음은 순결한 상태를 부여하는 일종의 마법적인 변형을 일으킨다는 것이 된다. 그러나 이미 언급한 바와 같이 모든 중요한 성격 변화에는 두 가지 근본적인 측면- 즉 필요를 느끼는 것과 의지적 선택이라는 측면이 있어야 한다. 그러나 죽을 때에는 이들 중 어느 것도 물론 있을 수가 없다.

4. 이 이론의 설명은 모호하다.

이 이론을 발전시키는 사람들은 하나님께서 어떻게 그 사람을 순결한 상태로 끌어올리시는지에 대해 불확실하다. 아마도 이것은 그들에게는 신비한 것일 것이다. 그러나 신약성서는 인간의 경험적 성결을 그리스도의 속죄 및 성령의 임재와 연결한다는 점에서는 분명하고 철저하고 매우 정확하다.

VI. 반작용의 이론

억압주의(Supersessionism)라고도 불리는 성결에 대한 "반작용"의 접근법은 종종 케직운동과 관련이 있다.

A. 케직신도들

케직 운동은 19세기 후반에 영국을 휩쓴 복음주의 부흥 운동의 파생물이었다. 최초의 대회는 성 요한 교회(St. Johns)의 교구 목사인 하포드-배터스비(Harford-Battersby) 목사의 초청으로 6월 29일부터 7월 3

일까지 영국 케직에서 열렸다.[47] 1875년부터 "대회는 매년 7월 마지막 주에 케직에서 열렸으며, 이 운동은 매년 그 수와 영향력이 커졌다."[48] 케직 운동의 목표는 "실질적인 성결을 증진시키는 것"[49]이었다. 그렇기에 그의 모토는 "그리스도 예수 안에서 모두가 하나 되는 것"이었다.

케직 신도들의 실제적이며 성서적 접근 방식은 피어슨(Arthur T. Pierson)에 의해 일곱 가지 진술로 요약된다.

1. 알려진 모든 죄, 의심스러운 방종 그리고 거룩한 생활에 방해가 되는 것들을 즉각 버린다.
2. 구세주일 뿐만 아니라 주인이자 주님이신 예수 그리스도께 의지와 전 존재를 사랑과 온전한 순종으로 드린다.
3. 거룩한 생활을 위하여 믿음으로 하나님의 약속과 능력을 전유(專有)한다.
4. 방종과 자기 의존을 중심으로 하는 자아 생활을 자발적으로 포기하고 절제하여 하나님이 모든 것에서 주인이 되시게 한다.
5. 내면의 기질과 의향을 은혜롭게 갱신하고 변화한다.
6. 성화, 성별 그리고 봉사를 위하여 하나님께 헌신한다.
7. 오순절 은사의 자신의 몫을 주장하는 신자로서 권능과 성령의 충만함을 입는다.[50]

---

47) Arthur, T. Pierson, *Forward Movement of the Last Half Century* (New Yor: Funk and Wagnalls, 1900), 25.

48) "Keswick Convention," *Schaff-Herzog Encyclopedia*, VI, 321.

49) Ibid.

50) Op. cit., p. 32-33.

B. 개인의 성결을 실현하기 위한 케직의 방법

케직의 가르침에 따르면 개인의 성결을 실현하는 방법은 개인의 헌신, 개인의 전유, 개인의 신뢰에 의하여서이다. 그러므로 "하나님의 자녀는 … 날마다 몸의 행실을 죽이면서, 또 그리스도 예수를 통해서 날마다 성령이 생기를 주심으로 성장한다. 날마다 죄의 옛사람을 벗어버리고, 하나님을 따라 의와 거룩함으로 지으심을 받은 새 사람을 날마다 입는다."[51] 죄의 짐을 극복하는 것에 대해 말하면서 한 케직 학자는 말하기를, "그리스도인은 주님이 자신의 우월한 능력으로 대응하신, 우리의 모든 짐을 그리스도께서 지게 함으로써 승리를 거두고 있는 것"[52]이라 하였다.

케직에서는 원죄가 "항상 거기에 있기 때문"이라고, 그러므로 인간은 원죄로부터 결코 자유로울 수 없다고 가르친다. 그러나 기독교인은 그리스도의 속죄에 의한 순간순간의 깨끗함을 통해 "영속하는 구출(perpetual deliverance)"을 경험할 수 있다. 이러한 소유, 봉헌, 증여는 성령세례로 재조명되며, 일반적으로 케직 사이에서도 중생 후에 받아들여질 수 있다고 인정되고 있다. 그러나 그것은 엄밀한 의미에서는 은혜의 역사가 아니다. 왜냐하면, 그들은 원죄로부터의 씻음은 없다고 말하기 때문이다.[53] 그러므로, 케직이 실제 성결의 생활을 주장하나, 이는 "웨슬리안주의가 정의하는 것처럼 그것은 결코 온전한 성

---

51) Arthur T. Pierson, *The Heart of the Gospel* (London: Passmore and Alabster, 1892), p. 91.

52) Herbert F. Stevenson, *Keswick's Authentic Voice* (Grand Rapids, Mich: Zondervan Pub. House, 1959), p. 165,

53) Wiley, Christian Theology, II, 463.

화가 아니다."[54)]

C. 케직과 웨슬리안의 차이점

케직과 웨슬리안 사이의 근본적인 차이점은 원죄가 성결의 삶에서 차지하는 위치에 대한 견해를 중심하여 생긴다.

1. 억제 대 정화

케직 사람들은 성령의 권능의 반작용(counteraction)으로 죄가 일시 정지되고 작동을 못 하고 무력해진다고 말한다. 그러나 그들에 의하면, 죄의 세력은 무력화되는 동안 줄곧 원죄의 존재는 불가피하다. 최근 몇 년 동안 인기 있는 케직의 선생 중 한 사람은 "억압(suppression)" 이론을 다음과 같이 표현했다. "성경 말씀에는 어디에도 성결이 옛 죄의 본성을 근절하여 우리가 죄를 범할 수 없게 하고, 심지어 죄의 실재에서 구원받는 것을 의미한다고 가르치는 부분은 없다."[55)] 그래서 모든 성도 안에는 항상 두 가지 본성이 있다. "그 한 본성은 항상 마귀의 유혹과 세상의 유혹과 육신의 요구에 굴복한다. 다른 본성은 교회를 위한 하나님의 부르심에 따라 그리스도의 주권과 성령의 통제 아래 살기를 선택한다."[56)] 인간은 항상 죄의 권세를 진압하기 위한 투쟁에 참여하고 있는 것이다.

---

54) Ibid.

55) Ruth Paxson, *Called unto Holiness* (London: Marshall, Morgan and Scott, 1936), p. 14.

56) Paxson, *The Wealth, Walk, and Warfare of the Christian*, p. 109.

2. 반작용 대 자유

케직의 가르침에서는 신자 안에 거하는 죄에 대한 성령의 반작용 때문에 승리의 성결이 가능하다고 말한다. 그 입장에 대한 정확한 요약이 다음과 같은 말로 설명되었다.

> 생명의 영이신 그분(주님)은 육신 안에 있는 모든 일을 대항하신다. 그리스도인이 더 이상 육욕에 있지 않다고 하나, 육욕은 여전히 그 안에 있으며 평생 동안 거기에 머물러 있다. 육욕은 삶을 소유하고 통제하고 사용하기 위해 할 수 있는 모든 일을 할 것이다. 그러나 그 생명의 놀라운 영은 육욕의 하는 모든 일을 대항한다. 그리고 동시에 우리가 성령이 절대적인 통제권을 가지게 하면, 그분께서 육욕이 우리를 지배하고 주장하지 못하게 하실 수 있다.[57]

같은 저자는, 로마서 6:6을 언급하면서 사도 바울이 죄의 몸이 죽은 것을 말하는 부분을 "죽는다"를 "일하지 않게 하다"를 의미하는 것으로 해석했다. 현대적 용어로 말하면, 이는 "직장에서 해고당하다", "당신의 삶을 주장하는 직업에서 쫓겨나다"는 뜻이다.[58] 그러므로 신자가 거룩한 삶을 살 수 있게 하는 것은 끊임없는 경계와 끊임없는 고행을 통해서이다.

D. 반작용 이론에 대한 반대

이러한 "반작용이론"에 대한 웨슬리안의 대답은 성경과 경험적 기

57) Paxson, *Called unto Holiness*, p. 59.

58) Ibid., 52.

초에 근거하고 있다.

1. 성경 용어

성결과 관련하여 사용된 성경 용어는 케직이 지적하는 것보다 훨씬 더 강력하고 포괄적이다. 예를 들어, '죽인다(*katargeo*)'는 단어는 때때로 작업을 하고 있지 않는 것과 순서가 어긋난 것을 나타내는 데 사용되고 있다. 그러나 권위 있는 사전 편찬자들은 로마서 6:6에 사용된 단어로서 제거하다,[59] 또는 없애 버리다[60]를 의미하는 것으로 번역하였다. 그리고 또 그것을 제거하다, 무효로 하다, 폐지하다 등의 일반적인 의미로 취급했다.[61] 이와 유사하게 씻는다(*jatharidzo*)라는 단어와 그 동족어는 "죄의 더럽힘과 결점에서 벗어나는 것을 의미한다. 즉 사악함에서의 정화"[62]를 의미한다. 물리적 의미에서 깨끗이 한다는 것은 "어떤 것을 제거한다는 것은 정화의 목적"[63]을 의미한다. 이것은 도덕적, 종교적 의미에서 "깨끗하게 하다, 정화하다"[64]를 의미한다. 다시 말하지만, 데살로니가전서 4:7에 있는 성화(hagiasmo)라는 단어는 "존재하는 불순물을 제거함"[65]을 나타내는 것으로 설명되고 있다. 따라서 성화는 과정이 아니라 상태이다. "성화는 인간의 도덕적 행위가 아니라 하나님에 의하여 이뤄진 상태"[66]이다. 성경 용어는 문

---

59) Arndt and Gingrich, op. cit., p. 418.

60) Thayer, op. cit., p. 336.

61) Ibid.

62) Ibid., p. 312.

63) Arndt and Gingrich, op. cit., p. 388.

64) Ibid.

65) Cremer, op. cit., p. 56.

66) Kittel, *Theological Dictionary*, I, 112.

맥과 구문의 관점에서 볼 때 성결은 성령에 의해 초래된 영적 순결의 상태임을 나타낸다.

2. 일관성의 부족

실질적으로나 경험적으로 반작용 접근법은 영구적이고 장기적인 결과를 나타내지 않는다. 고행을 통해 거룩해지고자 하는 대다수의 사람들은 주기적으로 영적 관심이 폭발하는 것처럼 보이지만, 짧은 시간 안에 비효율적이고 실망스러운 종교 생활의 일상으로 되돌아간다.

반작용 이론은 일관된 경건의 습관에 주의를 환기시키는 이점이 있다. 그러나 경건 생활의 대부분은 건강하지 못한 성찰과 영적 분석에 소비되는 것이라 볼 수 있다. 성결은 기쁨과 승리, 곧 그리스도인 삶의 생기를 발산해야 한다. 성결은 항상 존재하는 육에 속한 행동의 격변과 같은 위협에 의해 방해받지 않고, 지속적인 기독교적 헌신을 위한 발판을 제공해야 한다.

3. 하나님의 능력을 제한함

마지막으로 반작용 이론은 삼위일체 하나님의 구속하는 능력을 제한한다. 하나님이 죄를 마비시킬 힘을 주신다면 그가 삶에서 죄를 완전히 제거하지 못할 이유가 성경적으로나 논리적으로 없다. 이것은 아담의 완전성으로의 회복, 또는 어떤 절대적 완전으로의 회복을 의미하지 않는다. 성경은 그리스도의 속죄가 완전한 치료를 가져오는 죄에 대한 효과적인 해독제를 제공했음을 말한다. 죄의 상처들은 남아 있지만 상처는 치유되었다.

VII. 오벌린 이론

피니(Charles G. Finney), 마한(Asa Mahan), 페어차일드(James H. Fairchild)는 개개인들의 성결의 가능성과 필요성을 강력하게 설교한 사람들을 대표한다. 그러나 그들은 그 경험을 설명하려고 시도함에 있어서 독특하고 유일한 신학을 발전시켰다. 그들은 전통적인 성결 사상과 두 가지 점에서 달랐다. 즉 (1) 원죄의 본질에 대하여 (2) 성화의 본질에 관하여서 달랐다. 그들의 오하이오 주 클리블랜드에 있는 오벌린 대학(Oberlin College)과의 관계 때문에 그들의 견해를 오벌린 이론이라고 부른다.

A. 오벌린의 부패에 대한 이론

피니는 부패를 의지의 행동에 두었다. 피니에게 있어서는 "도덕적 부패는 선택의 부패이다."[67] 그러므로 부패는 "자유 의지의 타락이요, 기능 자체의 부패가 아니라 자유로운 행동의 부패이다. 그것은 도덕법의 위반으로 이뤄진다."[68] 피니는 부패를 의지의 행동에 둠으로써 인간에게 죄성(sinful nature)이 있다는 개념을 거부했다. 인간이 죄의 본성을 소유하지 않았다고 말함으로, 따라서 "모든 죄는 이기심, 또는 최종 목적으로 자기만족을 선택하는 데서 있으며 또 이루어져야 한다는 것"[69]이 된다. 피니는 도덕적 부패가 이기적인 의도에만 근거할 수 있다는 견해에 대해 자세히 설명하면서, 다음과 같이 말했다.

67) Charles G. Finney, *Lectures on Systematic Theology* (London: William Legg and Co. 1851), p. 371.

68) Ibid.

69) Ibid., p. 373.

> 내가 사용하는 말, 도덕적 부패는 인간 영혼의 본질 자체에 죄가 있다(sinful)라는 의미에서 죄의 본성(sinful nature)이 있음을 의미하지 않는다. 이는 타고난 죄악이 아니다. 그것은 비자발적인 죄악이 아니다. 내가 사용하는 단어인 도덕적 부패는 이기심에서 생긴다. 자기만족에 대한 의지의 자발적인 헌신 상태에서 생긴다. 그것은 자기 추구의 정신에 대한 자발적이고 완전한 헌신이다. 그것은 이기적인, 궁극적인 의도다. 그것은 잘못된 삶의 목적을 선택하는 것이며, 도덕률을 위반하는 것이기 때문에 도덕적 부패이다. … 도덕적 부패는 본성에서가 아니라 자발적인 상태에서 오는 죄악이다. … 그것은 죄의 본성이 아니라 죄를 짓고자 하는 마음이다.[70)]

정리하면, 피니에게 있어서 죄는 잘못된 목표를 겨냥하는 문제였고, 자기만족을 삶의 최고의 목표로 만드는 것이었다.

B. 오벌린 이론에서의 성화의 본질

피니에 따르면 부패는 의지의 행위이므로 성화도 의지의 행위여야 한다. 그는 성화를 다음과 같이 정의한다. “성화는 자신과 전 존재, 우리의 존재와 우리의 모든 것, 능력, 민감성, 소유물이 의지의 통제 아래 있는 한, 하나님을 섬기기 위해 의지를 바치거나 성별하는 데 있다. 그렇다면, 성화는 도덕률에 대한 … 그 이상도 그 이하도 아닌 완전한 복종이다.”[71)]

오벌린 신학이 성화를 의지의 순종의 문제로 해석했을 때, 성별을

---

70) Ibid.

71) Ibid., p. 595.

또한 두 번째 위기로 간주했다. 그러나 여기에서 이 신학은 궁극적으로 두 번째 위기를 완전히 제거하는 역사적 패턴을 따른다. 오벌린에서 피니의 후계자 중 한 사람은 두 번째 위기는 없다고 말한다. 점점 더 순종적이 되는 과정에는 단지 단계들(steps)이 있을 뿐이다. 따라서 페어차일드(James H. Fairchild)는 다음과 같이 말한다.

> 성경에는 성화된 상태와 성화되지 않은 상태 사이의 경계를 표시하는 두 번째 중생과 같은 명확한 경험의 개념에 대한 근거는 없는 것 같다. 그리스도인의 삶에서 진보의 다양한 단계를 표시하는 연속적인 경험들은 있다: 그러나 특정한 경험을 성화라고 부르는 것은 합당하지 않다. 그것은 진보의 한 단계일 뿐이다.[72)]

따라서 오벌린의 견해는 성결의 실제적인 표현에 관한 한 케직의 입장과 매우 유사한 입장으로 끝난다.

C. 오벌린의 견해에 대한 반대

오벌린의 성화 개념에 대해 많은 반대를 제기할 수 있다.

1. 그 이론은 죄에 대한 부적절한 견해를 가지고 있다.

오벌린 신학은 모든 종류의 죄는 의지(the will)에 달려 있다고 하며, 죄에 대한 단 하나의 정의, 곧 "죄는 율법을 범하는 것"이라고 인정한다. 페어차일드가 말했듯이 "죄와 성결은 오직 자발적인 행동에만 관

72) *Elements of Theology* (Oberlin, Ohio: Edward J. Goodrich, 1892), p. 285.

련된다."[73] 그러나 성경은 죄를 율법과의 도덕적 또는 법적 관계 이상을 나타내는 본성의 부패로 묘사하고 있다. 성경이 말하는 죄는 행위(act)와 상태(state) 둘 다이다. 죄의 죄성은 윤리적이고 영적인 관계, 또는 거룩한 하나님과의 관계가 없는 것과 관련시키고 있다.

2. 그 이론은 인격에 대한 부적당한 견해를 가지고 있다.

오벌린 신학은 인간에 대한 심리학적 분석에서 잘못되어 있다. 피니는 분명히 다른 "기능"으로 구성된 성격을 가진 인간이라는 원자론적 개념을 받아들였다.[74] 그러나 심리학은 "기능 심리학(faculty psychology)"을 폐기한 지 오래되었다. 그리고 심리학적 관점뿐만 아니라 신학적 관점에서도 인간은 완전히 전체로서 고려되어야 한다. 따라서 부패가 의지에만 영향을 미치는 것은 불가능하다. 부패는 인간 성격의 모든 면에 영향을 미쳤다.

3. 그 이론은 헌신과 온전한 성화를 혼동하고 있다.

헌신은 인간의 행위이며 그것은 전체 성화 행위의 일부다. 그러나 더 깊은 의미에서 성화는 신자를 깨끗하게 하시는 하나님의 행위이다. 예수께서는 "아버지여 저희를 거룩하게 하옵소서"(요 17:17)라고 기도하셨다. 그리고 바울은 "평강의 하나님이 너희로 온전히 거룩하게 하시기를 원하노라"(살전 5:23)라고 기도했다. "서약과 포기와 헌신에 의존함이 없다. 그것은 우리의 헌신과 믿음에 응답하는 하나님의 역사이다."[75] 인간은 성별하지만 하나님은 거룩하게 하신다. 따라서

73) Ibid., p. 128.

74) Op. cit., p. 371.

75) A. M. Hills, *Fundamental Christian Theology* (Pasadena, Calif: C.J. Kinne, 1931), II, 254,

성화는 인간의 헌신의 행위일 수 없다. 성화는 또한 하나님의 성결케 하시는 일이다.

오벌린 신학은 성화가 성장의 문제라고 가르쳤다. 피니가 절정에 가까운 헌신 행위를 강조하는데, 그의 가르침의 완전한 영향을 받은 페어차일드는 다음과 같은 말로 표현하였다. "신자의 성장과 확립- 즉 복음의 은혜가 그 안에서 발전하는 것을 성결"[76]이라고 하였다. 성화에 이르는 성장에 대한 웨슬리의 입장은 이 장의 앞부분에서 논의되었다.

피니와 페어차일드는 원죄가 인간의 본성에 내재되어 있음을 부인하면서 성화에서 정화되는 개념을 논리적이고 자명하게 부인했다. 이것은 성결신학에 대한 끊임없는 문제이다. 왜냐하면 원죄가 이기심, 교만, 자기 의지, 자기 주권 등으로 정의될 때, 성화는 필연적으로 성별에 정화를 더한 것이 아니라 성별만 강조되는 경향이 있기 때문이다.

4. 이 이론에서 실제 결과는 효과적이지 않다.

실질적으로 그의 추종자들의 영적 실패에 대한 피니의 관심에 대한 마한의 언급에서 알 수 있듯이 오벌린의 가르침의 결과는 효과적이지 않았다.[77] 개인 성화의 신학이 흐릿하고 모호해지면 듣는 이들의 경험도 불분명해지기 때문이다.

---

76) Op. cit., p. 280.

77) Hills, op. cit., p. 477.

VIII. 웨슬리안 교리

온전한 성화에 대한 웨슬리안의 견해에는 네 가지 특징적인 요소가 있다. (1) 온전한 성화는 신자의 현재 경험에서 신자에게 변화를 일으키는 두 번째 위기이다. (2) 마음의 정결 또는 씻음은 성화의 본질적인 측면이다. (3) 이생에서 가능한 유일한 완전은 사랑의 완전이다. (4) 은혜 안에서의 지속적인 성장은 성결한 신자의 특징이 될 수 있을 뿐만 아니라 반드시 되어야 한다. 이러한 요소 중 처음 두 개는 아래에서 설명한다. 다른 두 가지는 이전 장에서 논의되었다.

A. 온전 성화는 두 번째 위기이다.

로리(Asbury Lowrey)는 다음과 같이 기록했다. "우리는 이 위대한 선물에 대한 정의를 마음이 주체인 은혜의 역사가 이 삶에서 그 시작, 진보, 완성을 가지고 있다고 주장함으로써 시작할 수 있다."[78] 앞에 장에서 두 번째 위기로서 성화의 많은 예가 제시되었다. 그렇다면 이 시점에서 두 번째 위기를 가리키는 몇 가지 성경의 언급을 제시하는 것으로 충분해 보인다. 이 모든 구절은 이미 교회에 있는 사람들 즉 "그리스도 안의 아기들", "성도" 등을 대상으로 한 것이다.

1. "그러므로 형제들아 내가 하나님의 모든 자비하심으로 너희를 권하노니 너희 몸을 하나님이 기뻐하시는 거룩한 산 제물로 드리라 이는 너희가 드릴 영적 예배니라 너희는 이 세대를 본받지 말고 오직 마음을 새롭게 함으로 변화를 받아 하나님의 선하시고 기뻐하시고 온전

78) *Possibilities of Grace* (Chicago: Christian Witness Co., 1884), p. 209.

하신 뜻이 무엇인지 분별하도록 하라"(롬 12:1-2).

2. "또 마음을 아시는 하나님이 우리에게와 같이 저희에게도 성령을 주어 증언하시고 믿음으로 저희 마음을 깨끗이 하사 우리나 저희나 차별하지 아니하셨느니라"(행 15:8-9).

3. "그러므로 사랑하는 자들아 우리가 이 약속을 가지고 하나님을 두려워하는 가운데서 거룩함을 온전히 이루어 육과 영의 모든 더러운 것에서 자신을 깨끗이 하자"(고후 7:1).

4. "그러므로 우리가 그리스도 도의 초보를 버리고 완전한 데 나아갈지니라."(히 6:1).

5. "남편들아 아내 사랑하기를 그리스도께서 교회를 사랑하시고 위하여 자신을 주심 같이 하라 이는 곧 물로 씻어 말씀으로 깨끗하게 하사 거룩하게 하시려는 것이다"(엡 5:25-26).

6. "하나님의 뜻은 이것이니 너희의 거룩함 곧 음행[악]을 멀리하는 것이니라"(살전 4:3).

7. "예루살렘에 있는 사도들이 사마리아도 하나님의 말씀을 받았다 함을 듣고 베드로와 요한을 보내매 그들이 내려가 저희를 위하여 성령 받기를 기도하니 … 그들에게 안수하매 성령을 받는지라"(행 8:14-17).

8. "이르시되 너희가 믿을 때부터 성령을 받았느냐 가로되 우리는 성령으로 말미암는 것을 듣지 못하였노라 바울이 그들에게 안수하매 성령이 저희에게 임하시니라"(행 19:2, 6).

위에서 인용한 구절 중 일부는 첫 번째 읽기에서 나타나지 않았지만, 사용된 용어, 특히 동사에 대한 문법적 분석이 이루어질 때, 그리고 구절의 맥락을 고려할 때, 두 번째 위기가 모호함 없이 표시되고 있다. 웨슬리는 그의 《그리스도인의 완전에 대한 평의한 설명》(책)에서 성화에 대한 성경적 입장에 대한 요약을 제시하며 다음과 같이 말했다.

(1) 그리스도인의 완전은 하나님과 이웃에 대한 사랑이다. 이는 모든 죄로부터의 구원을 의미한다. (2) 이것은 단지 믿음으로 받는 것이다. (3) 이것은 순간적으로, 한순간에 이루어진다는 것이다. (4) 우리는 완전을 기대하되, 이는 죽을 때가 아니라 매 순간 그것을 기대해야 한다는 것이다; 지금이 은혜받을 만한 때요, 지금이 구원의 날이라는 것이다.[79)]

B. 온전한 성화는 '정화'를 포함한다.

거룩하게 하다(*sanctify*)라는 동사는 라틴어 *sanctus*(거룩)와 *facere*(만든다)에서 파생되었다. 따라서 그것이 명령형으로 사용될 때는 문자 그대로 거룩하게 하는 것을 의미한다. 그리스어의 *hagios*(거룩)에서 파생된 동사 하기아조(*hagiadzo*)는 또한 거룩하게 만든다(make holy)는 의미이다. 그것들의 어원과 성화에 대한 성경적 용법은 정화의 사실

79) *Works*, XI, 393.

을 가리킨다. 이 씻음은 신자의 마음에서 타고난 죄(inherited sin)를 제거하기 위해 고안된 말이다. 와일리(H. Orton Wiley)는 죄를 씻는 성화에 대한 웨슬리의 입장을 다음과 같이 말한다.

> 성경에 따르면 씻음의 정도는 모든 죄의 완전한 제거를 포함한다. 죄는 철저하게 깨끗이 씻겨지고, 정화되고, 멸종되고, 근절되고, 십자가에 못 박혀진다. 이러한 용어가 일반적으로 사용되는 것처럼 죄는 억압되고, 억제되고, 반작용되고 또는 무효화 해서는 안 된다: 그것은 파괴될 것이다; 타고난 죄(inbred sin)는 그냥 남아 있다고 말하는 이론은 비성경적이다.[80]

정화로서의 성화와 관련하여 사용된 그리스 용어에 대한 연구는 명확하다. 몇 가지 용어를 아래에서 설명하겠다.

1. 가장 일반적으로 사용된 용어 중 하나는 *Katharidzo*이다. 이 용어는 일반적으로 내부 및 외부 모두를 깨끗이 하거나 씻는 것을 의미하고, 또한 씻거나 정화함으로 봉헌하는 것을 의미한다. 또는 더러움에서 벗어나는 것을 의미한다(행 15:9; 고후 7:1; 딛 2:14; 요일 1:7).

2. *katharidzo*와 밀접한 관련이 있는 단어는 *katargeo*인데. 이는 '무효화하다, 폐지하다, 종식시키다, 중단시키다' 등을 의미한다(롬 6:6).

3. 깨끗함을 가리키는 또 다른 강력한 용어는 *ekkathairo*라는 단어인데 이는 '철저하게 씻는다 또는 깨끗이 한다'를 의미한다(고전 5:7).

---

80) *Christian Theology*, II, 488-891.

4. 근절한다(*eradicate*)라는 단어에 반대하는 사람들을 위해 첨언하자면, 이 용어는 *ekkrizoo*라는 단어에서 성경적인 지지를 받고 있는데, '근절하다, 뿌리째 뽑아낸다'는 것을 의미한다(마 13:29).

5. 가장 강력한 용어 중 하나는 *stauroo*인데, 이는 육욕(the flesh)과 관련하여 "그의 세력을 완전히 멸하다는 것"을 의미한다(갈 5:24).

6. *stauroo*와 밀접하게 관련된 단어는 *thanatoo*라는 단어인데, 이는 '정복하다, 극복하다, 죽인다'는 것을 의미한다(롬 7:4, 8:13).

7. *luo*라는 용어는 죄로부터의 자유와 관련하여 가끔 사용되고 있다. 이렇게 사용될 때 이것은 주로 '풀다 또는 해방하다'를 의미하지만 또한' 부수다, 파괴하다, 분쇄하다'는 것을 의미한다(요일 3:8).

신자의 정결함과 관련하여 사용된 이러한 용어에 대한 연구는 결정적으로 성경이 타고난 죄로부터 마음을 깨끗이 하는 것, 즉 육적인 자아의 완전한 파괴의 가능성을 가르친다는 것을 보여준다.

요약

이 장에서 온전한 성화가 "언제(when)"있게 되느냐에 대한 다양한 가르침을 제시했다. 제안된 바와 같이 대부분의 교회는 한 입장을 지지하고 다른 입장은 배제한다. 따라서 어느 한 집단이 다른 집단보다 더 독선적이라고 비난할 수는 없다. 웨슬리안 신학의 두드러진 특징은 항상 하나님의 은혜는 현재의 경험에서 개인을 지배하는 죄의 권세를 완전히 깨뜨리기에 충분하다는 믿음이었다. 웨슬리안은 그들의 입장이 성경적으로 참되고 실제적으로 건전하다고 믿는다.

10장
성령의 역사

성령의 역동적인 임재는 신약적 기독교인의 삶을 사는 데 필요하다. 기독교인의 반응 또는 삶은 형식적이거나 지적이거나 경험적일 수 있다. 형식적인 종교나 지적 종교는 성령의 필수적인 자리를 만들지 못한다. 그러나 기독교가 종교 생활에서 체험적인 것이 중요해질 때는 언제나 성령의 역사가 중요하다. 스콧(E. F. Scott)이 말했듯이 "성령에 대한 믿음은 항상 경험에서 비롯되었다. 그것은 사람들이 기계적으로 절반만 고집했던 진리가 위대한 현실이라는 것을 갑자기 깨닫게 된 종교적 각성 시대에서 가장 강력했다."[1]

구약성경에서의 성령의 사역은 일반적으로 피조물과의 관계, 특별한 은사와 능력의 부여, 특정한 사람들과의 영적 관계에서 고려되었다. 신약성경에서의 성령의 사역은 메시아 예수와의 관계, 그의 오순절 날에 오심에 대하여 그리고 그리스도인과 교회의 삶에서의 그분의 역할에 관하여 논의될 수 있다. 하지만 이 연구의 목적은 성령의 역사를 성결의 삶과 교리와 관련시키는 것이므로 다음의 논의는 성령의 역사의 네 가지 측면으로 제한할 것이다: 즉 (1) 중생 또는 초기 성화에 있어서의 성령, (2) 온전한 성화에서의 성령, (3) 그리스도인의 성장에서의 성령, (4) 성령의 열매의 4가지 측면을 논의할 것이다.

---

1) *The Spirit in the New Testament* (London: Hodder and Stoughton, 1923), p. vi.

I. 중생에서의 성령

존 웨슬리는 기독교를 주로 중생과 성화의 관점에서 해석했다.[2] 단순한 형식주의에 반대하여 웨슬리는 사랑의 기독교를 설교했다. 그에 따르면 기독교는 "하나님과 온 인류에 대한 사랑; 즉 마음과 영혼과 힘을 다하여 하나님을 사랑하고 … 그리고 하나님이 지으신 모든 영혼, 땅에 있는 모든 사람을 자신의 영혼 같이 사랑하는 것"[3]이다.

대체로 말하면, 성화는 선행적 은혜의 작용으로 시작하여 구속받은 자가 하나님 앞에 설 때 마친다. 그러나 이 용어가 웨슬리안 신학에서 사용된 것처럼 성화는 두 가지 독특한 의미 - 즉 초기 성화 또는 중생과 온전한 성화 또는 마음 정화라는 두 가지 의미를 지니고 있다. 모든 거듭난 그리스도인은 성령을 소유하고 있다는 사실을 깨닫는 것이 중요하다. 왜냐하면 사람 안에서 행해지는 모든 영적 일은 성령의 역사의 결과이기 때문이다.

A. 중생에서의 성령

중생한 모든 그리스도인은 안에 거주하시는 성령과 함께 있다. 성령세례라고 하는 중생 이후의 경험을 말하는 것은 중생에서의 성령의 혁명적인 역사를 축소하는 것이 아니다. 웨슬리가 쓴 것처럼 "의롭게 된 사람의 상태는 말할 수 없이 위대하고 영광스럽다."[4] 성경의 증언은 모든 그리스도인이 성령을 받았다고 확증한다. 그러므로 거듭난

2) *Works*, V, 39-40.

3) *Works*, VIII, 3.

4) Ibid., V, 146.

신자 안에 있는 성령에 대해 다음의 네 가지를 말할 수 있다.

1. 성령은 영적인 삶을 유지하신다.

성령의 도우심 없이 거듭난 상태를 유지하는 것은 불가능하다. 영적 삶은 성령을 통해 온다. 니고데모와의 대화에서 예수님은 "사람이 물과 성령으로 나지 아니하면 하나님 나라에 들어갈 수 없느니라"고 말씀하셨다(요 3:5). 또한 바울은 그리스도에게 속한다는 것은 성령을 갖는 것이라고 썼다. "누구든지 그리스도의 영이 없으면 그리스도의 사람이 아니라"(롬 8:9). 더 나아가 율법주의적으로 마음이 기울어진 갈라디아인들에게 보내는 편지에서 바울은 "너희가 성령으로 시작하였다가 이제는 육체로 마치겠느냐?"(갈 3:3)라고 말했으며, 같은 교회에 대한 강력한 권고에서 바울은 "성령을 좇아 행하라 그리하면 육체의 욕심을 이루지 아니하리라"고 말했다(갈 5:16).

2. 하나님과의 관계는 성령에 달려 있다.

거듭난 사람이 성령을 소유하는 것과 관련된 두 번째 진리는 신자의 하나님에 대한 자식다운 관계는 성령에 달려 있다는 것이다. 그리스도인을 하나님의 자녀로 언급하면서 바울은 성령을 관계의 중요한 연결 고리로 삼는다. "너희는 … 양자의 영을 받았으므로 우리가 아빠 아버지라고 부르짖느니라. 성령이 친히 우리의 영과 더불어 우리가 하나님의 자녀인 것을 증언하시느니라"(롬 8:15-16). 갈라디아서에서 바울은 다시 아들의 신분을 성령의 임재와 관련시킨다. "우리가 아들인 고로 하나님이 그 아들의 영을 너희 마음 가운데 보내사 아바 아버지라 부르게 하셨느니라"(갈 4:6). 바울에게 있어서 "아바(abba)"라는 단어는 단순한 생물학적 관계보다 훨씬 더 깊은 의미를 담고 있었다.

아람어의 칭호인 "아바"는 예수가 아버지를 부를 때 사용한 호칭이었기 때문에 기독교 용어로 사용되었다.[5] 그러므로 이 칭호는 심오한 영적 관계의 개념을 담고 있다.

3. 성령은 모든 신자 안에 거하신다.

중생에 있어서 성령의 활동과 관련된 세 번째 진리는 심지어 신자가 육신에 속한(carnal) 경우에도, 성령이 참으로 중생한 모든 신자 안에 거하신다는 것이다.

고린도 교회에 편지를 쓰면서 바울은 그들은 육신에 속한 자들이라고 직설적으로 말했다(고전 3:1). 그러나 거의 같은 맥락에서 그는 그들에게 하나님과의 관계를 상기시킴으로 영적 추구를 하도록 격려하였다. "너희가 하나님의 성전인 것과 하나님의 성령이 너희 안에 거하시는 것을 알지 못하느냐?"(고전 3:16). 나중에 바울은 고린도 교인들의 영적 미성숙함을 다시 꾸짖으면서도 그들의 "몸은 너희 안에 계신 성령의 전"(고전 6:19)이라고 상기시켰다. 그러므로 성령이 중생의 일을 책임지고 있는 것, 하나님에 대한 그리스도인의 자녀다운 관계는 성령을 통해 유지되고 있는 것, 또한 성령은 모든 참된 그리스도인 안에, 심지어 육신에 속한 자들 안에도 내주하신다는 것이 분명하다.

4. 성령에 대한 반대

거듭난 자 안에 있는 성령의 임재에 관한 마지막 진리는 성령의 역사를 반대하는 능력, 세력 또는 경향이 있다는 것이다. 성령이 기독교를 참되게 따르는 모든 사람 안에 지탱하고 내주하시지만, 성령의 임재와 권능은 모든 그리스도인의 타고난 영적 잠재력을 달성할 수 없

5) Vincent, op. cit., IV, 138.

다. 왜냐하면 "육체의 소욕은 성령을 거스르고 성령은 육체를 거스르나 이 둘이 서로 대적하여 너희가 원하는 것을 할 수 없게"(갈 5:17) 하기 때문이다. 육체와 성령 사이의 이 투쟁에 대해 말하면서 웨슬리는 다음과 같이 썼다. "모든 사람 안에는 그가 의롭다 하심을 받은 후에도 상반되는 두 원리 곧 죄적 인간성(nature)과 은혜 … 육체와 성령이 있다. 그러므로 그리스도 안에서는 어린아이도 거룩하게 되나 부분적으로만 거룩하게 된다."[6] 이 초기의 또는 부분적인 성화는 웨슬리에게 있어서 성경적이면서도 경험적인 실재였다.

B. 중생은 초기 작업이다.

웨슬리가 가르친 성결의 교리는 중생에 있어서의 성령의 역사를 포함한다. 그러나 그것은 부분적이며 불완전한 작업이다. 왜냐하면 "우리가 참으로 그리스도를 믿는 순간 새로워지고, 깨끗해지고, 순결해지고, 정화되었을지라도 아직 우리는 전적으로 새로워지고, 깨끗해지고, 정화되지 않는 육체 곧 악한 본성이(비록 가라앉았고, 그리고 성령과 전쟁을 하고 있지만) 여전히 남아 있기 때문이다."[7] 스틸(Daniel Steele)은 "신생에서 성령이 사람의 온 본성, 생각, 감정, 의지를 만지므로 사람이 새로운 피조물이 되었다고 해도 그의 새로움은 어떤 부분에서도 완전하지 않음"을 지적했다.[8]

중생 또는 초기의 성화라고 불리는 신생은 혁명적이고 영광스러운 변화와 새롭게 하는 경험이다. 그러나 실제로 중생이라는 단어가 가

6) *Works*, V. 155.

7) Ibid., p. 156.

8) *The Gospel of the Comforter* (Boston: The Christian Witness Co., 1904), p. 104.

리키는 것은 바로 새로운 탄생, 새로운 시작, 새로운 피조물, 새로운 시각, 새로운 충성이다. 그러나 영적 아기는 성숙하게 자라야 한다. 그리스도인 성품은 양육되어야 한다. 그러므로 영적 성장을 가로막는 장애물을 제거해야 한다. 영혼은 하나님의 자녀로 성장함에 있어서 영성을 반대하는 모든 육신적인 것으로부터 해방되어야 한다. 그러므로 성령의 역사의 결과인 온전한 성화가 필요한 것이다.

II. 온전한 성화에서의 성령의 역사

실천신학의 영역에서 성결운동은 일반적으로 온전한 성화의 동의어로서, "두 번째 축복", "성령세례"와 같은 여러 용어를 사용해 왔다. 그러므로 이어지는 논의에서 성령세례라는 성서적 용어를 사용하는 것이 바람직해 보인다. 이 성령의 역사적 측면을 다룸에 있어서 두 가지 개념, 즉 (1) 그리스도인이 성령세례를 받는 시기; (2) 성령세례의 나타남 또는 성령세례의 결과를 다루도록 하겠다.

A. 성령세례를 받는 시기

사람이 성령으로 세례를 언제 받는가에 관해서는 두 가지 주요 학파가 있다. 한 학파는 사람이 중생할 때 성령으로 세례를 받는다고 가르친다. 다른 학파는 성령세례는 중생한 후에 받는 것이라고 주장한다.

1. 동시 이론

현대 학자들은 "모든 기독교인은 구원의 순간에 성령의 세례를 받는다. 따라서 구원과 세례는 같은 시간에 적용되며 성령의 이 역사 없이 구원받는 것은 불가능"[9]함을 주장한다. 동일한 저자는 다시 선언하기를 "성경에는 성령에 의한 세례가 구원 받은 후에 일어난다는 기록된 곳이 없다"고 말했다.[10] 또 다른 저자는 이렇게 말한다. "우리가 구주께로 향하고 그분을 받아들일 때 그것을 받는다는 것은 의심의 여지가 없다."[11]

이 주장의 문제는 "성령의 탄생"을 "성령의 세례"와 동일시하는 것에서 발생한다. 이러한 입장은 성경적 관점에서 유지하기 어려운 것 같다. 왜냐하면 부활 이후, 부활하신 구주와의 잊을 수 없는 40일의 교제 끝에 예수께서 제자들에게 아버지의 약속하신 것을 받을 때까지 예루살렘에 머물러 있으라고 명하셨다. 그리고 이 약속은 "곧 너희가 몇 날이 못 되어 성령으로 세례를 받으리라"(행 1:5)는 것이었기 때문이다. 예수님이 이 추종자들을 새로운 탄생의 잠재적 대상으로 여겼다는 것은 믿을 수 없어 보인다. 그들은 3년 넘게 예수님을 따라다녔기 때문이다.

또 다른 예는 "그들에게 그리스도를 전한" 빌립의 설교에서 시작된 사마리아의 부흥이 예이다. 빌립의 설교는 효과적이었다. 왜냐하면 "백성이 빌립이 말하는 것을 일심으로 따랐기" 때문이다(행 8:6). 더 나아가 이 선한 사마리아인들은 빌립이 전파한 복음을 믿었기 때문에 세례를 받았다. 또한 예루살렘의 교부들은 사마리아의 이 부흥에 대한 직접적인 보고를 받고 싶어 했고, 그 상황을 평가하기 위해 베드로와 요한을 파견했다. 베드로와 요한은 이 새로운 회심자들 안에서 행해진 하나님의 일을 보고 "그들에게 안수하매 성령을 받았다"(행

9) Walvoord, *The Doctrine of the Holy Spirit*, p. 139.

10) Ibid., p. 140.

11) Ren Pache, *The Person and Work of the Holy Spirit*, trans. J.D. Emerson (Chicago: Moody Press, 1954), p. 73.

8:17). 여기에서 이 사마리아인들이 성령의 세례를 받기 전에 그리스도 안에서 회심했다는 것은 의심의 여지가 없으며, 이는 다른 데서 이미 인용되었다.

2. 두 번째 위기 이론

성령세례에 대한 두 번째 견해는 그러한 세례가 중생 후에 일어난다는 것이다. 어떤 이들은 이것을 "성령충만"이라고 말하지만, 그러한 의미론적 구분을 강요할 필요는 없을 것이다. 성령세례와 성령충만은 동일하기 때문이다. 이전 장에서 제안한 것처럼 제자들은 확실히 오순절 이전에 진정한 그리스도의 추종자로서 자격을 갖추었을 것이다. 사마리아인들도 성령을 받기 전에 그리스도를 온전히 영접했다. 그러나 또 다른 사례가 있는데, 바울은 에베소에서 제자를 만났을 때 자주 인용되는 질문을 했다. "너희가 믿을 때부터 성령을 받았느냐?"(행 19:2). 대부분의 현대 역본은 이 질문을 다음과 같이 번역한다. "너희가 믿을 때에 성령을 받았느냐?"

주석가들은 일반적으로 "너희가 믿었기 때문에(since ye believed)"라는 킹 제임스 성경 번역을 거부한다. 메이어(Meyer)는 그것을 "너희가 신자가 된 후에"라고 번역했다.[12] 그러나 엘리엇(Elliott)과 그레이(Gray)를 포함한 거의 모든 동시대 주석가들이 "너희가 믿었을 때"라는 것으로 번역했기 때문에 메이어는 소수에 속하는 것으로 보인다. 그러나 사용된 동사 형태가 부정과거 분사이므로, 이는 일반적으로 완성된 사건 또는 주동사의 행동에 시간상 선행한 행동을 의미한다.[13] 브

---

12) Heinrich August Wilhelm Meyer, *Critical and Exegetical Handbook to the Acts of the Apostles*, tr. Paton Gloag (New York: Funk and Wagnalls, 1883), p. 365.

13) Burton, op. cit., p. 62-63.

라운(Charles E. Brown)은 그의 《성화의 의미(*The Meaning of Sanctification*)》의 부록에서 메이어가 주장하는 입장에 대하여 인상적인 사례를 제시했다. 한 연구가가 제안한 것처럼 이는 요점에서 독단적일 수는 없다. "19:2에 있는 사도의 진술의 정확한 의미는 파악하기 어렵다. 왜냐하면 헬라어는 이 시점에서 결정적이지 않기 때문이다."[14] 그러나 퍼카이저가 지적한 것처럼 두 가지 사항은 어떤 번역을 취하든 수정처럼 분명하게 남아 있다. 이 사람들은 믿는 자들이었으며 사도 바울도 그들의 믿음을 인정하였으나 그들은 바울이 의도한 의미에서 성령을 받지 아니하였다.[15] 따라서 그 문맥에 비추어 질문에 대답 될 때, 이는 이 열두 제자가 성령으로 세례를 받은 "중생 이후에 있는 경험"이었음을 나타낸다.

체프먼(J. B. Chapman)이 요약한 성령 세례의 포괄적인 성격은 다음과 같다.

> 성화, 성결, 그리스도인의 완전, 완전한 사랑, 성령세례, 그리스도인의 순결, 그리고 유사한 다른 용어들은 같은 일과 은혜의 상태를 의미하며 그리고 그 역사는 예수의 피의 공로와 믿음의 조건과 성령의 능률적인 작용에 근거하여 신자들의 마음에서 중생 후에 이루어진다는 것을 의미한다.[16]

14) Frank Stagg, *The Book of Acts* (Nashville: Broadman Press, 1955), p. 19.

15) *Sanctification and Its Synonyms*, p. 36.

16) *The Terminology of Holiness*, p. 69.

B. 성령의 표시

성결의 체험과 관련하여 신약성경과 기독교인의 체험에서 나타난 바와 같이 성령세례의 두 가지 표징이 나타났다. 이러한 표징 중 첫 번째는 물리적/외부라고 할 수 있으며 두 번째는 내적 표징이라 부를 수 있다.

1. 성령의 외적인 물리적 증거

오순절 날에 성령 강림의 세 가지 외적인 증거가 있었다. 즉 "급하고 강한 바람 같은 소리", "불과 같은 … 방언들" 그리고 "다른 언어로 말하는"능력이 있었다(행 2:2-4). 물리적 표징의 목적은 무엇이었는가? 얼(Ralph Earle)은 오순절에 있었던 화려한 물리적 시연을 옛날 시내 산에서 있었단 사건, 즉 "천둥과 번개가 치고 짙은 구름이 산 위에 있고 나팔소리가 매우 크게 들리니 모든 사람들이 떨더라 … 시내산에 연기가 자욱하니 여호와께서 불 가운데서 거기 강림하심이라 그 연기가 옹기 가마 연기 같이 떠오르고 온 산이 크게 진동하였다"는 사건(출 19:16-18)과 비교한다. 시내산과 오순절은 모두 하나님의 구속 과정에 대한 새로운 계시의 시작을 의미하는 획기적인 사건이었다. 오순절에 "새 시대, 곧 성령의 경륜의 시대가 시작되었다. 이 사건의 최고의 중요성을 인식"[17)]해야 한다.

마찬가지로, 예수 그리스도의 탄생 때 하늘에서 이상하고 찬란한 별이 번쩍였고 그리고 한편에서는 천사 합창단이 인간에게 탄생을 알렸다. 그리고 구속자가 죽으셨을 때는 해가 어두워지고 땅이 진동했

17) Charles W. Carter and Ralph Earle, "The Acts pf the Apostles," *The Evangelical Commentary* (Grand Rapids, Mich: Zondervan Publishing House, 1959), p. 29.

다. 묵시록은 또한 심판 시대의 시작이 무시무시한 물리적 현상을 수반할 것임을 말하고 있다.

구속사에서 새로운 시대의 상징으로서 이러한 "들려지고 또는 및 보게 되는 징조는 일시적인 현상일 뿐이지만, 성령의 임재와 능력은 영원하고 중요한 실재였다."[18] 오순절의 외적 육체적 표현의 의미를 설명하기 위해 네 단어를 사용할 수 있다. "자세히 말하면 권능, 즉 강하게 부는 바람 순결, 불 같이 산산 조각 나는 방언, 점유(possession) 등 이들은 성령의 충만함을 받았다. 그리고 선포, 성령이 말하는 대로 다른 방언으로 말하기를 시작했다."[19] 일반적으로 바람 소리는 하나님의 창조적이고 생명을 주는 능력인 신비를 상징하는 것으로 받아들여져 왔다.[20] 불은 하나님의 거룩한 임재의 정화하는 능력, 사랑의 열심, 신성한 영감의 빛을 상징한다.[21] 그리고 한편 방언으로 말하는 것은 "도래할 복음의 보편성을 상징"[22]했다. 동시에 오순절의 외적 상징도 중요했지만 성령 강림의 참으로 중요한 의미는 성령 사역의 내적, 개별적 측면이다.

2. 성령의 내적, 개별적 역사

성령의 주요한 사역은 내적이며 개인적인 사역이다. 성령 역사의 기본적인 성과는 육적인 것이 아니라 영적인 것이다. 성령은 인격이시며 인격으로서 가장 위대한 일을 일으키시기 때문이다. 성령의 두

---

18) Stagg, *The Book of Acts*, p. 53.

19) Carter and Earle, op. cit., p. 29-30.

20) Rackham, op. cit., p. 18.

21) Ibid., p. 19.

22) F. J. Foakes-Jackson, "The Acts of Apostles," *The Moffatt New Testament Commentary* (New York: Harper and Brothers, 1931), p. 11.

드러진 역사는 (1) 영적인 기독교, (2) 개인적인 능력과 승리, (3) 마음의 순결, (4) 여론의 두려움으로부터의 자유, (5) 하나님 나라에 대한 완전한 헌신, (6) 영혼구원의 성공이다.

a. 영적인 기독교

종교는 의식적이거나 율법적이거나 지적이거나 인본주의적이거나 영적일 수 있다. 성령의 오심은 기독교를 영적인 종교, 즉 성령 안에 있는 삶으로 나타냈다. 오순절 이전에는 성령은 때때로 사람들을 충만케 하셨고 간헐적으로 임재하셨다. 그러나 "오순절은 새로운 삶의 세계 - 즉 인간 안에 하나님의 영의 생명이 도입되는 것을 나타냈다."[23] 전에는 하늘에서 증류된 이슬처럼 오던 것이 이제는 대홍수처럼 왔다. 이전에는 출몰하는 그림자처럼 보이던 것이 지금은 그들의 삶에서 타오르는 불꽃이 되었다. "이제는 성령께서 그들의 영혼을 사로잡으셨기 때문에 그들은 이제부터 그의 생각을 말하고 그의 동정심으로 고동치며 하나님의 뜻을 행동에 옮겼다. 하나님이 그들을 충만케 하신 것이다. 그러므로 그들은 오직 하나님의 생각 또는 그의 의견에 동의하는 것 외에는 생각하지 않았다."[24] 오순절 이후에는 "성령이 초대 교회의 삶에서 지배적인 실재가 되었다."[25]

b. 개인적인 힘과 승리

예수님은 "오직 성령이 너희에게 임하시면 너희가 권능을 받을 것"(

23) Rackham, op. cit., p. 15.

24) David Thomas, *Acts of the Apostles* (Grand Rapids, Mich: Baker Book House, 1956), p. 27.

25) William Barclay, *The Acts of Apostles* (Philadelphia: The Westminster Press, 1953), p. 12.

행 1:8a)이라 약속하셨다. 카터(Carter)는 성령세례를 받은 그리스도인의 삶에서 성령이 내주하심의 능력을 다음과 같이 열거했다.

첫째, 오순절의 능력은 유혹과 죄에 대한 거룩한 그리스도인의 승리에 관한 확신이다.

둘째, 오순절의 능력은 그리스도인의 증거를 실행하는 데 효과적인 능력이다.

셋째, 박해를 견디는 오순절 능력의 효능은 첫 번째 기독교 순교자인 스데반에 의해 잘 예시되었다.

넷째, 성령으로 충만한 사도들이 행한 악령 추방은 1세기 기독교 역사의 한 면을 장식했다.

다섯째, 1세기 교회에서의 기독교인의 치유를 위한 오순절의 능력은 귀신을 쫓아내는 것 만큼이나 증거가 많이 있다.

여섯째, 마지막으로 이 영으로 충만한 하나님의 종의 명령에 따라 죽음의 권세가 더 이상 힘을 발휘하지 못하도록 하였다. 베드로의 손에 의해 도르가(Dorcas)가 다시 살아난 것은 친숙한 예이다.[26]

c. 마음의 순결

오순절 세례의 가장 큰 특징은 마음의 순결이다. 순결이 오순절의

---

26) Carter and Earle, op. cit., p. 41-42.

핵심이라면 성령 역사의 의미를 왜곡하거나 혼동할 수 없다. 채프먼(J. B. Chapman)은 "세례는 항상 씻음을 의미한다. 그리고 성령 세례는 성령에 의한 우리 마음의 깨끗케 함을 의미"[27]한다고 했다. 사실 베드로에 의해 사도 교회의 첫 번째 공의회 중 하나에서 마음의 순결이 오순절의 필수 요소라는 것이 제시되었다. 바울과 바나바가 이끄는 위원회가 기독교와 관련된 특정 법적 요구 사항을 논의하기 위해 예루살렘으로 소집되었을 때 이 문제는 마음의 순결에 근거하여 해결되었다.

할례에 대한 성과 없는 논쟁이 벌어지는 가운데서도 베드로는 그 자리에서 기독교 신앙의 최고의 요구 사항이 마음의 순결이라는 개념을 통감하게 하였다. 베드로는 "마음을 아시는 하나님이 그들에게 성령을 주어 우리와 같이 믿음으로 그들의 마음을 깨끗하게 하사 우리나 그들이나 차별하지 아니하셨느니라"(행 15:8-9)고 선언하였다. 베드로의 성령세례의 순결이라는 기반으로 한 선언이 문제를 해결한 것이다. 따라서 마음의 순결이 유대 기독교인과 이방인 기독교인 사이를 규합하는 것이 되었다. 마음의 순결은 기독교 교회가 처음으로 채택한 일치의 에큐메니칼적 원칙이었다.

d. 대중의 비난에 대한 두려움으로부터의 자유

성령의 역사의 주목할 만한 성과 중 하나는 대중의 비난을 두려워하지 않는 것이다. 오순절 후에 제자들은 사람들에 대한 두려움에서 해방되어 그들의 능력을 자유롭게 드러내고 그들의 삶에 활력을 불어넣었다.

다른 사람들이 조롱하며 "이 사람들이 새 술에 취하였다"(행 2:43)고

---

27) *Holiness and Triumphant*, p. 100.

말했을 때, 베드로는 일어나 사람들에게 목소리를 높여 설교하였다. 관원들이 베드로와 요한에게 설교하지 말라고 말할 때, 저들의 대답은 간단하게 결론적으로, "하나님 앞에서 너희 말 듣는 것이 하나님 말씀 듣는 것보다 옳은가 판단하라"(행 4:19b)고 말하였다. 나중에 베드로는 직설적으로, "사람보다 하나님께 순종하는 것이 마땅하니라"(행 5:29b)고 대답했다. 또한 바울이 사도로 임명되었을 때 그의 사명에는 "그들의 백성에서 구원받는 것"(행 26:17)을 포함하고 있었다.

정상적인 사람이라면 누구나 성령충만할 때에도 여론을 건전하게 존중하고 사회적으로 받아들여지는 것에 만족할 것이다. 또한 성령의 임재는 일부 사람들이 대중 앞에서 공연할 때 경험하는 "무대에 처음 설 때의 두려움"의 초조함을 제거하지 않는다. 그러나 성령의 임재는 사회적 압력에 의해 위축되지 않고 침묵을 유지하는 것이 개인적으로 유익할 때에도 자신의 신념을 공개적으로 확언하는 일종의 거룩한 담대함을 만들어 낼 것이다. 20세기 후반의 카리스마 운동은 사람들이 하나님의 임재를 느끼기 위한 굶주림을 갖고 있으며, 성령의 임재는 진정으로 "백성들로부터 해방되는" 유형의 반응을 갖게 한다는 것을 보여주었다. 여론을 지나치게 의식하는 교회에게 성령은 새롭게 하는 능력과 역동적인 임재로 온다.

e. 하나님의 왕국에 대한 완전한 헌신

본회퍼(Bonhoeffer)는 "값싼 은혜(cheap grace)는 우리 교회의 치명적인 적"[28]이라 말했다. 그가 1945년에 히틀러의 요원들에 의해 교수형을 당했을 때, 그는 20세기에도 1세기 교회의 순교자들과 동등한 용감

28) Dietrich Bonhoeffer, *The God of Discipleship* (2nd ed: New York: The Macmillan Co., 1959), p. 35.

한 순교자들을 배출할 수 있음을 보여주었다. 폴 칼슨(Dr. Paul Carlson)은 1965년에 콩고에서 총알에 맞아 죽었을 때, 하나님의 영이 하나님의 왕국에 대한 완전한 헌신을 가져온다는 것을 다시 한번 드러냈다. 물질을 소유하고 구하려는 충동으로 특징지어져 있는 시대에 초대교회의 성령 충만한 제자들은 복음을 전파하기 위해 소유물을 기꺼이 팔아넘김으로 현대 교회에 도전장을 내밀고 있다. 안전에 대한 열망으로 특징지어지는 시대에, 초대 교회가 모든 것을 하나님의 뜻에 맡기는 일은 그리스도가 "만유의 주님이시거나 아니면 전혀 주님이 아니다"는 사실을 상기시켜 준다. 적합성의 신학과 순응의 실천으로 특징지어져 있는 시대에, 세상과 사도 교회 사이의 개방적이고 예리한 구별은 현대 제자들에게 성령의 세례가 하나님 나라에 대한 완전한 헌신을 가져온다는 것을 상기시킨다.

f. 영혼 구원의 성공

오순절 이후에 교회는 모든 것을 휩쓸어 가는 홍수와 같았다. 공개적인 설교와 사적인 간증들은 새로 태어난 교회에 개종자들이 끊임없이 들어오게 하였다.

III. 그리스도인의 성장에서의 성령

성령은 영적 성장과 발전의 내적 근원이었다. 영적으로 성장시키는 성령의 인도를 받는 삶에는 많은 측면이 있다. 많은 것 중, 더 중요한 측면은 (1) 성령의 증거 (2) 성령의 인도 (3) 성령의 징계 (4) 성령 안에서의 기도 (5) 성령 안에서의 봉사 (6) 성령 안에서의 예배이다.

A. 성령의 증거

내적 확신(inner assurance)이라는 개념은 항상 성결 그룹에서 두드러지게 나타났다. 이 내적 증거를 확신의 교리라고 전해져 왔다. 웨슬리에게 있어서 확신의 문제는 성령께서 성취하신 것을 성령 자신께서 확증해 주시는 것이기 때문에 기본적인 것이라 할 수 있었다. 웨슬리는 성령의 증거에 관한 이 교리가 세상에 대한 메소디즘의 큰 공헌의 일부라고 느꼈는데, 그 이유는 그가 다음과 같이 썼기 때문이다. "이는 모든 인류에게 전하라고 하나님께서 메소디스트에게 주신 증거의 일부이기 때문에, 이 교리를 분명히 이해하고 설명하고 옹호하는 것은 … 메소디스트에 더 밀접한 관계가 있다."[29] 그러므로 성령의 증거에는 직접적이고 간접적인 것이 있다고 볼 수 있다.

1. 성령의 직접인 증거

웨슬리는 성령의 직접적인 증거를 다음과 같이 설명한다. "성령의 증거란 내가 하나님의 자녀임을 하나님의 영이 즉각적이고 직접적으로 내 영에게 증거하는 내적 인상을 영에게 주는 것을 의미한다."[30] 웨슬리의 생각은 로마서 8:16에 나오는 "성령이 친히 우리의 영과 더불어 우리가 하나님의 자녀인 것을 증언하신다"는 성경말씀에 기초를 두고 있다.

스틸(Daiel Steele)은 웨슬리가 성령의 직접적인 증거로 "하나, 둘, 또는 세 개 등의 기본적인 성경 구절에 근거에서가 아니라, 성령의 교통, 영혼에 주어진 그리스도의 계시, 하나님에 대한 지식 … 그리스

29) *Works*, V, 124.

30) Ibid.

도에 대한 명확하고 확실하며 완전한 지식과 같은 다양한 성경적 증거에 의존한다"[31]고 말한 것처럼, 많은 다른 성경의 지지를 덧붙였다. 이런 의미에서 성화에 대한 성령의 증거는 칭의와 중생에 대한 증거와 같은 방식으로 온다.

2. 성령의 간접적인 증거

성화에 대한 성령의 간접적 증거도 있다. 직접적인 증거는 신체적 활력의 상실, 갑작스럽고 충격적인 개인적 비극, 영적 압력으로 인해 항상 강하고 활기 넘치지 않을 수 있다. 그래서 간접적인 성령의 증거가 있다. 웨슬리에 따르면 간접적 증거는 "이성의 결과, 또는 우리가 우리 영혼에서 느끼는 것에 대한 분별 또는 생각의 결과이다. … 엄밀히 말하면, 그것은 부분적으로는 하나님의 말씀에서, 부분적으로는 우리 자신의 경험에서 나온 결론이다."[32] 성결 말씀은 무릇 성령의 열매를 맺고 정죄함이 없는 자는 하나님의 자녀라고 말하고 있기 때문이다. 따라서 그리스도인은 하나님과의 관계를 지속적으로 확신하는 상태에서 살 수 있게 하는 이중 증거를 가지고 있는 것이다. 그러나 성령의 영적이고 인격적이며 직접적인 증거는 항상 그리스도인의 행위에 기초한 합리적이고 간접적인 증거보다 우선한다. 그렇지 않으면 그리스도인은 성령의 임재와 역사와 정반대인 교만의 유혹에 빠질 수 있다.[33] 스틸은 성령의 증거의 유익을 다음과 같이 말했다.

---

31) *The Gospel of the Comforter*, p. 136-37.

32) *Works*, V, 124-25.

33) Lindstrom은 그의 유명한 책, *Wesley and Sanctification*, p.176에서 다음과 같이 말했다. "성령의 증거에 관한 두 설교(1746년과 1767년)에서 말하는 증거의 순서는 다음과 같다. (1) 우리를 향한 하나님의 사랑; (2) 하나님에 대한 우리의 사랑에 선행하며 즉각적이고 직접적인 하나님의 영의 증거. 이것을 통해 우리는 우리가 용서받았고 하나님의 자녀임을 안다. 성령의 다른 모든 열매와 마찬가지

직접 증거의 이점은 근본적인 의심으로부터의 구원이고, 입양과 용서에 대한 확실성, 주님의 기쁨과 항상 거기에서 솟아나는 힘이다…이는 긍정적이고 깨닫게 하는 설득력을 부여한다. "아바 아버지"라고 부르짖는 영의 음성으로 믿어진 구원은 배교에 대한 위대한 보호책이다. 온전한 성화는 성령의 사역에 있어서 가장 큰 것이다.[34)]

B. 성령의 리더십

성령님은 변함없는 인도자이다. "만일 우리가 성령으로 살면 또한 성령으로 행하자"(갈 4:25). 그리스도인의 삶은 목적과 의미와 발전으로 가득 찬 삶이다. 성령 충만한 삶은 하나님이 영과 완전히 협력하여 하나님과 함께 걷는 것을 의미한다. 성령 충만한 삶에서 정말로 중요한 유일한 질문은 하나님의 뜻을 아는 것이다. 성령으로 충만한 삶에는 하나님의 뜻을 행하는 것에 대한 갈등이 없다. 이 문제는 해결되었고, 진짜 문제는 하나님의 뜻을 찾는 데 있다.

성경에는 성령의 인도하심에 대한 수많은 일들이 있다. 빌립이 에티오피아 사람의 병거를 만났을 때, 그는 "가서, 마차에 바짝 다가서거라"(행 8:29)는 성령의 지시를 받았다. 사도행전의 저자는 행동하는 사람인 베드로가 그에게 나타난 환상에 의해 어떻게 혼란스러워했는지를 보여주고 있다. 사도행전의 기록은 이 문제가 어떻게 해결되었는지를 다음과 같이 설명하고 있다: "베드로가 그 환상에 대하여 생각할 때에 성령께서 그에게 말씀하시되 두 사람이 너를 찾으니, 일어나

로 사랑도 이 증언에서 비롯된다; (3) 모든 성결의 뿌리가 되는 하나님께 대한 우리의 사랑; (4) 마음과 삶의 성결; (5) 성령이 행하신 열매로 말미암아 알게 된 우리 영이 증거."

34) *The Gospel of the Comforter*, p. 143.

내려가 의심하지 말고 함께 가라 내가 그들을 보내었느니라"(행 10:19-20). 바울이 동방에 복음을 전할 계획을 세웠을 때 그의 계획은 "성령이 허락하지 아니하셨기"(행 16:7) 때문에 변경되었다. 성경의 증언이 성령의 직접적인 인도하심을 가리킨다는 데에는 의심의 여지가 없다.

그러나 성령으로부터 분명한 지시를 받는 것이 항상 가능한 것은 아니다. 때때로는 영의 지시가 하늘의 무지개처럼 분명하다. 또 어떤 때는 성령의 인도하심이 안개 낀 아침의 그림자와 같다. 그렇다면 성령의 지도를 시험할 수 있는 시험이나 규범이 있는가?[35] 르네 패슈(Rene Pache)는 다음과 같이 제안한다.

> 일반적으로 성령님은 하나님의 말씀으로 우리를 인도하신다. 성경이 충분히 명확한 지침을 제공하지 못할 때, 성령이 상황에 따라 우리를 인도할 것이다.
>
> 성령은 또한 부정적인 방식으로, 우리 앞에 문을 닫음으로써 우리를 인도할 수 있다.
>
> 성령은 우리 자신의 유익을 위해 유혹과 고통의 길과 함께 우리를 인도하실 수 있다.[36]

캐텔(Everett L. Cattel)은 또한 성령의 지도를 테스트하는 몇 가지 방법을 제안한다.

---

35) 위에서 인용한 출처 외에도 매우 유용한 두 권의 책이 있다: 즉 Martin Wells Knapp, *Impressions* (Kanas City: Nazarene Publishing House, n.d.), p. 7-81; Thomas C. Upham, *Principles of the interior or Hidden Life*, abridged by Olive M. Winchester (Kansas City: Beacon Hill Press, n.d.) 63-85.

36) Op.cit., p. 158-59.

첫째, 이 생각은 성경적인가?

둘째, 이것은 옳은 것인가?

셋째, 이것은 하나님의 뜻에 의한 것인가?

넷째, 이것은 신뢰할 수 있고 성령이 충만한 친구들에 의해 확인된 것 인가?

다섯째, 마지막으로, 이 생각이 점점 더 중요하다고 확신하게 되는가?[37)]

C. 성령의 가르침

성령의 지탱하고 내주하시는 임재로 인해 그리스도인의 모든 본성이 하나님의 통제 아래 놓이게 된다.

> "율법이 육신으로 말미암아 연약하여 할 수 없는 그것을 하나님은 하시나니 곧 죄로 말미암아 자기 아들을 죄 있는 육신의 모양으로 보내어 육신에 죄를 정하사, 육신을 따르지 않고 그 영을 따라 행하는 우리에게 율법의 요구가 이루어지게 하려 하심이니라"(롬 8:3-4).

성령의 훈계는 인간 본성의 타고난 욕구와 성향을 적절하게 행사하고 타당하게 표현하는 것을 가리킨다. 성령님의 깨끗케 하시는 임재는 하나님의 은혜에 반대되는 모든 육신적인 것을 제거한다. 그러나 거룩하게 하시는 성령의 임재는 본질적인 인간 본성에서 어떤 것도 빼지 않는다. 그레이트하우스(William Greathouse)는 다음과 같이 말한다. "우리는 … 성경이 근절과 자기 훈련 - 즉 죄로부터의 근본적인 정

---

37) E.L. Cattell, *The Spirit of Holiness* (Grand Rapids, Mich: Wm B. Eerdmans Pub. Co., 1963), p. 57-58.

화와 우리의 정당한 자아의 훈련 모두를 가르친다고 믿는다. 두 진리는 서로 모순되지 않고 보완적이다."[38]

인간은 영적 피조물일 뿐만 아니라 생물학적, 사회적 피조물이기 때문에 생물학적, 사회적 경향과 영적 충동 사이에는 항상 약간의 긴장이 존재한다. 바로 이러한 지점에서 성령께서 사람이 스스로 징계를 행사할 수 있게 하신다. 장성한 그리스도인으로서 바울은 이렇게 썼다. "내가 내 몸을 쳐 복종하게 함은 내가 남에게 전파한 후에 자신이 도리어 버림을 당할까 두려워함이로다"(고전 9:27).

아마도 성결한 삶에서 성령의 훈련이 가장 필요한 영역은 태도, 포부, 상상력이 작용하는 비물질적인 영역일 것이다. 분명히 시기, 악의, 질투, 자만심의 태도는 성령께서 영혼 안에 온전히 거하실 때 제거된다. 그러나 자기 연민, 자기 비하, 자기를 높이는 태도, 비꼬거나 비판하는 경향, 영적 교만, 가혹하고 율법주의적인 판단에 빠지는 경향은 모두 성령의 가르침을 필요로 하는 태도들이다.

초대교회는 죄의식이 거의 사라진 도덕적 상대주의 시대에 태어났다. 그러나 기독교인들은 그들의 복음이나 그들의 삶을 세상에 바침으로써가 아니라, 도덕적이고 영적인 활력의 순전한 힘과 함께 기쁘고 훈련된 삶으로 세상을 이겼다. 징벌되지 않은 죄는 훈련된 성결에 굴복할 것이다. 마찬가지로 훈련되지 않은 성결은 세상적인 것의 먹이가 될 것이다.

---

38) *The Fullness of the Spirit* (Kansas City: Nazarene Publishing House, 1958), p. 16-17.

D. 성령 안에서의 기도

일반적으로 그리스도인의 기도는 두 가지 주제, 즉 개인의 구원에 대한 감사와 자신의 필요를 위한 간구의 두 가지 제목에 의해 지배되는 경향이 있다. 따라서 그러한 기도는 그 사람 자신에게 되돌아가는 경향이 있다. 이와 같은 기도는 영적 발전의 깊이가 부족할 뿐만 아니라 구원의 더 깊은 본질에 대한 부족한 통찰력을 나타낸다. 더욱이 평범한 그리스도인의 기도는 너무나 자주 차갑고 형식적이며, 입에 발린 봉사처럼 행해지고 의무처럼 표현된다. 마지막으로 성화되지 않은 자의 기도는 돌발적이고 간헐적이기 쉽다. 그는 감정이 안정되거나 삶의 패턴이 만족스럽고 보람 있을 때 기도한다. 그러나 그러한 사람이 감정적으로 침체되어 있거나 혼란스럽고 산산이 부서진 상태에 직면했을 때 그는 기도 생활을 소홀히 할 수 있다. 성령 충만한 삶의 기도는 달라야 한다. 왜냐하면,

> "성령은 또한 우리의 연약함을 돕기 때문이다. 우리가 무엇을 알지 못하기 때문이다. 그러나 성령도 우리의 연약함을 도우시나니 우리는 마땅히 기도할 바를 알지 못하나 오직 성령이 말할 수 없는 탄식으로 우리를 위하여 친히 간구하시느니라. 마음을 살피시는 이가 성령의 생각을 아시나니 이는 성령이 하나님의 뜻대로 성도를 위하여 간구하심이니라"(롬 8:26-27).

바울은 또한 "너희에게 구하노니 … 성령의 사랑으로 말미암아 너희 기도에 나와 함께 힘써 나를 위하여 하나님께 기도하고"(롬 15:30)라고 썼을 때 성결한 자들의 간절한 기도를 밝혔다. 여기에 있는 구한다

(beseech)라는 단어는 구걸, 탄원, 설득을 암시하는 강한 단어인 반면, 노력하다(strive)라는 단어는 큰 힘을 가지고 있어 고뇌하고 죽기까지 씨름하는 것을 의미한다. 그러한 열정과 절망의 기도는 성령의 사랑이 사람을 자신과 자신의 필요를 넘어 인간의 삶에서 하나님의 구원하시는 사랑에 대한 영적 관심 수준으로 끌어올릴 때만 온다. 바울은 또한 성령의 임재가 일관된 기도 패턴을 만든다고 지적한다.

성령의 임재는 효과적인 중보 기도의 비결이며, 거룩한 성품을 계발하고 거룩한 그리스도인 공동체를 만들어내는 긍정적이고 지속적인 기도 패턴으로 가는 길이다.

E. 성령 안에서의 봉사

거룩한 삶은 섬기는 삶이다. 섬기는 삶에는 여러 가지 이유로 성령의 충만함이 필요하다. 첫째, 성령의 임재는 사역적 동기를 강화할 수 있다. 기독교 공동체는 다른 세상적인 모든 단체보다 조직화와 개발에 취약하기 때문에 올바른 동기 부여를 보장하려면 성령의 정화하는 임재가 필요하다. 성령의 영감을 받은 동기는, 공로에 대한 부당한 관심이 아닌, 다른 사람들의 이익을 위한 관심을 가지고 행동하는 사심 없는 정신이다. 성령의 영감을 받은 동기는 단순히 그것은 해야 할 일이고 그러한 봉사가 하나님의 영광과 그분의 왕국에 더해지기 때문에 선을 행하려는 충동이다.

성령 안에서의 봉사는 지역 교회의 창문을 닦는 것에서부터 어떤 선교지에 교회를 짓는 것까지 모든 것을 포함할 수 있다. 성령 안에서의 봉사는 성령 충만한 설교나 성령 충만한 간증을 포함할 수 있다. 계시록에서 일곱 교회에 보낸 일곱 편지에서 주님은 일곱 번 "내가 네 행위를 아노니"라고 말씀하셨다. 성령으로 동기 부여된 봉사의 가능성은 그리스도에 의해 다음과 같이 선언되었다. "나를 믿는 자는 성경에 이름과 같이 그 배에서 생수의 강이 흘러나오리라 하시니, 이는 그를 믿는 자들이 받을 성령을 가리켜 말씀하신 것이라"(요 7:38-39).

F. 성령 안에서의 예배

예배는 일반적으로 특별한 건물에서 모여, 일종의 의식에 참여하는 신자의 그룹과 관련되어 있다. 그러나 성경적 예배는 두려움과 경외심이 섞인 경배와 찬양의 예배다. 그러한 예배는 "신령과 진정으로" 드리는 것이다. 성령 충만하지 못한 사람은 자기중심적인 욕망에 제지당하고 이기적인 욕심에 방해를 받아 마음껏 예배를 드릴 수 없다. 아무도 하나님과 자신을 동시에 경배할 수 없다. 참된 예배자는 스스로를 자기 자신으로부터 끌어내야 한다. 이런 의미에서 진정한 예배는 사람이 "성결의 아름다움으로 주를 예배하라"(시 29:2)는 성경의 명령을 따를 때만 가능하다.

IV. 성령의 열매

성령의 충만함은 성령의 열매를 맺는다. 예수님은 성령의 충만함과 성령의 열매의 실제적인 결과 사이의 관계를 직접적으로 가리키는 두 비유적 표현을 사용하셨다. 첫 번째 모습은 요한복음 15:1-2에서 "나는 참포도나무요. 내 아버지는 농부이시다. 내게 붙어 있어 열매를 맺지 아니하는 가지는 다 제거하시고 열매를 맺는 가지는 더 열매를 맺게 하려고 깨끗하게 하느니라"는 말씀에서 보듯이 포도나무와 정원사의 모습이다. 두 번째는 예수의 사역 초기에 성전에서 있었던 한 장면에서 가져온 것이다. 예수께서 축제 행사의 극적인 순간에 밖으로 나오셔서 큰 소리로 무리에게 "누구든지 목마르거든 내게로 와서 마시라 나를 믿는 자는 성경에 이름과 같이 그 배에서 생수의 강이 흘러 나오리라"(요 7:37-38)고 외치셨다. 요한은 이 말씀을 가리켜 다음과 같이 말했다. "이는 그를 믿는 자의 받을 성령을 가리켜 말씀하신 것이라 예수께서 아직 영광을 받지 못하신 고로 성령이 아직 저희에게 계시지 아니하시더라"(요 7:39).

그러므로 성령으로 충만한 삶은 가지치기를 잘하고 물을 잘 주고 잘 가꾸어진 과수원과 같을 수 있다. 그리고 과수원은 다양한 과일을 생산할 것이다. 성결한 삶은 단조롭고, 지루하고, 무능력의 삶이 아니다. 성결의 삶은 역동적이고 성장하며 신나는 삶이 확장되는 삶이다. 성령의 열매는 전염성이 강한 그리스도인의 성품을 낳게 한다. 바울이 행위와 대조를 이루는 열매라는 용어를 선택한 것을 주목하는 것은 중요하다. "열매는 그가 소유하지 않은 힘에 의해 생산되는 어떤 것이다. 사람은 열매를 맺을 수 없다."[39] 바울이 갈라디아서에서 "오직 성령의 열매는 사랑과 희락과 화평과 오래 참음과 자비와 양선과 충성과 온유와 절제"(갈 5:22-23)라고 썼기 때문에, 그는 성령의 임재의 실제적인 결과에 대한 의심이 없었다.

A. 사랑, 기쁨, 평화

영적 은혜의 첫 번째 집단은 그리스도인의 하나님과의 관계를 가리킨다. 성결의 교리는 사랑과 자비로 인간에게 자신의 본성을 부여하

39) William Barclay, *Flesh and Spirit* (Nashville: Abingdo Press, 1962), p. 21.

시는 주권자 하나님의 거룩함을 드높인다. 그러므로 성결의 본질은 하나님의 기쁨이다.

1. 사랑

성결의 삶, 성령 충만한 삶은 사랑의 삶이다. 바울은 사랑을 그리스도인 삶의 가장 큰 특징 또는 측면으로 만들었기 때문에 자연스럽게 사랑을 성령 충만한 삶의 최고의 산물로 제시했다. "참으로 그리스도인의 사랑은 모든 것을 포함하는 범주이며 가지각색의 빛을 반사하는 나무줄기나 프리즘처럼 유일하게 다른 열매의 원천이라는 점에서 의미가 있다."[40] 이 사랑(agape)은 하나님의 구속 활동의 결과인 삶에 추가된 차원이다. 사랑은 성령 안에서의 삶을 정의한다. 사랑은 그리스도인의 동기를 설명하고 그리스도인의 활동을 규정한다. 이 사랑은 그리스도 안에서 계시되었고, 그리스도인들이 참여하는 하나님의 사랑이다. "그것은 하나님의 사랑일 수도 있고, 동료 인간에 대한 사랑일 수도 있고, 하나님에 대한 사랑일 수도 있지만, 그것은 모두 그리스도 안에 있는 하나님의 사랑과 같은 본성이다."[41]

성령의 열매인 사랑은 다른 종류의 사랑과는 다르다. "그것은 *Philia* 처럼 사람의 자질과는 별개로 긴밀한 관계에 의해 만들어진 사람에 대한 애착이 아니다. 그것은 배려보다는 감정이 적다. *Philia*가 그 사람을 생각하는 동안, *Agape*는 속성과 성격을 생각하고 그 성향에 대해 설명한다."[42] 성령이 있게 하는 이 사랑(agape)은 주로 자기중심적이고 관능적인 호색적인 사랑(eros)과도 다르다. 따라서 사랑은 하나

40) *Beacon Bible Commentary*, IX, 104.

41) Ragnar Bring, *Commentary on Galatians* (Philadelphia: Muhlenberg Press, 1961), p. 262.

42) Vincent, op. cit., IV, 167.

님 또는 사람에 대한 관심, 고려, 가장 높은 예배나 선을 추구하는 총체적인 응답이다. 사랑은 최고 선이며, 율법의 완성이며, 그리스도와 같은 영의 표현이다. 그것은 "그리스도의 몸을 하나로 묶는 끈"이다.

2. 기쁨

로마 가톨릭이 기쁨을 성인의 본질적인 특성으로 여긴다는 것은 주목할 만하다. 즐거운 예배와 경건의 삶을 살지 않은 사람은 성인의 지위에 오르지 못한다. 따라서 로마 가톨릭에는 우울한 성인이 없다! 개신교, 특히 성결을 믿는 사람들은 로마의 성인 개념을 통해 유익을 얻을 수 있다. 기쁨은 "하나님에게 수용된 영적 기쁨과 마음의 변화가 만들어내는 영적 기쁨"[43]을 의미한다. 또 다른 저자는 기쁨을 "그리스도 안에 있는 구원과 화해 그리고 자녀로 받아들여짐으로 말미암아 하나님 안에서 기뻐하는 것"[44]이라 정의했다.

그리스도인의 삶에서 가장 큰 기쁨은 온전히 거룩하게 된 사람들에게 온다(요 17:13). 성결한 삶에는 죄와 정죄가 없기 때문에 기쁨이 지속된다. 성결의 삶에는 죄의 권세가 깨어지고 의식적인 활동과 태도의 영역에서 제거되었기 때문에, 기쁨은 성결의 삶의 특징이다. 예수라는 이름은 그가 사람들을 "그들의 죄에서" 구원할 것이기 때문에 붙여진 이름이다. 그리스도 안에서 충만한 기쁨은 성령 충만한 삶의 결과이다. 구약성서에서도 예언자가 "여호와를 기뻐하는 것이 너희의 힘이니라"(느 8:10)고 하며 기쁨을 힘과 연관시킨 것도 뜻깊은 일이다.

---

43) John Eadie, *Commentary on the Epistle of Paul to the Galatians* (rev. ed.: Grand Rapids, MIch: Zondervan Publishing House, n.d.), p. 442.

44) Herman N. Ridderbos, *The Epistle of Paul to the Church of Galatia* (Grand Rapids, Mich: Wm. B. Eerdmans Pub. Co., 1953), p. 207.

3. 평화

성결의 삶은 평화의 삶이다. 성결의 체험은 혼란과 다툼의 세 가지 큰 영역, 즉 하나님께 대한 적의, 내부의 죄책감, 외부의 마찰을 제거한다. 온전한 성화의 위기에서 신자는 하나님께 온전한 헌신을 한다. 성령에 의해 받아들여지고 유지되는 이 헌신은 하나님과의 화평을 가져오는데, 하나님의 뜻은 성화된 자의 삶에서 가장 중요하기 때문이다. 죄의 권세에 대한 내면의 죄책감과 좌절이 제거될 때 평화가 온다.

(성결에서) 시기, 악의, 질투 등으로 인한 다른 사람들과의 긴장이 사라졌기 때문에 성결은 평화를 가져온다. 성령 충만한 자의 평안은 "먼저 하나님과 더불어 화평이고 또한 그들 가운데서일뿐 아니라, 화합 곧 둘러 있는 자들과의 화평"이다.[45] 평화는 고난과 고통으로부터의 자유도 아니고 인간의 자동적인 선의도 아니다. 평화는 올바른 관계와 순수한 동기에서 오는 내면의 평안이다.

B. 오래 참음, 친절, 선량

미덕의 두 번째 열매는 다른 사람들과 관련이 있다. "평화는 기쁨에서 오래 참음으로의 전환을 형성할 수 있다."[46]

1. 오래 참음

오래 참아야 할 필요성은 공격, 도발, 분노하게 하는 동기를 암시한다. "그리고 성령의 열매는 이 모든 것에도 불구하고 사랑과 평화를

45) Eadie. op. cit., p. 423.

46) Ridderbos, op. cit., p. 207.

보존하게 한다."[47] 오래 참음은 다른 사람이 가한 해를 부당하게 참아내는 것 또는 예상치 못한 인간이나 자연적인 타격을 침착하게 받아들이는 것일 수 있다. 성결의 상태가 그리스도인의 생활에서 주목할 만한 차이를 만드는 것은 오래 참음 즉 인내의 영역이다. 성결은 오직 성령의 도우심으로만 가능한 일종의 자제력을 낳아야 하기 때문이다.

2. 친절

친절의 실천에 관련하여 웨슬리는 "이는 모든 사람을 향해서, 특히 무지하고 사악한 사람"에게 실천해야 한다고 말했다.[48]

클라크(Clarke)는 친절을 "매우 보기 드문 은혜이며, 종종 기독교의 우수성을 상당히 가진 많은 사람들에서도 없는 것"[49]이라 표현했는데, 친절은 예의바름과 연결 지어 생각할 수 있다. 그리고 제솝은 말하기를 "이 실천은 에티켓의 규칙에 대한 지식을 말하려는 것은 아니지만, 이것은 적어도 하나님의 위대한 우주에서 가장 친절한 사람인 성령 자신의 내재(indwelling)를 나타낼 것"[50]이라 했는데, 이처럼 성화된 사람은 자연스럽게 친절하고 예의 바르고, 조잡하고, 불쾌한 행동은 성결과 양립 할 수 없다.

"성화 된 사람은 그의 제한이 무엇이든 간에, 결코 천박한 사람이 아니다. 성령의 내재와 같이 고상하게 하는 영향력은 없다."[51] 친절은 성령의 열매이다. 그것은 내면의 힘과 인간에 대한 존중과 관심에서

---

47) Ibid.

48) Wesley, *Notes*, p. 697.

49) Clarke, op. cit., VI, 413,

50) *Foundations of Doctrine* (Kansas City: Nazarene Publishing House, 1940), p. 65.

51) Ibid.

나온다. “친절은 사려 깊은 배려요, 예의 바르고 친절한 행동이요, 섬세한 사랑의 돌봄이다.”[52] 성결은 성품을 낳지만, 이 성품의 힘은 친절로 옷 입는다.

3. 양선

양선은 모든 그리스도인의 미덕의 실제적인 표현이다. 그러므로 성결은 기회가 주어지면 실천적인 행동으로 표현되어야 한다. 양선은 행동하는 사랑이며 삶의 정상적인 일에 적용되는 사랑이다. 양선은 어려움과 위급한 상황을 만나기 위해 일어나는 사랑이다. 또한 양선은 영혼이 인간과 하나님에게 다가가는 것이다.

C. 충성, 온유, 절제

열매의 마지막 과실은 다시 개인의 윤리적 특성으로 바뀐다.

1. 충성

성령 강림에서 오는 결과 중 하나는 안정과 충성이다. 성결 운동의 “오래된 사람들”은 경험을 안정시키는 것으로서의 성화에 대해 설교하기를 좋아했다. 성결의 삶은 충성심, 믿음직함, 성실함, 신뢰성으로 나타나야 한다. 그리스도인은 하나님께 신실해야 한다(고전 4:2 참조). 그러나 “신실함은 시험과 위협이 있을 때에도 하나님께 충성할 뿐 아니라 이웃에게도 성실하여야 한다.”[53] 성결은 하나님에 대한 믿음에서 나오며 그 결과로 사람에 대한 믿음이 생긴다.

---

52) Strauss, op. cit., p. 90.

53) *Beacon Bible Commentary*, IX, 108.

2. 온유

온유함은 정의하기 어렵다. 소극적으로 그것은 오만, 교만, 이기주의, 자만심의 반대이다. 하지만 그것은 사과하는 태도나 소심함을 의미하는 것은 아니다. 그것은 사울처럼 책임을 회피하거나 진부한 자기 비하를 포함하지 않는다. 그것은 "부드럽고 겸손한 견고함"이다.[54)] 온유함은 힘이 있는 곳에서만 가능하다. 진정한 온유는 하나님의 힘이 있는 곳에서만 가능하다. 예수님은 마음이 온유하고 겸손하셨다(마 11:29). 그러나 그는 결코 문제를 회피하지 않으셨고 자신의 인격과 사역에 대한 합당한 평가를 피하지도 않으셨다.

3. 절제

절제는 자제(self-control)라는 개념을 암시한다. "자제는 성령의 열매이다. 그는 그 안에서 지배하고 통제한다."[55)] 한 학자는 절제를 순결로 해석하기도 했다. "순결은 법적인 수행보다는 태도를 더 많이 포함하기 때문에 자제나 절제보다 더 좋은 단어이다."[56)]

성령의 열매는 성령의 임재의 윤리적, 도덕적 산물을 나타낸다. 이러한 미덕 중 일부는 이전에 이교도 도덕주의자들에 의해 언급되었다. 그러나 이기적이거나 자기 주장적인 특성을 완전히 생략한 바울의 조합은 "매우 독특하고 특별한 유형의 윤리적 사상을 제시하는 결과를 낳았으며, 이는 이후 기독교 도덕의 특징적인 사상이 되었다."[57)]

54) D. D. Whedon, *Commentary on the New Testament, I Corinthians —II Timothy* (New York: Eaton and Mains, 1875), p. 245.

55) Strauss. op. cit., p. 92.

56) Joh. Ph. Koehler, *The Epistle of Paul to the Galatians*, trans. E. E. Sauer (Milwaukee, Wis: Northwestern Pub. Co., 1957), p. 152.

57) A. W. F. Blunt, *The Epistle of Paul to the Galatians* (Oxford: The Clarendon Press, 1960), 127.

성결의 교리는 종교적 경험의 주관적이고 윤리적인 측면을 강조함으로써 율법주의의 함정을 피하고 있다. 사랑은 웨슬리가 일관되게 지적했듯이 성결의 본질이다. 사랑에 관련된 다양한 표현으로서의 성령의 열매는 다음과 같이 적절하게 요약된다.

> 기쁨은 기뻐 날뛰는 사랑이다. 평화는 평온한 사랑이다. 오래 참음은 시련에서의 사랑이다. 친절은 사회에서의 사랑이다. 양선은 행동하는 사랑이다. 충성은 인내하는 사랑이다. 온유는 학교에서의 사랑이다. 그리고 절제는 시련과 훈련에 있어서의 사랑이다. 그러므로 그것은 그리스도인의 은혜의 모든 무리와 영역 안에 있는 사랑이다.[58)]

성령의 열매는 성결의 삶에서 정상적이고 자연스러운 것이다. 성결은 하나님께서 인간에게 주신 선물이다. 인간 성품에 있는 영적 은혜와 능력의 계발은 성령의 역사에서 오는 결과이다.

요약

그리스도인과 교회에 있어서의 영적 역동성은 성령의 역동적인 임재에서 온다. 성령의 역사는 생명력 있는 그리스도인의 삶에는 없어서는 안 될 존재이다. 내적 성결의 개념은 전적으로 성령의 사역에 달려있다. 왜냐하면 성령이 중생과 온전한 성화 모두에 임재하시고 활동하시기 때문이다. 그러므로 성결 안에서의 그리스도인의 성장은 성령의 지속적인 임재에 달려있고, 영적 은총의 발전과 영적 은사의 실행은 전적으로 성령의 주관적인 사역에 달려있다.

---

58) Bishop, op. cit., p. 12.

11장
영적 역동성으로서의 성결

기독교는 유대교의 유산을 품고 있었고, 그리스 문화에 의해 크게 변형된 로마 사회에서 태어났다. 신분이 알려지지 않은 소수의 보통 사람들로 시작한 기독교는 급속도로 폭발적인 힘으로 확장되어 주후 325년에는 로마 제국의 공식 종교가 되었다. 교회가 이교에 대해 극적인 승리를 거둘 수 있었던 영적 정복의 원동력은 성령세례의 결과인 성결의 삶이었다.

I. 오순절 성령 강림

이 장에서는 먼저 사도행전의 저자뿐만 아니라 교회사 해석가들이 성령세례와 이에 수반되는 영적 역동성을 초대교회의 두드러진 특징으로 인정했음을 보여주려고 한다. 이 논의는 성서 외의 자료와 성서의 자료에 나오는 교회의 탄생과 확장에 대한 설명을 바탕으로 성령을 통해 초대 교회가 승리했다는 것을 보여주기 위해 진행된다.

오순절 성령 강림은 영적 순결, 능력, 교제, 비전으로 특징지어진 역동적인 영적 삶의 상태를 가져왔다. 영적 승리는 영적 역동성에 달려 있다. 영적 역동성은 영적 순결, 능력, 교제, 비전에 달려 있다. 하나님의 관점에서 볼 때 영적 동력의 이 네 가지 요소는 성령에 의해 부여된 것이다.

사람의 관점에서 볼 때 네 가지 특성- 즉 순결, 능력, 친교, 비전의 특성은 성결의 경험에서 나오는 유일한 측면들이다. 성결의 경험은 성령 세례의 직접적인 결과이다. 처음으로 성령을 부어주신 날은 오순절 날이었다. 그러므로 오순절은 구약과 신약 모두에서 가장 중요한 날이었다.

A. 구약의 오순절

오순절은 구약의 큰 절기 중 하나인 유월절과 직접적인 관련이 있다. 요세푸스(Josephus)는 유월절을 다음과 같이 설명한다.

> 우리가 니산(Nisan)월이라고 부르는 크산티수스(Xanthiscus)월에, 그리고 우리 연초, 음력 월의 14일에, 태양이 양자리에 있을 때(이 달에 우리가 이집트 사람들의 속박에서 풀려났기 때문에) 율법은, 내가 전에 여러분에게 말한바 우리가 이집트에서 나올 때에 잡은, 유월절이라고 하는 그 제물을 매년 죽여야 한다고 규정하고 있다. 그래서 우리는 그 다음 날까지 희생제물을 남기지 않고, 사람들 가운데서 유월절을 지킨다.[1)]

유월절 후 다섯째 날에는 "칠칠절"(출 34:22; 신 16:10)의 절정인 또 다른 축제가 거행되었다. 이 축제는 히브리인들에 의해 "*asartha*"라고 불렀다.[2)] 그러나 그리스어로는 "오순절"(*pentekostos*)인데, 이는 유

1) Flavius Jesephus, *The Works of Josephus: Comprising the Antiquities of the Jews*, trans. William Whiston (Hartford, Conn: The S.S. Scranton Co., 1905 [reprint]), p. 113.

2) Ibid., p. 114.

월절 후 50일째 되는 날을 의미한다. "그것은 모든 남자가 그의 성소에서 하나님 앞에 나타나도록 요구되는 삼대 절기 중 두 번째 절기였다."[3] 바빌론 유수 이후, 오순절은 유대교에서 위대한 민족주의적 축제이자 위대한 종교 축제 중 하나가 되었으며, "로마 세계의 오지에 살던 많은 사람들이 예배를 위해 예루살렘으로 돌아왔다"(행 20:16).[4]

B. 신약의 오순절

교회의 역사적 삶에서 오순절은 그리스도를 따르는 자들에게 성령의 충만함과 능력으로 임하신 기념일이다. 예수님은 승천하시기 전에 제자들에게 오랫동안 기다려온 성령 세례를 받을 때까지 예루살렘에 머물라고 명하셨다(행 1:4-5). 제자들은 예수님의 명령에 순종하여 예루살렘의 다락방에서 10일 동안 기도하며 보냈다. 십자가 처형 후 50일째 되는 날, 성령은 기다리고 있던 신자들의 공동체에게 세례를 주셨다. 성령이 임하심에 따라 이상한 일이 일어났다. 즉 세찬 바람 같은 소리와 불과 같은 혀 모양과 다른 방언으로 말하는 일이 생겼다. "하나님의 능력의 이 엄청난 현현은 오순절을 생일로 여겼던 교회의 시작을 나타냈다."[5]

오순절에 있었던 성령의 강림은 "사도행전의 주요 신학적 기조를 이루었다."[6] 그러나 성령은 교리가 아니라 생명력 있는 인격적 임재

3) John Kitto, ed. *The Cyclopedia of Biblical Literature* (New York: Hurst and Company, n.d.), II, 493.

4) Everett F. Harrison, Geoffrey Bromily, and Carl F. H. Henry, *Baker's Doctionary of Theology* (Grand Rapids Mich: Baker Book House, 1960), p. 401.

5) Ibid.

6) F. F. Bruce, *Commentary on the Book of Acts* (Grand Rapids, Mich: Wm. B. Eerdmans Pub. Co., 1955), p. 33.

이다. 브루스(F. F. Bruce)는 지적하기를, "성령의 교리는 단순히 사도행전에서 변증적인 이유로 제시된 것이 아니다. 이것이 책 전반에 걸쳐 강조되었다. 기독교 공동체는 성령으로 충만하고 성령으로 인도되었다. … 그리고 예루살렘에서 로마까지 모든 전도사역은 성령의 지도를 받았다."[7] 많은 학자들은 오순절이 "교회의 새로운 영적 삶의 시작"이라는 데 동의한다.[8] 그리스도께서 제자들을 훈련하고 가르치시는 동안 행하신 모든 일은 "오직 성령이 그 위에 세우실 터를 오로지 놓은 것"[9]이다. 앞으로 제자들과 교회가 이루어야 할 모든 것은 오순절에서 성령이 강림하신 결과이다. 성령세례를 통해 교회에 남겨진 영구적인 유산은 교회를 승리하는 세력으로 만든 영적 동력이었다. 이 영적 역학에는 영적 순결, 영적 능력, 영적 교제, 영적 비전이 포함되어 있다.

II. 성결: 영적 순결의 역동성

성결은 원시 교회의 뛰어난 자질, 다소 작은 그룹을 하나로 묶는 응집력이었던 것 같다. 초기 그리스도인들은 삶의 첫 번째 일이 하나님의 뜻을 행하고 거룩한 공동체로 자신들을 나타내는 것임을 잘 알고 있었다(행 2:38-39; 15:9). 교회 역사가와 성서학자 모두 영적 순결을 초대 교회의 두드러진 특징 중 하나로 간주한다.

---

7) Ibid., p. 24.

8) Rackham, op. cit., p. 15.

9) D. Grant Christman, *Evangelistic Comment on the Acts of the Apostle* (Endicott, N.Y.: Eastern Bible Institute, 1923), p. 19-20.

A. 초대교회의 순결한 삶

초기 기독교인들은 성령의 직접적인 충만과 성령으로 세례를 받은 경험에 압도당했다. 그들은 삶의 첫 번째 사역이 하나님의 뜻을 행하고 거룩한 공동체로 자신들을 나타내는 것임을 확신하게 되었다. 따라서 하르낙(Harnack)은 "이를 바탕으로 그들의 모든 존재와 세상에서의 임무가 기반"되었다고 말했다.[10] 초기 그리스도인들의 생각과 생활에서 영적 순결이 차지하는 위치에 대해 더 설명하면서 하르낙은 다음과 같이 썼다.

> 그들은 단어의 가장 깊고 가장 포괄적인 의미에서 순결을 거룩하지 않은 모든 것에 대한 공포로, 그리고 올바르고 참되고 사랑스럽고 칭찬할 만한 모든 것에서의 내적 즐거움으로 여겼다. 그들은 또한 몸에 관한 정결함을 의미했다. 왜냐하면 성경은 "너희 몸은 성령의 전인 줄을 알지 못하느냐"(고전 6:19)고 말하지 않았는가?[11]

초대 교회의 놀라운 성장에 대한 이유를 논의하면서 모스하임(John L. Mosheim)은 "얼룩이 없고 숭고한 미덕의 끊임없는 실천으로 단장된 삶의 특성"을 나열한다.[12] 기독교에 대한 유대인의 적대감을 언급하면서, 모스하임은 다시 그들의 영적 순결에 대해 다음과 같이 언급한다. "그리스도의 종들의 삶을 그토록 탁월하게 구별해 주는 순수함과 미덕, 그리고 그들이 가르친 흠 잡을데 없는 순결의 교리는 유대인

10) *What is Christianity?* trans. Thomas B. Saunders (New York: G. Putnam's Sons, 1903), p. 180.

11) Ibid., p. 181.

12) *An Ecclesiastical History, Ancient and Modern*, trans. Archibald Maclaine (Cincinnati: Appelegate and Co., 1858), I, part I, 13.

들의 사악함과 악의에 맞서 그들을 방어하기에 충분하지 않았다."[13]

초대교회의 교인의 자격은 영적 순결의 증거를 보이는 사람에게 주어졌다. 정회원이 되기 전에 그는 초심자로 받아들여졌다. 초심자들은 "그리스도인의 완전에 도달하는 데 도움이 되는"[14] 교리를 배웠다. 그러한 초신자들은 "상당한 시련의 시간을 통해 그들의 삶의 거룩함과 순결함으로 그들의 마음이 진실함을 증명"[15]하고, 자신들을 입증할 때까지 신자들의 특권을 누릴 수 없었다. 한 역사가는 교회의 회원자격 문제에 대해 오리겐(Origen)을 다음과 같이 인용했다. "우리는 그들이 성결에 능숙해지고 그들의 능력이 최대한 발휘되도록 그들의 생활양식을 개혁했을 때 그들을 우리들의 성찬에 참여케 한다."[16] 같은 저자는 세례를 받고 교회의 회원이 된 자들에 대한 터툴리안(Tertullian)의 말을 다음과 같이 인용한다. "우리가 이미 죄를 그쳤기 때문에, 죄를 그치기 위해서 세례를 받는 것은 아니다."[17] 역사가들에 따르면 개인의 성결은 초기 그리스도인들의 특징이였다.

그러나 초대교회의 삶을 가장 잘 묘사할 수 있는 것은 후대의 역사가가 아니라 신약성서라는 저작물을 형성한 것이다. 르낭(Ernst Renan)이 말했듯이 "모든 종교의 기원은 신실한 사람들의 이야기를 통해서만 알 수 있다."[18] 이러한 관점에서 "사도행전이 사도 시대의 정보의

13) Ibid.

14) Ibid., p. 25.

15) Peter King, *An Inquiry into the Constitution, Disciple, Unity and Worship of the primitive Church* (New York: G. Lane and P. P. Sanford, 1841), p. 101,

16) Ibid.

17) Ibid.

18) Ernst Renan, *The History of the Origins of Christianity* (London: Mathieson and Co., 1890), II, xv.

주요한 출처"[19]인 것으로 보이기에, 이 논의는 성경적 자료를 다룬다.

B. 영적 순결과 성령세례

성경은 성령의 부으심이 마음의 정화, 즉 순결과 직접적인 관련이 있다고 가르치고 있다. 성령의 정결케 하시는 역사를 증언한 인상적인 증인들 중에는 다윗, 이사야, 에스겔, 세례 요한, 그리스도, 베드로, 바울이 있다.

1. 구약성서에서의 순결과 성령

시편 51편에서 처음으로 성령이 영적 정화의 힘으로 간주되고 있다. 시편 18편과 119편은 또한 성령의 창조적이고 정결하게 하는 역사를 언급하고 있다. 선지자들도 성령의 역사를 강조했다.

이사야의 성결의 체험은 성전에서 이루어졌다(사 6장). 나중에 그는 다음과 같은 말로 자신의 경험을 증언했다. "주 여호와의 영이 내게 내리셨으니 이는 여호와께서 내게 기름을 부으사 가난한 자에게 아름다운 소식을 전하게 하려 하심이라 나를 보내사 마음이 상한 자를 고치며 포로된 자에게 자유를, 갇힌 자에게 놓임을 선포하게 하심이라"(사 61:1).

호세아는 성결에 대한 예언적 관심을 충분히 깨달았다. 그는 또한 선지자, "성령의 사람"이라고도 불렸다(호 9:7). 에스겔은 성령의 활동에 대해 자주 언급했습니다. 성령이 그에게 들어가 그를 들어 올려 특별한 일을 하도록 여기저기 데려가셨다(겔 2:2, 3:12, 8:3, 11:1). 그분의

19) Ernst von Dobschutz, *Christian Life in the Primitive Church*, trans. George Bremmer (New York: G.P. Putnam and Sons, 1904), p. xxix.

백성을 정결하게 하시는 하나님의 사업에 대한 숭고한 구절 중 하나가 에스겔서에서 나온다.

> "그러면 내가 너희에게 깨끗한 물을 뿌릴 것이다. 그러면 너희가 깨끗해질 것이다. 너희의 모든 더러움과 너희의 모든 우상숭배에서 내가 너희를 정결케 하리라 또한 내가 너희에게 새 마음을 주고 너희 안에 새 영을 넣어 주겠다. 너희 육신에서 굳은 마음을 제거하고 부드러운 마음을 줄 것이다. 내가 내 영을 너희 속에 두어 너희로 내 율례를 행하게 하리니 너희가 내 규례를 지켜 행할지니라"(겔 36:25-27).

2. 신약에서의 성령과 순결

신약성경에서 성령세례는 종종 순결과 깨끗함과 관련이 있다. 이것에 대한 뛰어난 언급 중 하나는 그리스도의 선구자인 세례 요한의 말에서 발견된다. 성령이 임하기를 기대하며 그는 말했다.

> "나는 너희로 회개하게 시키기 위하여 물로 침례를 베풀거니와 내 뒤에 오시는 이는 나보다 능력이 많으시니 나는 그의 신을 들기도 감당하지 못하겠노라 그는 성령과 불로 너희에게 침례를 베푸실 것이요. 손에 키를 들고 자기의 타작 마당을 정하게 하사 알곡은 모아 곳간에 들이고 쭉정이는 꺼지지 않는 불에 태우시리라"(마 3:11-12).

세례 요한의 이 말에서의 중요한 진리는 성령세례의 주요 목적이 그리스도를 따르는 자들을 깨끗이 하는 것, 즉 성별하는 것이다. "그리스도의 종교는 영적인 종교가 되어야 했고, 마음에 그 자리를 차지해야 했다."[20] 그러므로 순결케 하는 불로 대표되는 성령은 그리스도를 따르는 자들에게 가능하고 필요한 내적 순결을 가져다주어야 했다.

성령세례의 주된 결과는 사도행전 15장에서 베드로도 확언한 영적 순결의 상태이다. 이방인 그리스도인들과 관련된 유대인 의식 문제에 관한 초기 기독교 교회의 중요한 논쟁 중에서 베드로는 문제를 해결하고 이방인들을 온전히 받아들이는 것에 대한 모든 반대를 다음과 같은 말로 잠잠하게 했다. "또 마음을 아시는 하나님이 우리에게와 같이 그들에게도 성령을 주어 증언하시고, 믿음으로 그들의 마음을 깨끗이 하사 그들이나 우리나 차별하지 아니하셨느니라"(행 15:8-9).

C. 순결, 환원할 수 없는 유산

마음의 순결은 성령세례의 환원할 수 없는 유산이다. 다른 것들은 오순절의 부으심에 수반될 수도 있고 수반되지 않을 수도 있지만 마음의 순결은 모든 오순절 경험의 공통분모이다. 순결은 율법과 복음과 믿음으로 받은 모든 것을 이루기 때문이다. 따라서 이것은 모든 사람에게 유익한 것이다.

1. 순결: 오순절적 공통분모

마음의 순결은 오순절 강림의 공통분모이다. 한 저자는 "믿음으로 그들의 마음을 깨끗케 한다는 베드로의 문구는 신약에 있는 가장 중요한 진술 중 하나라고 말한다. … 그것이 가르치는 위대한 교훈은 제자들이 오순절에서 얻은 축복은 마음의 순결함이었다는 것"이

20) Clarke, op. cit., p. 53.

다.[21] 세례 요한은 하나님의 정결하게 하는 성령의 임재를 약속했다(마 3:11). 베드로의 마음에 오래 머무르고 있던 오순절의 특징은 오순절이 순결함을 낳았다는 것이었다. 예루살렘 공의회에서의 베드로의 연설에 대해 랄프 얼(Ralph Earle)은 다음과 같이 말했다.

> 사도행전은 성령 충만에 대해 많이 말하지만 성화에 대해서는 언급하지 않는다고 종종 말한다. 그러나 여기에서 베드로는 고넬료의 집에 있던 청중들이 성령을 받았을 때 그들의 마음이 깨끗함을 경험했다고 단언했다. 이것들은 하나의 동일한 그리스도인의 경험의 두 가지 측면이다.[22]

제1차 예루살렘 공의회는 오순절 이후 적어도 10년 후에 일어났고, 베드로는 오순절에서의 성령의 강림을 순결함과 동일시했기 때문에 순결을 오순절의 환원할 수 없는 유산으로 간주하는 것이 타당하다.

2. 정결: 에큐메니칼 합의의 기초

기독교 교회의 첫 번째 에큐메니칼 공의회가 예루살렘에서 열렸다(행 15:4). "거기에서 많은 변론"(행 15:7)이 있었기 때문에 이는 긴장된 상황이었다. 기독교의 운명이 위기에 처해 있는데 문제는 간단하면서도 원대한 것이었다. 교회는 성령으로 충만한 신자들의 보편적인 교제여야 하는가? 이 문제는 바울과 바나바가 이방인들을 그리스도께 인도하는 데 성공했기 때문에 생겼다. 하지만 문제는 기독교의 바리새인에서 나왔다. "이 기독교의 바리새인들은 … 이방인 개종자들이 할례

21) G. A. McLaughlin, *Commentary on the Acts of the Apostles* (Chicago: The Christian Witness Co., 1915), p. 170.

22) Carter and Earle, op. cit., 211.

와 그 의식이 수반하는 모세의 율법을 지킬 일반적인 의무에 복종하도록 지시받아야 한다고 주장하는 지도자들이었다."[23]

베드로는 첫 번째 에큐메니칼 평의회에서 연설하는 주요 연사였다. 그의 연설은 평의회가 직면한 문제만큼이나 분명하고 간결했다. 그는 이방인들이 말씀을 받았고 하나님께서 그들을 받으셨다고 말했다. "이렇게 하심으로써 하나님께서는 사람 사이의 구별이 출생과 인종의 외적 차이나 우발적인 깨끗함이나 부정함에 달려있는 것이 아니라 마음의 순결함에 달려 있다고 선언하였다."[24] 다시 말해서, 베드로는 "복음을 믿을 때 이방인에게 유대인과 같은 효력이 있으니 그 효력은 곧 마음을 정결케 하는 것이니라"[25]고 말했다. 베드로의 말이 끝나자 회중은 조용해졌고, "12사도의 우두머리인 베드로가 말하자 그 반대의 어떤 논증도 없었다."[26]

베드로에 이어 바울과 바나바도 에큐메니컬 공의회에서 연설하면서 이방인들 사이에서 복음이 전파되는 것을 이야기했다(행 15:12). 총회 의장으로 보이는 야고보는 이 상황을 요약하여 명백히 문제를 해결된 것으로 보인다(행 15:13-29). 야고보의 최종 결론에는 세 가지 요점이 포함되어 있는데, 즉 "자유, 은혜가 신자들을 유대의 법적 구속으로부터 해방시켰기 때문이다. 순결(20절), 저들이 불결, 간통 등으로부터 지켜냈기 때문이고, 자선, 양심의 자유가 있어야 했기 때문이

---

23) F. F. Bruce, *The Acts of the Apostles* (Chicago: Inter-Varsity Christian Fellowship, 1952), p. 305.

24) Rackham, op. cit., p. 252.

25) Thomas, op. cit., 232-33.

26) Giuseppe Ricciotti, *The Acts of the Apostles* (Milwaukee: The Bruce Publishing Co., 1958), p. 235.

다."[27] 그러므로 마음의 순결은 유대인과 이방인 그리스도인의 첫 공식 모임에서 그리스도인의 통합의 초점이 되었다.

여전히 순결의 수단으로 율법을 고수하는 사람들에게 베드로는 "하나님이 훨씬 더 큰 일을 행하셨으니 곧 그의 성령으로 그들의 마음을 깨끗하게 하셨느니라"[28]고 말했다. 이 회의 후에 문제가 해결되었다. "이 장[행 15장]은 그리스도인의 해방 선언문이다."[29] 하나님의 능력과 임재는 믿음을 통해 모든 사람에게 주어졌다. 초기 교회에서는 외부 증거보다는 내면의 순수함이 성령세례의 축소할 수 없는 증거였다. 실제적인 체험에서 성령세례로 인한 이 내적 순결이 성결의 체험 또는 상태라고 불린다. 성결은 영적 능력의 역동성일 뿐 아니라 영적 순결의 기초이다.

III. 성결: 영적 능력의 역동성

사도행전은 사실 성령님의 행적이다. 교회가 생명력으로 나타난 것은 오직 성령께서 기대하는 제자들을 오순절의 체험에 잠기게 하신 후였기 때문이다. 이제 오순절 사건과 관련하여 세 가지: 즉 성령의 준비, 성령의 임재, 성령세례의 결과를 말하는 것이 필수적이게 되었다.

A. 성령의 준비

---

27) August Van Ryn, *Acts of the Apostles* (New York: Loizeaux Brothers, 1961), p. 122.

28) Barclay, *The Acts of the Apostles*, p. 123.

29) Charles J. Woodbridge, *Standing on the Promises* (Chicago: Moody Press, 1947), p. 93.

하나님은 준비된 사람에게만 오실 수 있다. 하나님은 사람이 자신을 하나님께 바칠 때에만 자신을 사람에게 주실 수 있다. 그리스도를 따르는 이들은 직접적인 약속에 따라 행동하고, 끊임없는 기도와 목적의 일치를 통해 그들의 삶에 혁명을 일으킬 사건을 위해 준비되었다.

1. 약속대로 행하심

그리스도의 부활의 경이로움이 그리스도의 제자들을 변화시켰다. 40일 동안 그들은 그분이 죽음을 이기셨다는 놀라운 사실을 매우 기뻐했다. 그러나 이제 엄한 사실이 예수의 추종자들에게 직면하게 되었다. 그들의 구원자, 상담자, 친구, 지도자인 예수가 아버지께로 돌아가기 위해 그들을 떠나려고 했다. 다가오는 이별이 그들 위에 우울한 구름을 던져놓았다. 그들이 그리스도 없이 어떻게 세상을 대면할 수 있겠는가? 그들은 그들을 지탱하기 위해 어떤 보증, 어떤 약속, 어떤 생명이 필요했다. 한 작가가 말한 것처럼, "이러한 약속은 부족하지 않았다. 그것들은 강력한 힘으로 제자들의 의식에 날개를 달았다. 그들은 그들의 마음에 평화를 말했고, 그들의 우울함을 몰아내고 앞으로의 투쟁을 위해 그들을 뒷받침했다."[30] 약속은 두 가지였는데, 첫 번째는 즉각적인 권능에 대한 약속이었고, 두 번째는 궁극적인 희망에 대한 약속이었다.

a. 권능의 약속

예수께서는 제자들에게 자신이 그들을 떠나실 것이지만 그들에게 보혜사를 보내실 것이라고 자주 말씀하셨다(요 14:26, 15:26, 16:7). 바클레이(William Barclay)가 지적한 것처럼 보혜사라는 단어는 "용감함을 의

30) Ibid., p. 12

미하는 라틴어 *fortis*에서 유래했으며, 보혜사는 사람을 용기와 힘으로 채워주는 자이다."[31] 예수님은 성령이 그들에게 임할 것이라고 다시 약속하셨다(행 1:8). 그는 또한 그들의 마음에서 정치적 회복에 대한 희미한 희망을 영원히 지워 버렸다(행 1:6-7). 그러나 그는 그들에게 더 크고 더 고상한 힘을 약속했다. 브루스가 말한 대로, "성령이 그들에게 임했을 때, 예수께서는 그들이 천상의 권능으로 옷 입게 될 것이라고 보증하셨다. 즉 능한 일이 성취되고 그들의 설교가 효력을 발휘하게 되게 하는 권능을 받을 것이라고 보증하였다."[32] 이제 제자들은 훈련 기간이 끝났다는 것을 깨달았다. 그들은 곧 영적 전쟁터에 들어갈 참이었다. 그러나 먼저 그들은 적절한 능력, 곧 성령세례에서 오는 능력을 갖추게 될 것이다.

b. 재림의 약속

예수님은 제자들을 떠나셨다. 제자들이 그들의 상황에 대해 의아해할 시간을 갖기 전에 두 명의 하늘 사자가 나타나 그들의 사명을 상기시켜 주었다. 그러므로 제자들은 올리브 산에서 예루살렘으로 서둘러 갔다. 예루살렘에서는 레위기 23:15-21에서 묘사된 유월절 주간에 곡식단을 바친 후 50일이 지나 있는 추수절을 준비하고 있었다. 여기에 주어진 약속은 그리스도께서 다시 오실 것이라는 것이었다(행 1:11). 그리스도의 명령을 수행하기를 간절히 바라는 제자들은 "큰 기쁨으로 예루살렘에 돌아갔다"(눅 24:52). 성령 강림을 위한 영적 준비가 시작되었다. 그러나 성령이 그리스도인들에게 능력을 주기 위해 오시기

31) *The Acts of the Apostles*, p. 2.

32) *Commentary on the Book of the Acts* (Grand Rapids, Mich: Wm. B. Eerdmans Pub. Co., 1954), p. 38.

전에 추가적인 준비가 필요했다.

2. 기도에서의 굳건함

"다 마음을 같이하여 기도와 간구에 힘쓰더라"(행 1:14). 성결에 이르는 보증된 길은 없다. 그 길은 자기 비움과 경건한 복종의 길이기 때문이다. 그리스도께서 그들에게 기도의 요령을 가르치셨으므로(눅 11:1-13) 제자들은 배운 것을 실천에 옮겼다. 그 그룹은 그리스도께서 분명히 알려지지 않았거나 어려운 상황에 직면했을 때는 항상 기도하셨다는 것을 기억하고 기도에 전념했다. 슬픔에 잠긴 회상이나 희망에 찬 추측보다 기도가 훨씬 더 적절한 준비 방법이었다. 로버트슨(A. T. Robertson)은 기도 기간이 길어지는 일에 관련하여 "그들은 아버지의 약속이 응답될 때까지…기도에 고착하였다"고 논평했다.[33)]

그리스도의 승천은 부활 후 40일 후에 일어났고(행 1:3), 오순절은 유월절 후 50일 후에 일어났기 때문에 기도하는 시간은 1주일에서 10일 사이가 될 것이다. 그리스도를 따르는 이들은 하나님의 약속과 예수님의 구체적인 명령에 대한 흔들리지 않는 믿음을 가지고 끈질긴 노력으로 기도했다. 그들은 능력이 가장 분명한 충만함과 틀림없는 확실함으로 그들에게 임하기를 기도했다. 영적 능력에 대한 굶주림은 그 길고 긴 기도회, 미래의 모든 시대를 위한 모범이 되는 기도회의 주요 업무였다.

3, 영적 일치

"오순절 날이 이미 이르매 그들이 다같이 한곳에 모였다"(행 2:1). 그리스도를 따르는 사람들은 공동의 목적을 가지고 있었기에 함께 모였

---

33) Op. cit., III, 14.

다. 한 장소에 존재하는 그들의 육체적 통합은 더 깊은 영적 통합을 가리켰다. 이는 "도덕적 및 영적 주제에 대한 생각, 감정 및 정서의 단일성의 형태, 또한 개인과 사회적 존재 관계에서 가능한 도덕적이고 영적인 우수성의 가장 높은 형태를 낳게 하는 단일성을 의미했다. 그래서 다락방에 있는 120명을 하나로 묶는 일은 단순했다."[34)]

그들 모두는 성령이 오실 것이라는 그리스도의 약속, 곧 극적이고 초자연적인 일이 일어날 것이라는 그리스도의 약속이 성취될 것을 믿었다. 그들 모두는 그리스도의 승천으로 인해 남겨진 공허함을 채워줄 누군가가 있어야 했기 때문에 성령의 오심에 대한 필요성을 느꼈다. 그들은 모두 성령의 강림을 고대했다. 그리스도의 말씀, 외모, 행동이 여전히 그들의 마음에 끊임없이 떠올랐다. 그리스도의 직접적인 지원이 없었기 때문에 추종자들은 살아계신 하나님과의 이 중요한 관계를 새롭게 하기를 갈망했다. 제자들의 연합은 "축복을 구하는 연합된 열심"이었다.[35)] 그들의 공통된 갈망과 연합된 기다림에서 그들의 연합이 나왔다. 마침내 그들의 준비는 완료되었고, 하나님은 오래 지나지 않아 대답하셨다. 하나님은 자신의 본성과 성결을 받으려고 준비한 자들에게 나누어 주시기 때문이다.

B. 성령의 임재

"다 성령이 충만하더라"(행 2:4a). 교회의 탄생으로 실현된 새로운 섭리 시대가 오순절에서 시작되는 것은 적절했다. 오순절은 유대인의

---

34) Asa Mahan, *The Baptism of the Holy Ghost* (New York: W.C. Palmer, 1876), p. 189.

35) McLaugnlin, op. cit., p. 20.

절기였는데, "오순절"이라는 이름은 헬라어를 사용하는 유대인들에 의해 구약의 축제에 붙여진 이름이다. 그 이유는 유월절 동안 보리 단을 드린 후 50일이 되는 날이 거룩한 날이었기 때문이다(레 23:15-21). 바빌론 유수 후에 오순절은 율법을 주신 것, 즉 토라(Torah)의 탄생일을 기념하는 전통적인 날이 되었다.

구약에서 성령은, 하나님께서 거룩하게 하고 활력을 주는 능력으로, 왕, 선지자 또는 특별한 일을 요구하는 지도자와 같은 소수에게만 임했다. 또한 옛 율법시대에서는 성령의 내주는 일시적인 것 같았다. 이제 신약의 교제에서 성령은 모든 사람을 위한 것이며 영구적일 것이다. 척도에 따라 주어지는 권능이나 영향력이 아니고, 한 인격이 모든 신자를 충만케 했다는 것은 중요하다.

1. 성령의 상징

성경 기록은 강한 바람이 있었다고 말하지 않고 오히려 매우 강한 바람 같은 소리가 그들이 모이는 온 집에 가득 찼다고 말하고 있다. 이것은 귀에서 들을 수 있었던 것을 나타낸다. 눈에는 불과 같은 불꽃 모양이 보였다. 이 명백한 불꽃은 방을 가득 채운 다음 각자의 부분, 아마도 머리에 놓이면서 스스로 분할되었다. 청각과 시각에 대한 이러한 징후 외에도 사람들이 이전에 알지 못했던 언어로 말하기 시작했을 때 에너지와 반응이 시각적, 청각적으로 방출되는 절정 효과가 나타났다.

이전에는 성령의 임재에 대한 이러한 물리적인 현현은 집단적 인간 경험에서 알려지지 않았다. 그러한 시연의 목적은 그 사건을 교회에서 주목할 만한 것으로 만드는 것이었다. 성령의 은사는 분명히 예언되었다. 따라서 이 예언의 성취가 틀림없는 표징으로 인식되고 입증되어야 한다는 것이 매우 중요했다.

2. 상징의 의미

완전하고 영구적인 성령의 주시고 받는 것을 나타내기 위해 사용된 상징들은 성령의 본성과 사역에 적합했다. 바람의 소리는 보이지 않는 것, 성령의 신비한 작용뿐만 아니라, 모든 것을 꿰뚫는 성령의 임재에 내재 된 불가항력적인 힘과 능력을 의미했다. "불의 혀"는 성령의 정화하며 빚어내는 능력과 에너지, 즉 말씀으로 제시된 영적 진리와 함께 가는 에너지를 상징한다. 다른 방언으로 말하는 것은 하나님 나라의 보편성, 포용성의 표징이었다. 언어로 말하는 것은 또한 기독교 신앙이 입의 말과 모범으로 전파되어야 함을 의미한다. 성령의 은사가, 육신의 감각이 제자들을 일깨울 수 있도록 눈에 보이는 것이 필요했다. 칼빈이 말했듯이 "우리는 하나님의 은사를 생각하는 데 이처럼 게으르기 때문에, 그가 우리의 모든 감각을 깨우치지 않으면 그의 능력은 알려지지 않을 것"[36]이다.

3. 상징의 영속성의 문제

성령의 임재에 대한 이러한 청각적, 시각적 실증은 특별하고 특이하며 일시적인 것으로 그 당시 특별한 목적을 위해 이 형태로 보내진 것이지, 결코 성령의 능력의 정상적인 효과를 설명하기 위해 고안된 것이 아니라는 점에 유의해야 한다. 심지어 방언의 은사도 더 오래 지속되고 다른 용도로 고안되었지만, 당시 살았던 세대보다 더 오래 지속되지 않은 것 같다. 처음에 그것은 대중의 관심을 불러일으키고, 사도들의 신성한 사명을 증거하고, 한동안 그들이 이러한 다양한 언어

36) *Commentary upon the Acts of the Apostles*, I. 75,

를 사용하는 사람들에게 다가가는 데 도움이 되었다. 언어의 시연은 그들의 대 임무의 범위와 범위에 대한 그들의 견해를 확대하기 위해 고안되었다. 따라서 코울스(Cowles)는 "유대인 독점의 오래된 제한적 압축을 깨고 복음이 유대인뿐만 아니라 더 넓은 세상을 위해 제공"[37] 되었다고 말했다.

사도행전의 가르침에 비추어 볼 때, 알 수 없는 방언으로 말하는 현대 현상은 단지 막연하고 불분명한 지지를 받을 뿐이라고 말하는 것이 가능해 보인다. 사도행전에 나오는 증거는 초대교회의 방언이 시대의 삶과 이해에 특정한 필요를 충족시키기 위해 고안된 언어로 말하는 것이었다는 것이다.

C. 성령의 능력

1. 설교의 능력

성령의 오심은 감각 반응의 영역인 물리적 영역에서 능력의 현현을 동반했다. 성령의 지배에 있는 또 다른 유형의 능력이 베드로의 설교에서 나타났다. 그는 역동적인 개인적 경험과 함께 극적인 영적 조명을 받은 고전적이고 불멸인 설교를 할 수 있었다.

"베드로가 … 목소리를 높여 이르되 … 내 말을 들으라"(행 2:14). 성령은 감성을 일깨우실 뿐만 아니라 지성에 호소하기 위해 오셨다. 베드로는 하나님의 권능으로 고동치는 삶으로, 모범적인 설교를 했다. 어린 소녀의 연약한 손가락에 의해 벙어리와 겁쟁이가 되었던 그는 이제 두려움 없이, 그러나 설득력 있게 잠재적인 살인자들의 폭도들을 직시했다. 베드로의 오순절 메시지는 설교학적 표현의 모델이다. 왜

37) Op. cit., p. 218.

냐하면 그것은 설교가 하고자 한 모든 것을 담고 성취했기 때문이다.

베드로의 설교는 성경적이고 명확하며 그리스도 중심적이며 용기 있고 시기적절하며 설득력이 있었다. 그러나 설교의 진정한 힘은 그 내용에 있었다. 다드(C. H. Dodd)에 따르면 그 설교의 내용은 모든 사도적 설교의 기본적인 개념을 담고 있었다.[38]

a. 첫째, 성취의 시대가 열렸다.

베드로는 "이는 선지자로 말씀하신 것이니"(행 2:16), "이것들은 하나님이 … 그의 모든 예언자들의 입으로 알려 주신 것이며 … 그가 이같이 이루신 것이다"(행 3:18). 성령의 임재는 구속의 진리를 이해하는 데 큰 도움이 된다. 왜냐하면 "그가 너희를 모든 진리 가운데로 인도하실 것"(요 16:13)이기 때문이다. 랍비 주석은 항상 메시아의 도래를 하나님의 축복이 쏟아지는 것과 연관시켰다. 베드로는 메시아 시대가 밝았다고 선언했다.

베드로는 또한 그리스도의 사역과 죽음과 부활로 인해 새 시대가 열렸다고 말했다. 그분의 다윗 혈통 때문에(행 2:29-31), "하나님이 저를 통하여 너희 가운데서 행하신 기적과 기사와 표적으로 너희 가운데서 승인을 받으신" 그분의 사역 때문에(행 2:22), 그분의 죽음과 부활 때문에(행 2:24-31), 그리스도는 구속 역사에서 새로운 시대를 열었다.

b. 그리스도는 높임을 받으셨다.

베드로는 그분의 부활 덕분에 예수님이 하나님의 오른손으로 높임을 받았다고 선언했다. 교회 안에 있는 성령은 그리스도의 현존하는

38) *The Apostolic Preaching and Its Development* (New York: Harper and Brothers, 1936), p. 21 ff.

능력과 영광의 표징이다. "하나님이 오른손으로 예수를 높이시매 그가 약속하신 성령을 아버지께 받아서 너희 보고 듣는 이것을 부어 주셨느니라"(행 2:33). 메시아의 높임 받은 것과 성령의 부으심의 관계는 요엘 2:28-32에 의해 뒷받침되고 있다. 베드로는 메시아 시대가 곧 그리스도의 재림으로 완성될 것이라고 말했다(행 3:21). 베드로는 회개에 대한 호소와 용서와 성령의 약속으로 그의 메시지를 마쳤다.

2. 영적 조명

베드로의 설교의 구조와 웅변은 인간의 힘을 능가한다. 그것은 성령의 임재의 증거였다. 그러나 사도의 이해에 있어서의 변화는 훨씬 더 중요하다. 특히 부활과 관련하여 사도들은 깨달음을 얻었다. 사도들은 오순절 때까지는 부활의 개념을 이해할 수 없었다. 메시아에 대한 그들의 개념은 그분이 증명하신 것과 너무도 달랐기 때문에 성경에서 어떤 한 줄기의 빛도 찾을 수 없었다. 그러나 성령세례를 받은 후에 그들은 구약성서를 사용하여 증명할 정도로 성경에 있는 부활 교리를 이해했다. 성령께서 그들의 이해력을 열어 주신 것이다. 그러나 성령의 가장 큰 능력은 영적 통찰의 영역에 있었다.

3. 양심에 강력한 영적 침투

베드로의 설교는 깊은 양심의 가책을 불러일으켰다. "저희가 이 말을 듣고 마음에 찔려 이르되 … 형제들아 우리가 어찌할꼬"라고 말했다(행 2:37). 로버트슨에 따르면 여기에 사용된 "찔렸다(picked)"라는 동사는 "찌르다, 날카롭게 찌르다, 기절시키다, 때리다"를 의미하는 동사인 *ktanusso*의 이차 부정과거 직설법(second aorist indicative)이다.[39)]

---

39) Op. cit., p. 42.

성령의 가장 큰 능력은 사람의 양심의 영역에서 역사한다. 감성적인 사람들이 성령의 충만함으로 감동을 받는 동안 어떤 종류의 물리적인 시연이 반드시 필요한 것은 아니지만 성령세례를 수반한다는 것이 분명하다. 유사하게 진리에 대한 지적 이해의 영역에서도 성령은 하나님이 보낸 보혜사이다. 그리고 그것이 성결을 마음껏 즐기고 가장 효과적으로 전파하는 데 도움이 된다. 그러나 성령의 가장 큰 역사는 양심의 감수성의 영역에 있다.

영적 침투의 영역은 성령세례의 필수조건이다. 왜냐하면 "그가 오면 죄에 대하여, 의에 대하여, 심판에 대하여 세상을 책망할 것"이기 때문이다(요 16:8). 설교의 궁극적인 평가는 감정주의나 지성주의가 아니라 영적 통찰력에서 나타난다. 만약에 설교가 하나님에 대한 응답에 아무런 영향을 미치지 않는다면, 만약에 설교가 사람이 자신을 조명하지 않는다면, 만약에 설교가 교만, 안일, 부도덕, 자기중심에 흠집을 주의시키지 않는다면, 그것은 성령께서 승인하신 설교가 아니다. 성령의 축복을 받고 인증된 설교는 사람이 세상을 덜 사랑하게 하고, 하나님을 더 사랑하게 하며, 또한 듣는 사람들에게 "내가 무엇을 해야 하는가?"라고 질문하는 유일한 영적 응답의 지경으로 끌어올리는 설교이다.

성결의 경험은 성령세례와 영적 능력과 동의어이다. "내면의 영은 능력이다. 그는 능력- 즉 존재하는 능력, 행하는 능력, 고통 받는 능력, 구원하는 능력의 선물이다."[40]

성결의 경험은 "주님의 기쁨"을 표현하기 위한 물리적인 증명의 기회를 제공한다. 그러나 웨슬리 전통의 성결은 감성의 각성을 성령의 임재의 통합적 측면이 아니라 부수적인 것으로 만든다. 그리고 성령

40) A. S. Keen, *Pentecostal Papers* (Cincinnati, Ohio: M. W. Knapp, 1896), p. 125.

세례를 나타내는 어떤 물리적 기준도 만들지 않는다. 웨슬리의 성결 개념은 많은 외부 의견과 일부 내부적 반대와는 정반대로, 활발한 지적 반응을 격려한다. 왜냐하면 그에게 계몽할 기회가 주어지지 않는 한 보혜사(교사)는 무슨 목적으로 있는가?라는 질문이 나오기 때문이다.

성령의 능력이 가장 중요한 영역은 인격의 한계까지 침투하여 합당한 예배와 봉사를 위해 정결케 하고 깨끗하게 하는 것이다. 참된 성결은 육체적인 시련을 바르게 해석하고 지적 이해를 바르게 집중하며 영적 순결을 일관되게 강조한다. 이처럼 성결은 영적 교제의 기초이다.

IV. 성결: 영적 교제의 역동성

원시적 교회는 성령의 교제를 즐기고 새로운 교회 시대의 증거로 공개적으로 인정된 성령의 역사에 호소했지만 그것을 반영하지 않았다.[41] 초기 개종자들은 설교에서 명확한 친교의 교리를 구현하지 않았다. 친교의 개념은 사도행전에서 가르쳐진 것보다는 살아있었는데, 나중이 되어서야 바울은 성도의 교제의 본질에 대한 생각을 추가했다.

그러나 사도들의 행동과 바울의 글에서 성결은 기독교인의 친교를 유지하는 주원인이다. 사도행전에서 친교는 교리의 견실함, 리더십에 대한 일관된 수용, 선천적 사회적 관계, 자발적인 예배 진행 및 즐거운 자기- 훈련으로 표현되었다. 이러한 자질이 성결의 특징이다.

41) Dodd, op. cit., p. 59.

A. 교리에서의 견실함

"저희가 사도의 가르침을 받아 견고히 가니라"(행 2:42a). 스틸(Daniel Steele)은 종종 성령이 정통신학의 위대한 보존자라고 말했다.[42] 온전한 성화는 회심자들을 굳건하게 만들고 영적인 삶에서 그들을 지탱하도록 돕는데, 이것은 세우는 은혜이다. "이 집단은 영적 광신자들의 느슨한 집단이 아니라 명료하고 보편적이지만 확고하고 명확한 기준을 가진 사회였다."[43] 분명히 물로 하는 세례 그러나 본질적으로 성령과 함께하는 회개, 고백, 세례가 필요했다.

B. 리더십의 수용

성결의 경험은 협력 정신이 있게 한다. 그리하여 제자들은 "사도의 교리와 교제"를 계속했다(행 2:42). 성결은 리더십의 수용을 반대하지 않는다. 왜냐하면 성결의 경험은 통합하는 경험이기 때문이다. 성령세례는 리더십과 상반되거나 적대적이지 않다. 성결의 교제 안에 있는 사람이 요구하는 모든 것은 리더십이 실제 생활에서 성결 교리의 모범이 되고 공개적인 표현에서 성결의 공개적인 옹호자가 되는 것이다. 그러므로 메소디즘과 현대 성결 그룹의 역사는 성결의 경험이 리더십을 받아들일 뿐만 아니라 하나님의 목적을 성취하기 위한 리더십과 인간의 협력을 촉진한다고 말한다.

---

42) *The Gospel of the Comforter*, p. 325 ff.

43) E. M. Blaiklock, *The Acts of Apostles* (Grand Rapids, Mich: Wm. B. Eerdmans Pub. Co., 1959), p. 61.

C. 관대한 사회적 관계

성결은 사회적 관심이 생기게 한다. "믿는 사람이 다 함께 있어 모든 물건을 서로 통용하고, 또 재산과 소유를 팔아 각 사람의 필요를 따라 나눠 주다"(행 2:4-45). 성결은 그 이후로 사회적 관계에 심오한 영향을 미쳤다.[44] 성결은 그 성질에 있어 배타적일 수 없으며 그 사역에서 분파적일 수 없다. 성결은 표어나 진부한 표현으로 축소될 수 없다. 왜냐하면 거룩한 삶의 원칙은 사회에 관한 한, 감상적이지도 냉정하지도 않은 모든 인격에 대한 기본적인 존중이기 때문이다. 모든 사람은 본질적으로 하나님의 능력으로 창조되었고 은혜로 인해 구속의 잠재적인 대상이기 때문에 성결의 삶은 항상 광범위한 사회적 의미를 반영해야 한다.

초대 교회가 보여준 관대함은 일부 사람들이 잘못 제안한 것처럼 모든 재산을 공동 기금에 기부하는 기독교 공산주의에 대한 시도가 아니라, 단지 개인 재산의 처분에서 나오는 모든 수익금을 가난한 사람들을 지원하기 위해, 필요에 따라 공동 기금에 기부하는 것이었다.

D. 예배의 자발적인 모범

즐거운 예배는 성결의 부산물이다. "날마다 마음을 같이하여 성전에 모이기를 힘쓰고 집에서 떡을 떼며 기쁨으로 음식을 먹으니라"(행

44) 다음 책들은 성결 그룹의 사회적 영향을 제시한다. Timothy L. Smith, *Revivalism and Social Reform* (New York: Abingdon Press, 1957); J. Wesley Bready, *This Freedom—Whence?* (New York: American Trace Society, 1946); Mary A. Tenney, Blueprint for a Christian World (Winona Lake, Ind: Light and Life Press, 1953).

2:46). 성결 안에서 예배는 애절한 의무도 아니고 단조로운 수행도 아니다. 성결은 피곤하고 지치게 하는 예배가 아니라 활기차고 힘 있게 예배하게 한다. 마치 성결은 "사람이 내게 말하기를 여호와의 집에 올라가자 할 때에 내가 기뻐하였다"(시 122:1)는 시편 기자의 말을 반영한다.

E. 즐거운 자기 훈련

오순절은 행복한 자기 훈련을 가져왔다. 그러므로 그리스도인들은 "기쁨과 순전한 마음으로 하나님을 찬미하며 … 음식을 먹었다(행 2:46b-47a)." 토마스 아 켐피스(Thomas a Kempis)의 《그리스도를 본받아(*The Imitation of Christ*)》에 나와 있는 극기와 자기 수양의 고전에는 기쁨에 대한 언급이 빠져 있다. 독실한 윌리엄 로(William Law)의 글에서도 성결은 종종 즐겨야 할 경험이라기보다는 짊어져야 할 무거운 짐으로 본 것 같다.

슬프고 우울한 "성결"은 제대로 된 통합 촉매가 되지 못한다. 가혹하고 우울하거나 비판적인 "성결"은 원시 교회가 자발적으로 받아들인 즐거운 자기 수양을 공허하게 모방한 것이다. 초대교회는 순수했고, 일편단심이었고, 세속적이지 않았고 그 교회는 즐거웠다. 세상은 즐거운 자기 훈련을 답습하는 것이 불가능하다는 것을 알고 있었고, 종종 그것에 저항하는 것도 불가능하다는 것을 알았다.

성결은 사교적인 교제에 대한 인류의 욕구를 만족시킨다. 그리고 거룩한 교제의 근원과 힘은 개인이나 집단의 인간 노력을 초월하기 때문에 이는 가장 고상하고 가장 풍요로운 교제가 생기게 한다. 그러한 교제는 이기적인 목적을 위해 내적으로 향하지 않고 보편적인 비전에서 외적으로 표현된다. 최종 분석에서 "신자들 사이의 모든 참된 교제는 … 그리고 그 말은 마음과 목적의 연합을 의미하는 단어 '성령의 교제'"이다.[45)]

V. 성결: 영적 비전의 역동성

성령세례는 명확하고 포괄적인 영적 비전이 생기게 한다. 교회 내에서, 즉 로마 가톨릭과 개신교 지부 모두에서 성령을 영화롭게 한 그룹은 하나님의 대의를 위해 가장 큰 열성을 가졌고, 가장 높은 청지기 직분을 나타내었으며, 가장 큰 전도 노력을 촉진하였다. 사도행전에 있는 성령의 활동에 대한 설명에서 발전된 영적 비전은 다음의 일들을 반영한다. 즉 분명한 증인, 권위 있는 리더십, 연민의 양식, 희생할 준비가 된 자세, 실행 가능한 전도 방법, 초월적인 임무를 반영한다.

A. 분명한 증인

"너희가 내 증인이 되리라 … 베드로가 성령이 충만하여 그들에게 말하였다"(행 1:8; 4:8). 유대인 지도자들은 사도들이 전하는 설교의 효과를 이해할 수 없었다. 윌리엄 램지(Sir William Ramsey)는 원시 교회에서의 연설의 능력에 주의시켰다.[46)] 그는 다음과 같이 말했다.

> 유대인 지도자들은 베드로와 요한의 대담하고 유창한 연설에 주목했다.

---

45) Duggan Clark, *The Offices of the Holy Spirit* (Portland, Ore: Evangel Publishers, 1945), p. 210.

46) Op. cit., p. 371.

그러나 그들은 그들의 옷차림과 말투에서 그들이 훈련된 학자가 아님을 알아챘다. … 그리고 그들은 당신이 예수의 제자라는 사실에 주목했다. 그리고 그들은 성전문에서 병 고침을 받은 사람을 기이히 여기며 바라보았다. 이것이 사건의 실제였다. 역사가(누가)의 지적하는 바는 거기에는 단 하나의 가능한 추론이 있다는 것이다. 그러나 유대인 지도자들은 그 추론을 꺼렸기 때문에, 이 문맹 어부들은 그들이예수의 제자가 되었고 그들에게 전달된 하나님의 은혜와 능력을 통해 효과적인 웅변술의 기술과 능력을 얻었다는 … 명백한 결론에 대해 이의를 제기할 수단도 없이 부득이 침묵을 지켰다.[47]

베드로와 요한 외에 다른 사람들은 효과적이고 명료한 증인이었다. 평신도이자 헬라인인 빌립은 유대인들이 상대하지 않는 사마리아인들에게 설교할 기회를 찾았다(요 4:9). "베드로와 요한은 빌립에게 깊은 감명을 받았고 성령의 허락하심을 받아 일하여 사마리아 성에 말씀이 전파 될 뿐 아니라, 또한 예루살렘으로 돌아가는 길에서도 '심지어 사마리아인의 많은 마을'에서 복음을 전해졌다, 그리하여 그들은 복된 사역으로 인도되었다."[48] 후에 빌립은 그의 여정에서 천사의 지시를 받아 사막으로 갔고, 그의 매우 효과적인 간증으로 인해 에티오피아 고위 관리가 회심했다(행 8:26-40).

아마도 사도 교회에서 가장 효과적인 증인은 스데반이었을 것이다. 블런트(A. W. F. Blunt)는 말하기를, "분산에 대한 더욱 진보적 유대주의로부터 배워온 생각과 관점을 그와 함께 기독교 내로 가져온 듯

47) Ibid.

48) Carver, op. cit., p. 85.

하다"[49]고 하였다. 스데반의 사역은 바울이 율법을 영적으로 해석한 점에서 두드러지게 예표되었다. 정통 유대인들은 그의 가르침이 유대교를 대체하는 것과 관련 있음을 재빨리 알아차렸다. 이방인과 유대인 모두에게 그 효과가 너무나 명백했기 때문에 종교 지도자들은 그의 목소리를 잠잠하게 만들 수밖에 없었다. 그러나 그의 증언은 살아남아 있다.

B. 권위 있는 리더십

성령으로 충만한 리더십은 종종 권위가 있다. "사람보다 하나님께 순종하는 것이 마땅하니라"(행 5:29b). 사도적 권위는 두 가지 방식으로, 즉 그룹 내 사람들과 그룹 외부 사람들에게 나타났다.

아나니아와 삽비라의 사건에서 사도들의 권위는 교회 안에 있는 사람들에게 나타났다. 교회의 형성기에, 그들의 재산을 기쁨으로 팔고 그 수익금을 어려운 사람들을 돕기 위해 기금에 기부하는 부유한 사람들에게 어느 정도의 명예가 주어졌다. 거짓된 구실로 대중의 인정을 받고자 하는 욕망이 아나니아와 삽비라를 넘어지게 한 유혹의 근원이었다. 처음부터 그의 유혹을 막는 것이 특히 중요했다. 그렇지 않으면 기독교 공동체는 예수께서 그토록 심하게 비난하신 바리새인처럼 타락하고 교만과 위선으로 가득 차게 될 것이다.

베드로는 그 사기 행위를 발견하고 아나니아의 죄를 죄로 고발했다(행 5:3). 고발의 언어는 교육적이다. 아나니아는 교회가 아니라 교회 안에 있는 성령에게 거짓말을 한 것이다. 교회를 극단적인 유형의 형벌과 악의 관용으로부터 구했다. 교회에서 죄가 용인될 때 성결은 영

49) Op.cit., p. 160.

적 사망의 첫 숨결을 느끼게 되는 것이다.

영적 지도력에 대한 한 가지 타당한 시험은 그룹 외부에서 정죄하고 박해하고 비판하는 사람들에 대한 태도이다. 제자들이 체포되어 산헤드린 앞에 끌려왔을 때, 베드로는 그들의 활동을 너무나 잘 정의하여 그들을 엄중한 경고, 즉 호되게 꾸짖으므로 해고되었다(행 5:40). 그것은 역사적인 순간이었다. "그리스도인들은 처음으로 믿음과 정직한 설교 때문에 몸으로 고통을 받았다."[50] 성결은 이처럼 권위 있는 지도력이 생기게 한다.

C. 동정심의 모범

연민은 거룩한 미덕에 속한다. "내게 있는 이것을 네게 주노라"(행 3:6b). 성결은 연민과 인류에 대한 공감적 관심으로 이어지기 때문에 영적 정복의 원동력이다. 오순절에 성령이 사람들에게 임했을 때 그들은 말하고 증거했지만 훨씬 더 많은 일을 했다. 그들은 연설을 그리스도인의 연민행위로 옮겼다.

베드로와 요한은 오후 3시에 성전에 들어가서 교회 밖의 사람들을 위해 첫 번째 신체적 활동을 했다. "미문"이라는 문에서 그들은 평생 절름발이였던 한 남자를 만났다. 그는 그 당시 절름발이가 할 수 있는 유일한 방법인 구걸을 통해서 생계를 꾸려 나가고 있었다. 도와 달라는 간청에 대한 응답으로 베드로는 그 사람과 구경꾼 모두를 놀라게 하는 치유의 기적을 행하며, 치유된 남자는 군중을 흥분시키는 들뜬 시연을 했다.

---

50) Ibid., p. 73.

D. 희생할 준비가 됨

고난과 희생은 종종 성결의 삶에 포함된다. "너희 조상들이 선지자들 중의 누구를 박해하지 아니하였느냐?"(행7:52). 처음에는 베드로와 요한이 투옥되었고 그 다음에는 체포와 구타가 있었다. 이제 박해의 손이 새로 태어난 교회를 더 세게 움켜쥐면서 희생의 규모가 증가되었다. 스데반은 산헤드린 앞에 끌려가서 재판이 있은 후에, 돌멩이를 던지는 사람들의 심장만큼 단단하지 않은 돌멩이들로 순교되었고, 나중에 사형 집행인의 칼날이 야고보에게 떨어졌다. 그리고 다소의 사울이라는 사람이 교회를 멸절시키려는 운동을 조직했다. 그러나 초기 교회는 고통과 죽음도 개의치 않게 만드는 성령의 경험과 능력에 의해 유지되었다.

E. 전도의 실행 가능한 방법

오순절은 실행 가능한 전도 계획을 세웠다. "사울이 땅에서 일어나니라"(행 9:8). 교회나 종교 단체가 개종자를 얻거나 비기독교인을 기독교인으로 만들기 위해 사용하는 세 가지 방법이 있다. 이 세 가지 방법은 (1) 성례전적 방법, (2) 교육 또는 그리스도인의 양육의 방법, (3) 전도의 방법 또는 회심의 방법이다.

바울이 다메섹으로 여행할 때 겪은 극적인 경험에 관한 책이 많이 있다. 어떤 사람들은 그 경험을 삽화로, 다른 사람들은 간질병으로, 다른 사람들은 일사병으로, 다른 사람들은 드물게 개인에게 계시 된 경험으로 여기지만, 그리스도인이 된 모든 사람의 공통된 경험은 아니다. 우리는 바울이 그리스도인들을 잡는 과정에서 예수를 너무나 분명하고 명확하게 보았기 때문에 믿고 순종할 수밖에 없었다는 것을 안다. 그는 보고 들었고, 알았고, 항복했으며, 결국 변화된 사람이었다.

이론적으로 성찬 참여에 의한 구원의 개념은 그럴듯하게 들린다. 실제로는 그것은 사도행전에 묘사된 그리스도인들과는 정반대인 형식주의와 제도주의가 생기게 한다. 이론적으로 기독교인의 양육이라는 개념은 실행 가능하게 들릴 수 있다. 하지만 그것은 초대 교회의 능력과 경험을 부정하는 합리주의와 인본주의로 끝나는 경우가 많았다. 이론적으로 거듭남의 교리는 매력적으로 보이는데, 실제로 이것은 성경의 가르침과 인간의 가장 높은 열망과 조화를 이루는 삶의 형태가 생기게 하였다. 그러므로 성결의 복음전도가 영적 정복의 열쇠이다.

F. 초월적 과업

성결을 전파하는 사역은 무한하다. "그러면 하나님께서 이방인에게도 생명 얻는 회개를 주셨다 하니라"(행 11:18b). 점차 영적 전파사역의 막중함이 새 교회에 의해 실현되었다. 서서히 유대인 그리스도인들은 기독교가 개혁된 유대교가 아니라 독특하고 새롭고 유일한 영적 세력임을 보았다. 이 임무는 인간의 필요와 같이 광범위하며 완벽한 사랑이 될 수 있고, 그렇게 될 필요가 있는 만큼 포괄적이었다.

요약

오순절은 기독교 교회가 나온 영적 역학의 시작을 표시한다. 로마제국에서의 교회가 성장할 수 있었던 원인이자 초창기의 능력의 근거는 성령세례에서 오는 능력이었다. 이 역동성은 영적 순결, 능력, 교제 및 비전에서 입증되었다. 교회는 성령으로 충만한 개인들로 구성되었기 때문에 강했다. 그러므로 교회의 능력이 교회의 성격을 결정한다. 윌리엄 아서(William Arthur)는 "기독교 교회 전체의 특성은 항상 개별 그리스도인의 성품에 의해 지배되어야 한다. 왜냐하면 교회는 단지 개인의 집합체일 뿐이기 때문"[51]이라고 말했다. 따라서 오순절의 성령 강림은 모든 시대의 교회에 필수적인 것이다. 왜냐하면 성령 강림이 교회가 스스로를 지탱하고 경계를 확장할 수 있는 영적 역동성의 원천이기 때문이다.

---

51) *The Tongue of Fire* (New York: Harper and Brothers, 1880), p. 196.

12장

그리스도인의 완전은 상대적인 완전

온전한 성화의 위기에는 무슨 일이 일어나는가? 성결교회들은 완전주의를 가르치는가? 성결의 경험이 흠이 없는 성도의 지위로 갑자기 극적으로 끌어올리는가? 웨슬리안들은 성도가 죄를 짓거나 은혜에서 떨어지는 것이 불가능하다고 말하는가? 성결파 사람들은 그들이 하나님을 완전하게 섬긴다고 믿는가? 이 모든 질문에 대한 대답은 웨슬리신학의 역설 또는 명백한 모순 - 즉 불완전한 완전-을 포함하고 있다는 것이다. 이 역설을 제시하면서 온전한 성화의 교리의 두 측면을 다룰 것이다. 즉 (1) 완전의 의미와 위치; (2) 성결의 경험에서 사람이 기대하지 말아야 할 것을 다룰 것이다.

Ⅰ. 웨슬리안 완전의 의미

완전이라는 용어는 신학에서 가장 비판받기 쉬운 용어이다. 이 용어의 사용은 자동적으로 신랄하고 거만하고 율법주의적이며 자칭 성도들이 종교적인 바리새인의 의복을 입는 모습을 떠올리게 한다. 실제로 성결파 교회들에서는 이 용어를 사용하는 사람이 거의 없다. 사실 그 용어가 그들에게 적용된다면 대부분의 사람들은 당황하고 자의식을 갖게 될 것이다. 이 사람들은 성결이 겸손과 같다는 것을 잘 알고 있다. 만일 그것을 자랑한다면 그것은 그가 가지고 있지 않은 표이다. 따라서 이 용어는 개인적 증거나 영적 자기 평가에 사용되지 않는다. 적어도 저자는 그러한 그룹 내에서 거의 30년 동안 연합하면서 자신의 이름에 완전이라는 라벨(label)을 사용하는 사람에 대해 들어본 적이 없다. 그러나 이 용어는 신학적 논의에서 사용되는 용어이며 만족스럽게 다루어져야 한다. 이 용어의 의미에 대한 설명은 먼저 웨슬리에게서 듣고, 그 다음 웨슬리안 전통의 후대 저자들의 설명을 듣고자 한다.

A. 완전에 대한 웨슬리의 견해

웨슬리의 그리스도인의 완전에 대한 개념은 기술적인 해석의 문제일 뿐만 아니라 정서적인반응의 문제였다. 웨슬리는 그 용어에 대한 정서적 관점에서 동요하는 것 같다. 그러나 그가 그 용어로 의미하는 바에 대해서는 결코 변화가 없었다. 완전에 대한 웨슬리의 생각을 이해하기 위해서는 두 가지 측면, 즉 용어에 대한 그의 정서적 반응과 이론적인 설명을 모두 고려할 필요가 있다.

1. 웨슬리의 정서적 반응

완전이라는 용어의 사용에 대한 웨슬리의 반응은 소극적이며 또한 적극적이다. 즉, 때때로 웨슬리는 그 용어를 옹호하는 데 싫증이 났지만 다른 때에는 그것을 적극적으로 지지했다.

a. 소극적 반응

웨슬리는 완전이라는 용어를 놓고 많은 논쟁에 참여했다. 생스터

(Sangster)가 언급했듯이 "그것은 그의 반대자들의 놀라움과 분노를 불러일으켰고, 때때로 그의 추종자들에 의해 불쌍하게 악용 당했다."[1] 1768년 웨슬리는 상황이 너무 나빠져서 그 용어를 사용하는 것에 대해 절망했다. 1768년 5월 그의 동생인 찰스에게 보낸 편지에서 웨슬리는 이렇게 썼다. "나는 교회와 그리스도인의 완전 이 두 가지에 대해 어찌할 바를 모르겠다. 너와 내가 진심으로 그 틈에 서 있지 않는 한 메소디스트는 둘 다 없어지게 할 것이다."[2] 정확히 한 달 후 그는 훨씬 더 비관적인 맥락에서 동생에게 다시 편지를 썼다.

> 나는 너와 내가 적어도 중요한 국면(the point)에 도달해야 할 때라고 생각한다. 우리는 온 세상에 대항하여 완전을 계속 주장할 것인가? 아니면 조용히 그것이 사라지게 할 것인가? 우리는 정말 둘 중 하나를 해야겠다. 그리고 나는 빠를수록 좋다고 생각한다. … 나는 설교자들이 우리 중 한 명을 다른 한 명과 비교해서 인용하는 내부의 전쟁에 지쳤다. 마침내 우리는 이전과 같거나 다른 형태의 좋은 것과 모든 것을 위해 무언가를 수정하자.[3]

웨슬리는 완전이라는 용어를 좋아하지 않았다. 특히 가혹한 비평가에게 보낸 편지에서 "기독교인의 완전에 대하여 … 당신이 편협한 이교도의 솔직함을 배웠기 전에는 아무 말도 하지 않겠다"[4]라고 말함으로써 완전에 대해 논의하기를 노골적으로 거부했다. 웨슬리는 완전

---

1) Op. cit., p. 78.

2) *Letters*, V, 88.

3) Ibid., V, 93.

4) Ibid., III, 266.

이라는 용어의 사용으로 야기되는 문제를 잘 알고 있었다. 그의 비평가 중 일부는 그를 악마라고 부르며 그 아이디어를 풍자적으로 묘사했다.[5] 반대로 일부 웨슬리 추종자들은 스스로를 천사라고 부르며 그 용어를 천박하게 만들었다.[6] 완전이라는 용어가 웨슬리에게 제시한 문제의 전체 범위를 그의 다음 진술에서 볼 수 있다.

> 성서에는 이보다 더 불쾌감을 주는 표현이 거의 없다. 완전이라는 단어는 많은 사람이 견딜 수 없는 것이다. 바로 그 소리가 그들에게는 혐오감을 일으킨다. 그리고 누구든지 완전을 설교하는 사람, 즉 그것이 이생에서 달성될 수 있다고 주장하는 사람은 그들에 의하여 이방인이나 세리보다 더 나쁘게 여겨질 큰 위험이 있게 된다.[7]

그러나 웨슬리는 그 용어를 포기하기 거부했다. 그 단어의 내용에 대한 그의 이론적인 이해는 그 용어에 대한 그의 감정적 반응보다 더 컸다.

b. 적극적인 확언

생스터(Sangster)는 웨슬리가 자신이 생각한 것보다 훨씬 더 많이 완전이라는 용어를 사용했다고 생각한다.[8] 그 이유는 간단한데, 그것이 성경적 용어라고 확신했기 때문인데, 이미 언급한 도드(William Dodd)에게 보낸 편지에서 웨슬리는 다음과 같이 썼다. "그러나 그것이 성

5) Sangster, op. cit., p. 79.

6) Wesley, *Letters*, IV, 192.

7) *Works*, VI, 1.

8) Op. cit., p. 78.

경이 사용하는 용어라는 것은 부인할 수 없다. 그러므로 그것에 대한 저들이 설명을 이렇게 하든 또는 저렇게 하든지 간에 아무도 그 용어의 사용에 반대해서는 안 된다."[9] 메이트랜드 (General Maitland)의 아내가 완전이라는 용어의 사용과 관련된 문제에 관해 그에게 편지를 썼을 때, 그녀는 "그것을 완전이라고 말하기보다 은총의 최고 상태라고 부르는 것이 더 안전하지 않는가?"라고 물어보았다.[10] 그에 대한 웨슬리의 대답은 다음과 같았다. "그 단어에 관하여서는, 그것은 성경적이다. 그러므로 우리가 성령을 학교에 보내어 혀를 만든 사람에게 말하라고 가르치지 않는 한, 여러분과 나는 그것에 반대할 수 없다."[11] 그리고 이전에 제안한 바와 같이 웨슬리가 성결의 문제에 관한 그의 가르침을 그의 《그리스도인의 완전에 관한 명백한 설명(*A Plain Account of Christian Perfection*)》이라는 유명한 소책자에 담았다는 것을 간과해서는 안 된다. 그 책의 시작 진술에서 웨슬리는 자신의 목적은 "내가 여러 해 동안 그리스도인의 완전의 교리를 받아들이도록 인도된 명백하고 분명한 설명을 제공하기 위한 것"[12]임을 말했다. 그러므로 존 웨슬리는 관련된 문제를 알고 있으면서도 무조건 성서적 완전의 견해를 받아들였다는 것이 분명하다. 그러나 웨슬리는 그 용어가 의미하는 바를 정확하게 정의하기 위해 주의를 기울였다.

2. 사랑으로서의 완전

웨슬리는 완전이라는 용어를 성결, 완전한 사랑, 온전한 성화와 같

9) *Letters*, III, 168.

10) Ibid., IV, 212.

11) Ibid.

12) *Works*, XI, 366.

은 의미로 사용했다. 그에게 있어서 "완전은 성결 또는 인간 안에 있는 하나님의 형상에 대한 또 다른 용어"[13]일 뿐이다. 그는 그의 설교자들에게 완전의 본성을 가르치기 위해 주의를 기울이었다. 1744년 6월 25일 월요일에 메소디스트 설교자들의 첫 회의가 시작되었다. 웨슬리에 따르면 다음 날 아침, "우리는 성화 또는 완전의 교리를 진지하게 고려했다."[14] 완전한 그리스도인이 된다는 것이 무엇을 의미하느냐는 질문에 대한 응답으로서의 대답은 "우리의 마음, 생각 그리고 힘을 다하여 하나님은 사랑하는 것"이였다(신 6:5).[15]

완전에 대한 또 다른 정의는 이 답변을 다소 확장한 것으로서, "그리스도인의 완전은 하나님과 이웃을 사랑하는 것으로, 모든 죄에서의 해방을 의미하는 것"이다.[16] 웨슬리는 계속해서 완전한 사랑이 완전의 본질이었다고 주장했다.[17] 그 완전은 "우리의 성질과 말과 행동을 지배하는 사랑 즉 하나님과 이웃에 대한 겸손하고 온유하며 참을성 있는 사랑"[18]을 의미했다. 웨슬리에게 있어 완전의 주된 측면은 율법적이고 도덕적인 것이 아니라 윤리적이고 영적인 것이었다. 그러나 사랑에 더하여 완전은 깨끗함 즉 죄로부터의 자유를 포함하고 있다.

3. 씻음으로서의 완전

웨슬리는 단지 사랑의 관점에서 완전을 설명하는 아주 실용적인 사상가였다. 그는 성서의 가르침은 성화 또는 완전의 한 측면으로 내적

13) *Letters*, III, 168.

14) *Works*, XI, 387.

15) Ibid.

16) Ibid., p. 393.

17) Ibid., p. 442.

18) Ibid., p. 446.

씻음을 포함했다는 것을 잘 알고 있었다. 그는 또한 그리스도인의 삶이 추상적인 용어로만 간주 될 때는 율법무용론이 될 가능성이 있기에 주의를 기울였다. 그래서 개인 정화를 내면의 사랑과 연결시켰고, 도드에게 보낸 편지에서 "모든 불의를 씻어내는 것은 칭의만을 의미하는 것이 아니다. … 그것은 주로, 완전히는 아니더라도, 성화와 관련"[19]있다고 말했다.

1744년의 회의에 대한 그의 지시에서 웨슬리는 메소디스트들의 교리와 실행을 설명하기 위해 일련의 질문과 답변을 발표했다. 그러한 질문과 대답 중 하나는 "완전한 그리스도인이 됨"에 대하여 아래와 같이 말하고 있다.

> 질문: 이것은 단순히 모든 내면의 죄가 사라진 것을 의미하는가?
> 대답: 의심할 여지 없이, 또는 어떻게 우리가 우리의 모든 부정으로부터 구원을 받을 수 있는가?(겔 36:29)[20]

따라서 웨슬리는 근절 또는 멸종을 주장하는 학파에 속해있었다. 그가 메이트랜드(Maitland) 부인에게 보낸 편지에서 "죄가 일시 정지되든 소멸되든 논쟁하지 않겠다"[21]고 말한 것을 봐서, 그는 이 점에 대해서는 모호한 것처럼 보인다. 그러나 생스터가 관찰한 바와 같이, "그 문제가 몰릴 때는 그는 논쟁을 하여, 분명하게 소멸의 입장을 취하였다."[22] 웨슬리는 성결이 씻음(정화)를 의미한다고 믿었다. 그것이 성

---

19) *Letters*, III, 172.

20) *Works*, XI, 387.

21) *Letters*, IV, 213.

22) Op. cit., p. 82.

서적이라고 믿었기 때문이다. 그는 하나님의 씻으심을 강조하고 있는 성경구절로 에스겔 36:25와 고린도후서 7:1을 좋아했다. 조셉 볼튼(Joseph Bolton)에게 보내는 편지에서 그는 다음과 같이 썼다.

> 그리고 하나님과 우리 이웃에 대한 사랑이 좋은 성향이 아닌가? 그리고 영혼 안에 있는 이런 세력(reign)에 관한 한, 그 반대되는 성질, 세속적인 마음, 악의, 잔인함, 복수심은 파괴되지 않았는가? 실제로 부정한 영은 쫓겨났지만 다시 돌아와서 다시 들어갈 수 있다. 그럼에도 불구하고 그는 쫓겨났다. 사도바울이 사용하였기 때문에, 나도 "파괴된다"는 단어를 사용한다. 나는 "죄가 일시 정지된다"는 말은 내 성경에서 발견할 수 없다.[23]

그러므로 웨슬리에게 있어서 완전이란 씻음과 완전한 사랑을 의미한다. 그는 기독교가 "죄의 왕국의 멸망과 영혼의 의로 갱신됨을 의미"[24]한다고 말했다. 나중에 웨슬리의 추종자들은 완전을 사랑과 깨끗함으로 설명하는 그의 견해를 받아들였다.

4. 완전-그리스도인의 표준

웨슬리는 끊임없이 완전의 의미를 설명하려고 시도했다. 그는 완벽의 기준을 너무 높게 설정하게 될 가능성을 알고 있었다. 그는 또한 많은 사람들이 그리스도인의 생활 기준을 너무 낮게 설정할 수도 있음을 알고 있었다. 도드(Dodd)에게 보낸 긴 편지에서 "내가 기준을 너무 높게 설정하면 사람들을 불필요한 두려움에 빠뜨리고, 너무 낮게

23) *Letters*, V, 203-4.

24) Ibid., III, 169.

설정하면 지옥 불에 던져 넣게 된다"[25]고 말했다. 그는 성경이 말하는 것보다 완전을 더 높게 두지 않도록 주의했다. 그는 성결한 사람은 은혜 안에서 자라야 한다고 끊임없이 가르쳤다. 그리고 교만, 종교적 열광(광신주의를 의미함), 율법을 무효화하는 것, 태만의 죄, 하나님 외에 다른 것을 원하는 것, 분열, 해로운 인상을 주는 것에 대해 경고했다.

웨슬리는 그리스도인은 의롭게 된 상태에서도 죄를 짓지 않는다고 주장했다. 물론 웨슬리는 죄를 "알려진 법을 자발적으로 위반하는 것"으로 정의했다. 죄 없는 완전(sinless perfection)이라는 개념에 대해 웨슬리는 "그 말에 대하여 다투는 것은 가치가 없다"[26]고 느꼈다. 다시 그는 "죄 없는 완전은 내가 모순되는 것처럼 보이지 않도록 내가 사용하지 않는 문구"[27]라고 썼다. 그는 하나님의 사랑으로 충만한 사람이 여전히 본의 아니게 범법하기 쉽다는 것을 인정했다. 그는 비자발적 범법을 죄라고 부르기를 거부했지만, 모든 본의 아니게 하나님의 율법을 범하는 것(알고 했든 모르고 했던)에 대해서는 그리스도의 희생의 공로가 필요했다. 웨슬리는 《기독교인의 완전에 대한 설명》이라는 책의 마지막 단락에서 그가 가르친 완전의 다양한 측면을 말하고 있다. 어떤 한 관점에서 보면 완전은 "의도의 순수성, 모든 삶을 하나님께 바치는 것"[28]이며, 또 다른 관점에서 보면 완전은 "모든 더러움, 곧 모든 내적 오염과 외적 오염에서 마음의 할례를 받는 것"이다.[29]

또 다른 방법은 "그것은 우리 마음을 다하여 하나님을 사랑하는 것

---

25) Ibid., p. 168.

26) *Works*, XI, 442.

27) Ibid., p. 396,

28) Ibid., XI, 444.

29) Ibid.

이며, 또한 우리 이웃을 우리 자신과 같이 사랑하는 것"이다.[30] 웨슬리에게는 완전의 이러한 다양한 측면들 사이에 차이가 없었다. 그리고 이 교리의 근원을 다룰 때 그것은 자기의 교리가 아니라 그리스도, 성 바울, 성 야고보, 베드로의 교리요, 또한 순결하고 온전한 복음을 전파하는 모든 사람의 교리라고 선언하였다. 그런 다음 그는 다음과 같은 말을 덧붙였다. "내가 너희에게 내가 이것을 어디서, 그리고 언제 어디서 발견했는지를 말한다. 나는 구약과 신약에서, 내 영혼을 구하는 것 외에는 다른 견해나 욕망 없이 그것들을 읽을 때 그것을 발견했다."[31] 그러므로 그리스도인의 완전은 웨슬리의 사고와 설교의 심장이었다고 분명하게 말할 수 있을 것이다. 웨슬리의 후대의 추종자들은 이 완전이 의도의 순수성, 정화 그리고 완전한 사랑을 의미한다는 가르침을 그대로 되풀이했다.

B. 웨슬리안 전통에서의 완전

이후의 웨슬리안 전통을 지지하는 사람들은 사랑, 정화, 의도의 순수성이라는 관점에서 웨슬리만큼 완전을 정의하는 것에 주의를 기울였다. 웨슬리안 작가들의 완전에 대한 정의 목록을 생각나는 대로 나열하면 이 사실이 드러날 것이다.

1. 완전의 정의들

a. 그러므로 우리가 도달할 수 있는 그리스도인의 완전의 기준은 사랑에

30) Ibid.

31) Ibid.

있어서 "마음을 다스리고" 모든 생활을 배제할 만큼 완전한 하나님의 사랑이라는 결론을 내려야 한다. 그리고 모든 죄악 된 분노를 내쫓고 그것이 다시 돌아오지 않도록 하는 온유함 그리고 선행에 관한 규칙은 우리가 "하나님의 뜻을 습관적으로, 완전하게, 지속적으로 행함"으로 "모든 선한 일에 있어 완전하여지는 것"이다.[32)]

b. 그리스도인의 완전이란 단지 교회의 조직안에서 그리스도인의 품성을 구성하는 은혜의 연합과 성숙을 의미한다.[33)]

c. 그리스도인의 완전은 … 모든 죄를 비우고, 하나님과 사람에 대한 순수한 사랑으로 가득 차 있는 마음 그 이상도 이하도 아니다.[34)]

d. 전적으로 거룩하게 된 영혼이 완전하게 되거나 온전하게 된다는 것은 순결함을 의미한다.[35)]

e. 그리스도인의 완전 또는 복음적 완전은 우리가 온 마음을 다해 주 우리 하나님을 사랑하고 또 이웃을 우리 자신처럼 사랑할 수 있는 데까지 가는 것, 즉 성결의 영에 의해 모든 사람의 동기를 정비하는 데 존재한다(막 12:29-31).[36)]

---

32) Watson, *Theological Institutes*, II, 511.

33) John Fletcher, *The Works of the Rev. John Fletcher* (London: John Mason,1839), V. 415.

34) Wiley, *Christian Theology*, II, 511.

35) Wood, *Purity and Maturity*, p. 26,

36) Purkiser, *Sanctification and Its Synonyms*, p. 71.

2. 검증된 완전

위의 진술은 웨슬리와 그의 추종자들이 결코 불가능하고 비성경적인 완전을 가르치거나 설교한 적이 없음을 나타낸다. 그러나 웨슬리안주의의 반대자들과 비판자들은 종종 신학적 짚인형(straw-man)을 만들어 웨슬리안 완전주의라고 이름표를 붙였다.

웨슬리나 그의 추종자들은 유한한 구원받은 신자에게는 절대적인 완전이 가능하다고 가르치지 않았다. 성결 운동은 항상 그리스도인의 완전 또는 복음적 완전이라는 용어로 완전이라는 용어를 수식했는데, 이것은 그리스도인의 완전 또는 복음적 완전이라는 상대적인 완전이라고 가르쳤다. 정확히 말하면 이 완전은 "영혼의 능력과 역량에 의해 조절(제한)된"[37] 완전이다. 윌리엄 B. 포프(William B. Pope)의 말은 이 점과 적절한 관련이 있다. "완벽이라는 용어는 … 손질(qualification) 없이 무조건 채택되어서는 안 된다. 그러나 그것의 형용사인 그리스도인이나 복음적이라는 말을 붙여서 쓰면 흠잡을 데가 없다. 그리스도인의 완전은 상대적이고 유예적이다. 따라서 … 제한적인 것이다."[38]

3. 완전의 역설

그렇다면 이것은 완전의 역설이다. 논리적으로 모순처럼 보이지만, 이것은 경험적으로 진실이다. 그리스도인은 성결의 영적이고 윤리적인 상태에서 살 수 있다. 이 성결 또는 완전의 상태의 본질은 하나님과 사람에 대한 사랑, 동기의 순결, 내재적 죄로부터의 깨끗함이다. 그러나 여전히 죄의 상처를 품고 있는 유한한 특성 때문에, 이 신자는 하나님의 율법을 완전하게 이행하지 못할 것이다. 따라서 "어떤 면에

37) Wood, *Purity and Maturity*, p. 28.

38) *Christian Theology*, III, 58.

서는 완전하고 다른 면에서는 불완전함이 동일한 사람 안에서 모순이 없이 경험될 수 있다. 어떤 면에서는 완전하고 다른 면에서는 불완전할 수 있기 때문이다."[39] 사도 바울은 분명히 완전의 역설을 알고 있었다. 바울은 빌립보인들에게 보낸 편지에서 "내가 이미 얻었다 함도 아니요 온전히 이루었다 함도 아니라"(빌 3:12)라고 말하므로, 바울은 최후의 완전(final perfection)에 대한 주장을 단호히 부인했다. 또한 거의 같은 맥락에서 그는 자기 자신뿐 아니라 이미 온전한 다른 사람들에게도 "누구든지 성숙한 사람은 이와 같이 생각"하라고 말했다(빌 3:15).

폴 테일러(J. Paul Taylor)는 다음과 같이 이야기 하였다. 바울은 "승자로서의 완전은 부인했고, 경주자로서 완전을 언급했다. 그리고 다른 사람들을 그 분류에 포함시켰다. … 여기서 마음의 완전은 이후 천국에서 있을 완전을 위해 우리를 준비시킨다."[40]

그렇다면 이것은 성결의 역설, 즉 불완전한 완전이다. "불완전한 완전"의 역설은 성결의 또 다른 매우 중요한 측면, 즉 온전한 성화가 의미하지 않는 것과 직접 연결된다.

II. 성화가 의미하지 않는 것

온전한 성화는 하나님의 은혜의 작용이다. 그러나 성화 행위로 인한 영적 상태는 "인간의 타락한 상태에 적용된 완전이다. 낮아지는 것이 아니라 적용된 완전"이다.[41] 성결의 상태 또는 그리스도인의 완전은 유효한 성경적 가르침과 경험이지만, 신자 안에서 행위와 경험에

39) Wood, *Purity and Maturity*, p. 27.

40) *Holiness the Finished Foundation* (Winona Lake, Ind: Light and Life Press, 1963), p. 94.

41) Pope, *Christian Theology*, III, 57.

있어서는 제한되는 것이 있다. 성경적이고 실제적인 가능성의 범위를 넘어서는 영적인 결과를 기대하는 것은 오해의 소지가 있을 뿐만 아니라 해를 끼친다. 대부분의 저술가, 신학자, 설교자, 교사, 관리자들 및 평신도는 성화의 행위와 성결의 상태가 아래에 말하는 것들은 포함하지 않는다는 데 동의하고 있다.

A. 이는 아담처럼 되는 완전이 아니다.

타락 전에 아담은 하나님과의 직접적인 교제를 즐겼다(창 2:15-17, 3:8). 하나님과의 직접적인 관계 외에도 그의 능력은 완전했다. 그의 이성은 손상되지 않았고, 의지력은 방해받지 않았으며 사랑은 더럽혀지지 않았다. 그러므로 그는 합리적으로 분별할 수 있었고, 의지적으로 선택할 수 있었고, 자신이 알고 선택한 것을 즐길 수 있었다. 또한 사람의 몸은 완전해서 그것이 정의와 거룩한 갈망의 원천이 될 수 있었다. 그러나 타락 후에는, 사람의 마음은 흐려지고 그의 의지가 약해졌고 사랑이 왜곡되었고, 몸은 약해졌다. 그러므로 사람은 더 이상 많은 실수에 빠지는 것을 피할 수 없게 되었다. 결과적으로 그는 항상 잘못된 사랑을 피할 수는 없게 된 것이다. 그는 항상 올바른 생각을 하거나, 말하고 행동 할 수 없게 되었다. 그러므로 인간은 현재 상태에서는 천사처럼 완전을 얻을 수 없는 것과 같이 아담과 같은 완전을 얻을 수 없다.[42] 아담의 완전은 아담에게만 해당된다.

---

42) Wesley, *Works*, VI, 412.

B. 이것은 천사처럼 되는 완전이 아니다.

천사들은 분명히 수련의 기간을 통과한 순결한 영이다. 인간은 죄악의 세계에 살고 있는 육과 영을 가지고 있는 피조물이며 수련의 상태에 있다. 따라서 인간은 구원을 받아 가장 높은 영적 상태에서 살고 있지만 천사의 완전에 이를 수는 없다. 천사들은 완전에서 떨어지지 않았기 때문에 그들의 능력과 기능은 손상되지 않았다. 천사들의 지식과 영적인 빛은 그들이 실수하지 않도록 막아준다. 그래서 웨슬리는 다음과 같이 논평했다. "따라서 사람은 아무도 몸 안에 있는 동안에는 천사의 완전에 이를 수는 없다."[43] 그리스도인의 완전은 천사의 완전과는 완전히 다르다.

C. 이것은 부활의 완전이 아니다.

스틸(Daniel Steele)은 성경에서 4가지 완전이 계시되어 있다고 말한다.[44] 무엇보다 먼저 하나님의 절대적인 완전이 있다. 이 완전은 무한하기 때문에 어떤 피조물도 이와 같은 완전을 경험할 수 없다. 두 번째 유형의 완전은 성경적 완전이다. 이 완전은 아담과 이브가 죄를 짓기 전의 완전, 즉 에덴 또는 낙원적 완전이다. 완전의 세 번째 유형은 "사랑의 낙원의 완전" 또는 복음적 완전이다. 완전의 네 번째 유형은 부활의 완전, 즉 "지상의 낙원"의 완전이다. 인간은 복음적 완전의 경험에서 에덴의 완전과 부활의 완전 사이의 중간에 서 있다. 스틸(Steele)은 성결에 대한 인간의 입장을 다음과 같이 설명한다.

---

43) Ibid.

44) *Milestone Papers*, p. 27-35.

> 우리가 잃어버린 낙원과 되찾은 낙원의 완전한 신분 사이에 서 있어 한 쪽을 후회하고 다른 쪽을 열망하지만 우리가 육신에 있는 한 제외된다. 우리의 은혜로우신 하나님은 그리스도의 중보를 통해 성령을 명하사 그가 내려와 온전케 된 사랑의 새 낙원의 문을 열어 모든 두려움을 내어쫓고 사랑이 우리 마음에 가득하도록 하셨다.[45]

온전한 성화의 행위는 사람을 실존적 상황에서 벗어나게 하는 마술 행위가 아니다. 오히려 온전한 성화는 부활 후에 온전한 완전을 향해 끊임없이 성장할 수 있는 능력과 순결을 제공하는 하나님의 행위이다. 이처럼 그리스도인의 완전과 부활 완전 사이에는 차이가 있다.

D. 그것은 그리스도의 완전이 아니다.

그리스도는 특별했다. 그분은 "말씀이 육신이 되신" 분이셨다(요 1:14). 그는 참으로 인간이셨다. 사실 그는 아담이 타락하기 전의 아담 이후로 유일한 참 인간이었다. 그러나 차이가 있었는데, 그분의 인성은 어떤 행동이나 죄의 기억과도 분리되어 있었다. 그분은 인간이셨지만 본래 하나님이셨다. 이 하나님은 항상 인간을 지도 관리하신 분이다. 그는 인간의 모습을 한 하나님이셨다. 이처럼 성화 된 사람은 "그리스도 안에" 있으며, 이는 그분과의 신비로운 연합 상태를 말한다. 그러나 어떤 인간도 하나님을 모방할 수 없는 것처럼 그리스도를 진정으로 모방할 수 없다. 거룩하게 된 자는 "그리스도의 영"을 소유하고 "그리스도의 사랑"을 나타내야 한다. 그러나 인간은 이 이상 갈 수 없다. 복음적 완전은 그리스도의 완전이 아니다.

---

45) Ibid., p. 31.

E. 이는 무지와 오류로부터의 자유가 아니다.

웨슬리는 성결한 삶에 있어서 무지와 실수의 가능성이 있다는 점에는 분명했다. 그의 책, 《그리스도인의 완전에 대한 설명》에서 성화된 삶에서도 무지와 실수의 가능성이 있다는 점을 다음과 같이 말하고 있다.

> 질문: 이 완전은 모든 연약함, 무지, 실수를 배제한다고 확언하는가?
>
> 답변: 나는 지속적으로 정반대임을 주장하며 항상 그렇게 해왔다.
>
> 질문: 어떻게 모든 생각과 말과 행동이 순결한 사랑의 지배를 받으면서, 동시에 인간은 무지하고 실수할 수 있는가?
>
> 답변: 나는 여기에 모순이 없다고 생각한다. 사람은 순수한 사랑으로 가득 차 있으면서도 여전히 실수하기 쉽다. 참으로 나는 이 육신을 가진 자가 영원한 생명을 입을 때까지는 실제로 실수로부터 자유로워질 것이라고 기대하지 않는다.[46]

웨슬리는 또한 "판단의 실수가 실제로 실수를 유발"할 수 있다고 말했다.[47] 가능한 실수의 수에 대해 웨슬리는 "그런 경우는 가장 높은 은혜의 상태에 있는 사람들에게도 천 가지가 있을 수 있다고 말했다. 그러나 모든 말과 행동이 사랑에서 나오는 곳에서는 그러한 실수는 정확히 말하면 죄는 아니다."[48] 요약하면 1758년 8월 브리스톨에서 제

46) *Works*, XI, 394,

47) Ibid.

48) Ibid., p. 395,

시된 모든 웨슬리의 추종자들의 견해의 다음과 같다.

> 1. 누구나 살아 있는 한 실수할 수 있다.
> 2. 마음에서 나온 실수가 실제적으로 이어진다.
> 3. 그러한 모든 실수는 완전한 율법을 범하는 것이다.
> 4. 그러한 모든 실수는 대속의 보혈이 없었다면, 영원한 형벌에 노출될 것이다
> 5. 따라서 가장 완전한 사람도 그리스도의 공로가 계속해서 필요하다. … 그리고 그들의 형제들을 위해서뿐만 아니라 그들 자신을 위해서 "우리의 죄를 용서해 주시옵소서"라고 말해야 할 것이다.[49]

그러므로 성결의 삶은 교만이 생기지 않도록 해야 한다. 왜냐하면 판단과 실행에서 많이 생긴 실수로 인해 영적 생명을 주고 유지시켜 주는 중보자가 끊임없이 필요하게 되기 때문이다.

F. 이는 인간의 연약성에서의 자유를 의미하지 않는다.

웨슬리는 알려진 죄를 연약함이라는 명칭으로 부르기를 거부했다. "알려진 죄에 대한 부드러운 칭호"를 부여한 사람들에게 웨슬리는 "이렇게 말하는 모든 사람들이 회개하지 않으면, 그들의 허약성을 가지고 빨리 지옥으로 갈 것"[50]이라고 엄중히 훈계했다. 그러나 웨슬리는 즉시 신체적인 연약함뿐만 아니라 "도덕적 본성이 아닌 모든 내적 및

49) Ibid.

50) Ibid., VI, 4.

외적 불완전성"[51]은 성결의 삶에서도 가능하다고 지적했다. 성결은 이해력의 느림이나, 약점, 지각의 둔함, 비논리적이고 혼란스러운 추론, 멍한 상태, 엉뚱한 상상이나 백일몽과 같은 허약성을 제거하지 않는다. "이것들은 크든 작든 간에 가장 선한 사람들에게서도 발견되는 연약함이다. 그리고 영이 그것을 주신 하나님께로 돌아가기 전에는 아무도 이것들로부터 완전히 해방되리라는 희망을 가질 수 없다."[52] 인간의 연약성은 비윤리적이고 비자발적인 상태나 행동에 기인하기 때문에, 그들은 종종 고통스럽게도 성결의 상태에 존재한다.

우드(J. A. Wood)는 "그리스도인의 완전의 교리를 거부하는 많은 사람들은 인간의 허약함과 죄를 혼동한다고 말했다. 인간의 연약함이 후회와 수치를 수반할 수 있지만 그것이 죄(guilt)는 아니다. 죄는 항상 죄책감이 생기게 한다."[53] 스틸은 《마일스톤 연구들(Milestone Papers)》이라는 책에서 죄와 허약함을 다음과 같이 명확히 구분하여 설명하였다.

> 1. 허약함은 에덴동산에서 아담에게 주어진 온전한 순종의 법을 지키는 일에 실패하게 하였다. 죄가 모든 인류의 능력을 손상시켰기 때문에 지상에 있는 사람은 아무도 이 온전한 순종의 법을 지킬 수 없다. 죄는 사랑의 법, 그리스도의 법을 거스르는 것이다.…
>
> 2. 허약함은 우리의 불완전한 도덕적 조직에서 비자발적으로 유출된다. 죄는 항상 의지의 자발적인 것이다.

51) Ibid., p. 4-5.

52) Ibid., p. 5.

53) *Perfect Love* (North Attleboro, Mass. J. A. Wood, Publisher, 1886), p. 66.

3. 허약함은 우리의 신체적 본성에 근거하며 지적 결함으로 인해 악화된다. 그러나 죄는 우리의 도덕적 본성에 뿌리를 두고 있으며, 우리 마음의 습관적인 부패에서 비롯되거나 저항할 수 없는 성질의 왜곡에서 비롯된다.

4. 연약함은 후회와 굴욕을 수반한다. 그러나 죄에는 항상 죄책감이 있다.

5. 잘 교육받은 영혼의 연약함은 하나님과의 교통을 방해하지 않는다. 그러나 죄는 하늘과의 간결한 교통을 단절시킨다.

6. 우리 자신에게 감춰진 연약함은(시 19:12) 그리스도와 생명적으로 연합된 영혼의 경우 확실한 믿음의 행위 없이도 그리스도의 피로 보호된다. … 죄는 뿌려진 피에 대한 특별한 의지와 그리스도에 의존하는 행위를 요구한다.

7. 연약함은 우리가 육신 안에 있는 동안에는 구제할 수 없다. 죄는 그리스도의 보호하시는 능력으로 말미암아, 우리의 중생한 삶의 모든 시간을 통해 피할 수 있다.

8. 완전한 사랑은 천 가지 연약함과 양립할 수 있다. 그러나 죄와는 양립할 수 없다.[54]

사람은 많은 연약함을 가지고 있을 수 있어도 완전한 사랑에 의하여 움직여질 수 있다. 연약함과 죄 모두 속죄가 필요하지만, 자발적

54) p. 44-47.

으로 또는 알고 범한 죄에는 죄책감이 따르고 하나님과의 분리를 가져온다.

G. 이는 개성(personality)을 바꾸거나 개성의 결함을 제거하지 않는다.

여기서 사용된 "개성"이라는 용어는 단순히 자아를 의미한다. 성령의 강림은 성격의 혁명에 관한 것이지만, 성격의 기본 구조를 바꾸거나 성격의 결점과 결함을 제거하지도 않는다.

1. 성화와 인격 구조

성화는 인격을 정련하고 순결하게 하지만 사람에게 다른 기질을 부여하지는 않는다. 어떤 사람이 성화 전에 조용하고 과묵했다면 그 후에도 마찬가지일 것이다. 그러나 그것은 정화된 고요함과 과묵함이 될 것이다. 어떤 사람이 성화 이전에 외향적이고 공격적이라면 그는 이러한 자질을 유지할 것이다. 그러나 이제 이러한 문제는 완전한 사랑으로 정화되고 민감해질 것이다. 어떤 사람은 경험하기 전에 비관적인 경향이 있고 다른 사람은 낙관적인 경향이 있었다면 이러한 경향은 성결한 삶에서도 이어진다. 따라서 조용함, 소심함, 대담함, 열등감, 공격성, 사교성, 공개적인 외모에 대한 무심함 등의 성격 표현은 사실 이 모든 성격의 비윤리적이고 비정신적인 측면이 그 사람 안에 남아 있다. 그러나 성격 구조가 무엇이든 그것은 순화되어 바람직한 자질이 순화되고 사랑의 동기 하에 표현된다. 무대 공포증이나 열등감과 같은 바람직하지 않은 성격의 특성은 개인 생활에서 죄의 결과가 아니며, 완전 성결의 행위에서 제거되지 않는다. 그러나 성령은 죄와 죄책감과 관련이 없는 성격, 즉 매력적이지 않거나 바람직하지 않은 성격을 극복할 수 있는 힘과 용기와 동기를 부여한다.

2. 성화와 인격의 미숙함

온전한 성화의 행위가 기본 성격 구조를 바꾸지 않는 것처럼, 성격의 조잡함을 제거하지도 않는다. 성격의 조잡하고 다듬어지지 않은 측면은 환경과 교육적 요인의 결과이거나 그것의 부재이다. 어떤 사람이 말할 때 이중 부정을 사용하거나 식사할 때 수프를 후루룩 마시거나 뮤지컬 콘서트 중 부적절한 시간에 박수를 치는 것 등은 도덕적 또는 영적 의미와 관련되지 않는다. 웨슬리가 쓴 것처럼 완전은 "느린 말, 부적절한 언어, 품위 없는 발음을 제거하여 주지 않는다. 거기에 대화나 행동에 있어서 수천 가지 이름 없는 결함을 추가할 수 있다."[55] 완전은 그것들을 배제하지 않는다.

3. 성화와 인격 개발

성결의 경험이 인격적 결함을 자동으로 제거하고 예절과 사회적 품위에 대한 지식을 즉시 전해주는 것은 아니지만 그러한 발전을 위한 발판이 될 것이다. 성령은 그분의 모든 행동과 영향에 있어서 가장 온화하고 민감하며 사려 깊다. 그래서 조잡하고 사려 깊지 않으며 야만적인 성결은 모순이다. 성령으로 충만한 사람은 공식적인 과정을 통해 나중에 배울 수 있는 것을 자발적인 행동으로 예상할 것이다. 제솝(Harry Jessop)이 말했듯이 "성결한 사람은 어떤 제한이 있더라도 결코 천박한 사람이 아니다. 성령의 내주와 같은 순결한 영향력은 없다."[56]

55) *Works*, VI, 5.

56) Op. cit., p. 65.

그러므로 성결은 세련됨과 예의로 이어져야 한다.

H. 이는 유혹에서 면제되지 않는다.

유혹은 가장 높은 은혜의 상태에서도 가능하다. 예수님은 죄가 없으셨지만 사역 초기에 유혹의 공격을 받으셨다(마 4:1-11; 눅 4:1-13).

1. 유혹은 끊임없이 가능하다.

인간의 현세적 존재는 시련의 상태이기 때문에 유혹은 언제나 가능하다. 사실 어떤 면에서 성화된 사람은 성화되지 않은 사람보다 더 많은 유혹을 받을 수 있다. 윌리암스(R. T. Williams) 박사는 다음과 같이 지적했다.

> 유혹의 문제에서 있어서 성화된 사람은 성화되지 않은 사람보다 큰 이점을 가지고 있다. 사탄이 성결한 삶을 무너뜨리기 위해 더 열심히 노력할 가능성이 있기 때문에 유혹의 많고 적음의 문제가 아니다. 그리고 또한 성결한 사람은, 어떤 경우에는 명백하게 좋은 사람들도 성화를 받지 않은 사람보다 더 많은 반대와 박해를 받고 있다.[57]

그러나 성결한 사람은 성령의 거하심으로 인해 외부의 원수와 육신의 연약함과만 싸우고, 내면의 적과 육신의 마음과는 싸우지 않는다.

---

57) *Temptation: A Neglected Theme* (Kansas City: Nazarene Publishing House, 1920), p. 78.

2. 유혹과 죄의 차이

죄와 유혹을 구별하는 것이 중요하다. 유혹과 죄의 차이에 관하여 우드(J. A. Wood)는 다음과 같이 말했다.

> 마음에 대한 어떤 유혹이나 악한 제안도 그것을 마음에 품거나 허용하기 전에는 죄가 되지 않는다. 죄는 유혹에 굴복하는 데서 생긴다. 영혼이 온전함을 유지하여 유혹이 내면에서 동정심을 찾지 못하는 한, 불같은 시련이 아무리 오래 있고 심하더라도 죄를 범하지 않고 영혼은 해를 입지 않고 남아 있다.[58]

포스터(R. S. Foster)는 유혹은 성결의 삶에서 있을 수 있다고 말했다. 그러나 그러한 유혹은 죄가 아니다. "죄는 유혹이 내적 동정심을 발견하기 시작할 때마다 시작된다. … 그것이 즉시, 그리고 영혼의 온전하고 마음에서 우러나오는 동의로 거부되는 한, 내적 동정의 징후는 없으며, 거기에는 죄가 없다."[59] 유혹을 제거할 수는 없지만 죄로부터의 자유는 현대의 경험이 될 수 있다.

성결의 삶과 관련된 죄와 유혹의 영역에서 마음의 특정 상태를 구별하는 것도 중요하다. 이 분야에 관하여 쿡(Thomas Cook)은 다음과 같이 언급했다.

> 마음의 특정 상태가 유혹의 결과인지, 아니면 그 자체의 본성에 있는 악이 일어난 것인지 확인하는 것이 어떤 사람들에게는 어렵게 보일 수 있다. … 악한 생각은 마음에 있는 악에서 나오나 악에 대한 생각은 우리

58) *Perfect Love*, p. 63,

59) *Christian Purity* (New York: Hunt and Eaton, 1869), p. 55.

가 보거나 듣는 것에 의하여 또는 연합의 법칙 또는 영혼의 원수에 의해 마음에 번쩍이는 암시이다. 거룩하고 내면에 악이 없는 사람에게는 결과적으로 악한 생각이 없다. 그러나 침입하는 생각과 악의 속삭임은 종종 격퇴시킬 필요가 있다. 이런 것들은 시련의 변치 않는 조건이다.[60]

제솝(Harry Jessop)은 유혹과 죄의 차이점을 다음과 같이 요약했다.

죄는 의지의 동의를 얻어서 범하지만 유혹은 청하지도 원하지도 않는데 온다.
유혹은 하나님의 허락과 함께 오지만 죄는 하나님의 정죄를 가져온다.
유혹은 확실히 유익한 결과를 가져올 수도 있지만 죄는 항상 해롭다.[61]

성경의 관점과 실제적인 경험에서 볼 때, 온전한 성화의 행위가 사람을 유혹으로부터 분리시키지 않는다는 것은 분명하다. 하나님의 힘은 유혹의 힘으로부터 사람을 격리시킬 수 있다. 성결의 삶을 사는 사람은 유혹에 굴복하는 경향이 적고 유혹을 극복할 수 있는 성령의 보호를 가질 수 있다.

I. 성결은 모든 의심을 제거하지 않는다.

한 가요곡 작곡가는 "내 모든 의심과 두려움이 영원히 사라졌습니다"라고 말하면서 영감을 주는 대사를 썼다. 그러나 그것은 현실적이지 않다. 의심과 두려움은 많은 곳에서 발생한다. 대부분의 의심은 죄

60) Op. cit., p. 18.
61) Op. cit., p. 123.

와 불신앙에서 나온다고 해도 과언이 아니다. 이러한 의심은 성결의 체험에서 확실히 제거된다. 그러나 정직한 지적 갈등에서 오는 의심이 있다. 그러한 의심은 이성적 이해와 개인적 확언으로 해결된다. 다른 의심은 고통이나 죽음과 관련된 충격적인 비상사태의 결과로 사람을 압도한다. 욥과 같은 많은 사람들은 갑작스럽고 압도적인 사건의 진행으로 인해 혼란스러운 상태에 빠지게 된다. 또 다른 의심은 교회에서 지도자나 기독교 경건의 모범으로 간주되는 사람들의 명백한 불성실함이나 불신앙으로 인해 발생한다.

의심은 유혹과 마찬가지로 죄로 이어질 수 있지만, 죄로 시작된 의심과는 별개로 의심은 성결한 삶에서도 매우 실제적일 수 있다. 그러나 성결한 사람은 확고한 믿음과 보다 역동적이고 안정적인 경험을 갖고 있기 때문에 그 의심이 지속되지 않는다. 의심은 영적인 응답을 마비시키는 경향이 있다. 의심은 기쁨과 평화를 앗아간다. 그러므로 성결의 삶에서도 의심이 있을 수 있지만 그것들은 반드시 극복되어야 한다. 이것을 이겨내는 힘은 가능하다. 왜냐하면 하나님의 뜻은 그의 백성이 영원한 물음표가 아니라 위대한 확인이 되는 은혜의 상태에서 사는 것이기 때문이다.

J. 성결은 끊임없는 기쁨과 환희의 상태가 아니다.

끊임없는 감정적 기쁨의 상태로 사는 것은 바람직하지도 않고 가능하지도 않다. 친구의 죽음을 기뻐하거나 격렬한 자동차 사고 현장에서 황홀한 감정을 표현하는 것은 성결에 모순된 일이다. 붐비는 여객기를 착륙시키는 비행기 조종사는 착륙 과정에 모든 주의를 기울여야 한다. 눈과 뇌에 섬세한 수술을 하는 의사는 수술하는 동안 "외치는 주문(spell)"을 받지 않는 것이 좋다. 예수님은 "슬픔의 사람"이셨고 "질고를 아는 자"이셨다.

웨슬리는 완전한 사랑, 즉 성결은 즐거운 감정적 반응 이상임을 끊임없이 지적했다. 웨슬리는 올리버(Thomas Olivers)에게 쓴 글에서 "죄를 거의 느끼지 못하거나, 지속적인 평화와 기쁨과 사랑을 느끼는 것은 요점을 입증하지 못할 것"[62]이라고 했다.

그는 베니스(Bennis) 여사에게 쓴 편지에서도 "하나님께 꾸준히 한결같이 헌신하는 의지는 성화의 상태에 필수적이지만 기쁨이나 평화의 균일성이나 하나님과의 행복한 친교는 아니"[63]라고 유사한 의견을 표명했다. 웨슬리는 아이를 잃은 바튼(Barton) 부인에게 애도를 표하면서 다시 "칭의의 시작이나 온전한 성화의 시작에서 자주 주어지는 것과 같은 열광적인 기쁨은 큰 축복이다. 그러나 그것은 차분하고 평화로운 사랑으로 가라앉기 훨씬 전에 이미 사라진다"[64]라고 썼다. 확실히 성결의 삶은 "성령 안에서 의와 평강과 희락"의 삶이다(롬 14:17). 분명히 성령의 열매는 "사랑과 희락과 화평"이다(갈 3:22). 그러나 이 끊임없는 저류의 흐르는 기쁨과 평화를 계속 느껴지는 감정적 환희와 황홀감과 동일시하는 것은 잘못 인도하는 것이다.

K. 성결은 타락하거나 죄를 짓는 것을 불가능하게 만들지 않는다.

성결은 사람을 죄를 범하는 일이 없는 사람으로 만들지 않는다. 오직 그리스도만이 완벽한 사람이다. 인간 역사에서 다른 모든 사람들

62) *Letters*, III, 212.

63) Ibid., p. 213.

64) Ibid., II, 226.

은 유혹과 죄에 빠지기 쉬웠다. 하지만 성결은 사람이 타락하거나 배신할 가능성을 줄여준다.

성결은 위대한 보호자이며 효과적인 방부제이다. 그러나 이생에는 죄를 지을 가능성에 대한 보장된 보증은 없다. 죄에 빠질 가능성에 관하여. 퍼카이저는 "어떤 사람도, 어떤 힘도, 어떤 물건도 영혼과 하나님을 분리시킬 수 없다. 하지만 죄는 사람이나 권력이나 사물이 아니다. 그것은 선택이고, 의지의 행동이며, 영혼의 태도이다. 죄는 죄를 짓는 영혼을 하나님의 은총으로부터 분리시킬 수 있고 분리시킬 것"[65] 이라고 썼다.

어떤 사람은 은혜에서 떨어져 하나님과의 교제와 관계를 깨뜨릴 수 있을 것이다. 그러나

그는 유다의 기도가 말하듯이 타락할 선택할 필요는 없다.

> "능히 너희를 보호하사 거침이 없게 하시고 너희로 그 영광 앞에 흠이 없이 기쁨으로 서게 하실 이, 곧 우리 구주 홀로 하나이신 하나님께 우리 주 예수 그리스도로 말미암아 영광과 위엄과 권력과 권세가 영원 전부터 이제와 영원토록 있을지어다 아멘"(유 1:24-25).

L. 성화가 성숙한 인격을 수여하지 않는다.

온전한 성화는 상태, 성결을 초래하는 하나의 행위이다. 성결의 분량은 끊임없이 증가하지만, 성결의 특성은 변하지 않는다.

예를 들어, 건강한 신체 발달을 즐기는 아기의 건강은 25세 남성의 건강과 질적으로 다르지 않다. 둘 다 완전한 건강을 누릴 수 있다. 그

65) *Conflicting Concepts of Holiness*, p. 91.

러나 어른의 성장 또는 힘의 분량은 아기의 경우보다 월등히 우월할 것이다. 다른 말로 하면 순결(purity)을 성숙함(maturity)과 혼동해서는 안 된다는 것이다. 순결은 성령의 행위에서 오는 결과이다. 영혼, 즉 성숙함은 은혜 안에서 성장한 결과이다.

순결과 성숙함을 구별하지 못하는 것은 순간적인 성화의 전체 개념을 혼동하는 것이다. 우드 (J. A. Wood)는 그의 고전인《순결함과 성숙함(Purity and Maturity)》에서 "성숙함을 순결과 동일시하거나 혼동하는 것은 우리가 본 순간적인 성화에 대한 거의 모든 반대의 근거에서 기인된 것"[66]이라고 관찰하였다. 성화 행위는 여행의 종착역이 아니라 무한한 탐험의 가능성을 제공하는 고속도로로 들어가는 관문이다. 테일러(J. Paul Taylor)는 "이 경험은, 매우 소중하지만, 졸업이 아니라 하늘의 지혜를 사랑에 완전한 사람들로부터 점진적으로 배우는, 하나님 나라의 고등 교육 학교에 입학하는 것"[67]이라고 표현했다. 제솝 또한 순결과 성숙함을 다음과 같이 구분한다.

> 순결은 가나안으로 들어가는 입구이다. 성숙은 땅을 소유한 것이다.
>
> 순결은 받는 것이고 성숙함은 획득하는 것이다.
>
> 순결은 순간에 되는 일이고, 성숙은 여러 해의 수확이다.
>
> 순결은 항상 믿음으로 얻는다. 성숙함은 종종 고통을 통해 도달한다.
>
> 순결은 특성과 관련이 있고 성숙함은 분량과 관련이 있다.
>
> 순결은 영혼이 천국에 가는 데 적합하다. 성숙은 보상을 위해 일을 한다.
>
> 순결은 친교를 가져오고, 성숙함은 경험을 발전시킨다. [68]

---

66) p. 188.

67) Op. cit., p. 180.

68) Op. cit., p. 134.

순결과 성숙함은 영적 경험의 뚜렷하고 분리된 상태이다. 낄낄거리고 호리호리한 십대는 마음이 순수할 수 있다. 그러나 판단에 있어 성숙함과는 거리가 멀다. 개인의 순결에 대한 성경적 기준을 제시하는 것은 언제나 안전하다. 그러므로 모든 사람에게 특정 수준의 성숙도를 요구하는 것은 결코 안전하지 않다. 순결은 정화의 결과이고 성숙은 성장의 결과이다. 계속해서 테일러는 정화와 성장의 사이와 순결과 성숙의 사이를 다음과 같이 구분한다.

> 죄의 씻음은 악을 빼는 것이며, 성장은 은혜를 더하고 곱하는 것이다.
>
> 이 씻음은 질적인 것과 관련이 있지만 성장은 분량과 관련이 있다.
> 이 씻음은 소극적이며 죄를 줄이지만 사랑의 성장은 적극적이다.
> 이 씻음은 순간적이지만 성장은 영원한 수양(cultivation)이다.
> 이 씻음은 건강함이지만 성장은 건강한 기관의 발전이다.
> 이 씻음은 완성된 작업이지만 성장은 결코 끝나지 않는다.
> 이 씻음은 믿음으로 말미암는 것이지만 성장은 믿음과 행위로 말미암는 것이다.
> 이 씻음은 하나님의 행위이지만 성장은 우리가 하나님과 함께 하는 일꾼이 되어서, 하나님과 함께 하는 행위의 결과이다.
> 이 씻음은 "모든 무거운 것과 우리를 쉽게 에워싸는 죄"를 제거하지만, 성장은 우리 앞에 놓인 끝없는 경주를 달리는 것이다.
> 이 씻음은 천국을 위한 준비이지만 성장은 천국을 누릴 수 있는 자격을 제공한다.[69]

---

69) Op. cit., p. 180-81.

성화는 영적 성장을 멈추지 않는다. 성화는 가능한 최대의 성장을 위해 영혼을 준비시킨다. 영적 은총의 육욕의 반대가 제거되었기 때문에, 영혼의 질병이 치유되었기 때문에, 죄가 제거되었기 때문에 영혼은 지금 발전할 수 있는 상태에 있다.

M. 성화는 기분 상하는 일이 없도록 만들지 않는다.

어떤 사람들은 이러한 성화의 경험이 기분이 상하거나 상처를 받거나 모욕을 당하는 것이 불가능한 일종의 냉담한 상태를 낳는다고 잘못 가르쳤다. 성결 또는 완전한 사랑의 상태는 지위나 인정에 대한 과민한 관심을 제거한다. 그러나 그것은 일상적이고 인간적인 정의감을 제거하지 않는다. 또한 공정한 일에 대한 인간의 타고난 민감성을 제거하지 않는다. 성결한 사람은 독재적인 절차에는 대항하고 민주적인 정책을 원하고, 거룩한 사람은 자존심이 강한 다른 사람만큼 착취당하는 것을 싫어한다.

이 차이점은 반응과 응답에 있다. 성결의 상태에 있는 사람은, 사랑과 공평함 외에는, 그러한 행동에 반대할 무기가 없다는 단순한 이유로 불공정, 착취 및 독재적인 절차의 잠재적인 희생자이다. 때때로 큰 사랑으로 가득 찬 마음은 냉대를 참고, 불공평함을 받아들이고 조종당하는 것을 직시해야 한다. 성결의 상태는 영혼이나 영에 대한 정상적인 인간의 감수성으로부터 사람을 면역시키지 않는다.

N. 성결은 완전한 지적 능력을 주지 않는다.

완전한 마음(heart)은 완전한 생각(mind)과 다르다. 사람은 성결하게 된 후에 불완전한 생각을 가지고 있기 때문에 다음과 같은 일을 할 수 있다.

1. 성경을 읽거나 기도하거나 교회를 다니면서 두서없는 생각을 한다.
2. 사실이 아닌 것을 사실로 진술한다. 그는 실제로는 그것이 사실이나 실존적으로 옳지 않는데, 그는 그것이 참되다고 생각하거나 그것이 옳다고 확신할 수 있다. 그러나 그 의도가 진실하거나 정직한 것이라면, 죄는 발생하지 않았다.
3. 악에 대해 지나가는 또는 일시적인 생각을 가질 수 있다.
4. 성경의 진리를 잘못 해석할 수 있다.

지식적으로 충분하지 못한 완전한 사랑의 상태에 있는 사람에게는 자동적으로 지식이 부여되지 않는다. 따라서 성결한 사람은 다음과 같이 하거나 할 수 있다.

1. 기술이나 이론적 지식을 습득하기 위해 부지런히 공부하도록 해야 한다.
2. 그가 배운 것을 많이 잊어버릴 수 있다.
3. 압박감 때문에 자신이 알고 있는 것을 사용하거나 기억하지 못할 때, "정신적 장애"를 겪을 수 있다.

성결의 경험에서 완전한 지적 능력을 받는다는 것이 얼마나 큰 은혜가 될 것인가! 하지만 기다리다 보면, 어떤 사람들은 그것이 전달하는 지적 능력을 얻기 위한 경험을 추구할 것이다. 그러면 지성의 교만이 뒤따를 것이고 성결은 파괴될 것이다. 그러므로 완전한 사랑은 홀로 서 있어야 한다.

O. 성결은 사람을 비인간화하지 않는다.

인간 경험의 모든 정상적인 측면은 성결의 경험 안에 존재한다. 차이점은 이러한 자연적인 인간의 충동 또는 반응이 하나님의 율법과 하나님의 사랑의 틀 안에서 정화되고 훈련되고 표현된다는 것이다. 지배적인 인간 충동의 일부와 완전한 사랑의 관계는 다음과 같다.

1. 성공에 대한 열망

거룩한 사람은 성공하기를 원할 수 있다. 그리고 성공에 대한 타당한 욕망과 출세에 대한 육욕적 욕망을 구분하기 어렵다. 어떤 사람은 제도적 관심이나 경건한 직업 아래서 성공에 대한 열망을 숨길 수도 있다. 사람은 협력과 관심을 가장하여 자기 이익을 증진할 수 있다. 그러한 행동은 육욕에서 나온 것이다. 그러나 성결과 조화를 이루고 있는 성공에 대한 타당한 열망이 있다.

2. 교제와 수용에 대한 갈망

성결은 사람을 은둔자로 만들거나 반사회적 태도를 유발하지도 않는다. 수용과 친교에 대한 열망은 종종 거룩한 사랑 안에서 강화된다. 그러나 성결한 사람은 성경적 원리에 기초하여 우정을 쌓고 개인적인 관계를 유지한다.

3. 성적 감상과 표현

성결한 사람은 20세기의 성 집착을 공유하지 않는다. 또한 그는 18

세기의 교만한 겉치장 뒤에 자신의 성적 충동을 숨기지 않는다. 성결한 사람은 현재의 성 도덕 개념을 거부한다. 그러나 그는 수도원의 성 습관을 받아들이지 않는다. 성결은 성을 건강한 성격의 유효한 측면으로 받아들인다. 이처럼 성결신학은 성관계에 대해 변명하지도, 미화하지도 않는다.

성결의 삶에서 성관계는 가장 고상하고 건강한 표현을 찾을 수 있다. 마음의 온전한 사랑만이 남녀 간의 온전한 사랑을 할 수 있다. 바울은 "깨끗한 사람들에게는 모든 것이 깨끗하다"(딛 1:15)고 말했다. 성결은 빈민가(gutter)에서 성을 취하여 하나님의 사랑의 꽃으로 장식하고 출산 또는 개인적인 자기표현의 수단 그리고 결혼제도 내에서의 상호 관계의 감사와 평가의 수단으로 사용한다.

성결은 해로운 종류의 성적 억제를 일으키기보다는 제거하는데, 이것은 항상 성욕을 사랑과 규율의 틀 안에 두는 것이라고 말할 수 있다. 규율과 별개로 정서, 감정, 열정을 표현하는 것은 성결에 어긋난다.

따라서 성은 부부간의 상태로 제한된다. 미혼자에게는 인생에서 성의 위치에 대한 교육이 도움이 될 수 있다. 그러나 결혼하지 않은 성결한 사람은 성에 대한 논의, 성에 대한 생각, 성에 대한 표현에 대해 엄격한 규율을 행사해야 한다. 심한 성적행위와 긴밀한 신체접촉에 빠지는 자에게서 영적인 삶의 긴장감을 기대하기란 어렵다. 더 나아가, 미혼 상태에서는 "발로 긁거나 할퀴는 것", 인체를 무차별적으로 어루만지는 일은 있을 수 없다. 그리고 분명히 결혼 관계 밖에서 성교를 하는 사람은 모든 생명력 있는 성결을 잃어버렸을 뿐만 아니라, 이런 사람은 거듭나지 못하고 타락한 사람이다.

4. 삶의 세밀한 것들에 대한 감사와 수용

성결한 상태의 사람이라고 꼭 청빈 서약을 할 필요는 없다. 부(wealth)에는 교만과 반항과 같은 몇 가지 위험이 있지만, 가난에는 미덕이 없다. 그러나 웨슬리가 발견한 것처럼 성결한 사람들은 그렇지 않은 사람들보다 더 열심히 일하고, 덜 낭비하고, 더 검소하게 되는 경향이 있다. 따라서 그들은 더 많은 좋은 것을 얻을 수 있다. 이러한 선한 것의 획득은 종종 물질적으로나 미학적으로 더 좋은 것을 감사하게 한다. 사람은 거룩해져서 훌륭한 음악, 섬세한 예술, 숙련된 솜씨, 편안한 환경을 감상하는 법을 배울 수 있다. 거룩한 삶의 열쇠는 희생이 아니다. 그것은 순종과 청지기 직분이다. 그리고 사람은 자신이 가진 것이 얼마나 많든 적든 상관없이 하나님께 순종하고 일관된 청지기 직분을 표현할 수 있다. 사실 성결의 경험은 순종의 삶과 그리스도인 청지기 직분의 열쇠이다.

5. 오락과 유머

성결은 휴식과 오락의 시간에 대한 정서적, 육체적 필요를 감소시키지 않는다. 또한 완전한 사랑은 유머를 버리지 않는다. 인간은 긴장의 끈을 풀기 위해, 자유롭고 제약 없는 놀이 속에서 "다시 어린이가 되기"위해 때때로 몸을 풀 필요가 있다. 또한 사람은 유머적인 환경을 인식할 필요가 있다. 좋은 웃음은 소화에 좋고 종종 영혼에도 좋다. 어떤 사람은 자신을 너무 심각하게 여길 수 있는데, 이것은 어뢰와 같다고 볼 수 있다. 즉 음험하고, 무자비하고, 확고한 어뢰를 닮은 것이다. 하지만 종교적인 어뢰는 보통 군사용 어뢰와 같은 목적지, 즉 폭발로 끝난다. 불쾌한 표정을 하고, 찌푸린 얼굴에 눈살 찌푸린 성결은 완전한 사랑의 내적 현존에 대한 빈약한 증거이다. 성결은 내부에서 역동적이고 외부에서 빛난다.

성결한 사람에게 오락은 항상 성경적 가르침의 범위 안에 있어야 하고, 교회의 기준들 안에 있어야 하며, 개인의 좋은 취향의 범위 안에 있어야 한다. 성결의 상태에 있는 사람에게 유머는 항상 온화하고 공격적이지 않아야 하며, 깨끗하고 암시적이지 않고, 정중하고 비난하지 않아야 한다.

P. 성결은 고통과 죽음에서 면제되지 않는다.

마음의 성결에 대한 경험을 증언하는 사람은 몸과 마음의 붕괴와 관련된 고통에서 면제되지 않는다. 일반적으로 성결의 상태에 있는 사람은 죄에 탐닉하는 사람이나 구원받은 상태에 살지 않는 사람보다 긴장이 적다. 일반적으로 성결한 사람은 자신의 몸을 덜 남용하고 건강의 원칙을 더 잘 지킨다는 단순한 이유 때문에 건강이 더 좋아질 것이다.

그러나 사람의 마음과 몸은 죽게 되어 있다. 그러므로 정신은 균형을 잃고 신경은 저항하고 몸은 질병에 굴복할 수 있다. 그러므로 성결의 상태에 있는 사람은 뇌종양에 걸리거나 신경 쇠약을 겪거나 고통스럽고 오래 지속되는 죽음을 맞이할 수 있다. 성결이 영원한 젊음을 과시함으로써 하늘 시민권을 나타내는 엘리트 계층의 성도들을 낳지 않는다. 성결이 신성하게 부여된 은혜와 영광의 전시로 질병과 죽음의 맹공격에 차분하고 현실적으로 맞설 수 있는 성도들을 만들어낸다.

요약

이것이 불완전한 완전(상대적 완전)의 역설이다. 은혜의 보화는 질그릇에 담겨 있다. 내면의 완전 상태가 항상 완전의 외부의 실행에서 표현되는 것은 아니다. 그러나 성결의 삶은 정화된 의도와 성숙으로 구성된 영적 완전을 가져올 수 있고, 또한 그래야 한다. 성결이 항상 불완전한 완전의 일종일 것이지만, 이러한 상황으로 영원히 멈추는 것은 아니다. 성결의 체험이 영적 삶에 급진적인 변화를 이루기 때문이다.

13장
그리스도의 형상을 향하여

그리스도인의 목표는 그리스도를 닮는 것이다. 성결의 삶에서 요구되는 그리스도인은 그리스도를 감상적으로 모방하는 것도 아니며, 역사적 예수에 대한 추상적인 개념을 평생 모색하는 것도 아니다. 성결을 고백하는 데 요구되는 그리스도를 닮는 것은 내주하시는 성령의 능력과 임재에서 나오는 생명력 있는 삶이다.

성결의 삶은 지상 생활과 그 이후에 걸쳐 영적 성장의 과정으로 계속된다. 항상 "앞으로 소유해야 할 많은 땅"이 있다. 이 장은 다음 사항, 즉 (1) 온전한 성화의 선례들; (2) 온전한 성화의 위기; (3) 온전한 성화의 결과; (4) 은혜 안에서의 성장을 포함하는 성결의 전 과정을 논한다.

Ⅰ. 온전한 성화의 선례들

성화라는 용어는 라틴어 동사 *facio*(to make)와 *sanctus*(holy)에서 유래되었다. 따라서 동사로 사용된 성화는 "거룩하게 하다"를 의미한다. 이런 의미에서 이 단어는 인간의 삶 가운데 하나님께서 하신 모든 일을 포함한다. 린드스트롬(Harald Lindstrom)에 따르면 웨슬리는 순간적 위기를 강조한 만큼 성장도 강조한다. 그는 다음과 같이 말한다.

> 점진적인 성장의 개념은 그의 구원 개념에 있어서 가장 두드러진 요소이며, 실제로 그의 일반적인 사상에서도 두드러진 요소이다. 일어나는 일은 이 두 가지 요소, 즉 순간적인 요소와 점진적인 요소가 합쳐진다. 그래서 웨슬리 특유의 구원의 순서는 이 융합의 결과다. 구원은 인간이 일련의 연속적인 단계를 통과하는 과정으로 보이며 각 단계는 다르고 더 높은 수준을 나타낸다.[1]

웨슬리는 1765년에 발행한 "성서적 구원의 길"이라는 설교에서 구원의 과정에는 다음과 같은 요소들이 포함된다고 말했다. 즉 (1) 선행적 은혜의 임재 (2) 회개 (3) 믿음에 의한 칭의 또는 용서 (4) 신생, 또는 중생 (5) 칭의 후에 있는 "회개" (6) 온전한 성화가 있다고 말했다. 구원의 처음 다섯 가지 측면은 바로 다음에서 논의되며, 여섯 번째 측면은 이장의 뒷부분에서 간략하게 다루게 될 것이다.

A. 선행적 은총

가장 넓은 의미에서 성화 또는 사람을 거룩하게 만드는 전체 과정은 사람 안에서 선행적 은혜의 작용으로 시작된다. 선행적 은총은 "아버지의 끌어당김, 우리가 그것에 굴복하면 점점 더 커지는, 하나님을 향한 갈망, 하나님의 아들이 세상에 오는 모든 사람을 비추는 모든 빛… 그의 영이 때때로 모든 사람의 자녀안에서 역사하는 모든 자각을 포함한다."[2] 웨슬리는 "우리의 구원을 성취함에 있어서"라는 설교에서 선행적 은총을 다음과 같이 설명했다.

---

1) Op, cit., p. 105.

2) Wesley, *Works*, VI, 44.

> 구원은 일반적으로(그리고 매우 적절하게) 선행적 은혜라고 불리는 것으로 시작된다. 이 은혜는 하나님을 기쁘시게 하려는 첫 번째 소원, 그의 뜻에 관한 첫 번째 깨우침, 그리고 그분께 죄를 지었다는 일시적인 경미한 자각을 포함한다. 이 모든 것은 삶에 대한 어떤 경향; 어느 정도의 구원; 하나님과 하나님의 일에 전혀 맹목적이고 무감각한 마음으로부터의 구원의 시작을 의미한다.[3]

그러므로 선행적 은총은 "앞서가는" 은총이며 영혼이 구원의 초기 상태로 들어갈 수 있도록 준비시키는 은혜이다. 와일리(Wiley)는 선행적 은혜를 다음과 같이 정의했다. "그것은 죄 속에서 무력한 인간에게 행해지는 성령의 예비적 은혜이다. 그것은 완전한 중생의 삶보다 앞선 하나님의 영향의 표현으로 정의될 수 있다."[4] 선행적 은혜는 잠재적 회심자의 개인 생활에서 구원의 첫 번째 측면이다.

와일리는 성화의 과정에서의 선행적 은혜의 위치를 다음과 같이 요약했다.

> 1. 중생 이전에 사람 안에 있는 선이라고 부를 수 있는 모든 것은 하나님의 영의 역사에 기인한다. 인간 자신은 완전히 타락했고 어떤 선한 일도 할 수 없다.
> 2. 중생 이전의 인간이 살고 있는 본성(nature)의 상태는 어떤 의미에서는 은혜, 즉 예비적 또는 선행적 은혜의 상태이다.
> 3. 이 예비 기간에는 은혜의 연속이 있다. 즉 성령께서 인간 안에 있는 선이라고 부를 수 있는 모든 것을 시작하시고 발전시키시고 완전하

3) Ibid., p. 509.

4) *Christian Theology*, II, 345-46.

게 하신다. 하나님의 영은 죄인의 마음과 순종의 성향에서 응답을 보시는 정도에 비례하여 죄인을 한 단계에서 다른 단계로 인도하신다.

4. 하나님의 영과 인간의 협력이 있다. 성령은 인간의 자유 의지와 함께 일하며, 인간을 구원할 수 있는 언약의 조건을 확실히 준수하기 위해 인간의 자유 의지를 소생시키고 돕고 지시한다.
5. 하나님의 은혜가 예수 그리스도를 통하여 모든 사람을 구원에 이르게 하시려고 모든 사람에게 주셨다. 그러나 이 은혜가 사람의 자유의지에 저항을 받아 효력을 상실하게 될 수 있다.[5]

선행적 은혜는 인간이 복음을 받아들일 수 있도록 충분한 정도로 인간에게 주어졌다. 웨슬리[6], 왓슨[7] 그리고 다른 사람들은 선행적 은혜의 교리가 사도 바울의 말에 분명히 포함되어 있다고 느꼈다: 바울은 "두렵고 떨림으로 너희 구원을 이루라. 그의 기쁘신 뜻을 위하여 뜻하시고 행하시느니라"고 말했다(빌 2:12-13).

B. 회개

선행적 은혜는 마음에서 성령을 통한 하나님의 행위이다. 인간의 협력의 첫 번째 요소는 웨슬리가 말하는 "깨닫게 하는 은혜" 또는 회개다. 웨슬리에 따르면 회개는 더 큰 자기-인식과 돌과 같은 마음에서 해방을 가져다준다.[8]

5) Ibid., p. 352.

6) *Works*, VI, 506-13.

7) *Institutes*, II, 377.

8) *Works*, VI, 509.

웨슬리는 회개의 두 가지 측면, 즉 죄와 마음의 슬픔에 대한 지식을 말했다. 웨슬리는 회개가 죄를 아는 것이라는 점에 대하여 다음과 같이 말했다.

> 죄인인 당신 그리고 당신이 어떤 모양의 죄인인 것을 알라. 당신의 가장 깊은 본성이 부패하여서 당신의 원래의 의(righteousness)에서 멀리 떨어져 있다는 것을 알라. … 당신은 영혼의 모든 기능과 모든 힘이 전적으로 부패되었다는 것을 알라. 당신은 이들 모두에서 완전히 부패되었으며, 모든 기초는 진로를 벗어나 있다는 것을 알라.[9]

죄에 대한 이 자기 인식에 웨슬리는 슬픔의 요인을 추가하였다. 웨슬리는 죄인의 슬픔의 본질을 보여주는 글에서 다음과 같이 주장했다.

> 만약 당신의 내적, 외적인 죄와, 완전한 죄책감과 무력함에 대한 생생한 자각에 적절한 애정이 더해진다면, 즉 자신의 자비를 경멸한 것에 대한 마음의 슬픔 그리고 당신의 입에 멈춘 후회와 자책, 그대의 눈으로 하늘을 쳐다본 것에 대한 부끄러움, 당신의 머리 위에 걸려 있는 그의 저주와, 당신의 하나님의 분노에 대한 두려움 그리고 하나님을 잊고 우리의 주 예수 그리스도에게 순종하지 않는 사람들을 파멸시키려는 불타는 울분, 악에서 멈추고 잘 배우고 싶은 그 분노에서 벗어나고자 하는 간절한 소망이 더해진다면, 그 경우에 나는 여러분에게 말한다.… "당신은 하나님의 나라에서 멀지 않은 곳에 있다. 한 걸음만 더 가면 들어갈 수 있다.

9) Ibid., V. 82.

당신은 회개하라. 그리고 복음을 믿으라."[10]

회개의 세 번째 요소는 웨슬리가 강조한 대로 죄와 슬픔에 대한 인식이다. 이 인식은 실제로 죄에서 벗어나는 것을 의미한다. 따라서 회개는 양심의 가책이나 후회, 자기 연민 또는 인간의 슬픔과는 다르다. 이 세 번째 요소와 관련하여 얼(Ralph Earle)은 다음과 같이 말했다. "종종 회개라는 용어는 오늘날 슬픔의 감정적 표현으로 사용되고 있다. 그러나 진정한 회개는 삶에 대한 내면의 반전, 죄에 대한 혐오, 그리고 의도적으로 외면하는 것을 포함하여 그보다 더 깊은 뜻을 지니고 있다."[11] 디멘트(Bryan DeMent)는 성경적으로 사용되는 단어의 중심 개념을 포착하는 것처럼 보이는 회개의 정의를 다음과 같이 제안한다.

> 히브리어와 헬라어에서 사용된 단어는 의지, 마음의 변화 또는 목적을 주로 강조한다. 하나님께 완전하고 진실하게 돌이키는 것은 죄의 본질에 대한 이해와 개인의 죄책을 모두 포함하기 때문이다(렘 25:5; 막 1:15; 행 2:28; 고후 7:9-10). … 회개를 위한 필요 사항은 자유 의지와 개인의 책임을 포함한다.[12]

웨슬리안 신학은 회개가 중생에 선행하는 성령의 역사라고 일관되게 가르쳤다. 회개는 구원하는 믿음으로 이어진다.

---

10) Ibid., p. 84.

11) "Mark," *Evangelical Commentary*, p. 29.

12) "Repentance", *ERE*, IV, 2599.

C. 구원하는 믿음

구원하는 믿음은 회개의 열매이다. 웨슬리에게 구원하는 믿음은 그리스도 예수 안에 있는 하나님의 계시를 받아들이는 것이었다. 웨슬리는 믿음이 지적인 동의 이상의 것임을 재빨리 지적하며 다음과 같이 말했다.

> 믿음의 본질에 관하여 당신 자신의 영혼을 속이지 않도록 주의하라. 구원하는 믿음은 일부 사람들이 좋게 생각했던 것처럼 성경의 진리, 우리 교회의 신조, 또는 구약과 신약에 있는 모든 것에 대한 단순한 동의가 아니다. … 다만 구원하는 믿음은 무엇보다도 그리스도 예수를 통한 하나님의 자비에 대한 확실한 신뢰이다. 구원하는 믿음은 죄를 용서하시는 하나님에 대한 확신이다.[13]

와일리(Wiley)는 믿음을 "성령의 영향 아래 있는 전 존재의 행위"로 생각한다.[14] 그에게 있어서 구원하는 믿음은 개인 생활의 최고의 행위요, "자신의 온 존재를 모으고 특별한 의미에서 자신에게서 벗어나 그리스도의 공로를 자기 것으로 삼는 행위"이다.[15]

구원하는 믿음은 하나님에 대한 사람의 확실한 확신과 신뢰이지만 그 자체로는 구원을 얻을 수 없다. 그러나 믿음과 행위는 관련이 있다. 포프(W.B. Pope)는 그의 《신학의 문답서(*Higher Catechism of Theology*)》에서 신앙과 행위의 관계를 다음과 같이 표현했다.

---

13) *Works*, V. 85.

14) *Christian Theology II*, p. 371.

15) Ibid.

1. 믿음은 공로로서의 행위에 반대된다. 그 표현(formula)은 다음과 같다.
   사람이 의롭게 되는 것은 율법의 행위에서가 아니라, 오직 그리스도에 대한 믿음에 의하여 의롭게 된다(갈 2:16).
2. 믿음은 그의 행위에서 역사한다.
   그 표현은 다음과 같다. 행함이 없는 믿음은 죽은 것이다(약 2:26).
3. 믿음은 행위에 의해 정당화되고 입증된다. 그 표현은 다음과 같다.
   내 믿음을 행함으로 네게 보이리라(약 2:8).
4. 믿음은 행함으로 온전하게 된다. 그 표현은 다음과 같다.
   행함으로 믿음이 온전하게 되었느니라(약 2:22).[16]

구원하는 믿음은 회개와 중생 사이의 연결 고리이다. 구원하는 믿음은 선행적 은혜가 거듭나게 하는 은혜가 되게 하는 개인적인 행위이다.

D. 칭의와 중생

칭의와 중생은 우리를 구원시키는 그 믿음을 따른다. 생명력 있고 긍정적인 면에서 구원이 시작되는 것은 바로 지금이다. 칭의와 중생은 한 순간에 사람에게 부여되거나 주어진다.

칭의는 하나님 앞에서의 사람의 신분을 다루는 상대적인 변화이다. 칭의는 회개한 사람이 죄책에서 해방되는 하나님의 용서 행위를 가리킨다. 칭의에서 인간이 하나님의 진노의 대상이 되는 대신 하나님의 은총을 누리는 새로운 관계가 수립된다. 칭의는 정죄를 제거하고 평화를 가져온다. "그러므로 우리가 믿음으로 의롭다 하심을 얻었은 즉

16) Op, cit., p. 233.

우리 주 예수 그리스도로 말미암아 하나님으로 더불어 화평을 누린다"(롬 5:1). 웨슬리에 따르면, "칭의에 대한 명백하고 성경적인 개념은 면죄, 즉 죄의 용서이다."[17] 그러므로 칭의는 하나님 앞에서의 사람의 지위를 말하며, 따라서 그것 자체는 법과 법적인 절차에 속하는 객관적이고 "법률적인" 것이다.

중생은 용서받고 믿고 회개한 사람에게 영적 생명을 나누어 주는 것이다. 웨슬리는 칭의와 중생을 다음과 같이 구분한다. "전자(칭의)는 하나님께서 우리의 죄를 용서하심으로써 우리를 위해 행하시는 위대한 일과 관련된 것이고, 후자(중생)는 우리의 타락한 본성을 새롭게 하심으로써 하나님이 우리를 위해 행하시는 위대한 일과 관련된다."[18] 웨슬리는 중생의 중요성을 최소화한다고 비난을 받았다. 그러나 웨슬리는 "기독교 전체의 범위 안에 있는 어떤 교리도 적절하게 근본이라고 칭할 수 있다면, 그것들은 의심할 여지 없이 이 두 가지 즉, 칭의의 교리와 신생의 교리"[19]라고 말함으로서 중생을 기독교인의 삶의 근본적인 측면으로 여겼다.

중생은 사람 안에서 성령의 주관적인 활동 또는 사역을 포함한다. 이 내적 변화에서 인간은 "영생"의 선물을 받고 죄의 권세에서 해방된다. 앞에서 지적한 바와 같이 웨슬리는 이 내적 변화를 중생뿐만 아니라 초기의 성화라고 불렀다. 초기 성화는 온전한 성화로 이끄는 영적 삶의 상태이다.

17) *Works*, V, 57.

18) Ibid., VI, 65.

19) Ibid.

II. 온전한 성화

요약하면 온전한 성화는 거룩하게 되는 전체 과정의 절정 부분이라고 말할 수 있다. 원칙적으로는 거룩하게 되는 과정을 논의할 때 세 가지 사건, 즉 중생, 온전한 성화, 영화가 있다. 그러므로 거룩하게 되는 전체 과정에서 온전한 성화를 논의할 때 다음 사항들이 논의되어야 한다. 즉 (1) 중생과 온전한 성화의 차이점 (2) 두 경험 사이의 시간 (3) 온전한 성화의 사건을 논의하여야 한다.

A. 중생과 온전한 성화 차이점

웨슬리안 신학은 그리스도인의 생활이 일부는 영적이고 다른 일부는 "더 영적"인 삶의 두 가지 범주가 있다는 것을 결코 받아들이지 않았다. 웨슬리안에게는 성결의 이상과 삶, 또는 "그리스도의 수준(Stature of Christ)"은 항상 기독교인을 위한 신약의 표준이었다. 그러나 웨슬리안은 기독교인의 삶의 발전 단계를 받아들였다. 따라서 경험적 근거뿐만 아니라 성경적 근거에서도 중생과 성화 사이에는 몇 가지 차이점을 언급하는 것이 가능하다. 이러한 차이점은 다음과 같다.

1. 중생에서 사람은 죄로부터 구원받고 과거의 모든 죄를 용서받으며 어린 시절의 순수함으로 되돌아가고 그리스도 안에서 새로운 피조물이 된다(고후 5:17; 요일 3:7-9); 온전한 성화에서는 성령의 각 은사와 은혜에 반대되는 육욕에서 깨끗해진다. 이 육욕의 질병은 육체적인 것이 아니라 도덕적인 실체이다. 중생에서 "영적 이삭"이 들어오고, 온전한 성화에서 "육신의 이스마엘"이 쫓겨난다.

2. 칭의는 행위로서의 죄를 다룬다. 성화는 원죄를 다룬다.
3. 칭의에서 사람은 회개와 믿음으로 항복한다. 온전한 성화에서는 사람은 순종과 믿음으로 헌신한다.
4. 칭의에는 영적 본성이 부여된다. 온전한 성화에서 육욕의 본성은 파괴된다.
5. 칭의 안에서는 죄의 "가지"가 파괴되고, 완전한 성화에서는 죄의 뿌리 자체가 파괴된다.
6. 칭의에서 사람은 포도나무의 가지가 된다. 완전한 성화에서 가지는 더 많은 열매를 맺기 위해 깨끗하게 된다(요 15:1-2).
7. 칭의에서 사람은 세상에서 분리된다. 온전한 성화에서는 "세상"이 신자에게서 떠난다. 이스라엘은 애굽에서 해방되었고, 그 다음 애굽이 그들에게서 떠났다.
8. 칭의에서 "옛 사람"은 억압되어야 한다. 완전한 성화에서 "옛 사람"은 멸망된다(롬 6:6).
9. 칭의에서 성령이 신자와 함께 하신다. 온전한 성화에서는 성령이 충만함으로 신자 안에 계신다(요 14:17).
10. 칭의에서 사람은 하나님의 자녀가 된다. 온전한 성화에서 신자들은 하나님 나라의왕 같은 제사장이 된다.
11. 칭의에서 사람은 성령으로 거듭난다. 온전한 성화에서 그들은 성령으로 세례를 받는다(마 3:11).
12. 칭의에서 사람은 하나님의 은총으로 회복된다. 완전한 성화에서는 사람이 하나님의 도덕적 형상으로 회복된다.

B. 중생과 성화 사이의 시간

아마도 하나님은 한 행위로 사람을 구원하고 거룩하게 하실 수 있을 것이다. 그러나 인간은 자유로운 도덕적 존재이므로 동시에 두 상태(stage)에 있을 수 없으며 동시에 서로 다른 조건을 충족시킬 수 없다. 그러므로 인간 자신은 중생과 온전한 성화 사이에 시간적 요소를 필요로 한다.

1. 그 시간의 기간은 성경이 정한 것이 아니라 사람이 정한 것이다. 일부는 더 많은 시간을 가지고 있고 일부는 새로운 진리를 파악하는 데 더 긴 시간이 필요하다. 어떤 거듭난 사람들은 쉽고 자연스럽게 더 깊은 데로 나아간다. 다른 사람들에게는 그 투쟁이 길고 고통스럽다.
2. 이스라엘 백성은 홍해에서 약속의 땅까지 11일 만에 갈 수 있었다. 그러나 두려움 때문에 2년을 필요로 했고, 불순종으로 인해서 그 기간을 40년으로 늘렸다. 중생과 온전한 성화 사이의 기간은 성령의 부르심에 대한 개인의 응답에 달려 있다.
3. 구약에서는 문둥병자에게 먼저 물을 뿌리고 8일 후에 다시 뿌린 다음에 완전히 깨끗해졌다고 선언했다. 의식주의는 8일의 기간을 필요로 했다. 그러나 신약에서는 성령의 정결케 하는 일은 의식주의에 의해 통제되지 않았다. 사람은 하나님의 능력을 받아들일 때 깨끗해질 수 있다.
4. 예수님의 제자들은 이 진리를 이해하고 파악하는 데 1년 반에서 3년이 걸렸다. 제자들의 삶에서 지체된 것은 아마도 개인 구원의 의미를 오해했기 때문이었을 것이다.
5. 오순절 이후 베드로의 생각에는 그 시간이 짧을 수 있었다(행 8:5-8,

14-17). 빌립은 사마리아로 가서 그곳에서의 부흥을 일으키는 일을 도왔다. 부흥의 소식이 예루살렘에 전해진 지 얼마 안 되어 베드로가 사마리아를 방문했다. 그의 첫 번째 관심사는 사람들이 성령을 받는 것이었다.

6. 예루살렘 교회는 시간이 짧을 수 있다고 생각했다(행 15:8-9).
7. 아나니아는 바울이 단번에 거룩하게 될 수 있다고 생각했다(행 9:17-19).
8. 바울은 데살로니가 교인들이 구원받은 후 6개월 이내에 성결하게 될 것을 촉구했다(살전 4:3, 5:23-24).

C. 온전한 성화의 사건

온전한 성화는 인간의 영적 순례에서 순간적 사건의 경험이다. 그 경험은 구별되며 중생 이후에 있는 것이다. 온전한 성화는 중생과 구별되고 별개이기 때문에 그리스도인 경험의 이 두 지표 사이에는 더 분명한 차이점이 있다. 온전한 성화는 기계적인 의식이 아니라 중요한 경험이다. 그렇기 때문에 이 성화는 일련의 공식적인 단계나 활동으로 축소될 수 없다. 그러나 그것을 추구하는 영혼이 경험하기 위한 실제적인 방법과 그것을 유지하는 실행 가능한 방법을 줄 수 있는 일반적이고 상세한 지침이 있다.

개인적인 그리스도인의 성결은 이론적으로나 실험적으로 중생보다 더 큰 신비가 아니다. 하나님은 엘리트 기독교인들의 선별된 집단을 위해 이 경험을 유보하지 않으셨다. 성화와 관련된 은혜의 가능성과 준비는 모두가 이해할 수 있고, 모두에게 적용할 수 있으며, 모두가 필요로 하며 이용할 수 있다. 우드(J. A. Wood)는 일반적이고 구체적인 지침에 따라 온전한 성화의 경험에 대한 조건과 지시에 대해 논의했다. 일반적 지침은 다음과 같다.

> 필요한 축복에 대한 올바르고 분명한 견해를 얻기 위해 노력하라…
> 순결한 마음을 얻을 때까지 구하겠다는 확고하고 단호한 결심을 하라…
> 전능하신 분의 손, 그 아래에서 자신을 낮추라…
> 당신의 영혼, 몸, 시간, 재능, 영향력, 당신의 모든 것을 하나님께 완전히 헌신하여…
> 그리스도께 모든 것을 온전히 바치라.[20]

일반 지침 외에도 우드는 다음과 같은 구체적인 제안을 제시했다.

1. 하나님께서는 성경에서 이것을 약속하신 것을 믿으라.
2. 하나님께서 약속하신 것을 그가 성취하실 수 있음을 믿으라.
3. 하나님이 지금 그것을 할 수 있고 기꺼이 할 것이라고 믿으라.
4. 하나님이 그것을 행하시는 것을 믿으라.

당신이 거룩함을 간절히 구하고 있다면 다음과 같은 질문으로 자신을 철저히 성찰할 수 있는가?

1. 나는 나의 타고난 죄와 그에 대한 성결의 필요를 분명히 알고 있는가?
2. 나는 그것을 얻기 위해 기꺼이 열망하고 결심하고 있는가?
3. 나는 기꺼이 하나님께 모든 것: 즉 자신, 가족, 재산, 명성, 시간, 재능, 모든 것이 그의 것이 되고, 그를 위해 사용되게 하고, 그분을 신뢰하

---

20) *Perfect Love*, p. 96-97.

고 그리고 결코 그것들을 그분에게서 도로 취하지 않겠는가?

4. 나는 하나님께서 나를 거룩하게 하실 수 있다고 믿는가?
5. 나는 하나님께서 나를 기꺼이 거룩하게 하실 것이라고 믿는가?
6. 나는 하나님께서 나를 거룩하게 하겠다고 약속하셨음을 믿는가?
7. 나는 하나님께서 약속하셨으니 그가 내 믿음을 조건으로 능히 행하실 수 있고 또한 지금 기쁨으로 하실 것이라고 믿는가?
8. 그렇다면 나는 이 모든 것을 보고 하나님께서 이제, 이 순간에 이루실 줄 믿는가?
9. 나는 이제 이 모든 것을 다 걸고 그리스도를 믿는가? 하나님 당신이라면, 그것은 이루어진다. 하나님께서 떨리는 믿음을 도우시고, 이 순간 그에게 순수함을 주기를 바라는가?[21]

III. 성화의 결과

온전한 성화의 순간적 사건의 결과는 구체적 세부 사항보다는 일반적인 범주로 기술될 수 있다. 성결이 하나님에 의해 사람에게 부여된다. 그러나 성령의 임재로 사람에게 성결이 부여되는 것은 하나님의 은혜와 인간의 의지 작용이 조화를 이룬 결과이다. 하나님은 성결을 제공하시거나 성결을 주실 때 인간의 인격을 침해하지 않으신다. 따라서 사람 안에 있는 신성한 성결은 항상 사람 안에 있는 특정한 개인적 변수에 의해 한정된다. 나이, 정서적인 기질, 사회적 환경, 교육, 지적 능력, 영적 감수성, 영적 판단의 정도와 같은 문제들은 모두 인간 성품의 성결적 표현을 형성한다.

그러나 인간 본성의 가변성에도 불구하고 성령의 충만을 경험하는

21) Ibid., p. 98.

모든 사람에게 본질적이고 공통적인 온전한 성화의 결과가 있고, 때때로 성결은 다른 사람보다 어떤 사람에게서 더 높게 표현될 수 있다. 그러나 성결의 본질적인 결과는 적어도 세 가지이다: 즉 (1) 인격의 통합 (2) 마음(성격)의 정화 (3) 영적 지각의 조명 등이다. 이러한 구분은 명백히 자의적이다. 그러나 그러한 구분은 또한 온전한 성화의 결과에 대한 실제적인 논의를 가능하게 한다.

A. 인격의 통합

여기서 사용되는 인격은 단순히 개인의 자아를 의미한다. 자아는 자기를 인식하고, 의지적이고, 지적이고 경험하는 행위자로 표시하는 개인적인 측면이다. 성경적 사고는 사람을 물질적 측면과 비물질적 측면을 모두 갖춘 하나의 통일체로 인식해 왔다. 또한 성경의 가르침은 지속적으로 인간의 개성을 상반된 성향의 전쟁터로 제시해 왔다. 죄가 들어옴으로 사람의 마음에 전쟁이 생겼다. 따라서 가인의 형벌은 그가 짊어지기에 너무 무거웠다(창 4:13). 롯은 연약하고 이기적인 선택으로 가족을 파괴시켰다(창 13:10). 에서는 죽 한 그릇으로 후회와 질투의 삶을 샀다(창 25:29-34). 삼손의 강한 근육은 정욕에 의해 허약해졌다(삿 16:17). 사울은 무리하고 제어할 수 없는 질투 때문에 비극적인 자살을 했다(삼상 20장).

에브라임은 정욕 때문에 우상에게 버림받았다(호 4:17). 한 나라가 영적 소경의 결과로 비탄과 종살이를 당했다(애 1:1-10). 귀신 들린 가다라 사람은 죄로 말미암아 그의 몸과 영혼을 상하게 하였다(눅 8:26-34). 바울은 의를 인정하고 행하기로 결심한 사람이 내면 안에 갈등으로 좌절되는 사람의 영적 고뇌를 묘사하고 있다(롬 7장). 그러므로 죄는 인간의 삶에 파괴적인 역할을 하는 것임을 성경적으로 제시하고 있다. 죄가 제거되면 개인의 자기통합에 대한 아주 큰 장애가 제거된다. 여전히 죄와 관련이 없는 인격상의 결점은 아직 남아 있을 수 있다. 그러나 죄의 핵심이 제거되면서 개인의 자아는 일관된 개인의 발전을 가능하게 하는 기본적인 통일성을 획득했다고 볼 수 있다.

인격 통합의 영역에서 온전한 성화의 결과 가운데 먼저, (1) 하나님께 대한 완전한 헌신 (2) 만물에 스며드는 사랑의 현존 (3) 자존감과 자부심 (4) 모든 관계에서 발휘되는 일관된 인격 (5) 시험과 유혹의 시기에 침착하고 균형을 유지할 수 있도록 하나님이 주시는 능력 (6) 내적 영적 갈등의 부재 (7) 자기 수용 (8) 이기심 없는 봉사가 있다. 성령은 인간의 마음에서 역사하여 위에 열거된 특성으로 표현되는 일치를 가져온다.

1. 하나님께 대한 완전한 헌신

유대인의 고대 쉐마는 하나님께 완전히 항복하는 이상을 제시했다. 신명기에서 쉐마는 다음과 같이 말했다. "너는 마음을 다하고 뜻을 다하고 힘을 다하여 네 하나님 여호와를 사랑하라"(신 6:5). 예수님은 이 명령을 반복하여 크고 첫째 되는 계명으로 삼으셨다(마 22:37; 막 12:30; 눅 10:27). 바울은 그리스도 안에 있는 새 생명이 이전의 죄 많은 자아를 십자가에 못 박는 것을 가져온다고 말할 때 모세와 그리스도의 생각을 되풀이하였다(롬 6:6; 갈 2:20; 5:24, 6:14).

하나님께 대한 온전한 굴복이 인격의 통합을 초래한다. 성결한 사람은 성령의 능력을 통해 하나님과 독특한 관계를 맺게 된다. 내적 죄에서 정결케 된 사람도 삶의 중심이 되기 위해서는 목적 이상, 자아 밖의 다른 타자가 필요하다. 그렇지 않으면 그는 자기중심적이 되고 이기적인 생활에 빠지게 될 것이다. 그러나 순종과 사랑의 중심이신 하나님과 함께하면 개인 안에 생기는 통일성은 성결이라고 하는 건강하고 건전하며 영적인 삶의 상태를 유지하게 된다. 연합은 성결이라고 하는 건강하고 건전하며 영적인 삶의 상태를 유지하는 사람이 생기게 한다.

2. 모든 것을 지배하는 사랑의 임재

성결의 동의어로 "완전한 사랑"을 사용하는 데에는 적합한 추론이 있다. 이 사랑은 애정이자 원리이며, 정서적으로는 하나님과 인간과의 친근성에 대한 감각이다. 감정으로서의 사랑은 자신감이 섞인 기쁨이다. 감정으로서의 사랑은 환희에 찬 믿음이고 승리하는 희망이다. 원칙적으로 그리스도인의 사랑은 모든 사람이 그들의 삶에 대한 하나님의 뜻을 깨닫도록 돕기 위해 가능한 모든 일을 하려는 하나님이 주신 열망이다. 힐스(A. M. Hills)는 완전한 사랑의 효과를 다음과 같이 설명했다. "예수님에 대한 왕성한 믿음은 새처럼 음조가 있어야 하고, 6월의 아침처럼 기쁨으로 가득 차야 한다. 완전한 구원을 위한 그리스도에 대한 완전한 자신감과 믿음이 영혼에 가득 찬 태양처럼 솟아오르게 하고, 이제는 기뻐하며 노래하기를 바랄 것이며 모든 권력이 하나님의 의식적인 사랑을 기뻐할 것이다."[22]

성결의 경험은 사도 바울이 "우리에게 주신 성령으로 말미암아 하나님의 사랑이 우리 마음에 부은바 됨이라"(롬 5:5) 말한 것처럼 사랑의 왕국으로 들어가는 문을 열어준다. 테일러(J. Paul Taylor)는 성화된 마음에 있는 사랑의 위치에 대해 요약한 진술을 다음과 같이 인용한다.

---

22) A. M. Hills, *Holiness and Power* (Cincinnati,Ohio: M. W. Knapp, 1897), p. 298,

> 사랑만큼 독재자는 없다. 그는 경쟁자를 용납하지 않고, 부인하지 않으며, 타협하지 않는다. 사랑은 그의 목적을 위해 구타당하거나 괴롭힘을 당하거나 뇌물을 준다해도 포기하지 않는다. 어떤 반대도 지치지 않고, 어떤 오만함도 낙심하지 않으며, 어떤 무관심도 신랄하게 굴지 않도록 인내하며 기다릴 것이다. 그것의 창의력은 무한하고, 그것의 자원은 고갈되지 않으며, 그것의 인내는 끝이 없다. 그것은 자비로운 목적을 달성하기 위해 고통이나 눈물, 피를 아끼지 않을 것이다. 그것은 흔들리지 않는 발걸음으로, 꺼지지 않는 열정으로, 영원한 희망으로 그 욕망의 목적을 계속 추구할 것이다.[23]

고린도전서 13장에서 바울은 성결의 삶을 사랑의 삶으로 제시했다. 사랑의 길은 "더욱 뛰어난 길"이다. 그러므로 성화 된 사람은 고린도전서 13장의 분위기 속에서 산다. 이 장에서의 사랑과 관련된 은혜의 범주는 인간의 마음 안에서 일어나는 하나님의 사랑의 활동을 포함한다. 그리스도인의 큰 특권은 고린도전서 13장에 묘사된 사랑의 성소에 들어가는 것이다. 비록 성결케 된 그리스도인들은 그러한 영적 상태에 미치지 못하는 것처럼 보일 수 있다. 그러나 거룩한 삶의 궁정에 들어가 사랑의 분위기 속에서 사는 것은 모든 그리스도인의 큰 특권이자 의무이다. 바울에 따르면 사랑은 다음과 같은 방식으로 나타날 수 있다.

> 사랑은 압력을 받을 때 인내를 나타내며, 오래 참는다.
> 사랑은 인간관계에서 예의 바름으로 나타나며 친절하다.
> 사랑은 호의를 들어내며 질투가 없다.

23) Op.cit., p. 168.

사랑은 허세를 부리거나 자기를 높이지 않는다.

사랑은 자만하거나 이기적이지 않다.

사랑은 결코 그릇된 동기 때문에 거룩한 성품에서 벗어나 행동하지 않는다.

사랑은 자기중심적이거나 이기적이지 않다.

사랑은 분노, 보복, 비통함의 영으로 선동하지 않는다.

사랑은 원한을 품지 않고 악의를 품지 않는다.

사랑은 다른 사람의 죄악 된 행위에서 기쁨을 찾지 않는다.

사랑은 정직과 통합에서 기쁨을 찾는다.

사랑은 적대감, 거절, 박해를 견뎌낸다.

사랑은 다른 사람의 동기와 행동을 선의로 해석한다.

사랑은 실망스러운 조건임에도 불구하고 궁극적인 낙관주의 정신을 나타낸다.

사랑은 끝까지 견딘다.

사랑은 실제로 결코 중단하지 않는다. 사랑은 결국에는 승리할 것이다.

사랑은 영원과 연결되는 유일한 고리이다.

3. 자존감과 자긍심

성결은 독선이나 자기를 높이는 태도가 아닌 것처럼 자기 비하의 영이 아니다. 성화 행위에서 하나님은 그분이 하셔야 할 영적인 일을 행하신다. 이 경우에 하나님은 자기중심적이고 자기주장이 강하며 이기적인 기독교인들의 이기심을 못 쓰게 만들 수 있다. 그러한 사람은 이기심의 부패를 잘라내기 위해 영적 수술이 필요하다. 또 다른 경우에 하나님은 자신을 부인하고, 자기를 비하하는 사람의 영혼을 하나님의 능력으로 채우시고 그를 자존감과 자긍심의 지위로 끌어 올리실 수 있다. 따라서 한 사람은 낮아지고 다른 사람은 높아진다. 각각의 경우에 그는 자존감과 자긍심의 위치에 놓인다. 이 때의 자존감과 자긍심은, 동기가 순수하고, 사랑이 그 행동의 발판이 되고, 의도가 하나님과 인간에 대한 봉사이기 때문에 거룩한 상태의 변함없는 측면인 것이다.

의식적인 죄책감의 부재는 또한 자존감과 자긍심에 기여한다. 그리스도인이 죄의식과 자존감을 동시에 갖는 것은 불가능하다. 우리는 하나님이 주시는 은총의 힘으로 인격을 산산조각 내는 죄의식에서 벗어날 수 있다. 사람은 당황하거나 굴욕적인 실수를 저지를 수 있지만, 이러한 것은 일시적이며 의식적인 죄책감처럼 개인의 일관성에 위협이 되지는 않는다.

4. 일관된 성격과 관계

성격 통합의 가장 큰 자산 중 하나는 개인 관계의 일관된 패턴이다. 성결한 사람은 대인 관계에서 침착과 균형과 균등성을 나타낼 수 있어야 한다. 이것은 사람이 순간의 흥분에 빠지지 않는다는 의미가 아니다. 성결한 사람이 감정적인 선언이나 강한 주장을 하지 않는다는 의미도 아니다. 또한 강한 의견과 뿌리 깊은 신념이 충돌하는 긴장을 제거하는 것을 의미하지 않는다.

그러나 성결은 개인적인 반응과 관계에서의 균형과 안정을 가져온다. 흥분되는 곳, 감정적인 긍정이 이루어지는 곳, 긴장이 고조되는 곳에서 그러한 반응은 언제나 사랑의 틀 안에 담겨 있어야 한다. 그리하여 개인적인 관계에 영향을 미치는 괴로움, 반감, 적개심, 또는 질투의 잔류물이 없을 것이다. 육욕의 마음인 "쓴 뿌리"가 제거되었기 때문에 영적 평형, 영적 균형 및 영적 통제로 지속적으로 표현되는 건전한 인격 개발의 가능성이 있다.

5. 시험과 유혹에서의 평안과 균형

영적 시험은 직접적인 죄를 수반하지 않는 영혼에 주는 압력이다. 고통스러운 위급 상황, 통제할 수 없는 물리적 사건, 실증나는 환경, 악화되는 환경의 인내 영역에서 내주하시는 성령은 평온함을 유지하고 그리스도의 영을 나타내실 수 있게 하신다. 그러한 괴로움은 고통스러운 사건이 발생할 때 반드시 "외치는 주문"을 요구하지는 않지만, 영적 균형은 원한, 가혹함 또는 통제되지 않는 분노의 폭발 없이도 사건을 수용할 수 있게 한다.

영적 유혹은 악으로 이끄는 직접적인 원인이며 어떤 상황에서든 올 수 있다. 성결한 사람도 모든 유혹을 받지만 성결한 사람의 자동적인 반응은 이러한 유혹에 대한 부정적인 반응이다. 성결한 사람도 유혹의 현실성을 부인하지 않을 것이다. 그는 특정한 영역에서 자기 자신의 약점을 회피하지도 않을 것이다. 그러나 성령의 임재는 그 사람으로 하여금 유혹을 솔직하게 바라보게 하고 공개적으로 유혹을 인정하게 하며 영광스럽게 유혹을 극복하게 한다. 결국 성결의 상태에서 유혹은 더 강한 영적 삶으로 가는 디딤돌이 된다. 이렇게 보면, 유혹에 대한 사도 바울의 말은 적절하다. "사람이 감당할 시험 밖에는 너희가 당한 것이 없나니 오직 하나님은 미쁘사 너희가 감당하지 못할 시험 당함을 허락하지 아니하시고 시험 당할 즈음에 또한 피할 길을 내사 너희로 능히 감당하게 하시느니라"(고전 10:13). 성결의 삶은 하나님의 유혹에 대한 궁극적인 해독제인 것이다. 즉, 성결의 삶은 평온함, 자신감, 침착함, 내적 힘, 내적 통제와 외적인 균형의 삶이다.

6. 내재하는 죄로 인한 내적/영적 갈등의 부재

내면의 갈등에서 완전히 구원해 줄 은총의 상태는 없다. 그러나 신자의 마음에 있는 죄의 존재로부터 일어나는 모든 영적 갈등을 제거하는 영적 체험이 있다. 가장 큰 영적 싸움은 불순종의 결과이다. 하나님의 뜻에 굴복하는 것이 성화를 위한 필수 조건이기 때문에 이 큰 내적 갈등의 근원은 사라졌다. 성화되고 영으로 충만한 삶에서 하나님의 뜻을 아는 것은 그것을 행하는 것이다. 개인 지도력의 일부 영역에서는 하나님의 뜻이 항상 명확하지 않을 수 있다. 그러나 그리스도인의 행위, 윤리적 원칙, 도덕적 명령의 광대한 영역에서 하나님의 뜻은 아주 분명하다. 이러한 영역에서 그리스도인은 선택의 여지가 없다. 그는 사랑하기 때문에 순종한다. 그는 마음이 순결하기 때문에 사랑한다.

마음이 믿음으로 정결해지고 성령이 능력의 지속적인 원천이 되므로 그리스도인은 죄와 관련된 죄책감으로 인한 긴장에서 해방될 수 있다. "그러므로 이제 그리스도 예수 안에 있는 자 곧 육신을 좇지 아니하고 성령을 좇아 행하는 자에게는 결코 정죄함이 없나니"(롬 8:1). 정죄함이 없고 죄의 권세가 끊어지기 때문에 성결의 삶은 성령 안에서 평강과 만족의 삶이다.

예수께서는 지상에서 사역하는 동안 "수고하고 무거운 짐진 자들아 다 내게로 오라 내가 너희를 쉬게 하리라"(마 11:28)라고 말씀하시며, 안식으로 초대하셨다. 히브리서 저자는 다음과 같이 말했다. "그런즉 안식할 때가 하나님의 백성에게 남아 있도다"(히 4:9). 이 글의 저자, 혹은 어떤 이들은 이 안식에 들어갔음을 지적하고(히 4:10), 다른 이들은 약속된 안식에 들어가는 것의 중요성에 주목하라고 권하였다(히 4:11). 캐러딘(Beverly Carradine)은 성결한 영혼의 안식을 다음과 같이 묘사했다.

> 영혼은 평온해졌고 여전히 평온하다. 근심의 영은 사라졌다. 조바심을 내는 달콤한 거부감이 있다. 차분한 분위기가 가슴에 퍼지며 삶에 스며든다. … 조용히 하루를 시작하고 끝맺는다는 것은 확실히 많은 그리스도인들에게 새로운 경험이 될 것이다. 아침에 감미로운 영의 고요함으로 일어나 매일 깊고 고요한 평화로 하루를 보내는 것, 그 평화의 꾸준한 흐름은 그를 놀라게 할 뿐만 아니라 기쁘게 한다. 그리고 이것은 하나님의 분명한 약속이다.[24)]

하나님은 자신에게 마음을 두는 자들을 평강으로 지키시겠다고 약속하셨다(사 26:3). 이 완전한 평강이 성결의 삶에 있는 영의 안식이다. 우드(J. A. Wood)는 평화와 안식이 성결의 결과라고 말하며 영혼의 안식으로 여러 가지 목록을 제시하는데, 다음 것들이 있다.

> 그것은 하나님 안에서의 안정되고 완전한 만족의 상태이다. 그는 그 영혼의 "모든 것(all in all)"이다. 그것은 의심, 두려움, 타고난 죄에 대한 이전의 예속 상태에서 안식의 상태이다. 그것은 마음의 소란이 고요함으로 가라앉은 휴식 상태이다. 그리고 두려움과 불화와 의심이 고요함과 확신으로 전환된다. 그것은 현세적이든 영원한 우리의 모든 이익과 관하여 깊고 지속적인 평온함과 확신의 상태이다. 그것은 의지와 양심 사이의 모든 갈등으로부터의 즐거운 안식의 상태이다.[25)]

---

24) *Golden Sheaves* (Boston: J. Gill, 1901), p. 81.

25) *Perfect Love*, p. 128.

그러므로 성결의 안식은 인격 통합에 있어 중요하고 지속적인 힘이다.

성결의 경험은 인간 삶에 있어서 일치, 조화, 효과적인 개인 생활을 위한 가장 큰 힘이다. 개인적 통합성(Personal integration)은 하나님과 사람을 사랑함에 있어 스스로 통일된 것이다. 개인적인 관용은 하나님의 역사의 결과이며, 이는 자부심과 자존심으로 이어진다. 개인적 통합성은 사랑에 기반한 대인 관계의 일관된 패턴에 반영된다. 이 통합성은 죄를 짓지 않고 직면한 시험과 유혹의 영적 잠재력이다. 또한 이 통합성은 죄책감과 정죄의 억제 없이 타고난 능력이 발전할 수 있는 창조적인 영혼의 안식처이며 현실적이고 건전한 자기 수용이다. 마지막으로 이 통합성은 하나님과 사람을 위한 가식 없는 봉사이며 행동하는 성결이다.

7. 성화와 자기 수용

성격 통합에 대한 가장 큰 위협 중 하나는 자기-거부이다. 사람은 여러 가지 이유로 고통스러운 자기-거부의 삶을 살 수 있다. 개인의 자기-거부의 이유 중 일부는 환경적이거나 사회적인 것일 수 있다. 그러한 경우 성화는 크게 도움이 되지 않는데, 그 이유는 자기이해와 개인적 성장이 필요하기 때문이다. 개인적인 자기-거부의 다른 유형은 개인의 죄의 결과이다. 죄인들이 다 바보나 사기꾼 같다면 자신을 거부하지 않고 스스로 시인할 것이다.

죄인은 자신을 스스로에게 받아들일 수 있게 만들기 위해 여러 가지 교묘한 성격 속임수를 사용한다. 부정, 왜곡, 정당화, 합리화, 투사, 마약과 술과 같은 장치들이 모두 점점 커지는 자기 거부감을 감추기 위해 사용된다. 그러나 온전한 성화의 행위에서 사람의 영혼은 자기- 분석의 궁극적인 말씀 앞에서, “화로다 나여 망하게 되었도다. 나는 입술이 부정한 사람이요 나는 입술이 부정한 백성 중에 거주하면서 만군의 여호와이신 왕을 뵈었음이로다”(사 6:5)라고 하면서 벌거벗은 채 서 있게 된다. 이처럼 하나님의 비전은 모든 개인의 거짓을 타파하신다.

그러나 하나님은 사람을 만들어 가는 일에 관여하신다. 그래서 참회하는 영혼이 끊임없이 굴욕과 자기 거부의 잿더미 속에 파묻히는 것을 허락하지 않으신다. 하나님은 자신의 영광의 빛으로 이사야를 만지시고 말씀하셨다. “네 악이 제하여졌고 네 죄가 사하여졌느니라”(사 6:7). 하나님의 손길이 변화를 가져왔는데, 이는 이사야가 이제 하나님의 사역을 할 자격이 있다고 느꼈기 때문이다(사 6:8). 이후의 경험에서 이사야는 인간의 약점을 알고 있었을지 모른다. 그러나 다시는 자신의 개인적인 경험에 의문을 제기하지 않았다. 하나님께서 그를 받아주셨기 때문에 이사야는 자신을 받아들였다. 자기 수용은 성격 통합으로 이어진다. 그리고 이러한 성격 통합은 평화, 능력 및 효율성을 생성한다.

8. 성화와 사심 없는 헌신

“한 사람이 두 주인을 섬기지 못할 것이니 혹 이를 미워하며 저를 사랑하거나 혹 이를 중히 여기며 저를 경히 여김이라 너희가 하나님과 재물을 겸하여 섬기지 못하느니라”(마 6:24). 이와 같은 예수님의 말씀의 진리는 피할 수 없다. 그것은 외적 통치자의 지배 뿐만 아니라 내적 육신의 폭정에도 적용된다. 사람은 자신과 그리스도를 동시에 섬길 수 없다. 개인적 통합성에 가장 큰 해악 중 하나는 이기적인 관심과 이타적인 헌신 사이의 싸움이다.

성결의 체험에서 육신의 자아는 십자가에 못 박힌다. 바울은 "내가 그리스도와 함께 십자가에 못 박혔나니 그런즉 내가 산 것이 아니요 오직 내 안에 그리스도께서 사신 것이라 이제 내가 육체 가운데 사는 것은 나를 사랑하신 하나님의 아들을 믿는 믿음 안에서 사는 것이라"(갈 2:20)고 했다. 그는 우리를 위하여 자기 몸을 버리셨다. 그러므로 육욕의 자아가 십자가에 못 박히면 사람은 자신과 그 한계를 초월할 수 있고, 그러한 자기 초월은 성격 통합의 중요한 측면이다. 바울이 "내게 사는 것이 그리스도니 죽는 것도 유익함이라"(빌 1:21)고 말했을 때 그는 심오한 영적 간증뿐만 아니라 내적 조화라는 필수적인 심리적 원리를 표현했다.

성결의 삶은 섬기는 삶이다. 성결은 영적 성장과 능력에 반대되는 모든 육신적인 것으로부터 사람을 해방시키기 때문이다. 따라서 성화, 사심 없는 헌신, 개인의 조화는 모두 성결한 삶의 측면이다.

B. 인격의 정화

인격의 정화와 인격의 계발에는 차이가 있다. 초대 교회의 오순절 경험에 대하여 베드로가 "또 마음을 아시는 하나님이 우리에게와 같이 그들에게도 성령을 주어 증언하시고 믿음으로 그들의 마음을 깨끗이 하사 그들이나 우리나 차별하지 아니하셨느니라"(행 15:8-9)고 말했듯이 성령은 인경의 기초인 마음을 깨끗이 하실 수 있는데, 이는 성령 강림으로 성취된 위대한 위업이기 때문이다. 이렇게 변화된 청결한 마음이 헌신할 능력을 준다.

그러나 하나님은 온전한 성화 때에, 계발된 인격을 마술처럼 자동적으로 사람에게 부여할 수 없고 또 부여하지도 않는다. 인격은 사람이 삶의 상황에서 결정을 내릴 때 계발된다. 인격은 매일의 일상적인 생활 속, 끊임없는 선택과 다양한 활동에서 표현된다. 이와 같이 하나님께서는 마음이나 인격의 근본적 요소를 정결케 하실 수 있으며, 순수한 동기와 순수한 의도를 주실 수 있다. 그러나 사람은 거룩한 인격을 계발하기 위해 활용하고, 적용하고, 분별하고, 실행해야 한다. 이런 의미에서 성령은 사람을 충만케 하시는 동시에 그에게 전적으로 자유를 주신다. 성령은 결코 인간의 의지력을 침해하지 않는다. 성령은 인간의 감독자, 능력의 근원, 정화자, 유지자로 서 계신다. 이와 같이 사람은 성령의 임재로 인격의 성결을 표현할 수 있다.

성화 된 인격의 영역에서 인격의 최소 기준은 (1) 성경적 윤리의 실제적 표현; (2) 신중하고 분별력 있는 대화의 패턴; (3) 인격에 대한 예의와 존중; (4) 개인 및 사회적 외모에서의 겸손과 단순함; (5) 조용하고 헌신적인 개성; (6) 세속성과 불결에 대한 반대; (7) 선한 일과 참되고 아름다움을 좋아함과 같은 것이다.

1. 실제적인 성경 윤리

성화는 숨 쉬듯 자연스럽게 성경적 윤리를 실천하는 고도로 윤리적인 사람을 낳아야 한다. 그러한 실제적인 성경적 윤리에는 다음과 같은 사항이 포함된다.

a. 직업 업무에서의 정직. "모든 사람 앞에서 정직한[귀한] 일을 도모하라"(롬 12:17).

b. 말의 진실함. "그러므로 거짓을 버리고 각각 이웃으로 더불어 참된 것을 말하라 우리가 서로 지체임이니라"(엡 4:25). 실없는 말, 애매한 말, 그리고 암시적인 대화는 성결의 일부가 아니다.

c. 대인 관계의 성실. "온전하게 행하는 자가 의인이라 그의 후손에게 복이 있느니라"(잠 20:7).

d. 솜씨의 성실함. "자기 일을 게을리 하는 자는 패망하는 자의 형제니라"(잠 18:9). "게으르지 말고 열심을 품고 주를 섬기라"(롬 12:11).

2. 조심스럽고 분별력 있는 대화의 패턴

성결은 해롭고 방종한 말에 대한 최상의 치료제이다. "오직 너는 바른 교훈이 되는 것을 말하며"(딛 2:1), "누구를 비방하지 말며 다투지 아니하고 온유하여 모든 사람에게 온유를 나타내라"(딛 3:2). 또한 웨슬리는 "사악한 말의 치료법"이라는 설교에서 다음과 같은 광범위한 글을 썼다.

> 외모, 몸짓, 말, 어조에서 자만이나 자만심을 풍기는 모든 것을 피하라. 권위적이거나 독단적인 모든 것, 오만하거나 추측하는 것처럼 보이는 모든 것을 신중하게 피하라. 오만, 위압 또는 경멸에 대한 가장 오랜 접근 방식을 조심하라. 똑같이 주의하여 모든 분노의 겉모습을 피하라. 비록 당신이 말을 아주 평범하게 사용하더라도, 비판, 폭언적인 비난, 따뜻함의 표시도 없게 하고 사랑만이 있게 하라. 무엇보다도 미움이나 악의의 그림자, 비통함이나 신랄한 표현이 없게 하라. 그래서 관대함뿐만 아니라 친절한 언어를 사용하여 모든 것이 마음의 사랑에서 흘러나오도록 하라. 그러나 이 친절이 가장 진지하고 엄숙한 방식으로 말하는 것을 방해할 필요는 없다.[26]

조심스럽고 분별력 있는 대화 패턴에 대한 웨슬리의 기준은 지나치

26) *Works,* VI, 117.

게 높거나 비현실적으로 보일 수 있다. 그러나 성결의 체험은 지극히 높지만 철저하게 실제적인 체험임을 잊지 말아야 한다. 이 시점에서 "우리가 다 실수가 많으니 만일 말에 실수가 없는 자라면 곧 온전한 사람이라 능히 온 몸도 굴레 씌우리라"(약 3:2)고 한 야고보의 말이 적절하다. 느슨하고 무책임한 성결은 모순이다. 성결은 인간 존재의 다른 부분만큼 혀에 영향을 미친다.

3. 인격에 대한 예의와 존중

성령의 임재는 세상에서 가장 큰 순결한 영향력이다. 성결은 자동적으로 사회적 은혜와 사회적 편안을 제공하지 않을 것이다. 그런 것들은 경험에서 얻어진다. 그러나 성결의 경험은 자연스럽고 정상적인 예의와 타인에 대한 존경심을 생산하여야 한다. 천박하고, 공격적이며, 예의 없고, 무례하고, 건방지고, 거만하고, 입이 시끄럽고, 호전적인 성결은 모순이며 당혹스러운 것이다. 이런 이유로 사도 베드로는 그리스도인들에게 "예의를 지키라"(벧전 3:8)고 촉구했다.

성결은 다른 사람의 권리를 고려하고 친절하다. 성결은 약하거나 속기 쉬운 사람들을 거칠게 다루지 않는다. 성결은 다른 사람의 선의를 조작하거나 착취하거나 이용하지 않는다. 성결은 항상 품위 있고 정돈되어 있다. 성결은 고의로 다른 사람을 부끄럽게 하거나 모욕하지 않는다. 성결은 다른 사람의 장애나 실수에 대해 유머를 찾지 않는다. 성결은 예의의 본질이요, 고상함의 비결이며, 개인적인 감사의 근거이다.

4. 개인적/사회적 표현에서의 겸손과 단순함

겸손과 단순함은 거룩한 가정의 동일한 은혜이다. 따라서 겸손은 성결을 경험했다고 공언하는 사람들의 특징이 되어야 한다. 겸손은 말과 옷차림과 개인적인 관계에서 중요한 것이다. 단순함은 모든 생활 방식에 필요한 것이다.

a. *말의 겸손*

말에서의 겸손은 여러 가지 면에서 나타난다. 과언, 과장, 자만, 신랄함, 냉소, 가혹함, 무례함은 모두 겸손의 적이다. 아마도 겸손한 말에 대한 가장 큰 위협은 추잡한 농담, 잡담, 암시적인 속 다르고 겉 다른 말, 하나님에 대한 불손한 말일 것이다. 사람의 말은 짜릿하고, 신선하고, 활기차고, 유창하고, 매혹적이며, 재미있고, 영감을 주고, 유익하고, 깨우침을 주면서도 여전히 겸손할 수 있다.

b. *옷차림의 단정함*

성결은 의복의 신중함이나 유행의 고풍스러움을 요구하지 않는다. 맞지 않고 구겨지고 더럽고 구겨진 옷을 입는 것은 미덕이 아니다. 성결은 엉성함을 중시하지 않는다. 그러나 성결은 남녀 모두에게 정숙한 옷차림을 요구한다. 그렇다고 의복을 입는 길이, 크기, 색상을 입법화하는 것은 어리석고 불가능하겠지만, 이런 것들을 완전히 무시하는 것도 현명하지 못하고 재앙적이다. 부끄러움을 유발하고 신체를 지나치게 강조하며 주의를 환기시키는 모든 패션은 성결과 조화되지 않는다. 성결은 검소함이 위협받거나 무시되는 곳에 선을 그어야 한다. 단정한 옷차림은 훌륭한 취향과 중요한 종교성을 나타낸다.

검소함이 강조될 때마다 율법과 독선은 항상 존재한다는 것을 인정해야 한다. 그러나 검소함에 대한 무관심도 필연적으로 그리스도인의 겸손과 양립할 수 없는 유행의 출현을 초래한다는 점을 첨가하여야 한다. 반율법주의는 율법주의와 마찬가지로 신앙과 생명에 큰 위협이 된다. 바울은 그리스도인의 고백과 그리스도인의 겸손 사이의 관계를 잘 알고 있었다. 그는 단정하고 말끔한 복장을 하라고 권고했다(딤전 2:9).

5. 중요하고 헌신적인 특성

성결은 영적 꼭두각시나 교회의 고무인(rubber-stampes, 역주: 깊게 생각하지 않고 동의하는 사람)을 만들지 않는다. 성결은 마음 안에서 창조적으로 작용한다. 성결은 사람을 여론에 대한 억제하는 두려움에서 해방한다. 성결은 삶에 대한 전체적 반응에서 건강과 온전함과 개방성을 의미한다. 성결은 하나님의 뜻 안에서 평강과 마음대로 행동하는 자유이며 내면의 확신에 따라 사는 힘이다. 이러한 성결은 움츠러들지 않고 삶을 똑바로 바라볼 수 있는 능력이며, 죄, 죄책감, 정죄, 유혹을 초월하고 영적 활력과 영적 성장의 분위기에서 살 수 있는 능력이다.

6. 세속적임에 대한 적극적인 반대

세속적인 것은 하나님에 대한 사랑을 감소시키고 유혹에 대한 민감성을 증가시키는 것으로 정의될 수 있다. 성결에서 계발되는 인격은 관대하고 예의 바르며 사려 깊을 것이다. 그러나 그것은 잘못을 용납하지 않을 것이다. 은혜로 성장하는 인격은 모든 유효한 활동에 참여한다. 그러나 그것은 죄를 쉽게 만들려고 노력하는 어떤 그룹이나 활동과도 연관되지 않을 것이다. 하나님을 온전히 사랑하는 사람은 인간을 고양시키려는 목적은 무엇이든 지지하지만, 인간을 타락시키는 활동은 돕거나 조장하지 않을 것이다.

어떤 형태로든 세속적인 것에 대한 성결한 사람의 반응은 자동적으로 부정적이다. 우드(J. A. Wood)는 그것을 "세상의 매력이 깨졌다. 순수한 마음은 세상과 전혀 다른 취향, 동기, 소비, 및 즐거움을 갖고"[27] 있음을 말했다.

요한의 첫째 편지(요한일서)에서 세속성에 대한 전체 개념은 최종적으로 다음과 같이 말했다. "이 세상이나 세상에 있는 것들을 사랑하지 말라. 누구든지 세상을 사랑하면 아버지의 사랑이 그 속에 있지 아니하니라"(요일 2:15). 성결은 세상을 위해 기도하고, 세상에서 일하고, 세상을 섬긴다. 그러나 궁극적으로, 최종적으로 거룩한 삶은 다른 세상, 즉 하나님의 구속적 사랑의 세상을 향하고 있다.

7. 좋은 일에 대한 친밀감과 진실과 아름다움

성화의 행위는 선하고 참되고 아름다운 것과 친밀한 영적인 삶이 생기게 한다. 좋은 일에 대한 친밀감은 의식적이기도 하고 무의식적이기도 하다. 브루너(Emil Brunner)는 종교는 의식 수준 아래에서 어느 정도 영향을 미쳐야 한다고 제안한다.[28] 그러나 생스터(W. E. Sangster)는 부패의 일부 잔여물이 잠재의식에 남아 있다고 말한다.[29] 잠재의식 속에 있는 이 악의 잔재는 의식 수준까지 올라와서 악을 행하려는 의지를 부추길 수 있다고 그는 말한다. 그러나 사람은 죄를 지을 필요가 없다. 왜냐하면 이러한 욕구와 충동이 의식 속으로 밀려들 때 "냉각하고 정화하는 하나님의 숨결과 다시 가라앉아 우리의 정신생활의 어떤 수준이 그들의 집에 건강과 순결을 가져다주시기"[30] 때문이다.

---

27) *Perfect Love*, p. 129.

28) *Romans*, p. 51.

29) Op, cit., p. 123.

30) Ibid.

마스턴(Leslie R. Marston)은 이 시점에서 "생스터는 존 웨슬리와 헤어졌다"[31]고 말했다. 마스턴에 따르면, 생스터의 입장은 "순차적 정화(seriatim cleansings)"[32]를 의미하며 이것은 성령의 역사를 의식에서 떠오르는 타락한 요소로 제한한다. 마스턴은 성경은 의식과 잠재의식의 수준에서 인간의 교만을 적절하게 다루고 있다고 말한다. 마스턴이 제안한 성경 구절은 다음과 같다.

> "하나님의 말씀은 살아 있고 활력이 있어 좌우에 날선 어떤 검보다도 예리하여 혼과 영과 및 관절과 골수를 찔러 쪼개기까지 하며 또 마음의 생각과 뜻을 판단하나니, 지으신 것이 하나도 그 앞에 나타나지 않음이 없고 우리의 결산을 받으실 이의 눈 앞에 만물이 벌거벗은 것 같이 드러나느니라"(히 4:12-13).

> "자기 허물을 능히 깨달을 자 누구리요 나를 숨은 허물에서 벗어나게 하소서. 또 주의 종에게 고의로 죄를 짓지 말게 하사 그 죄가 나를 주장하지 못하게 하소서. 그리하면 내가 정직하여 큰 죄과에서 벗어나겠나이다. 나의 반석이시요 나의 구속자이신 여호와여 내 입의 말과 마음의 묵상이 주님 앞에 열납되기를 원하나이다"(시 19:12-14).

그래서 성경이 말하는 준비된다는 것은 사람이 알고 있는 죄, 그의 자발적이고 고의적인 죄, 그리고 그의 숨겨진 생각의 패턴과 그의 말을 다룬다. 이 모든 것은 거룩한 인격의 유출물이다.

---

31) Kenneth Geiger, ed., *Further Insight into Holiness* (Kansas City: Missouri: Beacon Hill Press, 1963), p. 306.

32) Ibid., p. 308.

하나님은 성격을 정결케 하신다. 이 성격의 순결에서 사람은 자신의 선택에 따라 개인적 성격을 발전시킨다. 거룩한 성격에 포함된 것은 실제적인 성경적 윤리, 기독교적 성도덕, 분별력 있는 대화 방식, 기본적인 예의와 존중, 겸손과 소박함, 성화된 개성, 세속적이지 않은 정신, 순결하고 선한 모든 것에 대한 사랑이다.

C. 성령의 조명

온전한 성화의 행위는 인간의 모든 측면에 영향을 준다. 개인의 자아는 살아 있는 존재이신 성령을 중심으로 통합되고 역동적인 사랑의 힘으로 통일된다. 인격의 기반이 정화되어 일상생활의 결정적인 사건에서 거룩한 성품이 계발된다. 개인적인 통합과 인격 정화는 모두 영적 조명으로 유지된다. 영적 깨달음이란 영적 지각의 심화, 영적 감수성의 확장, 영적 감상의 전체를 의미한다. 온전한 성화의 순간적 사건에서 오는 영적 조명에는 다음 사항이 포함된다. (1) 확신, 또는 성령의 증거; (2) 성경의 진리에 대한 보다 분명한 이해; (3) 봉사를 위한 능력; (4) 영적 용기; (5) 양심의 민감함; (6) 육욕의 야망의 제거; (7) 은혜 안에서 성장할 가능성 등이 포함된다.

1. 확신 또는 성령의 증거

"그러나 당신은 당신의 타고난 부패로부터 구원받고 거룩하게 되었다는 것을 어떻게 아는가?"라는 질문에 대해, 웨슬리는 다음과 같이 대답했다. "나는 내가 의롭다함을 받은 것을 아는 것 외에는 그것을 알 수 없다. 이에 하나님께서 우리에게 주신 영으로, 우리가 어떤 의미에서든 하나님의 것임을 알게 되었다. 우리는 증거에 의해 그리고 성령의 열매로 그것을 안다."[33] 우드는 성령의 증거를 "하나님이 그리스도의 공로로 내 죄를 용서하시고 내 영혼을 거듭나게 하셨고 또한 예수 그리스도의 피가 모든 죄에서 내 영혼을 깨끗하게 하셨다는 성령의 감미롭고 내적인 설득"[34]이라고 부른다.

웨슬리는 성령의 증거를 다음과 같이 정의했다.

> 성령의 증거란 내가 하나님의 자녀임을 하나님의 영이 즉시 그리고 직접적으로 내 영에 증거하는 영혼에 대한 내적 감동을 의미한다. 즉 예수 그리스도께서 나를 사랑하시고 나를 위해 자신을 주셨다는 것, 나의 모든 죄가 지워지고 곧 나 자신이 하나님과 화목하게 되었다는 내적 인상을 의미한다. [35]

이러한 성령의 직접적인 증거에 웨슬리는 간접적인 증거를 첨가했다. 이 간접적인 증거는 "숙고의 결과, 또는 우리 자신의 영혼에서 느끼는 것에 대한 의견"[36]이다. 포스터(Foster) 감독은 칭의와 온전한 성화와 성령의 증거 사이 간의 차이점은 증거하는 방식이나 방법에 있지 않고 무엇을 증거하느냐에 있어 차이가 있다고 했다.

증거는 "거의 같은 방식으로 주어지며; 증거하는 분은 같은 영이다. 그들의 현상은 동일하지만 증거 자체는 다르다."[37] 성령의 이 증거는 단순히 하나님께서 인간을 위해 약속하셨다는 것에 대한 겸손하고 반가운 확신이다.

33) *Works*, XI, 420.

34) *Perfect Love*, p. 121.

35) *Works*, V, 124-25.

36) Ibid., p. 125.

37) Op. cit., p. 148.

2. 성경적 진리에 대한 명확한 이해

성경은 믿음과 경험의 책이기 때문에 이 두 가지를 떠나서 성경을 이해하는 것은 불가능하다. 바울은 고린도전서 2장에서 성령이 신자들에게 진리를 계시한다고 말했다. 믿음은 성결로 인도한다. 성결의 경험은 사람에게 가능한 가장 심오한 영적 경험이다. 인간의 믿음이 전개되고 그의 경험이 심화 됨에 따라, 성경의 가르침에 대한 그의 이해가 높아진다. 오순절 당일, 베드로는 선지자 요엘의 가르침을 보다 명확하게 파악할 수 있었다(행 2:16-21). 그는 기독교의 구원 역사의 역할을 보았다(행 2:22-36). 그는 개인 구원의 의미를 더 완전히 이해했다(행 2:38-39). 오순절 이후, 스데반은 구원의 전체 파노라마를 포함하는 전망을 발전시켰다(행 7장). 예수님은 구원의 계시에 대한 사람의 이해와 관련하여 다음과 같이 말씀하셨다. "사람이 하나님의 뜻을 행하려 하면 이 교훈이 하나님께로부터 왔는지 내가 스스로 말함인지 알리라"(요 7:17). 성화의 사건이 기술적으로 성경 세부 사항에 대한 자동적인 지식을 제공하지는 않겠지만, 성경의 의미와 경험의 흐름을 이해하는 데 많은 도움을 줄 것이다.

3. 봉사를 위한 능력

하나님의 일은 사람의 힘으로 이루어질 수 없다. 영적 과정은 영적인 시작에 달려 있다. 부활하신 후 그리스도께서는 신학과 개인 전도에 관한 40일간의 세미나를 통해 제자들을 만나셨다. 세미나는 위임, 명령 및 인증으로 끝났다. 위임은 "그러므로 너희는 가서 모든 족속으로 제자를 삼아 아버지와 아들과 성령의 이름으로 세례를 주고 내가 너희에게 명하는 모든 것을 가르쳐 지키게 하라 그리하면 내가 세상 끝 날까지 너희와 항상 함께 있으리라"(마 28:19-20)는 것이었다. 즉, 이 명령은 적절한 능력을 얻기 위해 예루살렘에서 기다리라는 것이었고(행 1:4, 8), 그 증거는 성령세례였다(행 2:4).

오순절 하나님의 능력은 그분의 일이 이루어지기에 충분했다. 오순절이 끝나기 전에 삼천 명이 회심했다(행 2:41). 사도들은 표적과 기사를 행하였고(행 2:43), 그들은 사람들의 호감을 얻었다(행 2:47). 또한 그들은 병자를 고쳤는데(행 3장) 이처럼 오순절은 초대교회가 세상을 뒤집어 놓았다는 평판을 얻을 정도로(행 17:6) 권능을 발생시킨 영적인 나이아가라 폭포였다.

거기에는 증거할 수 있는 새로운 힘이 있을 뿐만 아니라 새로운 추진력이 있었다. 성결은 개인과 단체 모두에서 전도를 위한 위대한 도약판이었다. 오순절의 기독교는 공격적이고 외향적인 종교였다.

4. 영적 용기

용기는 위험한 임무를 수행하고, 인기 없는 대의를 지지하고, 외적 순응보다는 내적 신념에 따라 살아가는 능력이다. 용기는 신학적 교리를 지지하거나, 정치적 권위에 의해 위협당하는 것을 거부하거나, 대중적 유행에 반하는 행동을 함으로써 표현될 수 있다.

때때로 자신의 신학적 입장을 유지하거나 계속해서 그리스도를 증거하려면 용기가 필요하다. 베드로와 요한이 투옥되어 그들의 활동에 대해 종교 지도자들 앞에서 심문을 받았을 때, 베드로의 다음과 같은 대답은 적절하고 예리했다. "너희와 모든 이스라엘 백성은 알라 너희가 십자가에 못 박고 하나님이 죽은 자 가운데서 살리신 나사렛 예수 그리스도의 이름으로 이 사람이 건강하게 되어 너희 앞에 섰느니라"(행 4:10). 그들이 설교를 그만두라는 명령을 받았을 때 이 대담한 두 사람은 다음과 같은 용기 있는 말을 했다. "하나님 앞에서 너희 말 듣는 것이 하나님 말씀 듣는 것보다 옳은가 판단하라"(행 4:19).

바울은 아그립바 앞에서 재판을 받았을 때 간증하기를, 용기는 그가 그리스도로부터 받은 영적 재능의 일부라고 했다. 그리스도의 약속은 그가 바울을 사역자로 삼겠다는 것이었다. "백성들과 이방인들로부터 너를 구원하심이여, 내가 이제 너를 그에게 보내심이라"(행 26:17). 여기에 예언적 역설이 있다. 즉 사람들을 영적으로 돕기 위해서는 사람들에 대한 두려움에서 벗어나 그들을 초월해야 한다는 것이다. 그리고 베드로나 바울이든, 마담 귀용이나 웨슬리, 프란시스 애즈베리, 윌리엄 부스든, 그들의 성결의 삶은 조용하지만 확고한 용기의 표식을 지니고 있었다.

5. 양심(도덕심)의 민감함

양심은 "자신의 행동과 동기에 관한 옳고 그름에 대한 내적 인식"으로 정의될 수 있다. 바울은 "하나님과 사람에 대하여 거리낌이 없는"(행 24:16) 양심을 가진 것에 대해 말하였다. 바울은 또 영적 생활의 총합은 "깨끗한 마음과 선한 양심과 거짓이 없는 믿음"(딤전 1:5)이라고 말하였다. 양심의 민감함은 죄나 유혹의 가능성이 있는 영역에 대한 경계이다. 양심의 민감성은 단기적인 특권뿐 아니라 장기적인 영향에 대한 인식이다. 양심의 민감성은 영적 자유를 허용하지만 영적 자제를 요구하기도 한다. 그래서 바울은 강한 양심을 가진 사람은 약한 양심을 가진 사람을 넘어지게 하는 모든 일을 하지 말라고 말했다(고전 8:7).

그러므로 성화 된 사람은 하늘을 가로질러 번쩍이는 독립적인 유성이 아니다. 오히려 성화 된 사람은 교회의 수평선에 있는 밝은 별이다. 따라서 그는 항상 감시를 받고 있으며 다른 사람에게 미치는 영향을 고려하지 않고 행동할 수 없다. 이런 이유로 바울은 "만일 음식이 내 형제를 실족케 하면 세상이 있는 동안에는 고기를 먹지 아니하여 내 형제를 실족지 않게 할까하노라"(고전 8:13)고 분명한 선언을 하였다. 그러므로 양심의 민감성은 성령의 인도에 대한 영혼의 끊임없는 개방 상태(openness)이다.

6. 육욕적인 야망의 제거

순결한 마음은 한 가지 압도적인 소망, 즉 하나님을 섬기려는 소망을 갖고 있다. 그러므로 성결의 상태는 모든 육욕적인 야망을 제거한다. 성결은 창조력을 제거하지도 생산력을 손상시키지도 않는다. 성화 된 사람은 성화되지 않았을 때보다 더 잘하고, 더 열심히 일하고, 더 신뢰할 수 있고, 더 많은 책임을 지고, 더 숙련된 장인이 될 수 있어야 한다. 성결과 올바른 갈망 사이에는 대립이 없다.

그러나 성결은 이기적인 동기에 근거한 야망을 제거한다. 성결은 이기적인 목적을 위해 사람들을 육욕적으로 조종하는 일을 제거한다. 성결은 지위를 위해 육욕적인 조종과 아첨하려는 죄악 된 욕망을 제거한다. 성결은 개인적인 야망을 영적 활동으로 가리는 가식의 가면을 녹인다. 성결은 사욕을 감추는 경건한 시위의 겉모습을 찢어 버린다. 성결은 개인적인 승진과 영적 진보를 동일시하기 거부한다. 성결은 신념을 대가로 인기를 사는 것에 반발한다. 성결은 아첨이나 순종으로 선의를 얻는 것에서 물러난다.

성결은 자유이다. 즉 죄와 죄적인 것, 이기적인 야망으로부터의 해방이다. 성결은 "먼저 하나님의 나라와 그의 의"를 구한다.

7. 은혜 안에서의 성장의 잠재력

성결은 건강과 온전함, 통합과 조화이다. 성결은 순결과 청결이며 영적 은총에 대한 육욕적 반대자가 없는 것이다. 성결은 무한한 영적 잠재력이다. 모든 구원 활동의 초점은 완전을 향한 거룩함(the holy)의 성장에 있다. 바울은 에베소서에서 이를 다음과 같이 요약했다.

> "그가 어떤 사람은 사도로, 어떤 사람은 선지자로, 어떤 사람은 복음 전하는 자로, 어떤 사람은 목사와 교사로 삼으셨으니, 이는 성도를 온전하게 하여 봉사의 일을 하게 하며 그리스도의 몸을 세우려 하심이라. 우리가 다 하나님의 아들을 믿는 것과 아는 일에 하나가 되어 온전한 사람을 이루어 그리스도의 장성한 분량이 충만한 데까지 이르리니, 이는 우리가 이제부터 어린 아이가 되지 아니하여 사람의 속임수와 간사한 유혹에 빠져 온갖 교훈의 풍조에 밀려 요동하지 않게 하려 함이라. 오직 사랑 안에서 참된 것을 하여 범사에 그에게까지 자랄 지라 그는 머리니 곧 그리스도라"(엡 4:11-15).

성화의 결과는 인간의 인격에서 중요하다. 성결한 삶의 모든 세부사항을 규정하는 것은 불가능하지만, 이 경험에서 발생하는 최소한의 결과를 진술하는 것은 가능할 뿐만 아니라 필요하다. 성화의 결과는 성격의 통합, 성품의 순결, 영적 삶의 조명을 포함하는 매우 개인적인 것이다. 개성이 통일되고 성품이 순결해지고 영혼이 밝아짐으로써 그리스도인은 이제 은혜 안에서 성장하고 성령의 열매를 나타낼 준비가 되었다.

IV. 은혜 안에서의 성장

성결은 정적인 것이 아니라 역동적인 경험이다. 온전한 성화의 사건은 자동적이고 돌이킬 수 없는 인격의 고착으로 끝나지 않는다. 진정한 의미에서 그리스도인은 영적 성장에 힘써야 한다. 경험은 기계적인 것이 아니기 때문에 그것을 받거나 유지하기 위한 간결한 공식을 제시하는 것은 불가능하다. 그러나 그리스도인이 거룩한 삶을 사는 데 도움이 되는 몇 가지 일반적인 지침이나 관례는 있다.

A. 경험의 유지

성결 신학 분야의 저자들은 사람이 그 경험을 유지하는 데 도움이 되는 다음과 같은 영적 관례(practices)를 제안했다. 다음의 목록은 힐스(A. M. Hills)가 제시한 것이다.

1. 믿음을 붙잡고 감정에 의존하지 말라.
2. 받은 은혜를 증거하라.
3. 영적인 교만을 조심하라.
4. 존 웨슬리는 자만의 여식 즉 "열정주의[광신주의]"을 "조심하라"고 말했다.
5. 모든 새로운 빛을 환영하라.
6. 의심스러운 것을 삼가라.
7. 시험을 기이히 여기지 말고, 시험으로 인해 낙담하지도 말라
8. 조심하라.
9. 일하라.

10. 사랑으로 말을 삼가고 너의 삶을 다스리게 하라.

11. 생각을 조심하라.

12. 성결한 사람들과 교제하라.

13. 성결의 문헌들을 읽으라.

14. 분열, 즉 너의 형제들로부터 자신이 분리되는 것을 조심하라

15. 순간순간 살아라.[38]

또 우드(J. A. Wood)는 다른 목록을 제공했다.

1. 지속적이고 온전한 헌신, 즉 하나님께 대한 완전한 자기 포기를 유지해야 한다.
2. 완전한 구원을 유지하려고 계속 믿어야 한다.
3. 성령의 증거를 간직하고 계속 순결의 빛 가운데 있기 위하여 그것을 고백해야 한다.
4. 항상 자기를 부인하는 정신으로 살아야 한다.
5. 깨어 있는 정신으로 살아야 한다.
6. 성령의 가르침과 인도하심에 충실해야 한다.
7. 매일 성경을 읽어야 한다.
8. 온전한 사랑의 축복을 전파하기 위하여 끊임없이 은혜 안에서 성장하는 것을 목표로 하여야 한다.
9. 하나님이 임재를 느끼며 항상 살아야 한다.
10. 기도생활을 해야 한다.
11. 죄인의 구원을 위하여 성실히 수고해야 한다.
12. 그것(구원)을 유지하기 위하여 타협하지 말고 모든 이름과 종류의

38) *Holiness and Power*, p. 345-65,

죄를 대적해야 한다.[39]

B. 그리스도인의 성장 수단

그리스도인의 성장의 수단에는 인간적인 것과 하나님이 내려주신 것이 있다. 에드워드 F. 워커(Edward F. Walker)는 인간의 성화를 위해 하나님이 하시는 운동의 원인을 다음과 같이 나열했다.

첫 번째 원인: 거룩한 아버지

조달하는 원인: 거룩한 아들

효과를 일으키는 원인: 성령

도움이 되는 원인: 하나님의 뜻

공로가 있는 원인: 예수의 희생

유효한 원인: 하나님의 진리

조건부 원인: 그리스도를 믿는 믿음[40]

그리스도의 형상을 향해 성장하는 인간의 수단은 바울의 글에 명확하게 정의되어 있다.

1. 의지의 항복(surrender). 하나님의 뜻에 대한 모든 내적인 저항은 산산이 부서져야 한다. 사람은 자신 또는 '자아'를 항상 유지하지만, 육욕적인 자아 또는 자기중심적인 자아는 죽어야 한다(롬 6:6, 12:1; 고후 7:1; 갈 5:24, 엡 5:26; 살전 5:23).

---

39) *Perfect Love*, p. 227-31.

40) Op. cit., p. 89-90.

2. 내적 본성의 씻음(엡 5:24-26; 고후 7:1)

3. 생각을 새롭게 함(롬 12:1-2)

4. 성령 안에서 행함(갈 5:24-25)

5. 성령 충만을 받음(엡 5:18)

6. 육체의 훈련(롬 12:1)

하나님과 사람이 협력할 때 사람은 성결 안에서 성장한다.

C. 성숙한 그리스도인의 표시

애보트(Hollis F. Abbott)는 그의 《말씀과 교리》라는 책에서 성숙한 그리스도인의 특징에 대한 훌륭한 요약을 제시하고 있다. 애보트의 목록에는 다음과 같은 특징이 포함되어 있다.

1. 성숙한 그리스도인은 성령 안에서 행하는 사람이다(롬 8:4; 갈 5:16, 25).
2. 성숙한 그리스도인은 그리스도의 형상이 그에게서 분명히 보이는 사람이다(롬 8:29; 고후 3:18).
3. 성숙한 그리스도인은 끊임없이 승리하는 사람이다(고후 2:14-16).
4. 성숙한 그리스도인은 기쁨으로 충만하신 성령이 그의 사역을 완수하고 점점 더 많은 열매를 맺는 사람이다(엡 4:30-32; 갈 5:22-23).
5. 성숙한 그리스도인은 그리스도의 마음을 가진 사람이다(빌 2:5-8).[41]

---

41) "Christian Maturity," *The Word and the Doctrine*, ed. Kenneth E. Geiger (Kansas City; Beacon Hill Press, 1965), p. 295-97.

요약

사람의 성결의 과정은 이런 것이다. 성결은 사람이 참된 회개로 하나님의 은혜에 응답할 때 시작되며, 그 뒤에 중생이 뒤따른다. 성결은 중생에서 시작되고 온전한 성화에서 완전해진다. 그러나 온전한 성화는 그리스도인 성장의 절정이 아니다. 이는 기념물이 아니라 특별한 사건이다. 두 번째 위기에서 거룩하게 된 사람은 성장하고 그리스도를 닮아간다. 그러므로 성결은 성령께서 인간의 인격 안에 만드실 수 있는 그리스도를 닮는 것이다. 성결의 경험은 영혼이 하나님께로 희미하게 모이는 것에서 시작하여 하나님의 임재의 타오르는 영광으로 끝나는 영적 순례이다. 성결은 사람을 죄에서 들어 인간의 인격이 끝없이 발전할 "아주 높은 천국"으로 향하게 한다.